강병오 교수 정년퇴임 기념논문집

평화윤리와 통일선교

강병오 교수 정년퇴임 기념논문집

평화윤리와 통일선교

박삼경 엮음

서울신학대학교 한국기독교통일연구소

열린서원

서울신학대학교에서 기독교윤리학 교수로 봉직하면서
후진 양성을 위해 충성으로 봉사하고
영광스럽게 정년퇴임을 맞이하는
강병오 박사께
존경과 감사의 마음을 담은
이 논문집을 봉정합니다.

머리말

인생에 있어 만남보다 중요한 것은 없다. 만남의 중요성을 모르는 사람은 아마도 없을 것이다. 하나님과 만남으로부터 시작하여 사람과 만남 그리고 학교와의 만남은 특별히 하나님의 섭리와 뜻이 깊이 개입해 있는 듯하다. 복음과 경건의 터전인 서울신학대학교에서 강병오 교수님을 만나게 된 것은 참으로 내 인생의 후반전에 하나님이 마련해 주신 축복의 기회이자 샘이었다. 강병오 교수님은 나에게 학교 선배지만 인생과 학문의 선생님과 같다. 학교에서 교수직을 감당하면서 어떻게 그 길을 걸어가야 할지 앞장서 본을 보인 분으로 나에게는 기억된다. 특히 같은 기독교윤리학 분과에서 협업하면서 많은 배움도 있었다. 이렇게 귀한 선배님이 이제 은퇴하여 학교를 떠나신다니 아직 실감이 나지 않는다.

사람은 사과를 보고 씨앗을 보지만 하나님은 씨앗을 보고 사과를 본다는 말이 있다. 사람들은 사과라는 결과만을 보지만 하나님은 사과가 될 씨앗의 가능성을 보신다. 하나님은 기대 속에 강병오 선배님의 학문적 가능성을 먼저 보셨다. 그 가능성이 어떻게 자라 열매를 맺게 되었는지 보여주는 하나의 단편물이 나왔다. 그것이 이번에 출간되는 정년 퇴임 논문집이 아닐까 생각된다. 강병오 교수님은 13년이란 길지만은 않은 교수직을 잘 수행하였고 정년을 맞게 되었다. 교수 여정의 마지막 매듭으로 하나님의 기대 속에 여러 다양한 학자들의 논문이 모여 학술적 결과물이 나오게 된 것이다. 아무쪼록 이 작은 논문집이 정년 은퇴하는 선배님의 남은 인생길에 귀한 추억으로 남기를 바라는 마음이 간절하다.

　이 논문집은 평소 교수님의 학문적 화두였던 평화와 통일에 관한 주제를 가지고 기독교 윤리적, 선교학적 관점 아래 엮어졌다. 1부는 평화 윤리의 제목으로 7명의 동료와 후배 교수들의 글이 기고되었다. 2부는 통일선교의 주제로 강병오 교수님과 함께 뜻을 같이 하며 한국기독교통일연구소 활동을 했던 선배, 동료, 후배 교수님들의 글을 실었다. 부록으로 강병오 교수님의 최근 저서 『인공지능시대의 인간·윤리·사상』에 대한 서평이 실렸다. 기독교윤리를 전공한 강병오 교수님은 그동안 한국기독교통일연구소 운영위원으로 활동하였고, 지난 3년간 동 연구소 소장을 맡아 북한선교의 과제로서 한반도 평화통일을 위한 노력에 경주했다. 평화, 통일 그리고 선교를 이론신학 측면뿐 아니라 북한선교라는 선교학 측면까지 두루 관심을 가지고 활동을 했다. 그의 연구소 활동에 대한 답글이 은퇴기념 논문집에 담겼다.

　강병오 교수님은 흐르는 강물처럼, 하나님 은혜의 강 물줄기를 따라 살아온 것을 여실히 볼 수 있다. 서울신학대학교와 연세대학교 대학원에서의 학문의 시간을 가지면서도 하나님을 향한 사랑의 마음으로 독일까지 가서 에른스트 트뢸취를 전공하여 후학들을 위해 가르치기에 이르렀다. 모교와 기독교윤리학회에서 지금까지 더없는 성실함으로 하나님 사랑에 응답하는 책임 윤리적 삶을 몸소 보여주신 것을 볼 수 있다. 그의 인생은 하나님의 기대를 품고 끝까지 함께 해주신 하나님 은혜에 빚진 자의 삶이 아닐 수 없다.

　유대인의 속담에 사람이 소망을 빼앗겨버리면, 그는 죽은 자나 다름없다는 말이 있다. 유대인들은 자식들에게 꼭 물려주어야 할 것은 하나님의 기대라고 했다. 이스라엘 백성이 광야에서 살아남을 수 있었던 것도 하나님에 대한 기대가 있었기에 가능했다. 이 논문집이 전도서 11장 11절 "네 떡을 물 위에 던져라 여러 날 후에 도로 찾으리라."는 말씀에 순종한 한 시도가 아닐까? 강병오 교수님께 걸었던 하나님 기대의 떡, 소망의 떡을 지금은 하나님의 섭리를 다 알 수는 없지만 여러 날 후에 반드시 진리를 찾아 살아가는 사람들에게는 하나님의 열매로 돌아오리라 믿는다.

이 논문집의 출판은 성결교회 가족, 서울신대 동문과 동기들의 후원이 있었기에 가능했다. 신경식 장로·나신종 권사(청주서원교회), 박영환 교수(부천삼광교회), 김정명 목사(서울수정교회), 김영민 목사(대전문지교회), 박성완 목사(청주큰빛교회), 안덕수 목사(인천중앙교회), 최재봉 목사(인천도원교회)의 따뜻한 후원이 있었다. 이 자리를 빌려 감사의 마음을 전하고자 한다.

이 논문집 출판을 위해 편집과 인쇄를 맡아 주신 열린서원 이명권 박사와 송경자 실장에게 그리고 바쁜 일정 가운데서도 옥고를 흔쾌히 주신 필진에게 다시 한번 감사하는 마음을 표한다. 편집자의 요구에 따라 원고를 모으고 원고 수정을 하는 등 갖은 수고를 마다하지 않은 김성호 박사, 김영준 박사 그리고 조준희 연구조교에게도 감사의 말을 전하고자 한다.

2024년 1월 7일
서울신학대학교 백주년기념관에서
편집자 박삼경

축사 1

더 많은 성취를 기대하며 은퇴를 축하합니다

백운주_증가성결교회 목사, 서울신학대학교 이사장

존경받는 학자요, 서울신학대학교의 교수이자 성결교회의 자랑스러운 목사인 강병오 박사님의 은퇴를 진심으로 축하합니다. 지금까지 학교와 교회에 바친 헌신과 노고에 감사의 말씀을 전하고자 합니다.

　강병오 박사님은 많은 학문적 업적과 기독교 윤리를 바탕으로 이 땅의 사회문제를 분석하고 대안을 제시하며 기독교적 가치를 선도해 왔습니다. 연구 업적 또한 높은 수준의 학문적 성취를 보여주었습니다. 독일에서의 박사 학위 및 논문 출판은 국제적인 학문 활동에 참여한 결과로, 국내외 학계에서의 평가가 높습니다.

　특히, 에른스트 트뢸취의 사회윤리 방법론, 신학윤리 방법론 등의 연구는 깊이 있는 학문적 탐구를 보여주고 있습니다. 또한, 강 박사님의 저서와 연구논문은 다양한 주제를 아우르며 기독교윤리학, 신학, 생태윤리, 선교 등의 영역에서 높은 진취성과 학문의 가치를 발현해 주었습니다. 이러한 학문적 업적은 강병오 박사님의 학자로서의 높은 책임감과 헌신도를 보여준다고 생각합니다.

　강병오 박사님은 서울신학대학교의 교수로 재직하면서 기독교사회윤리연구소장, 한국기독교통일연구소장, 교양교육원장, 신학전문대학원장 등 다양한 직책을 맡으며 학교 발전에도 크게 기여했습니다. 특히, 많은 연구논문과 국민일보의 기고문 등을 통해 학교를 알릴 뿐 아니라 학문의

사회적 책무에도 소홀함이 없었습니다. 사회적 문제를 기독교윤리의 관점에서 재해석하며 기독교인들의 길잡이가 되어 주었습니다. 은퇴 후에도 이러한 학자로서의 사회적 기여는 결코 줄어들지 않을 것으로 생각합니다.

　은퇴는 새로운 인생의 첫 장을 여는 의미 있는 순간이지요. 지금까지는 신학생들의 멘토요 존경받는 교수로 살아왔지만, 이제는 또 다른 강단에서 촌철살인의 메시지로 기독교윤리의 가치를 드러내리라 믿습니다. 은퇴 후에도 강 박사님의 인격과 지식, 학문적 열정은 여전히 유지될 것을 믿습니다. 왕성한 활동으로 더 많은 성취를 이루시길 축복합니다. 비록 대학강단에서 아름답게 퇴장하지만 계속되는 삶의 여정에서는 타인에 본이 되고 또한 덕을 세우는 기독교 윤리학자로서 아름다운 열매가 맺어지길 축복합니다.

　다시 한번 학자로서의 노고를 위로하며, 은퇴를 진심으로 축하합니다.

2024년 1월 15일
증가교회 목양실에서

축사 2

강병오 교수님의 은퇴와 논문집 출간을 기념하면서

황덕형_서울신학대학교 총장

교수님의 은퇴를 정말 아쉽게 생각하면서 축하드립니다. 서울신학대학교에서 후학을 지도하시는 과업을 이제 마치고 은퇴 후 본인의 관심을 더 발전시킬 수 있게 되었습니다. 그렇지만 교수님 자신도 모교 서울신학대학교를 정년으로 떠나게 되었다는 것에 많은 아쉬움을 갖고 있으리라 생각됩니다.

교수님은 우리 대학을 나오시고 연세대학교 대학원 신학석사, 독일 뮌스터 대학교에서 신학박사 학위를 취득하였고, 본국에 돌아와서는 모교에서 교수로 임용되어 교편을 잡고 많은 학술활동을 하였습니다. 본교에서는 신학전문대학원장 등 두루 보직을 맡았고 연구직으로서 학교 소속 한국기독교통일연구소 소장직을 맡아 연구소를 발전시켰으며, 대외적으로는 한국기독교윤리학회 회장도 역임하였습니다. 본인 전공분야로서 기독교윤리학 등 많은 저서와 논문을 발표했고 최근에 발간하신 『인공지능시대의 인간·윤리·사상』 저서는 한국출판문화산업진흥원에서 2023년 세종도서 교양부문 우수도서로 선정되는 영예를 얻기도 했습니다.

교수님은 조용한 성품의 소유자로 전적으로 외유내강의 매력을 가졌습니다. 학자일 뿐 아니라 사회적 정의와 그것의 활동에서도 많은 관심을 보였습니다. 민족의 염원인 통일을 기대하면서 그것을 화두삼아 은퇴 얼마 전까지도 통일에 대한 연구에 깊은 연관을 가지고 대외활동을 했습니다. 또한 교수 동료들 사이에서 참 겸손하고 친절한 사람으로 정평이 나 있으며 학교를 보다 더 좋은 분위기로 만들어 가기 위해 본인의 수고를 아끼지 않은 선한 사람으로 기억됩니다. 학생들과의 모든 관계에서도 항상 성실과 친절로 제자를 키웠습니다. 이렇게 모든 측면에서 탁월하게 덕을 세우고 선전하지 않으나 조용히 자신의 빛을 비추시는 분을 이렇게 떠나보내는 것은 학교로서 참으로 안타깝습니다.

오늘 우리 후배교수들이 뜻을 모아 교수님의 학덕을 기리기 위한 은퇴 기념 논문집을 간행하게 되었습니다. 이 논문집이 교수님의 신학사상과 신앙적 자취를 기리고 후배들이 그의 뜻을 이어가기 위한 좋은 계기가 될 줄로 믿습니다. 논문 출간을 위해 수고해주신 모든 분들, 옥고를 내어준 필자들께도 감사의 변을 아낌없이 드리고 논문집이 소중하고 아름다운 학술의 성찬이 될 줄로 확신합니다.

제가 독일에 유학할 당시 교수님은 비록 학교 선배였지만 저보다 조금 늦게 독일로 유학 왔습니다. 그때 유학생 신분으로 서로 처음 인사를 나누었던 기억이 아직도 생생합니다. 저는 흐르는 시간 속에 우리가 만나는 인연과 하나님이 주시는 연락의 기회가 되었을 뿐 아니라 지금까지도 여전하신 선배 교수님을 사랑하고 존경합니다. 부디 행복하시고 항상 강건하시어 더 깊은 연구와 활발한 대외활동으로 더 큰 꿈을 성취하시기를 기대합니다. 뿐만 아니라 우리 모교 서울신학대학교를 잊지 마시고 항상 기도와 연대로써 더욱 가깝게 지내시기를 바랍니다. 사랑하고 존경합니다.

2023.1.18.
서울신학대학교 총장실에서

강병오 박사 연보

1958년 12월 22일 충남 조치원 출생
서울 신광성결교회 입교 후 수세

▷ 학력
   서울 천호초등학교 졸업
   서울 천호중, 상고 졸업
   서울신학대학교 신학과 졸업(B.A.)
   연세대학교 대학원 신학과 졸업(Th.M.)
   김광식 교수 지도, 석사 학위 논문: "판넨베르크의 보편사 해석학에 관한 연구"
   독일 마르부르크(Marburg) 대학교 독일어, 3개 고전어 수료
   독일 뮌스터(Muenster) 대학교 개신교 신학부 박사 과정 이수,
   Eckhard Lessing 교수의 지도, 신학박사 학위 취득(Th.D.)
   박사 논문: *Geschichte, Gesellschaft, Religion: Untersuchungen zum Methodenverstaendnis Ernst Troeltschs*, Berlin: Lit Verlag, 2006.

▷ 주요 교수 경력
   서울신학대학교 시간강사(2006-10)
   서울신학대학교 전임강사(2011)
   서울신학대학교 조교수(2012)
   서울신학대학교 부교수(2018)
   서울신학대학교 교수(2023)

▷ 보직 경력
   기독교사회윤리연구소장(2013-14)

교양교육원장(2014-16)
교목(사회복지학과 2014-18)
도서관장(2018-19)
한국기독교통일연구소장(2021-23)
신학전문대학원장(2022-23)

▷ 목사 사역 경력

기독교대한성결교회 혜화교회, 홍은교회 전도사(1985-90)
기독교대한성결교회 공주 웅진교회 담임 전도사(1990-91)
기독교대한성결교회 목사안수(1992.4.30.)
기독교대한성결교회 홍은교회 협동목사(2006-현재)

▷ 수상 경력

10년 장기근속표창(2021년 3월 12일) 서울신학대학교 총장
정년퇴직(15년) 표창(2024년 2월 28일) 대한민국 교육부 장관

▷ 저서, 연구논문 및 기고문

1. 저서 및 역서

Geschichte, Gesellschaft, Religion: Untersuchungen zum Methodenverstaendnis Ernst Troeltschs, Lit Verlag(2006)
『기독교윤리학』 한들출판사(2022)
『인공지능시대의 인간·윤리·사상』 열린서원(2023)
『자연영성과 생태윤리』(공저) 생명의씨앗(2009)
『통일시대로 가는 평화의 길』(공저) 열린서원(2015)
『신학고전 20선』(공저) 서울신학대학교출판부(2016)
『평화와 통일』(공저) 열린서원(2016)

『동유럽의 체제전환과 한반도통일』(공저) 올리브나무(2020)
『통일·윤리·선교』(공저) 열린서원(2023)
『역사와 윤리』(에른스트 트뢸취 저, 역서) 한들출판사(2014)

2. 연구논문

"에른스트 트뢸취의 사회윤리 방법론", 「한국기독교윤리학논총」8(2006)
"에른스트 트뢸취의 신학윤리 방법론", 「한국기독교신학논총」53(2007)
"촛불집회, 민주주의와 기독교윤리", 「한국기독교윤리학논총」11(2008)
"회폐의 정의론", 「한국기독교윤리학논총」16(2011)
"기독교 생태윤리 관점에서 본 '원자력 발전' 문제", 「한국조직신학논총」31(2011)
"목회윤리 관점에서 본 영산의 목사직과 목회사역", 「영산신학저널」23(2011)
"한국에서의 복지사회 논쟁과 기독교의 평화", 「한국기독교윤리학논총」17(2012)
"리처드 니버의 신학방법론 이해", 「한국조직신학논총」34(2012)
"한국개신교의 사회적 신뢰 실추 원인과 대책", 「신학과 선교」41(2012)
"교회세습에 관한 기독교윤리적 비판", 「개혁주의 이론과실천」5(2013)
"신학의 사회학 적용에 관한 연구", 「신학연구」62(2013)
"존 웨슬리의 성화신학과 정치윤리", 「한국조직신학논총」36(2013)
"울리히 벡과 위험사회", 「교회와사회」2(2014)
"한반도의 통일윤리가치", 「교회와사회」3(2015)
"개신교 교권문제와 목회윤리적 과제", 「교회와사회」3(2015)
"에른스트 트뢸취의 '기독교의 절대성' 비판과 역사적 기독교의 재구성", 「신학연구」(2016.12)
"한국교회 목회자의 윤리적 문제와 지침에 관한 연구"(공저), 「서울신학대학교정책연구」(2017)
"에른스트 트뢸취의 사회학적 방법", 「신학과 사회」(2017.5)
"포스트모던 시대 선교상황 하의 성윤리의식조사 연구: 결혼과 관련된 주제에 대한 목회자와 평신도 인식을 중심으로", 「선교신학」(2017.8)
"통일독일의 과거청산 사례분석과 그것이 한반도에 주는 교훈",

「신학과 선교」(2018.10)

"러시아의 국가폭력과 과거사 청산 노력", 「신학과 선교」(2019.9)

"루마니아 과거청산에 관한 연구", 「역사와융합」14(2023)

3. 기고문

[평신도신학강좌] "기독교윤리란 무엇인가- 성서의 최고덕목은 사랑"
「국민일보」(2011.3.4)

[평신도신학강좌] "기독교윤리란 무엇인가- 최고의 선은 사랑"
「국민일보」(2011.3.11)

[평신도신학강좌] "기독교윤리란 무엇인가- 성령을 따라 행하라"
「국민일보」(2011.3.18)

[평신도신학강좌] "기독교윤리란 무엇인가- 행위 없는 죽은 믿음"
「국민일보」(2011.3.25)

[평신도신학강좌] "기독교윤리란 무엇인가- 기독인의 도덕적 가치"
「국민일보」(2011.4.1)

[평신도신학강좌] "기독교윤리란 무엇인가- 사회윤리는 주님의 뜻"
「국민일보」(2011.4.8)

[평신도신학강좌] "기독교윤리란 무엇인가- 아가페 실천 불가능성?"
「국민일보」(2011.4.15)

[평신도신학강좌] "기독교윤리란 무엇인가- 정의는 아가페적 관계"
「국민일보」(2011.4.22)

[평신도신학강좌] "기독교윤리란 무엇인가- 예수님은 평화의 왕"
「국민일보」(2011.4.29)

[평신도신학강좌] "기독교윤리란 무엇인가- 상황윤리와 아가페"
「국민일보」(2011.5.6)

[평신도신학강좌] "기독교윤리란 무엇인가- 교회의 사회적 책임"
「국민일보」(2011.5.13)

[평신도신학강좌] "기독교윤리란 무엇인가- 성품윤리와 성격윤리"

「국민일보」(2011.5.20)

[평신도신학강좌] "기독교윤리란 무엇인가- 종말론과 윤리"

「국민일보」(2011.5.27)

[평신도신학강좌] "기독교윤리란 무엇인가- 기독교 환경윤리"

「국민일보」(2011.6.3)

[평신도신학강좌] "기독교윤리란 무엇인가- 충성, 성실의 직업윤리"

「국민일보」(2011.6.10)

[평신도신학강좌] "기독교윤리란 무엇인가- 자살은 사회구조문제"

「국민일보」(2011.6.24)

[평신도신학강좌] "기독교윤리란 무엇인가- 기독교적 기술윤리"

「국민일보」(2011.7.1)

[평신도신학강좌] "기독교윤리란 무엇인가- 주님의 청지기"

「국민일보」(2011.7.8)

[평신도신학강좌] "기독교윤리란 무엇인가- 성소수자 성윤리"

「국민일보」(2011.7.15)

[평신도신학강좌] "기독교윤리란 무엇인가- 생명윤리"

「국민일보」(2011.7.29)

[평신도신학강좌] "기독교윤리란 무엇인가- 기독교 정치윤리"

「국민일보」(2011.8.5)

[평신도신학강좌] "기독교윤리란 무엇인가- 세계윤리와 기독인사명"

「국민일보」(2011.8.12)

[평신도신학강좌] "기독교윤리란 무엇인가- 하늘시민 세상시민"

「국민일보」(2011.8.19)

[평신도신학강좌] "기독교윤리란 무엇인가- 기독인과 사이버윤리"

「국민일보」(2011.8.26)

[평신도신학강좌] "기독교윤리란 무엇인가- 기독교와 여성윤리"

「국민일보」(2011.9.2)

〈기독시론〉 "간통죄 폐지에 즈음하여", 「한국성결신문」(2015.3.4)

"자유와 그리스도인의 사회적 책임", 「신앙세계」(2015.8)

[강병오의 팔복수훈] "사드와 화평", 「국민일보」(2016.7.23)

[강병오의 팔복수훈] "광복절과 애통", 「국민일보」(2016.8.20)

[강병오의 팔복수훈] "김영란법과 정의사회", 「국민일보」(2016.9.24)

[강병오의 팔복수훈] "사회적 죽임과 긍휼", 「국민일보」(2016.10.22)

[강병오의 팔복수훈] "최순실게이트와 천국", 「국민일보」(2016.11.19)

[강병오의 팔복수훈] "무너진 도덕 현상들과 마음의 청결",
「국민일보」(2016.12.17)

"4차문화혁명시대, 기독교문화능력을 생각한다", 「신앙세계」(2018.10.11)

"성결교회 북한선교를 위한 제언", 「활천」(2019.1)

"사중복음과 미래목회: 사중복음 빛 아래 사는 성윤리적 삶", 「활천」(2019.7)

"결혼의 기독교적 의미", 「활천」(2021.5)

"반평화의 시대에 화해자 신앙으로 살자", 「활천」(2021.12) (기독시론, 1308호)

"러시아-우크라이나 전쟁, 세계와 한반도 평화", 「한국성결신문」
(2022.3.9)

4. 가족관계

강옥순(처, 65세) 한길사 주간, 김영사 이사, 한국고전번역원 책임연구원
역임, 현 도서평론가, 한국인문고전연구소 소장

강민서(녀, 36세), 김준수(사위, 37세), 김유하(외손녀, 2세)

강민기(자, 35세)

차례

1 부

평화윤리

강안일
김성수
김성호
김영준
박삼경
이길용
이명권

신학적 윤리판단형성 과정의 이해[1]

강안일 (서울신학대학교 외래교수, 기독교윤리학)

I. 들어가는 말

윤리적 상황[2]이 발생할 때마다 다양한 윤리적 논쟁들이 발생했고, 그것으로 인한 갈등들이 빈번하게 일어났다. 이런 이유는 다양한 가치, 규범 그리고 세계관들이 논의되는 윤리적인 문제의 해결 방법에서 서로 첨예한 갈등을 일으켰기 때문이다. 현대 과학기술과 생명과학이 발전함으로 사회에 주는 긍정적인 영향도 분명히 크지만, 그것으로 인

---

[1] 이 논문은 「신학사상」 203(2023/겨울)에 게재한 논문으로 일부 내용을 수정해 게재된 것임.

[2] Wolfhart Pannenberg, *Grundlagen der Ethik*, 오성현 역, 『윤리학의 기초-철학적 신학적 관점』(서울: 종문화사, 2022), 45-46. 판넨베르크는 윤리적 상황이 "풍습과 법의 위기로부터" 발생한다고 말한다. "관습의 힘은 윤리의 표출이 아니라 오히려 전통적인 관례에 더욱 가까이 있다. 관습의 타락은 먼저 법률로 귀결되지만, 즉각 윤리의 발생으로 이어지지 않는다. 이미 고대 동방에서 특별히 타락의 시기에 자연스럽게 그러했던 것처럼, 사람들이 정의와 불의에 대한 모든 반성을 윤리라고 부르려고 하지 않았다. 이와 달리 좁은 의미에서 윤리의 발생은 이미 세워진 법률의 권위가 실추하게 되는 것과 연관이 있다. 윤리의 시초적 형성은 유럽 문화사에서 소크라테스로 소급된다. 윤리가 발생하게 된 상황의 역사는 주전 5세기 그리스에서 일어난 법률에 대한 시각의 변화에서 찾아진다"; 울리히 크뢰트너는 "앞선 도덕이나 전해진 풍습들이 자명함을 잃어버리거나 새롭게 정당성을 필요로 할 때"가 윤리적 상황이 발생할 때라고 주장한다. Ulrich H.J. Körtner, *Evangelische Sozialethik* (Göttingen: Vandenhoeck & Ruprecht, 1999), 33.

한 여러 가지 윤리적인 문제들이 드러났고, 그 문제들을 판단할 때 사
회에서는 그 판단형성 과정에 참여하는 개인이나 단체들을 통해서 다
양한 의견들이 제시되었다. 이런 상황에서 사회는 서로 다른 가치와
규범들에 대한 소통을 통해 더 합리적인 논의 방향으로 나아가는 노력
도 있었다. 하지만, 현재 사회에서 드러나는 모습은 오히려 이런 윤리
적인 문제들로 인해 윤리적인 가치갈등과 규범의 혼란을 야기하는 경
우가 더 많았다.[3]

한국 사회에서는 코로나 19 이후 첨예하게 대두되는 세대 간의 갈
등, 동성애 갈등, 정치적 갈등 그리고 계층 간의 불평등 등이 그 예다.
이런 갈등상황은 현대 사회를 규정하는 '다원성'이라는 이름 아래서
현대 사회와 신학이 직면한 자연스러운 현상이라고 할 수도 있다. '다
원성'은 현대 세계의 다양한 삶의 형태들, 다양한 종교들, 세계관들,
그리고 도덕적인 확신들과 관심들을 보여주는 사태[4]이기 때문이다.
사람마다 '다원성'에 대한 선입견이 달라 이 단어를 접할 때 어떤 사
람은 부정적인 인식으로 대응할 수도 있고, 또 어떤 사람들은 그렇지
않을 수도 있다. 그러나 오늘의 현대 사회는 부인할 수 없는 '다원성'
을 가지고 있다는 것은 분명하다. 문제는 니콜라스 루만(Niklas
Luhmann)에서 볼 수 있듯이 사회가 시스템적으로 계속해서 세분화
되고, 이런 세분화의 과정을 제재할 수 없으며, 그러다 보니 인간적인

---

3) Alexander Heck, *Grundkurs Theologische Ethik* (Münster: Litverlag, 2003), 8-9.
4) Hartmut Kreß, "Pluralismus", in *Evangelische Ethik Kompakt*, ed. Reiner
   Anselm and Ulrich H.J. Körtner (Gütersloh: Gütersloher Verlagshaus,
   2015), 168; Eilert Herms, "Pluralismus", in *Evangelisches Soziallexikon*,
   ed. Martin Honecker, Horst Dahlhaus, Jörg Hübner, Traugott Jähnichen
   and Heidrun Tempel (Stuttgart: Kohlhammer, 2001), 1246-1250.

인격이 행동의 주체가 되지 못하고, 비인격적인 행동 작인이 주체가 되는 일을 통해 더 이상 규범적인 윤리의 가능성이 의문시되고 있다는 것이다.[5] 이런 상황이 더 진척되면 윤리적 상대주의(Relativismus)와 윤리적 허무주의(Nihilismus)로 귀결될 수 있다.[6] 그러나 우리는 이런 다원화된 사회 속에서 홀로 떨어진 섬에서 살 수 없기에 규범 윤리의 가능성이 의문시되거나 윤리적 상대주의와 허무주의가 일어나더라도 신학적 윤리학은 현대 사회와 신학이 처한 분명한 현실을 외면할 수 없고 직시해야 한다. 물론 신학적 윤리학 안에도 통일된 윤리적 입장만이 존재하는 것이 아니다. 거기에도 분명하게 서로 다른 신학적인 개념과 세계관, 그리고 가치관들이 교단별로, 세대별 그리스도인들, 그리고 특별히 목회자들에게서 첨예한 대립이 생산되고 있다. 이런 현실 속에서 사회적으로나 세계관적으로 신학적인 다원성을 어떻게 바라보고, 어떻게 연결해야 하는지는 중요한 신학적 윤리의 과제다.[7]

이를 위해 본 논문은 이런 윤리적인 다원화 상황에서 다양한 신학적 윤리판단형성 주체들의 견해들을 존중하며, 계속적인 발전으로 안내하고, 결국 다원화된 사회 속에서 신학이 통합의 기능에 기여할 수 있는 메타 윤리적인[8] 방법론 가운데 하나인 "윤리적 판단형성(Ethische

---

5) Ulrich H.J. Körtner, *Evangelische Sozialethik*, 54; 이렇게 규범적인 윤리의 가능성이 의문시 될 때, 이것을 극복하기 위한 여러 가지 시도들이 존재한다. Johannes Fischer, *Theologische Ethik* (Stuttgart: W. Kohlhammer, 2002), 78-83. 피셔는 신학적 윤리학이 규범적 윤리보다는 서술적이며 해석적인 성격을 가지고 있음을 강조한다.

6) Louis P. Poiman, James Fieser, *Ethics. Discovering right and wrong*, 류지환·조현아·김상돈 역, 『윤리학. 옳고 그름의 발견』 (서울: 울력, 2010), 35-62.

7) 이상은, "다원성의 도전 속의 기독교 윤리- 현대 기독교 사회윤리의 도전으로서의 '다원주의'의 질문", 「조직신학연구」 41(2022), 206-238.

8) '메타윤리'라는 용어는 1936년 에이어(A. J. Ayer)가 처음 사용한 말이지만, 현대

Urteilsbildung) 과정"이라는 주제를 다루고자 한다. 윤리적 판단형성 과정은 주로 독일어권에서 다루어졌기에 독일학자들의 입장을 주로 소개할 것이다. 먼저 윤리적 판단형성 과정에 대한 일반적인 이해를 다루고, 그런 다음에 가장 최근에 윤리적 판단형성 과정에 대한 논문을 발표한 한스 리챠드 로이터(Hans-Richard Reuter)의 방법을 소개한다. 그런 후에 최근 한국 사회에 큰 이슈로 떠오르는 "은둔형 외톨이의 문제"를 한 예로 사용하여 윤리적 판단형성 과정의 순서에 따라 실제로 다루고자 한다. 마지막으로 신학적 윤리판단형성 과정이 한국교회의 윤리적 주체인 개인들과 각 단체에 주는 윤리적인 의미를 제시하고자 한다.

II. 신학적 윤리판단형성(Ethische Urteilsbildung) 과정의 이해

1. 개념 이해

신학적 윤리판단형성 과정은 '윤리적 신학'(Ethische Theologie)의 관점에서 서술하는 것이 아니라, '신학적 윤리'(Theologische Ethik)의

윤리학에서 학문적으로 자리 잡게 된 것은 무어(G. E. Moore)에서다. 메타윤리는 행위규범을 직접적으로 탐색하는 규범윤리학과는 다르게 도덕적 담론의 의미, 진리의 진위, 방법론을 다룬다. 메타윤리에서 "도덕 판단의 영역에서 진위의 개념을 적용하는 것은 타당한지, 이러한 진위개념을 적용하는 준거는 무엇인지, 그 준거는 사실적, 경험적 주장과 어떻게 다른지에 대한 것"도 중요하지만, 특별히 이 논문에서 집중하는 것은 "도덕적 추론의 타당성 여부를 밝히는 방법론 문제"이다. "도덕적 추론을 지배하는 타당한 추론의 규칙은 무엇이며 그것은 여타의 담론규칙과 어떻게 다른가? 도덕 판단 정당화의 논리적 단계는 무엇인가? 도덕 판단이 경험적 사실로서 연역될 수 있는가?" 등이다. 도성달, 『윤리학, 그 주제와 논점』 (성남: 한국학중앙연구원 출판부, 2011), 38-44.

관점에서 논의를 진행한다. 신학적 윤리는 교의학(Dogmatik)과의 관계에서 교의학과의 상호보완적인 관계를 추구한다.[9] 그러기에 교의학과의 관계에서 단순한 분리를 추구하는 것을 넘어, "신학의 이해 안에서의 변화"[10]를 바라는 윤리적 신학과는 다르다. 요한네스 피셔(Johannes Fischer)에 따르면 신학적 윤리는 그리스도교 신앙이 가지는 그리스도교적 에토스를 해석하고, 그것을 현대 사회에서 발생하는 윤리적 문제를 고려하여 구체화하고, 공적인 삶에 드러내는 과제를 가진다.[11]

윤리적 판단형성은 일반적으로 윤리적인 상황이 발생하고, 거기에 대한 반성과 숙고와 결단이 일어날 때부터 늘 함께 존재했다. 이것은 어떤 행위가 윤리적으로 선하고 옳은 지, 또는 노력할 만한 가치가 있는지에 대한 척도, 판단 기준 그리고 원리를 판단형성 과정에 따라 근거를 세우고, 그 유효성을 제시하려는 하나의 방법론적 노력이다.[12] 말하자면 윤리적 행위들에 대해 그 행위가 옳으냐 틀린 것이냐에 대한 내용적인 판단을 직접 내리기보다는 윤리적 주체들로 하여금 어느 방법과 어느 길 위에서 타당한 판단에 도달할 수 있는가에 대한 질문이

---

9) Hans-Joachim Birkner, "Das Verhältnis von Dogmatik und Ethik", in *Handbuch der Christlichen Ethik*, Vol. 1, ed. Anselm Hertz, Wilhelm Korff and Trutz Rendtorff (Gütersloh: Gütersloher Verlagshaus, 1978), 281-296; Ulrich H. J. Körtner, "Theologische Ethik und Dogmatik", *Evangelische Theologie 77*(2017), 364-375.

10) Trutz Rendtorff, *Ethik. Grundelemente, Methodologie und Konkretionen Einer Ethischen Theologie*, Vol. 1 (Stuttgart: Kohlhammer, 1990), 44.

11) Johannes Fischer, *Theologische Ethik*, 46; 강병오, 『기독교윤리학』 (서울: 한들출판사, 2022), 15. "기독교 윤리학은 그리스도인으로서 도덕적 행위가 무엇이고 어떻게 성서적 규범을 행할 것인지를 판단하고 실천한다."

12) Wilfried Härle, *Ethik*, 김형민 역, 『선의 매혹적인 힘』 (경기: 북코리아, 2016), 251.

판단형성에서 중요하다는 것이다.[13]

이런 관점에서 신학적 윤리판단형성 과정은 현대 메타윤리학에서 주로 논의하고 있는 판단형성과정과 함께 신학적인 관점에서 현대 사회에서 발생하는 윤리적 상황들을 인지하고, 그 문제들을 공동으로 함께 논의하며 가장 타당하고 합리적인 방법이 무엇인지를 함께 고민하고자 하는 것이다.

2. 동기와 목적

신학적 윤리판단형성 과정의 동기는 현대 사회에 일어나는 윤리적 근본상황을 갈등상황이라고 간주한 디츠 랑에(Dietz Lange)의 주장에서 찾을 수 있다.[14] 갈등상황이 발생하면 윤리적 갈등의 당사자나 해당하는 윤리적 주체나 단체들은 그것에 대한 다양한 반응을 보인다. 한편으론 갈등상황을 피하는 것으로 반응하고, 어떤 사람들은 그 갈등 문제를 단지 직관적으로 해결하는 것으로 만족한다. 그러나 이런 시도들은 문제의 핵심에 근접하지도 못할 것이고, 그것 때문에 갈등의 상황은 해결되지 않은 채 남겨지게 되어 사회 속에는 계속해서 갈등의 씨앗들이 잠재할 것이다. 그래서 신학적 윤리판단형성은 인간이 살아가는 공간에는 도덕적 규범이 존재하지 않는 곳은 없다는 전제와 인간

---

13) Johannes Fischer, Stefan Grunden, Esther Imhof, Jean-Daniel Strub, *Grundkurs Ethik. Grundbegriffe Philosophischer und Theologischer Ethik* (Stuttgart: W. Kohlhammer, 2007), 95.

14) Dietz Lange, *Ethik in Evangelischer Perspektive. Grundfragen Christlichen Lebenspraxis* (Göttingen: Vandenhoeck & Ruprecht, 1992), 487.

은 사회 속에서만 인간으로 살아갈 수 있고, 그래서 사회 안의 인간들 사이에서 일어나는 이해관계는 불가피하게 갈등을 야기할 수 있기에, 사회를 유지하기 위해서는 갈등을 없애기 위한 전략과 방법이 필수적이라고 주장한다. 이것이 바로 윤리적 판단형성의 동기다.[15]

그러나 이런 동기를 가진 윤리적 주체들의 판단형성 과정은 단 한 번으로 끝나는 것이 아니라 서로에 대해 소통하고 공감하는 방향으로 사회를 이끌며, 결국 사회를 통합시키는 길로 나아갈 수 있게 하는 계속적인 과정의 성격을 갖고 있다. 이것을 통해 윤리적 주체는 윤리적 판단형성과정을 통해 인간 자신이 의식하지 못하고 내리는 윤리적 판단들에 영향을 미치는 자신의 내면에 숨겨져 있는 윤리적 안내와 이상을 올바르게 인식하고, 이것은 동시에 또 다른 윤리적 주체들을 이해할 수 있는 방법론적인 길을 열어준다. 결국, 이 계속되는 과정은 윤리적 주체들 간 소통과 이해를 함으로 사회통합에 기여할 수 있다. 윤리적 주체들로 하여금 윤리적으로 가장 타당한 판단으로 안내할 수 있기 때문이다. 그리고 윤리적 당사자로 하여금 이 판단과 결단이 새로운 삶의 전환으로 안내하도록 하는 것이다. 이것이 바로 윤리판단형성이 갖는 메타 윤리적이며 실천적인 목적이다.

3. 간략한 역사 – 독일어권 중심으로

빌프리트 헤를레(Wilfreid Härle)의 주장에 따르면 윤리적 판단형성의 이론은 메타윤리학이 발전함으로써 1970년대의 유럽의 사회윤리

---

15) 박찬구, 『개념과 주제로 본 우리들의 윤리학』 (서울: 서광사, 2006), 25.

협회(Sociata Ethica)를 배경으로 시작했는데, 그 시작점을 차지한 학자는 하인즈 에두아르트 퇴트(H.E. Tödt)의 논문이다.[16] 퇴트는 윤리적 판단형성 과정이 반복적인 과정(ein iterativer Prozess)과 상호작용적 조명(wechselseitige Beleuchtung)으로 판단과정이 진행되어야 함을 이론적으로 전제하며 여섯 단계의 도식을 전개한다: 1) 문제의 확정, 2) 상황 분석, 3) 방법 양자택일에 대한 논고, 4) 규범의 검사, 5) 판단 결정, 6) 판단 적절성에 대한 점검. 퇴트의 제자 중 한 명인 헤름스를 포함하여 랑에나 피셔도 퇴트의 판단과정 이론을 가리켜 "윤리적 판단의 형성과 검토를 위한 기본 틀"이라고 평가한다.[17]

헤름스(Eilert Herms)는 퇴트의 제자로 스승의 기본 입장을 고수하면서도 분명한 구별을 보인다. 그는 윤리판단형성을 위해 세계관(Weltanschauung)과 인간상(Menschenbild)에 대한 방향성을 강조하면서, 무엇보다도 다른 학자들에게서 볼 수 없는 "윤리적 우선권판단형성의 윤리적 이론", 즉 '우선권'이라는 단어를 통해 다양한 행동들에 대해 윤리적인 우선권을 주장하는 것이 판단형성이론의 척도라고

---

16) Wilfried Härle, 『선의 매혹적인 힘』, 252; H.E. Tödt, "Versuch zu Einer Theorie Ethischer Urteilsfindung," *Zeitschrift für Evangelische Ethik(이하 ZEE)* 21(1977), 81-93; 물론 이런 논의들이 독일어권에만 존재하는 것은 아니다. 윌리엄 프랑케나도 그의 책에서 플라톤의 대화록 『크리톤』에서 소개한 소크라테스를 예를 들어, '탈출이냐 독백이냐'라는 문제를 도덕규범에 따라서 판단해 보는 과정을 다섯 단계로 제시한다: 1)문제 상황, 2)판단의 기본자세, 3)판단기준이 될 도덕규범, 4)도덕규범에 따른 판단, 5)감형 조건에 대한 판단. William K. Frankena, Ethics, 황경식 역, 『윤리학』 (서울: 철학과 현실사, 2003), 14-19; 소흥렬, 『윤리와 사고』 (서울: 이화여자대학교 출판부, 1995), 39-44.
17) Wilfried Härle, 『선의 매혹적인 힘』, 252; 퇴트의 윤리적 판단 구상에 대한 비판적인 평가는 다음의 논문들을 참고하라. Otfried Höffe, "Bemerkungen zu Einer Theorie Sittlicher Urteilsfindung(H.E. Tödt)", ZEE 22(1978), 181-187; Christofer Frey, "Humane Erfahrung und Selbstkritische Vernunft", ZEE 22(1978), 200-213.

주장하면서, 네 단계의 과정을 제시한다. 1) 문제의 복잡성에 대한 확인, 2) 당면한 문제들을 그들의 목적과 수단과 근거에 따라 판단하는 모든 행동들의 내용적 분석, 3) 판단하는 행동을 위한 관련되고 법적인 관계들의 기술적인 검증, 4) 윤리적 검증.[18]

랑에는 윤리적 판단형성 이론을 위한 세 가지의 과제를 제시한다. 먼저는 윤리적 판단의 요소들을 구성해야 하고, 두 번째는 방법론적인 기본노선으로 사용되는 비판적인 중재의 규칙(Regeln)들을 명확히 표현해야 하며, 마지막 세 번째는 방법론적인 단계에서 판단형성이 어떤 이용수단들의 도움으로 실행되는지와 이것으로써 상호 주관적인 해명을 위해 명확하게 할 수 있는지를 제시해야 한다는 것이다. 이런 과제를 근거로 랑에는 모든 단계들이 합당한 판단에 이르기까지 계속적인 반복이 이루어져야 한다고 보는 퇴트의 입장과 동일하게 강조하면서 판단형성 과정을 여덟 단계로 제시한다: 1) 상황 분석, 2) 주관적인 조건들을 검사, 3) 갈등들에 대한 정확한 결정, 4) 행동 양자택일의 고려, 5) 기준들의 숙고, 6) 가치평가(Güterabwägungen, 경쟁 관계에 있는 이해관계를 고려), 7) 결정, 8) 점검.[19]

경제윤리에 강조점이 있는 아르투어 리히(Arthur Rich)에 따르면, 그의 윤리에서 중요한 "인간부합적인 것의 규준들(Kriterien)과 그것들에서 도출되는 준칙들(Maximen)의 상호 연관성"을 강조하면서, 윤리적 판단형성에서 도달하고자 목적한 이 준칙들이 "이성의 힘을 모

---

18) Eilert Herms, *Gesellschaft Gestalten* (Tübingen: Mohr, 1991), 44-55; Eilert Herms, "Die Bedeutung der Weltanschauungen für die Ethische Urteilsbildung", in *Theologische Ethik der Gegenwart*, ed. Friederike Nüssel (Tübingen: Mohr Siebeck, 2009), 49-71.

19) Dietz Lange, *Ethik in Evangelischer Perspektive*, 508-521.

두 발휘하여 이 규준들에 의거하여 과연 어떤 윤리적 사실적 조건들 아래서 인간 부합적인 것을 사회생활의 현실적인 관계들 속에서 최대한 실현할 수 있는가를 물음으로써만 획득될 수 있다"는 전제 아래 윤리판단형성의 원리를 다섯 단계로 제시한다: 1) 문제의 제시, 2) 기존의 형성 개념을 혹은 요청된 형성 개념들에 대한 검토, 3) 규범 비판적인 해명, 4) 지향점들에 대한 규정, 5) 비판적 검증.20) 이같은 5단계들은 퇴트와 유사하지만, 퇴트가 말하는 '문제 제기'와 '상황분석'을 '문제의 제시'로 통합했다. 리히는 이미 '문제의 제시' 안에 '상황 분석'이 포함되어 있다고 보기 때문이다.

스위스 동부 취리히에서 신학적 윤리를 가르치는 피셔는 도덕적 근본주의(Fundamentismus)와 도덕적 부합주의(Kohärentismus)의 개념을 구별하면서, 그는 롤스가 제기한 '반성적 평형'(Überlegungsgleichgewicht)21)에 대한 개념을 수용하여 그에 따른 윤리판단형성 원리를 제시한다. 그가 말하는 '반성적 편형'은 윤리적 판단형성에서 원리들을(Prinzipien) 강조하는 윤리적 입장과 직관(Intuitionen)을 강조하는 윤리적 입장 사이의 '반성적 평행'을 통한 '생산적인 방법'을 말한다. 그래서 이 과정을 통해 가장 타당한 윤리적 판단의 형성에 기여하는 방법을 찾고자 하는 것이다: 1) 직관의 분리, 2) 직관의 설명, 3) 부합원리의 검증.22)

그리스도교적 신앙의 내용을 재구성하고 전개함으로 드러난 그리

---

20) Arthur Rich, *Wirtschaftsethik*, 강원돈 역, 『경제윤리 1』 (서울: 한국신학연구소, 2002), 260-263; 조용훈, "아르투어 리히의 사회윤리 방법론", 『현대 기독교윤리학의 동향』 (서울: 예영커뮤니케이션, 1997), 223-257.

21) John Rawls, *A Theory of Justice*, 황경식 역, 『정의론』 (서울: 이학사, 2006), 56.

22) Johannes Fischer, Stefan Grunden, Esther Imhof, Jean-Daniel Strub, *Grundkurs Ethik*, 108-113; Johannes Fischer, *Theologische Ethik*, 239-255.

스도교적 현실성 이해에 근거해서 우리의 어떤 행위가 어떤 좋은 결과를 도출해내는지에 대한 관점을 가진 빌프리트 헤를레(Wilfried Härle)는 윤리적 판단형성에 대한 과정을 모든 이론과 실천을 위해 근본적인 의미를 가진 "생명의 비전"이라는 현실 이해를 근거로 진행한다. 이를 통해 그에게 중요한 것은 윤리적 판단형성 과정 안에서 전제된 현실 이해에서 밝혀지거나 밝혀지지 않는 모순들이 일차적으로 드러나게 하는 것이고, 또한 윤리적 주체들의 세계관적 전제들을 확인해 주는 것이다. 원리들(Prinzipien)과 직관들(Intuitionen) 사이에서 '반성적 평행'을 찾으려는 피셔와는 다르게 헤를레는 규범들(Normen)과 삶의 실천들(Lebenspraxis) 사이에 상호작용을 강조하면서 윤리적판단형성의 다섯 단계를 제시한다: 1) 윤리적 문제와 갈등의 분석, 2) 개인적이며 바람직한 행위 목적의 의식화, 3) 행위 목적, 수단, 그리고 부작용의 검토, 4) 잠정적 결단, 5) 잠정적 결단의 재검토.[23]

지금까지 소개한 간략한 윤리판단형성 과정에 대한 이론의 역사를 요약하자면, 윤리적 판단형성의 이론은 사회윤리적인 배경과 메타윤리적인 입장에서 시작되었다. 그리고 "윤리적 판단의 형성과 검토를 위한 기본 틀"을 제공한 퇴트에게 중요한 반복적인 과정(ein iterativer Prozess)과 상호작용적 조명(wechselseitige Beleuchtung)은 학자들마다 거의 동일하게 강조된다. 이는 상호작용의 원리가 근본인 사회에서 어떻게 하면 갈등상황을 해결하기 위한 적절한 윤리적 판단의 방법과 원리를 제시하는 것이 중요하기 때문이다. 모든 개인의 행동은 상호작용의 성격을 갖고 있기에, 개별적인 인간은 단지 공동의 세계 안에 존

---

23) Wilfried Härle, 『선의 매혹적인 힘』, 251-273.

재한다. 그들은 그 속에서만 행동할 수 있기에, 이런 상호작용을 통해서 그들은 스스로 상호작용의 질서에 형성하는 영향을 미친다. 그래서 윤리는 항상 구체적으로 사회윤리학적인 관점이 필요하다. 이를 위해 메타윤리적으로 윤리적 판단형성이론은 필요하다. 그리고 모든 윤리적 주체들로 하여금 윤리적 문제들에 대한 책임을 회피하는 것이 아니라 책임을 다하는 결단으로 안내하려는 것이다.

Ⅲ. 로이터(Hans-Richard Reuter)의 신학적 윤리판단형성 과정[24)]

로이터는 1970년대 널리 퍼져있던 인상 즉, '윤리는 진부하다'는 생각에 반대하여 현재는 '윤리 붐(Ethik-Boom)의 시대'라고 주장하는데, 그 근거로 다섯 가지를 제시한다: 먼저는 학문과 기술의 발전이다. 이것은 한스 요나스가 '현대 기술은 왜 윤리학의 대상인가'라는 질문을 한 후에 그 이유로 제일 먼저 "결과의 모호성"을 이야기하면서 답을 한 것과 같은 것이다.[25)] 학문과 기술의 발전은 예측할 수 없는 많은 문제들을 야기하기에 윤리가 필요하다는 것이다. 두 번째는 '사회의 세분화'가 윤리적 관심을 증대했다는 것이다. 세 번째는 자기 스스로를 구성해 나가야 하는 능동적 '개인주의'가 윤리적 관심을 올렸다고

---

24) 이 단락은 다음의 책을 주로 참고하였다. Hans-Richard Reuter, "Grundlagen und Methoden der Ethik", in *Handbuch der Evangelischen Ethik*, ed. Wolfgang Huber, Torsten Meireis and Hans-Richard Reuter (München: C.H. Beck, 2015), 11-123.

25) Hans Jonas, *Technik, Medizin und Ethik*, 이유택 역, 『기술 의학 윤리』 (서울: 솔출판사, 2005), 41-50.

한다. 네 번째는 '세속화'의 문제가 대두하면서, 종교가 더 이상 삶의
모든 영역에서 답을 제공해 주는 역할을 하지 못하며, 종교조차 개인
이 선택해야 하는 사회의 하위 항목이 되어버렸기에 윤리적 문제가 더
많이 부각되었다는 것이다. 마지막으로 전 세계적이며 '전 지구적인
상업화의 현상'이 윤리적 관심의 증대를 초래했다는 것이다. 로이터가
이렇게 다섯 가지로 제시하는 윤리 붐(Ethik-Boom)의 이유들은 곧 윤
리가 사회에 필요한 이유이기도 하다.

이런 이해를 바탕으로 로이터는 윤리 판단형성과정을 위해, 우선적
으로 적용 가능한 윤리의 현대적 모델들 안에서 일반적인 원리나 규범
(Norm)과 구체적이고 특수한 경우 사이의 조화를 어떻게 정확하게 파
악하고 이해할 수 있는지를 살핀다. 로이터가 주로 언급한 세 가지 윤
리 모델은 근본주의(Fundamentismus), 상황주의(Kontextualismus) 그리
고 부합주의(Kohärentismus)다. 그는 피셔처럼 근본주의와 상황주의
의 단점을 피하면서 도덕적 부합주의의 모델에 따라 논의를 펼치되,[26]
특별히 롤스가 주장한 '반성적 평형'이라는 논증 시스템의 개념도 윤
리적 판단형성과정에 첨가시킨다.

이렇게 로이터는 부합주의와 '반성적 평형' 이론을 언급한 후에 윤
리적 판단형성에 중요한 '우선순위의 규칙들(Regeln)'을 네 가지로 제
시한다. 먼저는 "직견적 의무"라고도 하고 "조건적 의무"라고 하는

---

26) 근본주의(Fundamentismus), 상황주의(Kontextualismus) 그리고 부합주의
(Kohärentismus)에 대한 자세한 설명을 위해서는 다음을 참고하라. Hans-
Richard Reuter, "Grundlagen und Methoden der Ethik", 95-101; 부합주
의에 대한 일반적인 소개에 대해서는 다음의 책을 참고하라. Jens Badura,
"Kohärentismus", in *Handbuch Ethik*, ed. Marcus Düwell, Christoph
Hübebthal and Micha H. Werner (Stuttgart: J. B. Metzler, 2006), 194-205.

개념 즉, "Prima-facie-Pfichten"(이하, "조건적 의무")다. 이 개념은 로이터가 로스(William David Ross)의 윤리이론[27]에서 가져온 개념으로 현대 사회가 의무들의 혼란(Pflichtenkollisionen)속에 있고, 그런 상황에서 어떻게 행위를 위한 판단을 우선적으로 해야 하는지를 논의하기 위한 것이다. 로스는 도덕적으로 옳다는 것을 도덕적 적합성 (moral suitability)로 규정한다. 어떤 행위가 도덕적으로 옳다는 것은 그 행위의 결과가 최대한의 선을 가져오기 때문이 아니라 '상황에 적합하기' 때문이라고 한다. 상황에 적합하다는 것은 행위자와 다른 사람 간의 특별한 상황 속에서의 관계로 인해 행위자에게 부여되는 윤리적인 의무라는 의미다. 그래서 이 의무는 행위자들이 서로 만나는 관계에서 발생한다는 점에서 모든 것을 반드시 수행해야 할 책임으로 받아들이지 않고 조건적으로 받아들인다. 그러나 "자신에게 부과된 의무들이 하나 이상인 경우, 어떤 상황이 가장 절실한 의무인지를 면밀하게 검토해서 그것을 수행해야 하는데, 이런 경우 조건적 의무는 자신의 실질적 의무가"[28]된다는 것이다. 간단하게 말하면 정신적으로 성숙하고 정상적인 판단을 하는 사람들이면 누구나 받아들일 수 있는 것을 말한다. 로스는 이 조건적 의무를 다음과 같이 몇 가지로 제시한다: "누구나 약속을 지키고 진실을 말해야 한다. 누구나 다른 사람들에게

---

27) 로스의 윤리이론에 대한 간략한 설명은 다음의 책을 참고하라. 도성달, 『윤리학, 그 주제와 논점』, 224-226, 382-401. "로스의 조건적 의무는 도덕적 적합성 개념에 의해서 실제적 의무가 된다." 도성달은 로스의 윤리이론이 갖는 장점으로 "기존의 공리주의 윤리와 의무론 윤리의 난점을 극복할 수 있는 새로운 의무론 윤리체계"라고 평가하고, 단점으로는 "로스의 윤리이론이 실천적 적실성을 지니려면 구체적 상황에서 도덕적 적합성의 기준을 어떻게 정할 것인가 하는 물음에 답"을 해야 한다는 것이다.

28) 로스의 윤리이론에 대한 간략한 설명은 다음의 책을 참고하라. 도성달, 『윤리학, 그 주제와 논점』, 226.

괴로움을 주는 잘못된 것들을 시정해야 한다. 누구나 호의에 감사를 표해야 한다. 누구나 덕과 지성, 그리고 행복에 관련된 타인의 몫을 향상시켜야 한다. 누구나 가치들을 정의롭게 분배해야 한다. 누구나 자신의 덕과 지성을 향상시켜야 한다. 누구나 타인에게 상해를 가하지 말아야 한다."[29] 로스는 이런 의무들을 실행할 때 중요한 것은 "어떤 행위가 실질적 의무인지 아닌지 하는 것은 전적으로 제시되고 있는 상황이 도덕적 중요한 유형인지 아닌지에 달려있다"[30]고 한다. 두 번째로 로이터는 우선순위의 규칙으로 행위가 야기하는 두 가지의 영향 즉, 긍정적인 영향과 부정적인 영향을 고려해야 함을 제시한다. 어떤 행위가 일으키는 직접적이고 간접적인 영향과 효과들을 고려해야 한다는 것이다. 이것을 '이중 영향 원리'(Doppelwirkungsprinzip)라 한다. 세 번째는 가치평가(Güterabwägungen, 경쟁 관계에 있는 이해관계를 고려) 이론을 우선순위 규칙으로 제시한다. 이 이론은 동일한 조건들 아래서 어떤 결정을 내려야 할 때 종종 가장 중요한 가능성으로 선을 선택하거나 또는 가장 적은 가능성으로 악을 선택하는 것을 말한다.[31] 다시 말하면 경쟁관계에 있는 이해관계의 상황에서 선택을 할 때 선(Gut)으

29) 박종균, 『전환시대의 기독교와 윤리』 (성남: 북코리아, 2014), 109-112; W. D. Ross, *The Right And the Good*, (Oxford: Oxford University Press, 1930), 39-41.
30) Hans-Richard Reuter, "Grundlagen Und Methoden der Ethik", 104.
31) Hans-Richard Reuter, "Grundlagen Und Methoden der Ethik", 107; Johannes Fischer, Stefan Grunden, Esther Imhof, Jean-Daniel Strub, *Grundkurs Ethik*, 108-113; Johannes Fischer, *Theologische Ethik*, 133; 오트프리트 회페는 '가치평가'를 "하나의 선택과 결정의 갈등에서 질적인 해결을 요구하는 실천적 숙고의 과정"이라고 정의한다. Otfried Höffe, *Lexikon der Ethik* (München: C. H. Beck, 2002), 107-108; Christoph Horn, "Güterabwägung", in *Handbuch Ethik*, ed. Marcus Düwell, Christoph Hübebthal und Micha H. Werner (Stuttgart: J. B. Metzler, 2006), 391-396.

로는 가장 최상의 것을, 나쁜 것에는 가장 미미한 것을 고려해야 한다
는 것이다. 마지막 네 번째로 로이터는 우리가 어떤 윤리적 행위를 평
가할 때, 가치평가이론이나 로스의 '조건적 의무'라는 개념으로 해결
할 수 없는 윤리적 딜레마가 있다는 전제 아래서 '예외적인 상황들'
(Ausnahmesituationen)도 함께 고려해야 한다고 주장한다.

로이터는 위와 같이 우리가 윤리판단형성을 위해 중요한 우선순위
의 규칙을 네 가지로 언급하면서, 우리에게 그의 이론이 의무론적 윤
리와 상황주의 윤리를 서로 보완하면서 통합적인 관점에서 즉, 부합주
의(Kohärentismus)의 관점에서 양극단을 피하면서'반성적 평형'을 통
해 이미 확정된 규준들을 제시하는 데 만족하지 않고 새로운 규준들과
외부의 비판적인 관점들을 위한 개방성을 가져야 함을 보여준다. 이런
우선순위 규칙 위에서 이제 구체적으로 판단형성의 과정을 네 단계[32]
로 제시한다.

1. 상황의 서술(Beschreibung des Kontextes)

윤리판단형성의 과정을 시작할 때 가장 먼저 착수해야 할 것은 윤
리적인 문제들이 발생한 상황들과 컨텍스트를 정확하게 서술하는 것
이다. 로이터는 이 단계의 서술에서 고려해야 할 중요한 네 가지 요소

---

32) Michael Schäfers, *Prophetische Kraft der Kirchlichen Soziallehre? Armut,
Arbeit, Eigentum und Wirtschaftskritik* (Münster: Lit Verlag, 1998), 47-58.
로이터는 세퍼스가 소개하는 라틴아메리카 해방신학의 방법론적 세 단계 즉 "보
다(Sehen) - 판단하다(Urteilen) - 행동하다(Handeln)"와의 연관을 강조한다:
로이터가 소개하는 첫 번째 단계는 "보다", 두 번째와 세 번째는 "판단하다", 그
리고 네 번째는 "행동하다"와 연결된다.

를 제시한다: 첫 번째는 윤리적 문제들과 관련된 경험적인 사실과 기본조건들에 대한 분석과 검토가 필요하다는 것이다. 이를 위해 넓은 의미에서 사회적이며, 인간론적인 그리고 자연 과학적으로 해당되는 전문가들의 추론이 필수적이라고 한다. 두 번째는 상황을 서술할 때 윤리적 문제에 해당되는 전문분야에서 유효한 법적인 규정들에 대한 인식을 포함시켜야 한다. 셋째는 상황의 분석을 위해서 윤리적 문제로부터 직접적으로나 간접적인 당사자, 서로 다른 관심들과 요구들에 대한 질문이 필요하다. 이것들은 특정한 해결의 제안들과, 주어진 힘의 관계들 그리고 영향력의 가능성을 동반한 것이다. 넷째는 상황의 서술을 위해서는 현 시대의 에토스와 그 안에 체현된 특수하게 문제되는 직관들, 그리고 확정된 논증들에 대한 질문들이 필요하다. 이런 것들은 종종 에토스적이고 문화적인 특수한 특징에 의존한다. 그리고 이런 특징들은 개인적인 인지(認知)의 본보기 또는 집단적인 근본 경험에 귀결되는 것이다.

2. 윤리적 관점들, 규준들 그리고 방향성의 확인
(Identifizierung der ethischen Perspektiven,
Kriterien und Orientierungen)

로이터는 윤리적 상황에 대한 서술을 상술한 후에, 그렇게 서술된 윤리적 문제 상황의 컨텍스트가 미학적(ästhetischen), 법학적, 정치적 또는 경험적이며 학문적인 판단과 구별되어야 함을 강조한다. 왜냐하면 비록 윤리적 판단이 그 사태에 따라 다른 여러 학문과 연결되어 있다고 하더라도, 윤리의 특수한 성격을 고려해야 하기 때문이다. 그러나 이것은 좁은 의미에서 일반화 원리에 방향 지워진 중립의 도덕적 관점으로 축소되는 것은 아니라고 한다. 오히려 로이터는 윤리적 이론은 다차원적인 관점을 제공해야 한다고 주장한다. 로이터는 다차원적인 관점으로 도덕적인 의무와 규범들에 대해 질문하는 의무론적 관점(우리는 무엇을 해야만 하는가?), 선들(Güter)과 목적들을 향하는 평가적인(evaluativ) 관점(우리는 어떻게 살기를 원하는가?) 그리고 해당 관계자들과 관련하여 어떤 관점과 기본 입장 그리고 덕들이 적절한지를 질문하는 협의적인(konsultativ) 관점(선을 행할 수 있도록 하기 위해 무슨 자격이 주어져야 하는가?)을 제시한다. 이런 관점들을 근거로 이 단계에서 중요한 세 가지 요소가 필요함을 로이터는 언급한다: 먼저는 윤리적 이론들 안에서 논의되는 규범적인, 평가적인(evaluativ) 또는 협의적인(konsultativ) 관점들과 그것들과 연결된 주요 규준들(Leitkriterien) 아래서 해당되는 문제들이 어떻게 다루어지는지를 명확하게 해야 한다. 그런 후에 두 번째로 윤리적 이론의 배경을 설명하고 깊은 해석으로 주요 규준들을 갖춘 포괄적이며 종교적이고 또는 철학적인 현실수용(Wirklichkeitsannahmen)을 주제로 삼아야 한다. 신학적으로는 실제적인 신의 명령, 하나님의 형상에 따른 인간의 가치 그리고 하나님과의 온전한 공동체로서 성공적인 삶을 말한다. 그리고 마지막으로 이 단계에서 로이터는 문제가 되고 있는 사실적인 컨텍스트에 적절하고 사안에 따라서는 중간원리(mittler Prinzipien)을 재구성할 수 있는 구체적이고 행위 주도적인 방향성들을 확인해야 함을 강조한다. 여기서 말하는 중간원리는 영구적인 구속력을 요구하는 대신 특정한 시간과 상황에 따라 잠정적이고 제한적인 타당성만을 요구하는 것을 말한다.

3. 검증, 평가 그리고 심사숙고(Prüfung, Bewertung und Abwägung)

로이터는 윤리적 관점들, 기준들 그리고 방향성들을 확인한 후에, 그가 강조하는 윤리적 판단이 어떤 성격이어야 하는지를 다시 정리한다. 그에 따르면 윤리적 판단은 실천적인 고찰이며, 창조적인 반성 과정이다. 이 반성의 경과가 진행되면 기초가 튼튼한 확신들, 중간원리들 또는 관련된 배경이론들이 서로 서로 균형을 이루며, 해당되는 윤리적 상황 서술과 연결이 된다는 것이다. 이 말은 이런 과정이 존재하는 논증 시스템의 순환적인 안정성이라는 결과가 일어나도록 하기 위함이 아니라, 문제 지향적이며 연관성 있는 판단 모델(Urteils- modell)의 범위 안에서 배경의 수용을 고려하는 것에 특별한 의미를 부여한다는 것이다. 말하자면 종교적이고, 철학적이며 또는 세계관적인 현실 해석 또는 명확한 윤리적 이론과의 분명한 연관성을 갖는다는 말이다. 이런 경과 속에서 행위를 주도하는 지향점들의 서열화가 드러나는데 즉, 중간범위에 대하여 상위의 상태의 주된 원리들이 검사 기준으로 드러난다는 것이다. 그리고 행위를 판단하기 위해서는 또한 요구된 수단과 예상되는 결과를 평가해야 한다고 로이터는 주장한다. 마지막으로 혼란한 의무들 또는 선들 그리고 혼란한 목적들과 부차적인 결과들을 위해 논의된 우선순위 규칙과 심사숙고의 규칙을 참고하도록 지시한다.

4. 결정과 전환(Entscheidung und Umsetzung)

로이터는 윤리판단형성의 마지막 과정으로 윤리적 결정과 전환에 대해 논의한다. 그는 이 단계를 위해 중요한 세 가지 요소를 언급한다. 먼저는 행위자와 관련하여 의지적인 찬성과 실천적인 동의가 드러나야 한다. 말하자면 의지적으로 행위를 규정하는 결정이 있어야 하는데, 다른 사람이 대신하는 것이 아니라 당사자가 반드시 참여해야 한다는 것이다. 두 번째로 판단형성의 결과와 그것에 가능한 방법으로 모순되는 사회적인 규범과 가치, 사실들과 실정법 사이를 긴장감을 가지고 어떻게 걸어야 하는지 검사해야 한다. 그러나 여기서 중요한 것은 계속적인 심사숙고가 아니라 실천적인 방향으로 나아가는 전환이어야 한다는 것이다. 마지막 세 번째에서 주목해야 할 것은 윤리적 판단의 실천적 전환의 수단과 여정을 포함시켜야 한다는 것이다. 여기에는 지금까지 판단형성과정을 통해 도달한 결단을 사회적으로 구현하기 위한 조치들이 구체적으로 포함되어야 함을 강조한다. 그런 후에 로이터는 강조하기를 이 윤리적 판단형성의 과정은 한 번의 과정으로 끝나는 것이 아니라 가치평가(Güterabwägungen)의 과정이 계속해서 새롭게 진행되어야 하는 것은 필수적인 사실이라고 주장한다.

Ⅳ. "은둔형 외톨이 문제"에 대한 신학적 윤리 판단형성 과정의 실제

위에서 상술한 윤리적 판단형성과정에 대한 이해와 로이터가 소개한 그의 판단형성과정의 네 단계에 따라 오늘 한국 사회에서 코로나19 이후 두드러지게 나타난 현실적이며 윤리적인 사회 문제인 "은둔형 외톨이 문제"를 실제로 다루려고 한다. 이를 통해 분명해지는 것은 윤리적 주체들이 서로가 가지고 있는 윤리적 규준들(Kriterien)과 규범들(Normen)을 인식함으로 서로에 대한 이해 폭을 넓히고 소통으로 한 걸음 더 나아가게 함으로 사회통합을 이루는 이론적인 토대를 마련하는 것이 목적이다. 여기서 말하는 사회통합은 사회와 공동체는 아무런 문제가 없고, 은둔형 외톨이는 문제가 있다는 전제에서 출발하는 것이 아니다. 오히려 서로에 차이를 인정하며 이해를 추구하는 사회통합이다.[33] 그리고 또한 기억할 것은 이 판단형성과정의 단계는 계속해서 수정하고 교정하며 반복되어야 한다는 점이다.

1. 상황의 서술(Beschreibung des Kontextes)

일본에서 1970년대에 처음으로 관찰된 '은둔형 외톨이'는 일본어 히키코모리(hikikomori)를 번역한 용어다. 이 용어는 '오랜 기간 동안 사회적 교류 없이 한정된 공간에서 거주하며 사회적이며 경제적인 활동을 하지 않는 사람들'로 정의하는 것을 현재 학계나 사회에서 무리 없이 받아들이고 있기에, 이 논문에서도 이 용어를 그대로 사용한다. 비록 은둔형 외톨이를 결정할 때 어느 정도 그 기간에 사회와의 단절 속에 있는 사람을 가리키는지에 대한 논의가 있기는 하지만, 양적인 시간보다는 질적인 시간이 중요하기에 학계에서는 일반적으로 3개월 이상으로 보는 데 의견을 같이한다. 일본에서 은둔형 외톨이가 사회적

---

33) 김현수는 본회퍼의 "폴리포니"의 개념을 이용하여 타자와 함께 살기 위하여, 다양한 목소리를 지닌 타자의 타자성을 환대할 준비가 되어 있어야 한다고 주장한다. 김현수, "다문화, 다인종 사회에서의 정체성 문제: 디트리히 본회퍼의 '폴리포니'를 중심으로", 「신학사상」 150(2010/가을), 217-247.

인 문제로 처음 대두된 것은 후기산업사회가 요구한 경쟁사회 속에서 치열하게 살아가면서, 그 경쟁에서 밀려난 사람들이 자연스럽게 형성되었고, 그렇게 밀려난 사람들이 사회구조 속에서 한번 밀린 경쟁에 들어가지 못하고 지속적으로 경험한 좌절과 박탈감, 그리고 상대적 빈곤과 불평등이 그들을 좁은 방으로 들어가 사회로 나오지 못하게 하였기 때문이다. 이런 현상은 한국에서도 일본보다 약간 늦게 2000년대에 나타났다.[34] 한국적인 상황에서 입시경쟁이 극심해지면서 사회적으로 고립되는 은둔현상이 발견되기 시작한 것이다. 또한 더 넓게는 "신자유주의에 따른 노동 유연화 심화, 장기불황, 지속적 금융위기 발생, 산업구조의 변화"[35] 등의 사회 구조적인 상황의 결과물로 인해 그동안 전통사회에서 일반적이지 않았던 사회적인 문제로서 은둔형 외톨이라는 윤리적인 상황이 발생한 것이다. 그리고 이런 현상은 코로나 19를 보내면서 더욱 심각해졌다. 지난해 서울시에서 조사한 '고립, 은둔 청년 실태 조사' 결과, 서울에 거주 중인 만 19~39세 청년 표본 중 고립 및 은둔 비율은 약 4.5%로 나타났다. 해당 비율로 추정한 서울 은둔형 외톨이 수는 13만 명, 전국으로 확장하면 약 61만 명에 달한다는 결과가 나왔다.[36]

---

34) 정근하 · 노영희, "한국과 일본의 은둔형 외톨이 운둔생활 비교 연구", 「한국비교정부학보」 26-4(2022), 121-142. 공동저자는 은둔형 외톨이가 한국 사회에서 출현하게 된 배경을 네 가지로 제시한다: "1. 한국 경제의 고속 성장과 쇠퇴로 인한 사회 변동(IMF 외환위기), 2.학력 중시 사회(입시 위주 교육과 치열한 경쟁), 3. 저출산율(과잉보호), 4.단일 가치를 추구하는 사회(일류 대학, 대기업, 출세)."

35) 노가빈 · 이소민 · 김제희, "청년 은둔형 외톨이의 경험과 발생원인에 대한 분석", 「한국사회복지학」 73(2021), 57-81; 김회권은 한국의 무한 입시 경쟁의 근원에 신자유주의와 국가주의가 있다고 주장한다. 김회권, "입시 경쟁에 대한 성서적-신학적 이해. 무한경쟁주의 시대에 우리 아들의 교육 어떻게 할 것인가?", 「신학사상」 140(2008/봄), 69-116.

36) 서울시 고립·은둔 청년 실태조사 결과 보고서(2022.12). 서울시청 인터넷 자료.

그러나 이런 현상을 경험하면서 사회 안에는 여러 가지 반응들이 대립하고 있는 것이 현실이다. 한쪽에서는 이런 현상을 단순히 개인윤리의 문제로 취급해야 한다는 주장과 반대로 사회윤리 차원으로 접근해야만 한다는 입장 간에 대립이 있고, 다른 한쪽에서는 '은둔형 외톨이는 잠재적 범죄자 그룹'으로 보는 입장과 반대로 이것은 '사회 구조적 문제로 발생한 사회적 문제이지 잠재적 범죄그룹이' 아니라고 하는 입장들이 첨예하게 대립하고 있다. 후자의 상황이 발생한 것은 최근 우리사회에서 발생한 '묻지마 폭행이나 살인', 그리고 '묻지마 흉기 난동'들이 발생했을 때, 그것을 일으킨 사람들이 사회에 적응하지 못한 부적응자의 모습들로 대중들에게 주로 비쳐졌기 때문이다. 그러나 과연 그럴까? 사실 은둔형 외톨이 문제는 다양한 면과 요소들이 있다. 이 판단형성과정에서는 그것을 다 다룰 수는 없고, 위의 대립되는 입장들을 중심으로 서로에 대한 윤리적 사고들을 점검하면서 오늘날 사회의 문제가 되고 있는 은둔형 외톨이에 대한 타당한 이해와 합리적인 판단을 위한 방법론적인 안내를 제시하고자 한다.

2. 윤리적 관점들, 규준들 그리고 방향성들의 확인

은둔형 외톨이의 문제는 개인윤리 차원에서 다루어야 하는가? 아니면 사회윤리적인 차원에서 다룰 주제인가? 개인윤리의 입장에서 보면 61만 명으로 추정되는 현재 한국사회의 은둔형 외톨이의 현상은 개인

---

https://opengov.seoul.go.kr/search?searchKeyword=%EC%9D%80%EB%91%94%EC%B2%AD%EB%85%84.(2023.10.15.접속)

적인 문제로 사람들과의 관계를 힘들어하고, 개개인이 성실하게 자신
의 생업의 의무를 다하지 않고, 스스로 사회생활을 포기한 것에 기인
한 것이다. 그래서 개인의 불성실함과 자신이 스스로 선택한 은둔형
외톨이의 문제는 개인이 책임을 져야지, 국가 떠맡아 책임질 필요가 없
다는 것이다. 의지의 자율을 가지고 있는 이성적인 행위자인 인간이
스스로를 규정할 수 있는 능력을 가지고 있는데, 은둔형의 모습으로
개인이 자율적으로 선택했기에 개인이 책임져야 할 상황이라는 것이
다. 그리고 또한 인간은 사회적 동물이기에, 인간은 사회 속에서 상호
작용하며 인간으로서의 본질을 추구해야 할 의무가 있다. 그런데 스스
로 그런 사회적 인간으로서 책임을 회피하는 것은 옳지 않다는 것이
개인윤리의 주장이다. 이 입장에서 보는 은둔형 외톨이의 요인은 출생
순위, 성별, 기질과 성격, 사회적 기술 부족 등이 포함된다. 그리고 가
족요인으로 부모 애착, 부모 양육 태도, 가정환경도 이에 해당된다.[37]

그러나 사회가 발전하면서 드러나는 현상은 그야말로 예측 불허한
사회문제들이 동반된다. 긍정적인 효과도 있지만, 동면의 양면처럼 부
정적인 면이 언제나 함께 등장한다. 오트프리트 회페에 따르면 어떤
기술들이 극대화될 때 필연적으로 그것을 이루기 위한 필요한 비용인
"외부화"(Exterinalisierung)를[38] 가져오는 것과 비슷하다. 특별히 이런
현상은 우리 시대에 양극화 현상으로 그 심각성을 드러낸다. 이것은
지난 세기 산업화를 통해 현대 사회의 삶에 지속적인 변화를 초래했

37) 김혜원·조현주·김연옥·김진희·윤진희·차예린·한원건, 『가족, 사회, 자신을 위한
희망안내서 은둔형 외톨이』(서울: 학지사, 2021), 173-278.
38) Otfried Höffe, *Moral als Preis der Moderne*, 김시형 역, 『학문윤리학』 (서
울: 시와 진실, 2013), 214. 회페는 외부화를 "개인의 행동동기를 포함한 모든
것의 원인을 외부 원인으로 돌리는 것"으로 정의한다.

는데, 예를 들면 새로운 노동 형태와 경제 형태가 생겼고, 또한 새로운 사회적인 계층인 산업사회의 프롤레타리아가 만들어진 것과 비슷하다. 그런데 이것은 전통적인 삼 신분사회에서는 수용할 수 없는 계층이었다. 이런 배경에서 사람들은 산업사회의 프롤로테리아의 불행에 대해 어떻게 정당하게 싸울 수 있는가라는 질문을 던졌는데, 그게 소위 말하는 "19세기의 사회문제(Soziale Frage)였다. 현재의 양극화 현상을 만들어낸 후기산업사회의 모습도 마찬가지다. 신자유주의와 경제 불황은 부의 불평등 지수를 심화시켰고, 사람들로 하여금 무한 경쟁으로 내몰았으며, 거기에 살아남지 못한 사람들은 구조적으로 사회에서 점점 고립되기 시작한 것이다. 이것으로 인해 사람들은 상대적 박탈감과 불만족 속에서 점점 은둔형 외톨이들이 만들어지게 된 것이다. 그리고 잘 조성된 인터넷 환경이 온종일 온라인 게임과 SNS를 통해 혼자서도 시간을 보낼 수 있게 하고, 치열한 경쟁에서 벗어날 수 있는 곳을 찾을 수 있게 한 것도 원인을 제공한 요소 중에 하나다. 그러기에 이 현상은 단순히 개인윤리 차원으로만 해결할 수 없고, 사회 구조적인 연결을 고려해야지만 타당한 방향을 잡을 수 있다.[39]

이렇게 위에서 상술한 것처럼, 개인윤리 관점과 사회윤리 관점이 차이가 난다고 하더라도 은둔형 외톨이의 현상이 사회에 악영향을 주고 잠재적 범죄자라는 사회적 오해는 시정되어야 할 부분이다. 오히려 은둔형 외톨이로 몰린 사람들을 면밀히 살핌으로 그들을 올바른 관점에서 이해하도록 노력해야 한다. 우선 의무론적 관점에서 로이터가 로스의 윤리 이해 통해 언급한 조건적 의무들 가운데 "누구나 덕과 지

---

39) 신상목, "외로운 크리스천", 지용근 외, 『한국교회 트렌드 2024』 (서울: 규장, 2023), 57-79.

성, 그리고 행복에 관련된 타인의 몫을 향상시켜야 한다"는 내용을 기억해야 한다. 나와 다른 타자들을 용납하고 받아들이는 것이 쉽지 않지만, 로스의 주장처럼 정상적인 생각을 가진 사람이라면 타인을 억압하는 것은 도덕적으로 적합하지 않다. 그래서 정근하와 노영희의 연구에서 볼 수 있듯이 지방의회들이 은둔형 외톨이에 대한 조례안을 만들고 지원하려는 노력을 하지만,[40] 아직까지 은둔형 외톨이에 대해 사회적인 약자라는 합의가 온전히 이루어지지 않은 상태라고 하더라도, 은둔형 외톨이를 사회적 약자[41]라는 시각을 가지고 접근해야 한다. 사회적 약자로서 은둔형 외톨이는 사회적으로 포용의 대상이고, 신학적으로는 하나님의 형상에 따른 가치 아래서 우리와 더불어 살아야 하는 존재요 서로 함께 함과 서로 위함을 가지며 사는 사람이며,[42] 그리고 하나님과의 연대 속에서 성공적인 삶을 살아가도록 도움을 받아야 할 대상이다. 그리고 책임윤리의 관점에서 현재 은둔형 외톨이의 문제가 온전하게 해결되지 않는다면 지속가능한 건강한 미래 사회공동체를 만들어가는 것을 장담할 수가 없다. 그리고 이 문제를 올바른 방향 속에서 정책적으로 해결하지 않는다면 계속 증가하고 있는 은둔형 외톨이는 국가들의 경쟁력에서 뒤쳐질 수밖에 없을 것이다.[43]

---

40) 정근하 · 노영희, "지방의회 은둔형 외톨이 조례안 비교 연구. 여섯 개 시도를 중심으로", 「한국자치행정학보」 36(2022), 209-225.

41) 차진아, "사회적 약자의 인권에 관한 연구", 「공법학연구」 13(2012), 193-226. 사회적 약자를 정의할 때 여러 가지 관점들과 상황들을 고려해야 하지만, 차진아는 이렇게 정의한다. "사회적 약자란 공동체구성원 가운데 사회적 관점에서 약자로 취급되는 사람 내지 그로 인하여 사회적 연대적 관점에서 보호가 필요한 사람"이다. 이런 정의에 따라 은둔형 외톨이는 사회적 연대적 관점에서 보호와 돌봄이 필요한 사람으로 간주하고 사회적 약자관점에서 이 논문을 서술한다.

42) 고재길, 『본회퍼, 한국교회에 말하다』 (서울: 케노시스, 2012), 50-63.

43) 도묘연 · 이관률은 사회적 약자에 대한 사회적 포용이 노동생산성을 제고해 경제

그래서 덕윤리 가운데 배려윤리가 선들(Güter)과 목적들을 향하는 평가적인(evaluativ) 관점에서 필요하다. 배려윤리는 사회적 약자들을 배려하고 보살피며 친밀성을 추구한다.[44] 이것은 선한 사마리아 비유(눅 10:25-37)를 통한 예수의 이웃에 대한 사랑과 맥을 같이한다. 미하엘 볼터(Michael Wolter)는 선한 사마리아 비유를 해석하면서 이 비유의 의미가 기독교 윤리학에서 중요한 원리들 가운데 하나인 황금률(눅 6:31)과 연결된다고 주장한다.[45] 황금률은 윤리학자들이 인정하는 것처럼 윤리적인 관점에서 완벽하지는 않는다고 하더라도, "윤리적 교육을 위해 필요한 구성요소와 기본요강이요 상호성과 공정성을 따르는 사회질서를 개발하는 데 필요한 사회 윤리적 기준"[46]이라는 것이 분명하기 때문이다. 마지막으로 이 부분에서 고려해야 윤리는 협의적인(konsultativ) 관점에서 '돌봄윤리'다. 은둔형 외톨이들이 주로 은둔하는 공간이 가정이기에 그들을 배려하고 돌보는 것은 가정을 포함하여 사회적인 공동작업으로 진행해야 한다. 가정과 사회의 돌봄이라는 두 관점을 모두 포괄하는 것이 버지니아 헬트(Virginia Held)가 내세운 돌봄윤리다. 이 윤리의 근거는 예수께서 종말의 상황을 언급하며 제자들에게 지극히 작은 자를 돌보고(마25:31-46) 환대하는 것을 언급한

성장을 야기한다고 주장한다. 도묘연·이관률, "사회적 약자에 대한 사회포용과 지역발전의 관계", 「한국지방자치학회보」 35(2023), 1-29.
44) 박종균, 『전환시대의 기독교와 윤리』, 184; 배려윤리는 미로슬라브 볼프가 말하는 포용과 유사하다. 볼프는 포용의 네 단계를 소개한다. 1. 팔 벌리기 2. 기다리기 3. 팔 모으기 4. 다시 팔 벌리기. Miroslav Volf, *Exclusion and Embrace*, 박세혁 역, 『배제와 포용』 (서울: 한국기독학생회출판부, 2012). 222-229; 김수천, "힐링목회를 위한 영성학적 힐링의 의미 고찰-헨리 나우웬의 관점을 중심으로", 「신학과 실천」 82(2022/11), 193-219.
45) Michael Wolter, *Das Lukasevangelium* (Tübingen: Mohr Siebeck, 2008), 398.
46) Wilfried Härle, 『선의 매혹적인 힘』, 219-220.

내용에서 찾을 수 있다. 이 윤리는 사회적 약자들의 필요를 충족시키는 윤리이며, 공감, 동감이라는 것에 강조를 두는 윤리이고, 가족과 우애의 사적인 도덕적 중요성도 수용하면서 사회적 함의를 강조하고, 마지막으로 인간을 관계적이고 상호의존적인 존재로 바라본다.[47]

3. 검증, 평가 그리고 심사숙고(Prüfung, Bewertung und Abwägung)

개인윤리적 관점과 사회윤리적 관점의 관계에 대한 윤리적인 검증이 필요하다. 피셔에 의하면 현대 윤리적인 흐름은 대체로 사회윤리 쪽으로 흐르고 있다고 주장한다. 그 근거로 현대 사회에서 나타나고 있는 지속적이고 가속화된 사회변화의 경험들, 개인적인 삶의 위치와 확장 가능성이 달려 있는 사회적 구조들의 형성 그리고 개인적인 문제로 귀속시킬 수 없는 다양한 영역에서 나타난 행위의 사회화(Vergesellschaft) 등을 제시한다.[48] 쾨르트너도 "행위의 사회화"에 근거하여 윤리는 확실히 사회 윤리적으로 수행되어야 한다고 말한다. 그렇다고 개인 윤리적 관점을 외면하면 안 되고 반드시 함께 포함시켜야 한다고 주장한다. 이런 관점에서 은둔형 외톨이에 대한 윤리적 접근은

---

47) Virginia Held, *The Ethics of Care*, 김희강·나상원 역, 『돌봄: 돌봄윤리』(서울: 박영사, 2017), 44-45; 김진혁은 하나님의 구원론적 선택과 제한이 환대를 위한 신학적 언어와 문법을 형성하는 가능성을 탐구하면서 다음과 같은 결론을 내린다: "예수 그리스도의 선택은 하나님을 인류를 환대하시는 주님으로 계시하고, 교회를 신적 환대를 역사에서 현실화하는 공동체로 빚어낸다." 김진혁, "환대와 선택: 환대의 신학을 위한 예정론의 재해석", 『장신논단』 53 (2016), 95-125.

48) Johannes Fischer, Stefan Grunden, Esther Imhof, Jean-Daniel Strub, *Grundkurs Ethik*, 298.

개인 윤리적인 관점을 신중하게 고려하면서도 사회 윤리적인 관점에서 논의되어야 하고, 합리적인 판단과 결정을 위해서도 우선적으로 사회구조적으로 접근해야만 한다. 이를 바탕으로 의무론적 관점에서 로스의 조건적 의무인 "누구나 덕과 지성, 그리고 행복에 관련된 타인의 몫을 향상시켜야 한다"는 내용과 선들(Güter)과 목적들을 향하는 평가적인(evaluativ) 관점에서 중요한 배려윤리와 또한 인간 안에서 관계적으로 상호적으로 서로를 돌보는 협의적인(konsultativ) 관점인 돌봄윤리가 서로 경쟁하는 것이 아니라, 로이터가 윤리적 판단을 가리켜 창조적인 반성이라고 하면서 의도한 것처럼 논증의 과정 가운데서 창조적이며 신학적으로 서로 연관성을 확보함으로 사회적 약자로서 타인을 배려하고 돌봄으로 타인의 삶을 향상시키는 방향으로 나아가는 것이 바람직하다. 그러나 주로 사회윤리적 관점으로 나아갈 때, 자칫 개인윤리에서 강조하는 개인의 자율성과 의무를 소홀히 다룰 수 있다는 점이 있다고 하더라도, 여기서는 우선적으로 타인의 삶을 향상시키는 일에 배려와 돌봄으로 방향을 잡는 것이 은둔형 외톨이들이 사회로 돌아오는 길을 열어줌으로 지속가능한 미래사회를 만드는 데 기여할 수 있을 것이다.

4. 결정과 전환(Entscheidung und Umsetzung)

기독교의 신앙은 도움이 필요로 하는 사회적 약자들을 외면하지 않는다. 그들의 필요를 보고, 살피며, 그들을 위해 행동한다. 왜냐하면 예수는 타자를 위해 존재하시는 분이기 때문이다.[49] 예수가 행하신 신앙의 현실을 우리가 살아가는 현실 속에서 실현하기 위해 예수의 삶에 반응하며 살아간다. 그래서 교회는 타자를 위해 존재해야만 참다운 교회가 되는 것이다.[50] 이런 관점에서 은둔형 외톨이에 대한 개인과 교회는 이들을 돌보고 배려하는 일에 책임적으로 반응해야 한다. 예수가 타인을 위해 행한 것을 근거 삼아 개인과 교회 공동체도 그렇게 살아가야 하는 것이다. 이를 위해 최우선적으로 은둔형 외톨이가 사회적 잠재적 범죄자라는 부정적인 인식을 버리고, 긍정적이며 적극적으로 우리가 배려하고 돌보고 포용하며 도와야 하는 대상으로 전환해야 한다. 이런 관점에서 결정을 실천으로 전환하는 방법은 은둔형 외톨이와 개인적인 네트워크를 형성하는 것이다. 왜냐하면 은둔형 외톨이는 정서적으로나 심리적으로 고립되어 있기에 그것을 극복하게 하는 것은 개인적인 관계성을 맺는 것으로 접근하는 것이 가장 효과적이기 때문이다. 비록 한국적인 정서에서 은둔형 외톨이가 있는 가정이 그 사실을 은폐하고 공개하는 것을 꺼려하기에 실태 파악의 어려움이 있다고 하더라도,[51] 계속적인 노력과 관심이 필요하다.

---

49) Dietrich Bonhoeffer, *Widerstand und Ergebung. Briefe und Aufzeichnungen aus der Haft* ed., Christian Gremmels, Eberhard Bethge and Renate Bethge in Zusammenarbeit mit Ilse Tödt (Gütersloh: Gütersloher Verlagshaus, 2015), 558. (이하 'DBW'); 강성영과 이상철은 "타인의 윤리학이 사회가 어려울 때 타자에 대한 관심과 배려의 시각"을 제공한다고 주장한다. 강성영·이상철, "코로나19 시대의 타자의 윤리-본회퍼와 레비나스를 중심으로 살펴본 혐오 극복의 윤리학", 「신학사상」 194(2021/가을), 127-160.
50) DBW 8, 560; 김윤기는 "예수는 보이지 않는 하나님을 말과 행동으로 볼 수 있도록 나타내시고 볼 수 없는 하나님을 세상에 보여 주라고" 제자들을 파송했다고 주장한다. 김윤기, "포스트 코로나 시대의 위기 극복을 위한 디아코니아적 실천 방안", 「신학과 실천」 77(2021/11), 599-630; 김옥순, "한국교회의 에큐메니칼 디아코니아를 위한 방향성에 관한 연구", 「신학과 실천」 67(2019/11), 583-615.
51) 정근하·노영희, "한국사회의 은둔형 외톨이 실태 파악의 어려움과 그 해결방안", 「한국비교정부학보」 26-2(2022), 137-158.

　그리고 이런 개인적이고 의지적인 결정만이 아니라 구조적 전략도 필요하다. 은둔형 외톨이들이 언제든지 도움을 받을 수 있고, 도움을 제공할 수 있는 지원시스템이 구축되어야 한다. 그리고 은둔형 외톨이 회복의 출발점은 가정에서 시작되는 것이 가장 효과적이기에 은둔형 외톨이가 있는 가정 구성원들에게 심리적 훈련을[52] 포함한 정서적 훈련을 안내하는 시스템도 필요하다. 이것을 통해 은둔형 외톨이들을 가정에서 숨기는 것이 아니라 지자체나 교회가 도울 수 있도록 실태파악에 협조하도록 도와야 한다. 그리고 나서 정부, 지자체, 그리고 지역사회 특히 교회 공동체가 한 자리 모여 은둔형 외톨이들을 돕는 전략적인 협의체를 구성하여 그들을 도와야 한다.[53] 그리고 이런 협의체가 잘 운영되도록 입법부에서는 법률작업으로, 지자체에서는 구체적인 조례안들을 만들어 시행해야 한다.

V. 나가는 말

　지금까지 신학적 윤리적 판단형성의 과정을 살펴보았다. 이를 위해 윤리적 판단형성 과정에 대한 개념 이해부터 동기와 목적 그리고 간략한 역사를 독일어권을 중심으로 살펴보았다. 독일어권을 중심으로 살

---

52) 김영기 · 김선희 · 김태희 · 민재하 · 이경옥, "은둔형 외톨이에 대한 심리학 연구 분석과 철학 상담의 접목 가능성", 「인문과학연구」 77(2023), 185-218.

53) 허석헌, "코로나 시대와 교회 공동체", 「신학사상」 191(2020/겨울), 79-115; 박우영은 "도덕적 주체로서 교회는 주변부에 위치한 이들의 목소리에 귀를 기울여야 한다"고 주장한다. 박우영, "도덕적 주체 형성과 사회 참여 주체로서의 교회 이해-래리 라스무센의 생명공동체를 위한 기독교윤리를 중심으로", 「신학사상」 197(2022/여름), 257-291.

펴본 것은 판단형성과정이 독일어권 안에서 주로 다루어지고 있기 때문이다. 그런 다음 최근에 윤리적 판단형성과정을 기술한 로이터의 이론을 상세하게 기술하였다. 로이터가 생각하는 윤리 이해부터 판단형성 과정에 대한 4 단계를 자세하게 제시하였다. 그리고 마지막으로 로이터가 제시한 판단형성과정의 4 단계를 근거로 해서 은둔형 외톨이의 현상을 살펴보았다. 판단형성이론에 따른 은둔형 외톨이에 대한 문제를 다루다 보니 이 현상에 대한 모든 면을 다룰 수 없었고, 개인윤리와 사회윤리 관점의 차이에 대해서와 '은둔형 외톨이는 잠재적 사회범죄자 그룹을 양산하는 사람들이다'라는 주장과 그렇지 않다는 주장의 대립에 대해서만 서술하였다. 이것을 통해 은둔형 외톨이의 현상은 개인윤리 차원에서 다 설명할 수 없는 관점이 존재하기에 올바른 이해를 위해서는 사회윤리적인 차원을 고려해야 한다는 결론에 이르렀다. 그리고 이것을 근거로 은둔형 외톨이는 잠재적 범죄자 그룹이 아니라, 우리가 돌보고 배려하고 포용해야 하는 사회적 약자라는 주장을 제시하였다.

이제 마지막으로 모든 판단형성과정의 논의를 통해 드러난 결과들을 근거로 한국교회에 주는 의미를 살펴보아야 한다. 먼저는 신학적 윤리판단형성 과정은 현대 사회에 일어나는 윤리적 갈등상황을 효과적으로 해결할 수 있는 메타윤리적 전략과 방법임을 알려준다. 그래서 윤리적 판단형성과정을 한국교회의 윤리적 개인들과 단체들이 신중하게 받아들이고, 그 단계에 따라 진행해 간다면 서로를 이해하는 소통의 길이 열릴 것이다. 두 번째는 첫 번째와 비슷하다. 그것은 윤리적 판단형성 과정이 한 번에 끝나는 것이 계속적인 과정으로 진행되는데, 이것은 어떻게 하면 지금보다 더 타당하고 합리적인 판단에 이르고자 하는 노력이다. 그런데 이런 과정에서 가장 중요한 것은 윤리적 주체들이 어떤 윤리적 문제들을 가지고 윤리적 판단형성과정을 신중하게 진행하다보면 인간 자신이 의식하지 못하고 내리는 윤리적 판단들에 영향을 미치는 자신의 내면에 숨겨져 있는 윤리적 안내와 이상을 올바르게 인식할 수 있다는 것이다. 그리고 동시에 또 다른 윤리적 주체들을 이해할 수 있는 방법론적인 길이 열어준다는 점이다. 결국 이 계속되는 과정은 윤리적 주체들 간의 소통과 이해를 가짐으로 사회통합에 기여할 수 있다. 윤리적 주체들로 하여금 윤리적으로 가장 타당한 판단으로 안내할 수 있기 때문이다. 비록 메타윤리적인 접근을 하였지만 한국교회 안에 일어나고 있는 여러 사회적 갈등들을 효과적으로 해결하여 지속가능한 건강한 공동체로 나아가는 길로 안내하는 방법론적인 이론이 될 것이다. 그러나 이런 논의를 진행하면서 사회와 공동체는 이상적이며 아무런 문제가 없고, 은둔형 외톨이는 문제가 있다는 전제에서 출발하여 그들을 무조건 사회로 통합하자는 것이 옳다고 주장하는 것이 아니다. 오히려 서로에 대한 차이를 인정하고 이해를 추구하는 소통의 방식이어야 한다. 마지막으로, 은둔형 외톨이의 문제는 사회가 발전하면 할수록 결코 외면할 수 없는 사회적 현실이라는 것을 알고, 이것에 대한 분명한 인식과 그들을 공동체가 배제가 아니라 포용으로 돌보고 배려할 수 있는 전략들을 계속해서 수립하고 발전시켜야 한다. 이것이 지속가능한 사회로 나아가는 길이기 때문이다.

참고문헌

강병오, 『기독교윤리학』, 서울: 한들출판사, 2022.

강성영·이상철, "코로나19 시대의 타자의 윤리-본회퍼와 레비나스를 중심으로 살펴본 혐오 극복의 윤리학", 「신학사상」194(2021/가을), 127-160.

고재길, 『본회퍼, 한국교회에 말하다』, 서울: 케노시스, 2012.

김수천, "힐링목회를 위한 영성학적 힐링의 의미 고찰-헨리 나우웬의 관점을 중심으로", 「신학과 실천」82(2022/11), 193-219.

김영기·김선희·김태희·민재하·이경옥, "은둔형 외톨이에 대한 심리학 연구 분석과 철학 상담의 접목 가능성", 「인문과학연구」77(2023), 185-218.

김옥순, "한국교회의 에큐메니칼 디아코니아를 위한 방향성에 관한 연구", 「신학과 실천」67(2019/11), 583-615.

김윤기, "포스트 코로나 시대의 위기 극복을 위한 디아코니아적 실천 방안", 「신학과 실천」77(2021/11), 599-630.

김진혁, "환대와 선택: 환대의 신학을 위한 예정론의 재해석", 「장신논단」53(2016), 95-125.

김현수, "다문화, 다인종 사회에서의 정체성 문제: 디트리히 본회퍼의 '폴리포니'를 중심으로", 「신학사상」150(2010/가을), 217-247.

김혜원·조현주·김연옥·김진희·윤진희·차예린·한원건, 『가족, 사회, 자신을 위한 희망안내서 은둔형 외톨이』, 서울: 학지사, 2021.

김회권, "입시 경쟁에 대한 성서적-신학적 이해. 무한경쟁주의 시대에 우리 아들의 교육 어떻게 할 것인가?", 「신학사상」140(2008/봄), 69-116.

노가빈·이소민·김제희, "청년 은둔형 외톨이의 경험과 발생원인에 대한 분석", 「한국사회복지학」73(2021), 57-81.

도묘연 · 이관률, "사회적 약자에 대한 사회포용과 지역발전의 관계", 「한국지방
    자치학회보」 35(2023), 1-29.
도성달, 『윤리학, 그 주제와 논점』, 성남: 한국학중앙연구원 출판부, 2011.
박우영, "도덕적 주체 형성과 사회 참여 주체로서의 교회 이해-래리 라스무센의
    생명공동체를 위한 기독교윤리를 중심으로", 「신학사상」 197(2022/여름),
    257-291.
박종균, 『전환시대의 기독교와 윤리』, 성남: 북코리아, 2014.
박찬구, 『개념과 주제로 본 우리들의 윤리학』, 서울: 서광사, 2006.
신상목, "외로운 크리스천." 지용근 외, 『한국교회 트렌드 2024』, 서울: 규장,
    2023.
소흥렬, 『윤리와 사고』, 서울: 이화여자대학교 출판부, 1995.
이상은, "다원성의 도전 속의 기독교 윤리- 현대 기독교 사회윤리의 도전으로서의
    '다원주의'의 질문", 「조직신학연구」 41(2022), 206-238.
정근하 · 노영희, "지방의회 은둔형 외톨이 조례안 비교 연구- 6개 시도를 중심으로",
    「한국자치행정학보」 36(2022), 209-225.
_____, "한국과 일본의 은둔형 외톨이 운둔생활 비교 연구", 「한국비교정부학보」
    26-4 (2022), 121-142.
_____, "한국사회의 은둔형 외톨이 실태 파악의 어려움과 그 해결방안", 「한국
    비교정부학보」 26-2(2022), 137-158.
조용훈, "아르투어 리히의 사회윤리 방법론", 『현대 기독교윤리학의 동향』, 서울:
    예영커뮤니케이션, 1997.
차진아, "사회적 약자의 인권에 관한 연구", 「공법학연구」 13(2012), 193-226.
허석헌, "코로나 시대와 교회 공동체", 「신학사상」 191(2020/겨울), 79-115

Badura, Jens, "Kohärentismus", in *Handbuch Ethik,* ed. Marcus
    Düwell, Christoph Hübebthal and Micha H. Werner,

Stuttgart: J. B. Metzler, 2006.

Birkner, Hans-Joachim, "Das Verhältnis von Dogmatik und Ethik", in *Handbuch der Christlichen Ethik*, Vol. 1, ed. Anselm Hertz, Wilhelm Korff and Trutz Rendtorff, Gütersloh: Gütersloher Verlagshaus, 1978.

Bonhoeffer, Dietrich, *Widerstand und Ergebung. Briefe und Aufzeichnungen aus der Haft,* ed., Christian Gremmels, Eberhard Bethge and Renate Bethge in Zusammenarbeit mit Ilse Tödt, Gütersloh: Gütersloher Verlagshaus, 2015.

Fischer, Johannes, *Theologische Ethik,* Stuuttgart: W. Kohlhammer, 2002.

Fischer, Johannes, Grunden, Stefan, Imhof, Esther, Strub, Jean-Daniel Strub, *Grundkurs Ethik. Grundbegriffe Philosophischer und Theologischer Ethik,* Stuttgart: W. Kohlhammer, 2007,

Frankena, William K., *Ethics*, 황경식 역, 『윤리학』, 서울: 철학과 현실사, 2003.

Frey, Christofer, "Humane Erfahrung und Selbstkritische Vernunft", *Zeitschrift für Evangelische Ethik* 22(1978), 200-213.

Härle, Wilfried, *Ethik*, 김형민 역, 『선의 매혹적인 힘』, 경기: 북코리아, 2016.

Heck, Alexander, *Grundkurs Theologische Ethik,* Münster: Litverlag, 2003.

Held, Virginia, *The Ethics of Care*, 김희강 · 나상원 역, 『돌봄: 돌봄윤리』, 서울: 박영사, 2017.

Herms, Eilert, "Die Bedeutung der Weltanschauungen für die Ethische Urteilsbildung", in *Theologische Ethik der Gegenwart,* ed. Friederike Nüssel, Tübingen: Mohr Siebeck, 2009.

_____, "Pluralismus", in *Evangelisches Soziallexikon,* ed. Martin

Honecker, Horst Dahlhaus, Jörg Hübner, Traugott Jähnichen and Heidrun Tempel, Stuttgart: Kohlhammer, 2001.

-------, *Gesellschaft Gestalten*, Tübingen: Mohr, 1991.

Höffe, Otfried, *Lexikon der Ethik*, München: C. H. Beck, 2002.

_____, "Bemerkungen zu Einer Theorie Sittlicher Urteilsfindung (H.E. Tödt)", *Zeitschrift für Evangelische Ethik* 22(1978), 181-187.

_____, *Moral als Preis der Moderne*, 김시형 역, 『학문윤리학』, 서울: 시와 진실, 2013.

Horn, Christoph, "Güterabwägung", in *Handbuch Ethik*, ed. Marcus Düwell, Christoph Hübebthal und Micha H. Werner, Stuttgart: J. B. Metzler, 2006.

Jonas, Hans, *Technik, Medizin und Ethik*, 이유택 역, 『기술 의학 윤리』, 서울: 솔출판사, 2005.

Körtner, Ulrich H.J., "Theologische Ethik und Dogmatik", *Evangelische Theologie 77* (2017), 364-375.

_____, *Evangelische Sozialethik*, Göttingen: Vandenhoeck & Ruprecht, 1999.

Kreß, Hartmut, "Pluralismus", in *Evangelische Ethik Kompakt*, ed. Reiner Anselm, Ulrich H.J. Körtner, Gütersloh: Gütersloher Verlagshaus, 2015.

Lange, Dietz, *Ethik in Evangelischer Perspektive. Grundfragen Christlichen Lebenspraxis*, Göttingen: Vandenhoeck &Ruprecht, 1992.

Pannenberg, Wolfhart, *Grundlagen der Ethik*, 오성현 역, 『윤리학의 기초-철학적 신학적 관점』, 서울: 종문화사, 2022.

Poiman, Louis P., Fieser, James, *Ethics. Discovering right and wrong*, 류지환 · 조현아 · 김상돈 역, 『윤리학. 옳고 그름의 발견』, 서울: 울력, 2010.

Rawls, John, *A Theory of Justice*, 황경식 역, 『정의론』, 서울: 이학사, 2006.

Rendtorff, Trutz, *Ethik. Grundelemente, Methodologie und Konkretionen Einer Ethischen Theologie*, Vol. 1. Stuttgart: Kohlhammer, 1990.

Reuter, Hans-Richard, "Grundlagen und Methoden der Ethik", in *Handbuch der Evangelischen Ethik*, ed. Wolfgang Huber, Torsten Meireis and Hans-Richard Reuter, München: C.H. Beck, 2015.

Rich, Arthur, *Wirtschaftsethik*, 강원돈 역, 『경제윤리 1』, 서울: 한국신학연구소, 2002.

Ross, W. D., *The Right And the Good*, Oxford: Oxford University Press, 1930.

Schäfers, Michael, *Prophetische Kraft der Kirchlichen Soziallehre? Armut, Arbeit, Eigentum Und Wirtschaftskritik*, Münster: Lit Verlag, 1998.

Tödt, H.E., "Versuch zu Einer Theorie Ethischer Urteilsfindung", *Zeitschrift für Evangelische Ethik* 21(1977), 81-93.

Volf, Miroslav, *Exclusion and Embrace*, 박세혁 역, 『배제와 포용』, 서울: 한국기독학생회출판부, 2012.

Wolter, Michael, *Das Lukasevangelium*, Tübingen: Mohr Siebeck, 2008.

서울시 고립·은둔 청년 실태조사 결과 보고서(2022.12). 서울시청 인터넷 자료. https://opengov.seoul.go.kr/search?search Keyword=%EC%9D%80%EB%91%94%EC%B2%AD%EB%85%84.(2 023.10.15.접속)

볼프강 후버의 정의로운 평화의 윤리[1]

김성수 (서울신학대학교 외래교수, 기독교윤리학)

I. 들어가는 말

볼프강 후버(Wolfgang Huber)는 독일 개신교 사회윤리학의 발전에 큰 발자취를 남긴 신학자이자 뛰어난 교회 행정가이다.[2] 그는 1942년 법학자인 부친과 변호사인 모친 사이에서 태어났다. 부모의 관심사와 다르게 신학을 전공한 후버는 1966년 튀빙엔 대학교에서 박사학위를 취득하였다. 1968년 하이델베르크 대학교의 기독교 윤리학 교수였던 본회퍼 전문가 하인츠 에두아르트 퇴트(Heinz Eduard Tödt)의 제안으로 독일교회의 싱크 탱크 역할을 하던 개신교 신학연구소(Forschungsstätte der Evangelischen Studiengemeinschaft, 이하 FEST)의 연구원(1968-

---

1) 이 논문은 「기독교사회윤리」 제44집(2019년 8월)에 게재된 "인권과 평화를 위한 교회의 책임 - 볼프강 후버의 정의로운 평화의 윤리 연구"라는 필자의 연구논문을 일부 수정, 보완한 것이다.
2) 후버의 생애에 관한 설명은 다음의 글들을 토대로 작성되었다. 김성수, "공적 교회의 개념과 책임적 과제 - 볼프강 후버의 교회론 연구", 「신학사상」 185(2019), 150-151, 김성수, "독일교회의 공적 책임과 과제", 「기독교사상」 749(2021), 35-36, 후버의 삶의 여정에 관한 상세한 안내는 다음을 참고하라. Philipp Gessler, *Wolfgang Huber. Ein Leben für Protestantismus und Politik* (Freiburg: Kreuz Verlag, 2012), 274-275.

1980)으로 근무하였다. 그는 여기서 자신의 신학적 사고를 정립해나
갔고 1972년 교회의 공적 책임에 관한 연구[3]로 교수자격을 취득하였
다. 그 이후 마르부르크 대학교(1980-1984)의 교수로 시작, 봉직함과
동시에 하이델베르크 대학교(1984-1994)에서는 퇴트의 뒤를 이어 기
독교 윤리학 교수로 재직하였다.

　후버가 교수로 재직하던 당시 독일 사회에서 평화운동이 일어나 많
은 지지를 받았다. 그는 평화윤리의 전문가로서 언론에 자주 등장하였
다. 이로 인해 유명세와 인기를 얻게 된 그는 1985년 뒤셀도르프에서
개최된 개신교 교회의 날(Kirchentag) 행사의 의장으로서 모든 일정과
프로그램을 총괄하는 중책을 맡게 되었다. 그리고 사회민주당(SPD)으
로부터 독일 하원의원 선거 입후보를 제안받기도 하였다. 그러나 후버
는 정치에 입문하지 않고, 자신의 신학적 사고를 교회 현장에서 구현
할 수 있는 교회 행정가의 길을 택하였다. 1994년 통일 독일의 베를
린-브란덴부르크 지역교회의 감독이 된 그는 2003년부터 독일개신교
협의회(Evangelische Kirche in Deutschland, 이하 EKD) 의장으로 재직
하면서 명실공히 독일 개신교회를 상징하는 인물이 되었다. 퇴임 후
인 2010년부터는 독일국가윤리위원회(Deutscher Ethikrat)의 일원이
되어 독일 사회가 안고 있는 윤리적 문제의 극복에 기여했던 후버는
그 화려한 이력으로 인해 2012년 독일 연방대통령 선거의 유력 후보
군에 오르기도 하였다.

　인권과 평화는 FEST 연구원 시절부터 최근까지 후버가 관심의 끈
을 놓지 않는 핵심 연구 주제이다.[4] 1970년대 그는 인권과 기독교 신

---

3) Wolfgang Huber, *Kirche und Öffentlichkeit* (Stuttgart: Klett Verlag, 1973).
4) Sungsoo Kim, *Menschenrechte sichern durch gerechten Frieden. Zur*

앙의 상응점과 차이점에 주목하는 인권 해석 방법론을 제시하였고,[5] 1990년대 초반에는 인권의 보편적 성격과 이를 토대로 한 문화, 종교 간 대화의 중요성을 설명하였다.[6] 법 윤리를 깊이 연구했던 1990년대 중반부터 후버는 인권이 법의 도덕적 기초로 인식되고, 증진되어 법의 발전에 기여해야 한다는 점을 강조하였다.[7] 이와 함께 1970년대부터 평화연구[8]에 매진한 그는 평화윤리와 평화정책을 주제화하며 냉전 시대 평화의 구축을 위한 구체적 전략을 탐구하기도 하였다.[9]

인권과 평화에 대한 후버의 관심은 이와 관련된 교회의 역할이 점차 강조되던 시대적 상황과 깊이 관련되어 있다. 그는 인권과 평화에 대한 개념적 접근뿐만 아니라 이를 위한 교회의 책임을 설명하고자 하였다. 그래서 후버는 교회의 역할에 대한 신학적 토대를 논구하였고, 인권과 평화의 실현을 위한 실제적 전략을 제시하였다. 이것은 1990년대 초반부터 그가 발전시킨 "정의로운 평화"(gerechter Friede)의 윤리에 집약되어 있다. 이 윤리적 구상은 본질적으로 냉전 종식 이후 평화의 구축을 위한 정치적, 신학적 방향의 제시를 목표로 삼고 있지만, 결과적으로 인권의 보장에도 영향을 미친다. 따라서 이것은 인권과 평

Grundlegung der Sozialethik bei Wolfgang Huber (Münster: LIT Verlag, 2020), 9.

5) Wolfgang Huber, Heinz Eduard Tödt, *Menschenrechte. Perspektiven einer menschlichen Welt* (München: Kreuz Verlag, 1977), 162-175.

6) Wolfgang Huber, *Die tägliche Gewalt. Gegen den Ausverkauf der Menschenwürde* (Freiburg: Herder, 1993), 151-161.

7) Wolfgang Huber, *Gerechtigkeit und Recht. Grundlinien christlicher Rechtsethik* (Gütersloh: Gütersloher Verlagshaus, 2006), 285-293.

8) Wolfgang Huber, Georg Picht, *Was heißt Friedensforschung?* (München: Kösel Verlag, 1971).

9) Wolfgang Huber, Hans-Richard Reuter, *Friedensethik* (Stuttgart: Kohlhammer, 1990).

화를 위한 통합적 책임 이론에 해당한다.

후버의 구상은 세계 곳곳에 상존하는 인권 침해와 무력 분쟁을 목격하고 있는 교회에게 그 책임과 과제를 명확히 설명해줄 수 있다. 그런 의미에서 본 논문은 그의 이론을 면밀히 분석하여 인권과 평화를 위한 교회의 책임과 그 실현을 돕는 구체적 전략을 발견, 제시하는 것을 목표로 삼고 있다. 이를 위해 먼저 후버가 인권과 평화에 관심을 갖게 된 역사적 배경과 그가 밝힌 교회 역할의 신학적 토대를 설명하고자 한다. 그리고 그가 발전시킨 "정의로운 평화"의 윤리가 지닌 특징과 기본 방향을 논구하고, 인권과 평화를 위한 책임 이론으로서의 유용성을 고찰하고자 한다.

II. 인권과 평화: 교회의 책임 영역

1. 시대 변화 속 교회의 역할

교회가 인권에 주목하고, 그 실현을 위해 노력한 것은 그리 길지 않은 역사를 갖고 있다. 계몽주의적 사고에 토대를 두고 발전된 인권의 이념은 1789년 프랑스 인권 선언에서 찾아볼 수 있듯이 반기독교적 성격을 지니고 있었다.[10] 또한 이것은 모든 인간이 초국가적, 주체적 권리를 지니고 있음을 강조함으로써 기존의 사회 질서를 크게 위협하

---

10) Wolfgang Huber, *Gerechtigkeit und Recht*, 282.

였다. 그래서 인권의 이념은 교회로부터 위험한 사상으로 간주되었다.[11] 그러나 심각한 인권 유린 행위가 자행되었던 제2차 세계대전의 경험을 통해 인권은 국제법의 일부가 되었고, 1948년의 세계 인권 선언, 1966년의 국제 인권 규약 등을 통해 국제 사회의 기본 규범으로 자리 잡게 되었다. 또한 인권은 1949년 독일 기본법의 토대를 형성하며, 국가의 기본 과제로 인식되었다. 인권 보장이 국내외적 관심사가 된 시점에서 이에 대한 교회의 동참이 요구되었고, 인권에 대한 신학적 성찰이 긴급한 사안이 되었다.[12]

비교적 최근에 교회의 관심사가 된 인권과 달리 평화는 구약시대부터 주목을 받던 주제였다. 아우구스티누스는 평화가 질서의 안정을 통해 하나님과의 교제를 촉진하기 때문에 선으로 여겨지며, 지향되어야 한다고 보았다.[13] 그와 마찬가지로 평화를 추구되어야 할 선한 것으로 간주했던 마르틴 루터(Martin Luther)는 정치권력이 이것을 보장할 책임이 있다는 점을 강조하였다.[14] 교회가 평화에 기여할 수 없다는 인식을 가져온 종교전쟁 이후 평화의 보전을 위한 국가의 역할이 증대되어야 한다는 생각이 점차 확산되었다. 그러나 19세기에 나폴레옹과 맞섰던 해방전쟁과 독불전쟁, 20세기에 발생한 두 차례의 세계대전은

---

11) Wolfgang Huber, Heinz Eduard Tödt, *Menschenrechte*, 39.
12) 후버와 함께 1970년대 초반부터 인권에 대한 신학적 접근을 시도했던 위르겐 몰트만(Jürgen Moltmann), 트루츠 렌토르프(Trutz Rendtorff), 마르틴 호네커(Martin Honecker)의 착상에 관한 설명은 다음을 참고하라. 위의 책, 64-73, 김형민, 『하나님의 권리와 인간의 권리 - 현대인권신학의 동향과 전망』(서울: 북코리아, 2011), 95-213.
13) Augustinus, *Der Gottesstaat* (Freiburg: Johannes Verlag, 1982), 250-251.
14) Martin Luther, *"Von weltlicher Obrigkeit, wieweit man ihr Gehorsam schuldig sei"*, in *Martin Luther ausgewählte Schriften. Bd. 4* (Frankfurt a. M.: Insel Verlag, 1982), 48.

평화를 완벽히 보장하지 못하는 국가의 한계를 여실히 드러냈다. 핵무기의 위력을 실감한 제2차 세계대전 이후 전쟁 위험성의 제거와 평화의 실현은 핵 시대의 인류가 생존하기 위한 최우선의 과제가 되었고, 국가의 무력 사용을 견제하는 교회의 역할이 점차 중요성을 지니게 되었다.

2. 책임의 신학적 토대

이러한 배경에서 후버는 인권과 평화를 위한 교회의 역할에 관심을 가졌다. 그에 따르면 사회와 국가는 공적 영역에 해당한다. 교회는 하나의 단체로서 사회 속에 존재한다. 이러한 특징 때문에 교회는 사회 현실의 개선에 기여해야 하는 과제를 지니고 있다.[15] 이를 위해 교회는 국가가 사회의 발전을 위한 올바른 결정과 활동을 하고 있는지 면밀히 관찰해야 하고, 상황에 따라 비판, 견제, 정치적 저항에 힘써야 한다. 그런 의미에서 교회는 공적 영역에 소속되어 이에 대해 건설적 역할을 해야 하는 공적 교회(öffentliche Kirche)이다.[16] 교회는 정치적 행동을 위한 기준을 필요로 한다. 후버는 이것을 디트리히 본회퍼(Dietrich Bonhoeffer)의 사고와 연결하여 인권과 평화로 이해하였다.

본회퍼는 나치 정권에 저항하기 위해 고백교회(Bekennende Kirche)[17] 활동에 동참한 신학자이다. 이에 앞서 그는 자신의 강의와 논문을 통해 정치권력의 교회 질서에 대한 간섭과 유대인에 대한 부당한 처우를

---

15) Wolfgang Huber, *Kirche und Öffentlichkeit*, 47-48.
16) 김성수, "공적 교회의 개념과 책임적 과제 - 볼프강 후버의 교회론 연구", 158-160.
17) Christoph Strohm, *Die Kirchen im Dritten Reich* (München: C. H. Beck, 2017), 12-15.

강하게 비판한 바 있다. 1932년 베를린 대학교에서 행한 『교회의 본질』(Das Wesen der Kirche)이란 제목의 강의에서 본회퍼는 교회와 국가의 역할을 명확히 구분하였다. 그에 따르면 교회는 설교의 책무를 가지고 있고, 국가는 평화를 보호해야 할 책임을 지니고 있다.[18] 두 영역은 서로의 기능과 역할을 존중해야 한다. 그런 점에서 국가는 교회가 지닌 선포의 자유와 이를 수행하기 위해 존재하는 교회의 질서를 침해하지 말아야 한다. 만약 이것이 지켜지지 않을 경우 교회는 국가에 저항해야 한다.[19] 또한 본회퍼는 1932년 발표한 논문인 『교회란 무엇인가?』(Was ist Kirche?)에서 하나님의 말씀이 교회 공동체뿐만 아니라 사회 현실에 영향을 미친다는 것을 설명하였다. 이것은 정치 영역에도 해당된다. 그래서 교회의 선포는 국가에 대한 비판적 성격을 가지고 있다. 이러한 측면에서 교회는 정치적 실존을 지니고 있다.[20]

그 외에도 본회퍼는 1933년 발표한 논문인 『유대인 문제 앞의 교회』(Die Kirche vor der Judenfrage)에서 유대인 상점에 대한 거부와 아리안 조항의 시행을 지시한 나치 정권을 비판하며, 교회의 정치적 책임을 설명하였다. 그에 따르면 국가의 기본 과제는 질서와 법을 보호하는 것(für Ordnung und Recht sorgen)이다.[21] 만약 국가가 이 역할을 부족하게 혹은 과도하게 수행할 경우 교회는 정치적 행동을 취해야 한

---

18) Dietrich Bonhoeffer, "Das Wesen der Kirche", in DBW 11. Ökumene, Universität, Pfarramt 1931-1932 (Gütersloh: Gütersloher Verlagshaus, 1994), 302.
19) 위의 책, 303.
20) Dietrich Bonhoeffer, "Was ist Kirche?", in DBW 12. Berlin 1932-1933 (Gütersloh: Gütersloher Verlagshaus, 1997), 238.
21) Dietrich Bonhoeffer, "Die Kirche vor der Judenfrage", in DBW 12. Berlin 1932-1933 (Gütersloh: Gütersloher Verlagshaus, 1997), 351.

다. 교회는 먼저 국가 행위의 정당성을 물어야 한다. 그리고 국가 행위로 인한 피해자들을 돌봐야 한다. 그뿐만 아니라 잘못된 행위의 원인을 규명하고, 그것이 더 이상 반복되지 않도록 실제로 행동해야 한다.[22] 그런 의미에서 본회퍼에게 교회의 정치적 행동은 국가가 질서와 법을 존중하고, 보장하는지 여부에 달려있다.

본회퍼의 사고에 나타난 국가의 기본 과제에 주목한 후버는 법과 질서의 개념을 그 발생 시기부터 정치권력의 역할 수행을 판단하는 핵심 기준으로 간주되었던 인권과 냉전시대에 가장 중요한 목표로 인식되고 있던 평화의 문제로 치환시켰다.[23] 이를 통해 후버는 국가가 인권과 평화를 지켜야 할 기본 의무를 지니고 있고, 교회는 국가가 이 역할을 잘 수행할 수 있도록 복음의 내용에 근거한 비판, 견제, 정치적 저항을 통해 도와야 한다는 점을 역설하였다. 이러한 측면에서 인권과 평화는 교회의 책임 영역에 해당한다. 후버는 "정의로운 평화"의 윤리를 통해 그 보장을 위한 정치적, 신학적 기본 방향을 설명하였다.

III. 정의로운 평화의 개념과 특징

1. 개념의 발전과 기본 방향

"정의로운 평화"는 사실 후버가 처음 사용한 개념이 아니다. 1983년

---

22) 위의 책, 353-354.
23) Wolfgang Huber, *Kirche* (Stuttgart: Kreuz Verlag, 1979), 177-178.

캐나다 밴쿠버에서 열린 세계교회협의회(Ökumenischer Rat der Kirchen)의 총회는 정의, 평화, 창조질서의 보전을 교회의 중요 과제로 규정하였다.[24] 1989년 독일 드레스덴에서 열린 에큐메니칼 대회는 이 기본 노선이 통합되고, 구체화된 "정의로운 평화"의 개념을 처음 사용하였다.[25]

이 개념이 자신의 평화윤리적 사고와 일치함을 확인한 후버는 이것을 적극적으로 수용, 발전시켰다. EKD의 공적 책임 위원회(Kammer für öffentliche Verantwortung)의 회원(1973-1994)으로 활동하던 그는 이 위원회가 1994년 발간한 평화문서인 『평화를 향한 발걸음』(Schritte auf dem Weg des Friedens)에서 "정의로운 평화"의 기본 윤곽을 설명하였고,[26] 그가 EKD의 의장으로 선출된 후 2007년 발간한 평화백서인 『하나님의 평화로부터의 삶 - 정의로운 평화의 보호』(Aus Gottes Frieden leben - für gerechten Frieden sorgen)를 통해 이 개념의 특징을 이론적으로 체계화시켰다.[27] 후버의 구상은 이후 독일교회가

---

24) Walter Müller-Römheld, *Bericht aus Vancouver 1983. Offizieller Bericht der Sechsten Vollversammlung des Ökumenischen Rates der Kirchen 24. Juli bis 10. August 1983 in Vancouver/Kanada* (Frankfurt a. M.: Lembeck, 1983), 261-262.

25) Evangelische Kirche in Deutschland, *Ökumenische Versammlung für Gerechtigkeit, Frieden und Bewahrung der Schöpfung. Dresden, Magdeburg, Dresden* (Hannover: EKD, 1991), 32.

26) Evangelische Kirche in Deutschland, *Schritte auf dem Weg des Friedens. Orientierungspunkte für Friedensethik und Friedenspolitik* (Hannover: EKD, 2001).

27) 후버는 자신의 평화윤리적 구상을 2007년의 평화백서에 투영시켰다. 그는 서문에서 자신의 생각과 백서의 노선이 일치한다는 것을 밝혔다. Evangelische Kirche in Deutschland, *Aus Gottes Frieden leben - für gerechten Frieden sorgen. Eine Denkschrift des Rates der Evangelischen Kirche in Deutschland* (Gütersloh: Gütersloher Verlagshaus, 2007), 8-9.

지향하는 기본 노선으로 자리 잡았다.

후버가 체계화시킨 "정의로운 평화"의 윤리는 두 가지 기본 방향을 가지고 있다. 먼저 이 개념은 평화를 위해 비폭력과 폭력이 모두 필요하다는 것을 강조한다. 후버는 평화를 위해 비폭력적 노력이 우선되어야 하지만 최후의 수단(ultima ratio)으로서 폭력이 사용될 수 있다는 점을 주장하였다. 이러한 그의 생각은 시대적 변화와 관련되어 있다. 냉전시대에는 전쟁을 방지하고, 억제하는 것이 평화윤리의 주된 관심사였다. 그러나 유럽 내에서 국가 질서의 붕괴, 내전의 발발, 대량 학살의 발생 등이 큰 문제가 된 1990년 이후로 무력 충돌과 인권 유린의 종결을 위한 군사적 개입의 필요성이 국제 사회에서 대두되었다. 이에 따라 평화를 위한 폭력 사용에 대한 성찰이 평화윤리의 새로운 과제가 되었다. 후버는 폭력의 사용이 분명한 목표를 가지고 있어야 한다고 보았다.[28] 평화는 법질서의 안정 상황에서 보장될 수 있기 때문에 폭력은 법질서를 재건하고, 유지하기 위해서만 사용될 수 있다. 그런 점에서 폭력의 사용은 평화 증진에 기여할 수 있다. 그러나 이것은 분명히 오용의 가능성을 지니고 있기 때문에 사용의 대상과 방법이 면밀하고, 세심하게 숙고되어야 한다. 이러한 맥락에서 "법의 보호를 위한 무력 사용"(rechtserhaltende Gewalt)의 윤리는 후버의 중요 관심사가 되었다. 그러나 그는 분명히 평화를 위한 비폭력적 노력에 주안

---

28) 후버는 비폭력적 수단을 통한 평화 증진이 우선적으로 추구되어야 한다는 것과 최후의 수단으로 폭력이 사용될 수 있지만, 이것이 법질서의 안정을 도와 평화의 구축에 기여해야 한다는 것을 강조하였다. 그런 점에서 그의 생각은 전쟁을 통해 평화를 이루려는 의도를 갖고, 전쟁의 정당성 확보에 관심을 기울이는 "정의로운 전쟁"(gerechter Krieg)의 이론과 큰 차이를 지니고 있다. Wolfgang Huber, "Rückkehr zur Lehre vom gerechten Krieg? Aktuelle Entwicklungen in der evangelischen Friedensethik", ZEE 49(2005), 127.

점을 두고 있다.[29]

다른 한편으로 "정의로운 평화"의 윤리는 전쟁의 방지뿐만 아니라 사회 정의의 보장을 목표로 삼는다. 그런 의미에서 이 개념은 평화의 질적 증진에 관심을 기울인다. 평화와 사회 정의의 종합적 지향은 법과 정치의 도움을 통해 실제로 구현될 수 있다. 이것은 결과적으로 인권과 평화의 보장을 가져온다. 따라서 본 논문이 목표로 삼고 있는 인권과 평화를 위한 전략적 관점을 발견하기 위해 이 기본 방향이 중점적으로 설명될 필요가 있다.

2. 평화와 사회 정의

고대 그리스와 로마 제국 시기에 평화는 전쟁과 갈등이 종결된 법적 상태를 의미하였다.[30] 이후 평화는 일반적으로 무력 충돌이 부재한 상태로 이해되었다. 1964년에 요한 갈퉁(Johan Galtung)은 당시까지 평화를 뜻하던 전쟁의 부재가 소극적 의미의 평화에 해당하며, 이와 함께 통합과 협력이 실현된 상태를 뜻하는 적극적 의미의 평화가 추구되어야 한다는 점을 강조하였다.[31] 갈퉁은 1969년 이후로 적극적 의미의 평화를 사회 정의의 실현과 연결하여 정의로운 질서 속에서의 통

---

29) 한국에서의 "정의로운 평화" 개념에 관한 연구는 다음을 참고하라. 유석성, 『정의와 평화윤리』 (부천: 서울신학대학교 출판부, 2016), 149-174.

30) Wolfgang Huber, *"Frieden. Kirchengeschichtlich und ethisch"*, TRE 11(1983), 618.

31) Johan Galtung, *"Friedensforschung"*, in Friedensforschung (Köln/Berlin: Kiepenheuer & Witsch, 1968), 531, *"Gewalt, Frieden und Friedensforschung"*, in Kritische Friedensforschung (Frankfurt a. M.: Suhrkamp, 1971), 100-101.

합적 상태로 이해하였다.

후버는 갈퉁의 생각과 유사하게 평화를 전쟁의 부재와 사회 정의 실현의 종합 개념으로 인식하였다. 그러나 평화를 일시적인 상태로 파악했던 갈퉁과 달리 후버는 이것을 비인간적인 상황이 극복되고, 개선되는 삶의 질 향상의 과정으로 이해하였다.[32] 이러한 측면에서 평화는 일시적인 안정 상태에 도달하는 것을 지향하는 개념이 아니라 지속적 관심을 가지고 일관되게 추구되어야 할 항구적 목표이다.

이 평화의 과정은 특히 폭력(Gewalt), 부자유(Unfreiheit), 빈곤(Not)의 최소화를 통해 구체화된다.[33] 전쟁을 피하기 위한 노력과 국가로부터 개인의 자유를 보장받기 위한 노력은 평화를 만들어가는 과정이다. 이와 함께 요구되는 빈곤의 감소는 후버에 따르면 우선적으로 자연의 보호를 통해 가능하다. 자연의 훼손과 자원의 남용은 현 세대의 생존을 위협하며, 갈등을 야기한다. 따라서 생태 환경의 보존은 무력 충돌의 방지를 위한 전제 조건이다. 빈곤의 최소화는 또한 사회 정의의 증진을 통해 실현될 수 있다. 자원이 풍족하여도 분배와 접근 기회가 보장되지 않으면 갈등과 충돌이 발생하기 때문이다. 이러한 측면에서 후버가 말한 평화의 과정은 전쟁의 부재와 사회 정의의 실현을 함의하고 있다.

후버는 2007년의 평화백서에서도 평화를 사회 정의와 연결된 "정의로운 평화"의 과정으로 이해하였다.[34] 이것은 평화와 정의의 결합

---

32) Wolfgang Huber, Hans-Richard Reuter, *Friedensethik*, 22.
33) 위의 책, 22-24.
34) Evangelische Kirche in Deutschland, *Aus Gottes Frieden leben-für gerechten Frieden sorgen*, 54.

(시 85:11)을 설명하는 성서의 평화론과 맥을 같이 한다.[35] 이 평화의 과정은 그가 기존에 언급했던 비인간적인 상황의 극복을 통해 실현된다. 여기에 더하여 후버는 문화적 다양성의 인정(Anerkennung kultureller Vielfalt)을 평화의 조건에 포함시켰다.[36] 다름의 인정은 사회 속 공존을 위한 중요 전제이다. 이를 위한 문화, 종교 간 대화는 평화를 위한 필수 과제이다.

3. 평화를 위한 법의 역할

후버는 냉전시대부터 평화의 과정이 법에 의해 현실화될 수 있다고 판단하였다.[37] 폭력의 감소와 사회 정의의 보장은 국내법이라는 강제적 규범을 통해 관철된다. 국제법도 전쟁의 방지와 정의로운 경제, 사회 질서의 구축을 가능하게 함으로써 평화 증진에 기여한다. 법은 평화의 실제적 구현을 위한 필수 요소이다. 이러한 맥락에서 후버는 "정의로운 평화"의 윤리를 법과 밀접히 결합된 개념으로 발전시켰다. 그는 2007년의 평화백서에서 특히 국제법의 역할을 강조하였다. 국제법은 "집단 안보"(kollektive Sicherheit)의 질서를 통해 폭력을 감소시킨다.[38] 유엔 헌장의 제2조 제4항은 국제 관계에서의 무력 사용을 전면적으로 금지한다. 그러나 만약 유엔 회원국 중 한 국가가 다른 국가

---

35) 위의 책, 50.
36) 위의 책, 56.
37) Wolfgang Huber, Hans-Richard Reuter, *Friedensethik*, 129-130.
38) Evangelische Kirche in Deutschland, *Aus Gottes Frieden leben - für gerechten Frieden sorgen*, 58-59.

에 의해 군사적 공격을 당했을 경우 다른 국가들은 유엔 헌장 제51조
에 나타난 자위권에 근거하여 피해 국가를 비군사적, 군사적 수단을
통해 도와야 한다. 그런 점에서 "집단 안보"는 국제 사회의 내부 통제
를 강화하여 군사적 충돌을 최소화시키는 전략이다. 국제법은 이뿐만
아니라 개인의 자유를 보호하고, 사회 정의를 증진시켜 빈곤이 극복되
도록 만든다. 이것은 또한 문화적 다양성의 인정을 법적으로 촉진시켜
문화적, 종교적 갈등을 감소시킨다.[39]

4. 평화를 위한 정치의 역할

후버는 이와 함께 정치적 노력의 중요성을 강조하였다. 그는 냉전
시대부터 평화의 실현이 정치권력의 역할에 달려있다고 판단하였다.
이 역할은 전쟁을 억제하고, 이미 발생한 전쟁을 가능한 한 빠른 시일
내에 종결하도록 만들며, 평화로운 상태를 가능한 한 오래 유지하도록
만드는 평화정책을 통해 구체화된다.[40] 후버는 정치권력이 평화를 증
진하는 정책을 기획, 추진하고 있는지를 주의 깊게 관찰하고, 이것이
부족할 경우 비판을 가하며, 대안을 제시하는 평화윤리의 역할을 강조
하였다.[41]

기독교 평화윤리는 후버에 따르면 화해와 원수 사랑의 정신에 근거
를 두고 있다.[42] "배제의 논리"(Logik des Ausschlusses)가 지배하는 로

---

39) 위의 책, 59-65.
40) Wolfgang Huber, Hans-Richard Reuter, *Friedensethik*, 13.
41) 후버는 평화윤리가 정치권력에 대한 비판적 성찰을 함의하고 있기 때문에 이것
    을 정치윤리의 한 형태로 이해하였다. 위의 책, 13.

마 제국의 평화론(Pax Romana)은 타자에 대한 고려 없이 오직 자신의 평화만을 중요시한다. 그래서 이를 위한 폭력의 사용이 정당한 것, 필수적인 것이라 이해한다. 이에 반해 "포용의 논리"(Logik des Einbezugs)에 근거한 성서의 평화론은 타자의 평화가 자신의 평화의 전제가 됨을 강조한다.[43] 타자의 평화를 위해 폭력의 사용은 배제되어야 한다. 그런 의미에서 구약성서 속 평화 개념(shalom)은 인간의 공존을 목표로 삼았고, 화해의 은혜에 근거를 둔 신약성서 속 평화 개념(eirene)과 관련하여 사도 바울은 화해의 봉사를 교회의 기본 과제로 규정하였다(고후 5:18).

후버도 화해를 기독교 평화윤리의 출발점으로 이해하였다. 그에게 화해는 개인 혹은 집단 사이에 갈등이 존재함에도 불구하고 타자를 포용하여 공동체를 형성하는 것을 뜻한다.[44] 화해의 윤리는 그러므로 원수 사랑의 실천을 요구한다. 타자만이 자신에게 적과 같은 존재가 아니라 자신도 타자에게 적이 될 수 있다는 점을 인식함으로써 원수에 대한 적대감이 극복될 수 있다.[45] 후버에 따르면 이 화해와 원수 사랑

---

42) 화해를 위한 교회의 노력은 실제 결실로 이어지기도 하였다. 독일의 통일이 그 대표적인 예이다. 강병오, "독일통일과 미래의 한반도 통일", 『통일시대로 가는 평화의 길』 (서울: 열린서원, 2015), 242. 화해는 체제 전환 이후 국가의 안정을 위한 윤리적 원칙으로 간주되기도 하였다. 이에 관한 연구는 다음을 참고하라. 강병오, "통일독일의 과거청산 사례 분석과 그것이 한반도에 주는 교훈", 「신학과 선교」 53(2018), 9-40, 강병오, "러시아의 국가폭력과 과거사청산 노력", 「신학과 선교」 56(2019), 9-38, 강병오, "루마니아 과거청산에 관한 연구", 『동유럽의 체제 전환과 한반도 통일』 (부천: 한국기독교통일연구소, 2020), 471-501.

43) Wolfgang Huber, "Welcher Frieden? Vertrauensbildung im Ost-West-Konflikt und die Aufgaben der Kirchen", epd-Dokumentation 30(1988), 16.

44) Wolfgang Huber, Hans-Richard Reuter, Friedensethik, 320.

45) Wolfgang Huber, "Welcher Frieden? Vertrauensbildung im Ost-West-Konflikt und die Aufgaben der Kirchen", 17.

의 윤리는 기독교적 이상에 불과한 것이 아니라 실제 평화정책 속에서
구현될 수 있다. 안전 보장과 평화 증진은 국가 간의 반목 가운데 이뤄
질 수 없고, 오직 서로 간의 협력을 통해서만 성취될 수 있다. "공동
안보"(gemeinsame Sicherheit)는 군사 위협의 감소와 군비 축소의 실
현을 위해 이웃 국가, 특히 적대국과의 대화와 협력을 지향하는 개념이
다.[46] 그러나 이것은 각 국가가 자신의 정치적 정체성을 포기하고, 이
념이 통일된 국가 공동체를 형성하는 것을 의도하지 않는다. 이 개념은
오히려 각 국가가 정치적 방향성을 유지하며, 공동 관심사인 평화를 위
해 협력하는 것을 목표로 삼고 있다. 그래서 후버는 "공동 안보" 개념
을 실제로 구현될 수 있는 현실 정치적인 것으로 이해하였다.[47]

후버는 "정의로운 평화"의 윤리 안에서도 정치의 역할을 강조하였
다. 냉전시대가 끝난 뒤 발생한 인종 학살과 인권 침해를 통해 개인의
안전 보장이 국제 사회의 긴급한 사안이 되었다. 1994년도 유엔 개발
계획 보고서는 질병, 환경 파괴, 범죄 등 일상의 위협 속 개인의 보호
를 목표로 하는 "인간 안보"(menschliche Sicherheit) 개념을 처음 사
용하였다.[48] 폭력과 빈곤에서의 보호와 인권의 보장은 이를 위한 핵심
과제이다. 그런 점에서 "인간 안보" 개념은 폭력, 부자유, 빈곤의 감소
와 함께 문화적 다양성의 인정을 목표로 하는 "정의로운 평화"의 기본
노선과 유사성을 지니고 있다. 따라서 이 개념의 추구는 평화 증진에
기여한다. 이것은 정치적 노력을 통해 구체화될 수 있다. 개인 안전의

---

46) Wolfgang Huber, Hans-Richard Reuter, *Friedensethik*, 315.
47) 위의 책, 326.
48) The United Nations Development Programme, *Human Development Report 1994* (New York: Oxford University Press, 1994), 22-23.

위협은 보편적 현상이기 때문에 모든 국가들이 이에 대한 관심과 책임을 지니고 있다. 그러므로 이 문제의 해결을 위해 국가 간 대화와 협력이 가능하고 또 필요하다. 이러한 측면에서 이 개념은 국가 간의 협력을 통해 평화의 구축을 지향하는 "공동 안보" 개념의 연장선에 놓여 있다.

이 외에도 후버는 비군사적 방법을 통해 국가 간 무력 충돌과 갈등을 해결하는 "시민적 갈등 조정"(zivile Konfliktbearbeitung)의 역할을 강조하였다.[49] 시민은 공적 대화에 참여하여 정치 권력이 평화를 위한 정책을 기획, 실행하도록 영향을 미쳐야 한다. 이러한 시민의 역할 수행을 돕기 위해 평화교육과 평화연구가 또한 병행되어야 한다. 여기에 더하여 시민은 다른 국가의 시민과 네트워크를 형성하여 국가 간 갈등 해소에 기여해야 한다. 그러나 시민적 갈등 조정은 국가 기관의 역할이 필요로 한다. 국가의 외교, 정치적 노력을 통해 국가 간 무력 충돌과 갈등이 미연에 방지될 수 있기 때문이다. 그런 의미에서 항구적 평화의 실현은 시민과 국가가 공동 노력을 통해 갈등을 사전에 예방하는 것에 달려있다.

Ⅳ. 인권과 평화를 위한 책임 이론

"정의로운 평화"의 윤리는 평화와 사회 정의의 증진을 주목표로 삼고 있다. 이것은 폭력, 부자유, 빈곤이 최소화되며, 문화적 다양성이

---

49) Evangelische Kirche in Deutschland, *Aus Gottes Frieden leben - für gerechten Frieden sorgen*, 108-114.

존중되는 과정을 통해 구체화된다. 이 과정적 노력은 평화의 실현뿐만 아니라 인권의 보호에 영향을 미친다.

1. 폭력의 감소와 인권

"공동 안보"와 "인간 안보" 개념에 기반을 둔 정치적 노력은 국가 간 대화와 협력을 촉진시키고, 시민적 갈등 조정도 시민적, 국가적 평화 노력을 통해 폭력의 감소에 일조한다. 이를 통해 전쟁과 무력 충돌로 발생할 수 있는 인종 학살, 고문과 같은 인권 침해의 현상이 예방될 수 있다.[50]

2. 부자유의 극복과 인권

13세기 영국의 자유 헌장은 국가 권력에 대한 신분적, 집단적 자유 요구를 통해 생겨났다. 17세기 인신보호법과 권리 장전도 이 연장선에서 영국 시민의 자유권을 그 내용으로 삼았다. 이러한 토대 위에서 보편적 자유권이 1776년 미국 버지니아 권리 장전과 1789년 프랑스 인권 선언에서 구체적으로 기술되었다. 이처럼 자유에의 요구는 현대적 인권의 형성에 큰 영향을 미쳤다.[51] 그러나 세계 곳곳에 상존하는 폭압적 정치권력과 마주하여 이 요구는 여전히 유효하다. 이때 자유 보호의 노력은 정치적 자유권의 보장으로 이어진다. 그러나 이러한 소

---

50) 위의 책, 18.
51) Wolfgang Huber, Hans-Richard Reuter, *Friedensethik*, 332-333.

극적 의미의 자유는 사회 속 동등한 처우와 사회적, 정치적 참여의 요구로 확대되어야 한다. 이를 통해 평등권과 참여권의 촉진이 또한 가능해진다.[52]

3. (빈곤의 감소를 위한)사회 정의의 증진과 인권

부정의는 경제적, 정치적 불평등을 의미한다. 그래서 사회 정의는 이 불평등의 극복을 통한 상호 인정 관계의 실현을 뜻한다. 이것을 위해 우선적으로 재화의 분배가 잘 이뤄져야 한다.[53] 여기에 더하여 개인의 사회적, 정치적 참여가 장려되어야 한다.[54] 개인은 참여를 통해 자신의 능력을 발휘하며, 능동적인 삶을 영위하게 된다. 이러한 참여를 촉진하기 위해 개인의 역량이 증진되어야 한다.[55] 특히 교육과 의료는 개인의 잠재력을 발전시키도록 도와 동등한 참여의 기회를 얻도록 만든다. 이것은 개인 삶의 질 향상을 가져온다. 그런 점에서 사회 정의는 분배의 정의(Verteilungsgerechtigkeit), 참여의 정의(Teilhabegerechtigkeit), 역량의 정의(Befähigungsgerechtigkeit)의 통합적 추구를 통해 실현된다. 이것은 인권의 보호로 이어진다. 먼저 분배의 정의를 추구하는 것은 사

---

52) Evangelische Kirche in Deutschland, *Aus Gottes Frieden leben - für gerechten Frieden sorgen*, 55.
53) 위의 책, 61-62.
54) Evangelische Kirche in Deutschland, *Gerechte Teilhabe. Befähigung zu Eigenverantwortung und Solidarität. Eine Denkschrift des Rates der Evangelischen Kirche in Deutschland zur Armut in Deutschland* (Gütersloh: Gütersloher Verlagshaus, 2006), 43-44.
55) Evangelische Kirche in Deutschland, *Aus Gottes Frieden leben - für gerechten Frieden sorgen*, 62-64.

회적 안전 체계의 구축과 사회권의 보장에 일조한다. 또한 참여의 정의를 위한 노력은 직업 선택의 자유, 공정한 노동 조건, 실직으로부터의 보호 등을 보장하는 노동권을 촉진시킨다.[56] 그뿐만 아니라 역량의 정의를 추구하는 것은 개인의 능력을 향상시키고, 사회적 선택의 기회를 증대시키는 발전권의 증진에 기여한다.[57]

4. 문화적 다양성의 인정과 인권

다문화, 다종교 사회에서 문화적 다양성의 존중은 평화로운 공존을 위한 전제 조건이다. 그 출발점은 각 문화와 종교가 자기 정체성을 분명히 표현하고, 유지하는 것이다.[58] 그러나 자기 정체성의 강화는 다른 문화와 종교에 대한 배타적 태도로 이어져선 안 된다. 오히려 자기 개방적 태도를 가지고, 문화적 다양성을 인정해야 한다. 이 상호 인정의 토대 위에서 대화와 협력이 이루어져야 한다. 이 과정에서 다양한 문화와 종교를 지닌 개인의 평등권이 보장되며, 여기에 더하여 문화적 자유권도 적극적으로 보호될 수 있다.[59]

이처럼 "정의로운 평화"의 과정은 자유권, 평등권, 참여권의 실현에 기여한다.[60] 이를 통해 이 개념은 인간 존엄성을 보호하는 역할을 한

---

56) Evangelische Kirche in Deutschland, *Gerechte Teilhabe*, 48-49.
57) Evangelische Kirche in Deutschland, *Aus Gottes Frieden leben - für gerechten Frieden sorgen*, 63.
58) Wolfgang Huber, *Die tägliche Gewalt*, 69.
59) Evangelische Kirche in Deutschland, *Aus Gottes Frieden leben - für gerechten Frieden sorgen*, 65.
60) 후버는 자유, 평등, 참여를 인권의 기본 구성 요소로 이해하였다. 그는 이 세 요

다.[61] 결과적으로 이것은 평화의 구축을 위한 기본 방향뿐만 아니라 인권 보호를 위한 전략적 관점을 제공한다. 그런 의미에서 "정의로운 평화"의 윤리는 인권과 평화를 위해 교회가 관심을 가져야 할 통합적 책임 이론이다.

V. 나가는 말

후버는 인권과 평화의 보장이 국가의 기본 과제라는 점을 강조하였다. 교회는 비판, 견제, 정치적 저항을 통해 국가가 이 과제를 잘 수행할 수 있도록 도와야 한다. 그런 점에서 인권과 평화는 교회의 책임 영역에 속한다. 교회는 인권 침해와 무력 충돌의 상황을 주의 깊게 관찰하며, 그 개선을 위해 노력해야 한다. 이 책임의 구현을 돕는 "정의로운 평화"의 윤리는 일차적으로 평화의 구축을 위한 관점을 제공해준다.

평화는 폭력, 부자유, 빈곤의 감소와 문화적 다양성이 존중되는 과정을 뜻한다. 법과 정치의 도움으로 현실화되는 이 과정은 외적 질서의 안정뿐만 아니라 평화의 질적 증진을 가져온다. 이것은 또한 인권의 보호에 영향을 미친다. 폭력 감소를 위한 노력은 인종 학살, 고문과 같은 인권 침해의 발생을 방지하고, 부자유의 감소를 위한 노력은 정치적 자유권, 평등권, 참여권의 보장을 촉진시킨다.

소가 정치 이데올로기와 무관하게 보편적으로 추구되어야 한다고 보았다. Wolfgang Huber, *Gerechtigkeit und Recht*, 314.

61) Evangelische Kirche in Deutschland, *Aus Gottes Frieden leben – für gerechten Frieden sorgen*, 53-54.

또한 빈곤의 최소화를 위한 사회 정의의 증진 과정은 사회권, 노동권, 발전권의 보호에 영향을 미치며, 문화적 다양성의 추구는 평등권과 문화적 자유권의 보장을 가져온다. 이러한 측면에서 "정의로운 평화"의 과정은 인권 보호에 기여한다.

결과적으로 후버는 이 구상을 통해 인권과 평화를 위한 교회의 책임과 과제를 명확히 제시하였다. 그의 이해를 바탕으로 교회는 인권과 평화가 그 책임 영역에 속한다는 것을 기억하며, 그가 제안한 기본 노선의 현실화를 위해 노력해야 한다. "정의로운 평화"를 위한 이러한 노력[62]은 인간의 존엄성이 보호받고, 정의로운 사회 질서가 실현되는 좀 더 인간적인 세상의 정착에 기여할 것이다.

---

62) 후버는 교회가 "정의로운 평화"를 통한 구체적 노력과 함께 고유의 역할에도 관심을 기울여야 한다고 판단하였다. 그리스도인은 설교와 성찬을 통해 사랑과 평화의 복음을 듣고, 그것을 직접 체험하게 된다. 그리고 이를 통해 연대와 평화의 중요성을 인식하게 된다. 이 토대 위에서 그리스도인은 인권과 평화의 증진을 위해 간절히 기도해야 한다. 현실 상황의 개선을 위해 하나님의 개입을 촉구하는 기도는 정치적 노력을 상회하는 위력을 지니고 있다. 그런 점에서 교회는 실제적 노력과 기도를 병행하며, 인권과 평화의 실현을 위해 힘써야 한다. 위의 책, 28-30.

참고문헌

강병오, "독일통일과 미래의 한반도 통일", 『통일시대로 가는 평화의 길』, 서울: 열린
    서원, 2015, 209-243.

_____, "통일독일의 과거청산 사례 분석과 그것이 한반도에 주는 교훈", 「신학과
    선교」 53(2018), 9-40.

_____, "러시아의 국가폭력과 과거사청산 노력", 「신학과 선교」 56(2019),
    9-38.

_____, "루마니아 과거청산에 관한 연구", 『동유럽의 체제 전환과 한반도 통
    일』, 부천: 한국기독교통일연구소, 2020, 471-501.

김성수, "공적 교회의 개념과 책임적 과제 - 볼프강 후버의 교회론 연구",
    「신학사상」 185(2019), 149-174.

_____, "독일교회의 공적 책임과 과제", 「기독교사상」 749(2021), 31-40.

김형민, 『하나님의 권리와 인간의 권리-현대인권신학의 동향과 전망』, 서울:
    북코리아, 2011.

유석성, 『정의와 평화윤리』, 부천: 서울신학대학교 출판부, 2016.

Augustinus, *Der Gottesstaat*, Freiburg: Johannes Verlag, 1982.

Bonhoeffer, Dietrich, "*Das Wesen der Kirche*", In *DBW 11.*
    Ökumene, Universität, Pfarramt 1931-1932, Gütersloh:
    Gütersloher Verlagshaus, 1994, 239-303.

_____, "*Was ist Kirche?*", In *DBW 12. Berlin 1932-1933*,
    Gütersloh: Gütersloher Verlagshaus, 1997, 235-239.

_____, "*Die Kirche vor der Judenfrage*", In *DBW 12. Berlin 1932- 1933*,
    Gütersloh: Gütersloher Verlagshaus, 1997, 349-358.

Evangelische Kirche in Deutschland, *Ökumenische Versammlung für*
    Gerechtigkeit, Frieden und Bewahrung der Schöpfung.
    Dresden, Magdeburg, Dresden, Hannover: EKD, 1991.

_____, *Schritte auf dem Weg des Friedens. Orientierungspunkte für Friedensethik und Friedenspolitik,* Hannover: EKD, 2001.

_____, *Gerechte Teilhabe. Befähigung zu Eigenverantwortung und Solidarität. Eine Denkschrift des Rates der Evangelischen Kirche in Deutschland zur Armut in Deutschland,* Gütersloh: Gütersloher Verlagshaus, 2006.

_____, *Aus Gottes Frieden leben - für gerechten Frieden sorgen. Eine Denkschrift des Rates der Evangelischen Kirche in Deutschland,* Gütersloh: Gütersloher Verlagshaus, 2007.

Galtung, Johan, *"Friedensforschung",* In *Friedensforschung,* Köln/Berlin: Kiepenheuer & Witsch, 1968, 519-536.

_____, *"Gewalt, Frieden und Friedensforschung",* In *Kritische Friedensforschung,* Frankfurt a. M.: Suhrkamp, 1971, 55-104.

Gessler, Philipp, *Wolfgang Huber. Ein Leben für Protestantismus und Politik,* Freiburg: Kreuz Verlag, 2012.

Huber, Wolfgang, *Kirche und Öffentlichkeit,* Stuttgart: Klett Verlag, 1973.

_____, *Kirche,* Stuttgart: Kreuz Verlag, 1979.

_____, *"Frieden. Kirchengeschichtlich und ethisch",* TRE 11(1983), 618-646.

_____, *"Welcher Frieden? Vertrauensbildung im Ost-West- Konflikt und die Aufgaben der Kirchen",* epd-Dokumentation 30(1988), 13-28.

_____, *Die tägliche Gewalt. Gegen den Ausverkauf der Menschenwürde,* Freiburg: Herder, 1993.

_____, *"Rückkehr zur Lehre vom gerechten Krieg? Aktuelle Entwicklungen in der evangelischen Friedensethik",* Zeitschrift für evangelische Ethik 49(2005), 113-130.

_____, *Gerechtigkeit und Recht. Grundlinien christlicher Rechtsethik,* Gütersloh: Gütersloher Verlagshaus, 2006.

_____,/Picht, Georg, *Was heißt Friedensforschung?,* München: Kösel

Verlag, 1971.

_____,/Tödt, Heinz Eduard, *Menschenrechte. Perspektiven einer menschlichen Welt,* München: Kreuz Verlag, 1977.

_____,/Reuter, Hans-Richard, *Friedensethik,* Stuttgart: Kohlhammer, 1990.

Luther, Martin, "*Von weltlicher Obrigkeit, wieweit man ihr Gehorsam schuldig sei*", In *Martin Luther ausgewählte Schriften. Bd. 4* (Frankfurt a. M.: Insel Verlag, 1982), 36-84.

Kim, Sungsoo, *Menschenrechte sichern durch gerechten Frieden. Zur Grundlegung der Sozialethik bei Wolfgang Huber,* Münster: LIT Verlag, 2020.

Müller-Römheld, Walter, *Bericht aus Vancouver 1983. Offizieller Bericht der Sechsten Vollversammlung des Ökumenischen Rates der Kirchen 24. Juli bis 10. August 1983 in Vancouver/Kanada,* Frankfurt a. M.: Lembeck, 1983.

Strohm, Christoph, *Die Kirchen im Dritten Reich,* München: C. H. Beck, 2017.

The United Nations Development Programme, *Human Development Report 1994,* New York: Oxford University Press, 1994.

예수 그리스도 안에서의 하나님의 평화

- 디트리히 본회퍼의 그리스도론적 평화이해[1]

김성호 (서울신학대학교 기독교신학연구소

학술연구교수, 기독교윤리학)

Christus ist unser Friede(Epheser 2,14)
그리스도는 우리의 평화입니다(엡 2:14)

I. 들어가는 말

이 소고는 디트리히 본회퍼의 평화이해에 관한 담론이다. 본회퍼의 그리스도 이해는 그의 박사학위 논문인 『성도의 교제(1927년)』의 '교회의 현실' 이해와 더불어 시작되었고, 1930년에서 1934년 사이 본회퍼의 여러 강연들을 통해서 평화 담론으로 확장되었으며, 1934년에 개최된 파뇌회의 때 본회퍼의 그리스도 이해에 근거한 평화개념이 보다 구체화되었다. 파뇌회의 이후 본회퍼는 스스로 자신을 가리켜 그리스도교 평화주의자라고 규정했고, '그리스도론적 평화' 개념을 제자도와 기독교윤리학의 지평에서 자세하게 다루었다.

---

1) 본 논문은 필자의 「신학과 선교」 46(2015), 261-297에 수록된 논문, "디트리히 본회퍼의 '평화' 이해에 관한 기독교윤리학적 담론"을 수정·보완한 것임을 밝힌다.

필자는 위와 같은 전제로 우선 1927년부터 1930년 사이 본회퍼의 그리스도 이해가 쿠펠레에서의 강연(1932년), 그리스도교 평화 연설(1932년 12월), 그리스도론 강의(1933년 여름학기), 파뇌회의 중의 설교에서 어떻게 평화개념으로 형성, 발전되어 갔는지 분석하면서 그의 평화이해의 이론적 담론을 전개할 것이다. 다음으로, 필자는 본회퍼 평화이해의 실천적 담론이 '순종'과 '형성'이라는 두 가지 형태로 나뉘어 발전된다는 지평에서 『나를 따르라(1937년)』와 『윤리학』 원고에서 '형성으로서의 윤리'와 '책임' 이해와 관련된 내용을 다룰 것이다. 결론 부분에서는 본회퍼의 평화이해가 오늘, 우리에게 어떤 평화연구의 길을 제시하는지 논의할 것이다.

II. 본론

1. 『성도의 교제(1927년)』와 『행위와 존재(1930년)』에서의 그리스도 이해

본회퍼의 박사학위 논문인 『성도의 교제』의 주제는 '교회의 현실'이다. 본회퍼는 교회를 "인간들과 함께하는 하나님의 새로운 의지"[2]라고 규정한다. 본회퍼에 의하면 교회는 그리스도 안에서 시작되었고 그 안에서 이미 성취되었다.[3] 즉, 원상태(창1장-3장)에서 인간의 죄로

---

2) DBW1, 87.
3) 참조, DBW1, 88.

인해 상실된 하나님과의 관계는 예수 그리스도를 통해 회복되었는데, 이 회복된 관계는 본회퍼의 용어로는 '그리스도교적 인격'과 '집단인격'의 두 형태로 나타난다. 그리스도교적 인격이란 하나님과 한 인간 (a man) 사이의 깨졌던 공동체적 관계가 그리스도 안에서 회복된 것을 뜻하며, 집단인격은 하나님과 인간들(men) 사이의 깨졌던 공동체적 관계가 그리스도를 통해 회복된 상태를 의미한다. 본회퍼는 이 그리스도교적 인격과 집단인격의 총합을 교회이해의 근거로 삼고 있으며, 이를 '공동체로 존재하는 그리스도'라는 용어로 설명하고 있다. 본회퍼의 '공동체로 존재하는 그리스도' 개념은 본회퍼의 교회 이해가 그의 그리스도 이해와 불가분의 관계에 있음을 보여준다. 본회퍼는 '교회의 현실'을 '공동체로 존재하는 그리스도'로, 즉 교회이해를 그리스도론적으로 이해한다. 이는 다시 교회의 '실재화'와 교회의 '활성화' 개념으로 나뉘어 설명된다.[4] 본회퍼의 이러한 소위 '그리스도론적 교회' 이해는 그의 평화 담론 속에서 그리스도인의 평화적 형상을 논의할 때 초석을 이룬다.

실제로 『성도의 교제』의 교회 이해는 교회가 종교공동체로 오용되고 있는 당시 독일 교회를 향한 날선 비판을 담고 있다.[5] 본회퍼는 루터 신학에 기초한 교회의 공동체적 이해를 통해 교회의 본질적 의미를 회복하기를 시도했었고, 1차 세계대전 이후에 교회를 떠나고 있는 많은 독일 국민에게 교회는 형이상학적이고 개인주의적 추상적 개념이 아니라, 차안(此岸)에서의 하나님의 내재성과 사회성에 기초한 공동체

---

4) 디트리히 본회퍼의 교회이해에 관해서는 다음 논문을 참조할 것: 김성호, "디트리히 본회퍼의 교회론적 윤리", 「신학과 선교」 43(2013), 331-361.
5) 참조, DBW1, 79-85.

적 개념 그리고 구체적인 현실적 개념으로서의 교회를 소개하고자 했다. 이를 위해 본회퍼는 바로 '예수 그리스도'가 하나님과 인간 사이의 죄로 인해 깨진 공동체적 관계를 회복할 수 있는 유일한 중보자라고 말했으며, 그의 교수자격 논문인 『행위와 존재』에서는 '예수 그리스도'를 인간이 하나님을 인식할 수 있는 유일한 길로 이해했다. 본회퍼는 당시 세계가 점점 기계화되고 인간의 존엄성이 상실되는 사회적 배경 속에서 인간을 그것(es)에서 너(du)로 인식해야 한다는 마틴 부버(Martin Buber)식의 인간 이해를 넘어서, 죄인인 인간은 오직 예수 그리스도를 통해 진정한 인격을 회복할 수 있다는 기독교적 인간 이해를 제시하고자 했다.

20세의 약관의 나이의 본회퍼는 하이데거의 '현존재' 이해, 쉘러의 '공동체' 이해, 마틴 부버의 '인격주의'를 기독교적인 인간, 교회, 인격 이해로 재구성함으로써 독일 사회에서의 탈기독교화와 비인간화의 벽을 동시에 넘어서고자 했다. 본회퍼는 인간의 한계를 피안(彼岸)에 계신 하나님의 과제로 쉽게 전가했던 폴 틸리히 식의 사고를 넘어서서, 하나님의 현실을 오늘 여기에서의 현실로 이해하고자 했고, 지극히 평범한 일상에서 하나님의 현실을 이해하고자 했다. 이를 위해 본회퍼는 루터의 예수 그리스도 이해가 절실히 필요했으며 그것은 '예수 그리스도를 통한 하나님의 차안성'[6] 개념이다. 하나님의 차안성은 본회퍼에

---

6) 이러한 본회퍼의 하나님의 차안성에 관한 생각은 그의 소위 옥중신학에서 구체적으로 다뤄진다: 참조: DBW8, 401-408(1944년 4월 30일 본회퍼가 베트게에게 보낸 편지: "하나님은 우리의 삶 한가운데 안에서 초월해 있다(Gott ist mitten in unserm Leben jenseitig(DBW8,408)). 이 부분에 대한 비판적 해석은 Michael Welker, *Gottes Offenbarung-Christologie*, 오성현 역 『하나님의 계시-그리스도론』 (대한기독교서회, 2012), 21-43을 참조할 것.

게서 그리스도론적으로 나타나는데, 『성도의 교제』에서는 '예수 그리스도 안에서, 예수 그리스도를 통한 교회의 현실', 『행위와 존재』에서는 '예수 그리스도를 통한 하나님의 계시 현실'로 담론화 되었다. 『행위와 존재』를 집필하면서 본회퍼는 구 개신교에서의 직접적 의식(actus directus)과 반성적 의식(actus reflexus)의 구분을 통한 믿음의 이해를 적극적으로 수용했으며, 이러한 이해는 『행위와 존재』뿐만 아니라 이후의 본회퍼 저작들 속에서도 그 흔적들을 계속해서 찾아볼 수 있다. 본회퍼는 이 두 구분을 신학적으로 각각 '직접적 신앙'과 '반성적 신앙'이라는 신학 언어로 옮기면서 『행위와 존재』내에서 자신만의 신학적 인식론을 전개했다. 본회퍼가 말하는 직접적 신앙과 반성적 신앙의 구분은 인간의 하나님의 계시에 대한 인식에 관한 내용이다. 즉, 계시는 하나님께서 예수 그리스도를 통해 인간들에게 드러내시는 사건이며 (직접적 신앙), 어떠한 인간의 의식이나 관념론적 인식으로 사유 가능한 (반성적 신앙)이 아니라는 의미이다. 이러한 본회퍼의 직접적 신앙과 반성적 신앙의 구분은 파뇌회의에서 평화를 인간의 어떠한 장치로 평화를 유지하려는 안보와 반대되는 개념으로 이해하는 진술 속에 용해되어 있다.[7] 본회퍼는 계시에 대한 행위 해석과 존재 해석을 시도하면서 당시 신학을 지배하고 있었던 관념론적 사고체계를 극복했고 이를 통해 종교적 선험성을 심리학적으로 신학에 적용하려고 했던 제베르크(Reinhold Seeberg)의 시도를 거부했다. 이러한 『행위와 존재』의 전개는 교회가 하나님 계시의 장소이며, 계시가 예수 그리스도의 성육신 사건을 통해 시작된 하나님의 현실이라는 점에 대한 변증을 지향하고 있다.[8]

---

7) 참조, DBW13, 295-297.
8) 참조, DBW2, 21-26.

2. 1930년에서 1934년까지의 본회퍼의 그리스도 이해와 평화 개념들

1) 쿠펠레 강연(1932년 7월 6일)에서의 평화의 신학적 근거: 하나의 교회 되기

본회퍼는 1930년 9월에서 1931년 6월까지 뉴욕 유니온 신학교에서 교환학생 시절을 보낸다. 당시 본회퍼는 쟝 라세르(Jean Lasserre)를 만나 기독교 평화주의에 대한 영향을 받는다.[9] 이 시절에 본회퍼는 한 강연에서 1차 세계 대전(1914년-1918년)후 독일 사회 내에서 평화는 일상 속 대화의 주제가 되었다고 말했다.[10] 본회퍼는 이러한 자연스러운 평화 담론 형성의 분위기가, 신학의 부재로 인해 독일을 포함한 유럽의 청년들의 평화 운동이 영향력이 미비한 결과를 낳았다고 생각했다.[11] 이와 같은 배경에서 본회퍼는 1932년 7월 6일 체코슬로바키아의 체르노호르스케 쿠펠레 강연에서 세계 연맹사업을 위한 '하나의 교회 되기'라는 중심 주제로 평화 설립을 위한 새로운 신학적 근거와 목표를 제시한다. "하나의 예수 그리스도의 교회는 세계 연합의 과제로서 모든 세계에 예수 그리스도의 요구를 분명히 들을 수 있게 만

---

9) 참조, Geffrey B. Kelly, "Interview mit Jean Lasserre 1971", in *Dietrich Bonhoeffer Jahrbuch 5*(2011/2012) (Gütersloh, 2012), 32-51; Jean Lasserre, "Erinnerungen an Dietrich Bonhoeffer", in 같은 책, 52-56.

10) 참조, DBW10, 646-652. (본회퍼는 유니온 대학교 교환학생시절에 '전쟁에 대한 강연(Vortrag zum Thema 'Krieg')'을 했다.) 이 강연에서 본회퍼는 1차 세계대전을 통해 자신이 경험했던 전쟁의 참혹함에 대해 고발하고, '평화'라는 주제가 독일 사회내에서는 일상 대화의 주제가 되었으며, 이러한 분위기는 청년평화운동을 비롯한 사회 전반의 평화운동들을 형성하게 했다고 말했다. 독일내에서의 "평화운동은 하나의 거대한 힘(enorme Kraft)"(651)이 되었으며, 이러한 분위기 속에 교회의 과제는 모든 국가와 세계에 평화적 사역을 강화시켜나가는 것이라고 강조했다.(651)

11) 참조, DBW11, 327-344.

들어야 한다. [...] 교회는 땅 위의 그리스도의 현존이며, 교회는 현존하는 그리스도이다."[12] 본회퍼가 『성도의 교제(1927년)』 논했던 '그리스도교적 인격', '집단인격', '공동체로 존재하는 그리스도'는 쿠펠레 강연에서 '하나의 교회되기'라는 평화운동을 위한 신학적 근거로 발전된다. 이어 본회퍼는 "교회는 항상 진리인 것으로서 원칙을 선포해서는 안 되고 오늘의 참인 계명을 선포해야 한다. [...] 하나님의 계명의 인식은 하나님의 계시의 행위이다."[13]라고 말했는데, 이는 행위와 존재의 직접적 의식과 반성적 의식의 개념에서 발전된 생각이며, 2년 후에 파뇌설교의 평화이해[14]에서 재인용되며 발전된다.

2) '그리스도와 평화' 연설(1932년 12월)에서의 평화개념: 복음으로서의 평화?

본회퍼는 에큐메니칼 청년활동의 독일 본부 활동 시절에 1932년 12월 베를린에서 "그리스도와 평화"라는 제목으로 연설을 했다.[15] 그는 마태복음 22장, 37절에서 39절의 말씀으로 이 연설을 시작하는데, 하나님을 사랑하는, 예수 그리스도를 뒤따르는 제자들은 복선언(마 5:1-10), 소위 8복의 약속과 더불어 부르심을 받았고, 이는 예수 그리스도의 제자들이 "평화의 증거(Zeugen des Friedens)"[16]라는 것을 의미한다고 말했다. "그리스도를 뒤따름은 단순한 믿음에서, 믿음은 그

12) DBW11, 331.
13) DBW11, 332-335.
14) 참조, DBW13, 295-297(1934년 8월 28일 오전 파뇌설교).
15) 참조, DBW17, 116-120.
16) DBW17, 117.

리스도를 뒤따름에서 진리가 된다."[17] 본회퍼는 이 연설에서 평화를
어떠한 인간적인 가능성이 아니라, 복음의 지평에서 논의했다. "안전
한 평화란 없다. 그리스도인은 평화를 단지 믿음으로써 감행할 수 있
다."[18] 본회퍼는 그리스도인들은 예수 그리스도처럼 우리 스스로 그
누군가와 평화를 이루어야 하는데, 바로 예수 그리스도가 그의 공동체
에 평화를 설교했기 때문이며, 이는 사랑의 계명이라고 말했다. 본회
퍼는 예수 그리스도의 형제 사랑, 이웃사랑, 사마리아인의 비유에서
평화의 근거를 발견했다. "우리가 이러한 평화를 가지고 있지 않다면
민족을 향해 평화를 설교할 수 없다."[19] 본회퍼는 진정한 평화는 단지
하나님 안에서 하나님으로부터 가능하며, 평화는 우리에게 예수 그리
스도와 함께 보내졌고, 이는 평화는 복음과 결코 분리되지 않는 채로
연결되어 있으며, 결코 종교적으로 세계를 바라보고 어떠한 복음의 타
협안에 있는 상태로 존재하지 않는다고 보았다.[20] 본회퍼는 "내가 세
상에 평화를 주러 온 줄로 생각하지 말라 평화가 아니요 검을 주러 왔
노라(마 10:34)"라는 예수의 말씀에서 '검(무기)'은 복음의 적들과 싸울
수 있는 무기로 "고통을 사라지게 하는 믿음과 사랑"[21]이라고 해석했
다. 본회퍼는 그리스도인은 이웃을 자기 자신처럼 사랑해야 하고 이웃
과 더불어 이웃 안에서 하나님을 사랑하지 않으면 이웃을 순수하게 사

---

17) DBW17, 117: 이러한 본회퍼의 이해는 그의 책 『나를 따르라』에서 제자도를 다
    룰 때 '단순한 순종(einfältige Gehorsam)' 개념으로 발전되는데(참조, DBW4,
    52), 이는 『나를 따르라』의 내용으로 진행된 핑켄발데 신학교의 신학수업(1935
    년-1937년)을 '평화교육'으로 볼 수 있다는 근거로 삼을 수 있다.
18) DBW17, 117.
19) DBW17, 118.
20) DBW17, 119.
21) DBW17, 119.

랑할 수 없다고, 연설 초반에 제시한 마태복음 22장 37절에서 39절 말씀을 연설 말미에서 해석한다. 이어 그는 "하나님을 우선 사랑하는 그러한 순수한 사랑 안에서 그리스도께서 우리에게 주시는 그 평화가 있다.(요 14:27)"라고 말했다.[22]

"그리스도와 평화"라는 제목의 이 연설문은 본회퍼의 그리스도 이해가 교회이해에서 평화이해로 확장되는 근거가 되는 문서로 볼 수 있다. 본회퍼는 평화가 복음과 분리되지 않은 채 연결 되어 있고, 그리스도의 제자가 된 자만이 진정한 평화를 누릴 수 있다고 말했다. 그가 이해한 예수 그리스도 안에서의 평화의 도구는 믿음과 사랑이며, 그분을 뒤따름으로서 구체적으로 실현된다. 본회퍼는 '평화의 증거' 된 제자들은 하나님을 사랑하는 그 사랑으로 순수하게 이웃을 사랑함으로 평화의 형상을 이룰 수 있으며, 이 땅위에서의 '평화'의 이름으로 존재하고 있는 왜곡된 평화, 인간에 의한 어떠한 가능성으로서의 평화, 즉 본회퍼의 『행위와 존재』의 표현을 빌리자면, 어떠한 "반성적 의식(actus reflexus)"[23]으로서의 평화를 부정하고, 진정한 평화는 오직 '믿음'으로부터 감행될 수 있으며, 하나님 사랑을 통한 이웃사랑을 통해 실현될 수 있다고 강조했다.

---

22) 참조, DBW17, 119.

23) 본회퍼는 직접적 의식(actus directus)과 반성적 의식(actus reflexus)을 구분한다. 파일(Ernst Feil)은 이 구분을 본회퍼 신학의 정선률로 삼고 있다(참조: Ernst Feil, Die Theologie Dietrich Bonhoeffers, Kaiser, [4]1991 83-85.).

3) 그리스도론(1933년 여름학기)에서의 평화개념:
'낮아짐'-평화의 형상?

본회퍼는 1927년에서 1930년까지의 자신의 연구를 베를린 강의들 (1931년-1933년)을 통해서 발전시킨다.[24] 위에서 언급한 '예수 그리스 도를 통한 하나님의 차안성'에 관한 이해는 특히 그가 1933년 여름학 기 베를린에서 강의한 "그리스도론 강의"[25]에서 '현재하는 그리스도' 를 다루면서 논의된다. "십자가에 달렸고 부활한 예수는 동시에 현재 하는 그리스도다. 이것이 첫 번째 진술이다. 현재하는 역사적 그리스 도로서의 그리스도. 그의 현재는 시간적이며 장소적으로 이해되어야 한다. 지금 그리고 여기에서(nun et hic), 양자는 교회 개념 안에서 만 난다."[26]

본회퍼가 『성도의 교제』와 『행위와 존재』에서 그리스도의 성육신, 십자가, 부활을 다루면서 그리스도의 현실을 다루었는데, 베를린에서 의 『그리스도론 강의(1933년)』에서는 루터의 '그리스도의 현재' 개념 의 이해를 인용한다. 즉, 루터는 그리스도의 현재 개념을 승천 개념으 로부터 전개하려고 했는데, 그리스도는 하나님의 우편에 앉아 계심으 로써 현존하는 분이 될 수 있다는 이해이다. 루터는 1523년 승천일 설교에서 "그리스도는 이 땅 위에 계셨을 때는 우리로부터 멀리 떨어

---

24) 본회퍼는 베를린에서 1931/32년 겨울학기에 "20세기 조직신학의 역사", 1932 년 여름학기에 "교회의 본질(강의)", "기독교윤리는 존재하는가(세미나)?"를 강의 했다. 그는 1932/33년 겨울학기에 "최근 조직신학의 논의와 토론"을 강의했고, 1933년 여름학기에 "그리스도론"을 강의 했다. 본 소고에서는 1933년 여름학기 에 행해진 "그리스도론" 강의에서 본회퍼의 그리스도 이해를 집중적으로 다루고 자 한다.

25) DBW12, 279-348.

26) DBW12, 291-292.

져 있었다. 그러나 지금 그분은 우리로부터 멀리 떨어져 계시기에 우리에게 가까이 있다."[27]고 말했다. 본회퍼는 루터의 이 말을 인용하면서 그리스도의 승천이 그가 멀리 떨어져 계시기에 그리스도의 편재(遍在. Allgegenwart)가 가능하다고 설명했다.[28]

소위 초기 본회퍼(1927-1930년)의 '공동체로 존재하는 그리스도' 이해는 '그리스도론 강의(1933년 여름학기)'에서 말씀, 성례전, 교회공동체로서 실존하는 그리스도의 이해로 발전된다. 초기 본회퍼의 그리스도의 교회론적 이해는 그리스도론 강의(1933년)에서 그리스도의 실존적 현실의 구체적 담론으로 발전된다. 이는 본회퍼의 그리스도이해가 그리스도는 누구신가라는 질문에서 그리스도의 사역은 오늘 우리에게 어떤 현실로 현재하는가로의 확장된 담론을 전개하고 있다고 볼 수 있다. 즉, 본회퍼는 말씀, 성례전, 교회에 대한 교리적 이해를 넘어서서, 그리스도께서 말씀과 성례전 교회로 실존하고 계시는 그리스도의 구체적 현실의 형상에 대한 설명을 시도한다. 즉, 말씀은 그리스도께서 설교 속에서 우리에게 계명(Gebot)과 용서(Vergebung)로[29] 성례전에서는 우리를 새로운 피조물로 창조하심으로[30], 교회는 공허한 형상이 아니라 우리와 더불어 몸으로 실존한다는 것을 의미한다.[31] 이러한 본회퍼의 이해는 파뇌설교와 『나를 따르라』, 『윤리학』 원고에서의 평화담론을 위한 신학의 근거가 된다.

"현재하는 그리스도는 역사적 그리스도다. 역사적 그리스도는 역사

27) DBW12, 293. 각주 25) 재인용: 참조, 승천일 설교, 1523. (WA 12, 562, 25f.)
28) 참조, DBW12, 293.
29) 참조, DBW12, 299.
30) 참조, DBW12, 305.
31) 참조, DBW12, 306.

적 예수다. 그렇지 않다면 바울처럼 우리의 신앙이 헛되고, 우리의 교
회는 실체를 잃어버리게 될 것이다."[32] 본회퍼의 이 말은 그가 예수 연
구가 역사적 예수와 케리스마적 그리스도로 분열된 상황에서 역사적
예수에 무게중심을 두자는 의미로 이해되어서는 안 된다. 앞에서 살펴
본 바와 같이, 본회퍼는 예수 그리스도의 현실을 오늘 우리에게 어떻
게 실존하는지 신학적으로 규명하려고 했고, 차안(此岸)에서의 그리스
도의 실존의 형상을 설명하고자 하는 본회퍼의 일관된 의지로 이해해
야 한다. 본회퍼는 1933년 그리스도론 강의에서 그리스도의 성육신,
십자가, 부활을 그리스도의 현실, 현재, 실존의 관점에서 이해했다.

"인간 예수 그리스도를 하나님으로 말하려면 그를 그 어떤 하나님
이념의 대변자로 말해서는 안 된다. 즉 예수를 하나님으로 말할 수 있
는 곳은 그의 전지전능이라는 속성이 아니라, 약함과 구유에 있다."[33]
본회퍼는 예수 그리스도 안에서 일어나 하나님의 성육신을 보이는 하
나님의 영광이 아니며, 인간이 된 분은 십자가에 달려 죽으신 분이기
때문에 하나님의 영광으로서의 하나님의 성육신을 말하는 것이 비개
연적이며 낯선 이해라고 말한다.[34]

본회퍼는 낮아짐으로서의 성육신이 역사 속에서도 현재한다고 본
다. 그것은 낮아진 분의 특별한 실존 방식인데, 예수는 이 세상에 들어
오셔서 인간들 사이에서 하나님의 형상(Gestalt Gottes)로 실존하시는
것이 아니라 "익명으로 거지들 사이에서는 거지로, 추방당한 자들 사
이에서는 추방당한 자로, 그러나 죄인들 사이에서는 무죄한 자이면서

---

32) DBW12, 311.
33) DBW12, 341.
34) 참조, DBW12, 342.

동시에 유일한 죄인으로 존재"[35]한다는 것이다. 본회퍼는 육신의 형태로 실존하신 예수도 죄인 인가라고 제기되는 문제에 대해 루터를 인용하면서 그는 우리를 위해 죄인이 되셨으며 그는 가장 나쁜 죄인(peccator pessimus)이 되었다고 말한다. 루터는 예수 그리스도는 "우리의 죄를 감당하기 때문에 우리처럼 강도, 살인자, 간부(姦夫)가 되었다. 그러나 그분은 동시에 무죄한 분, 거룩한 분, 영원한 분, 주님, 그의 아버지의 아들이다."[36] 본회퍼는 죄 없이 죄인이 되신 예수 그리스도의 성육신의 실존에 주목한다. 본회퍼는 '우리를 위한 그리스도'란 나를 하나님과 화해시키는 그리스도라고 정의했다.[37] 본회퍼의 '그리스도론 강의'에서의 부활에 대한 이해는 매우 중요하다. 왜냐하면, 부활은 일반적으로 십자가와 대비되는 개념으로, 죽음을 극복하고 승리한 그리스도 영광의 사건이라고 이해되기 때문이다. 그러나 본회퍼는 빈무덤 사건을 통해 볼 때, 부활마저 익명의 사건을 통해 예수 자신을 드러내는 영광을 거부했다고 보았다.[38] 이러한 본회퍼의 이해는 부활 사건이 제자들과 무리에게 예수 그리스도 스스로 현현하심을 통해 부활을 알리심을 통해 높아짐이 아니라, 빈 무덤을 통해 부활의 증거를 보여주신 예수 그리스도는 여전히 낮아지심, 자기 비움을 통해 부활의 승리감을 버리시고 하나님으로부터 높임을 받으신 '낮아지심을 통한

---

35) DBW12, 343.
36) DBW12, 344, 각주 148 재인용: 참조, ewa Operationes in psalmos, 1519-21.(WA 5, 602, 21-35)
37) 참조, DBW12, 346.
38) 본회퍼는 1928년 4월 8일 바르셀로나에서 부활절 설교를 한다(참조, DBW10, 461-466.). 이 설교에서 본회퍼는 "부활절은 모든 마지막 날에 일어날 일, 말로는 도저히 표현할 수 없는 영광스러운 날에 대한 서곡입니다."라고 '영광스러운 날'로서의 부활을 강조하기도 했다.

높여짐'으로 이해해야 한다. 본회퍼는 익명이라는 '낮아짐'이 성육신, 십자가 사건에서 멈추지 않고 부활에서도 이어진다고 보며, 이 익명성의 베일은 그리스도의 재림 때, 영원한 분으로서, 인간이 된 분으로서 하나님의 능력과 영광 속에서 올 것이라고 말한다.[39]

본회퍼의 '그리스도론 강의(1933년 여름)'에서의 예수 그리스도 이해는 그리스도의 현실 즉 그의 현재와 실존에 관한 이해이며, 성육신, 십자가, 부활의 그리스도는 그에게 '낮아지심'이라는 일관된 지평에서 이해되었다. 본회퍼의 그리스도의 현실 이해는 초기의 '교회 공동체(1927년-1930년)'에서 '낮아짐(1933년)'이라는 실존적 형상으로 발전된다. 이러한 본회퍼의 이해는 1935년부터 다루는 본회퍼의 평화에 대한 실천적 담론의 그리스도론적 배경이 된다. 즉, 그리스도론 강의의 그리스도 성육신, 십자가, 부활에 대한 '낮아짐'이라는 지평의 해석은, 『나를 따르라』에서는 단순한 순종의 개념으로 소급되며, 이는 '~에 대한 포기', '수동적 필연으로서의 십자가', '고난'에 대한 이해로 나뉘어 설명된다. 또한 '낮아짐'의 지평은 『윤리학』에서 성육신, 십자가, 부활개념이 실제로 어떻게 그리스도인에게 실존적으로 나타나야 하는지에 대한 기독교 윤리적으로 해석되고, '평화의 형성'이라는 시대 적합한 과제로 본회퍼의 '형성으로서의 윤리'를 재해석할 수 있는 근거가 된다.

4) 파뇌 설교(1934년 8월 28일)에서의 평화개념

본회퍼는 1934년 8월 28일 파뇌회의 기간에 '교회와 민족 세계(시

---

39) 참조, DBW12, 348.

85:8)'라는 제목으로 설교 한다.[40] 이 설교는 '쿠펠레 연설'과 베를린에서의 '그리스도와 평화연설', 그리고 '그리스도론 강의'의 내용들이 발전되어 작성되었으며, 더 이상 미룰 수 없는 이 땅의 평화에 대한 본회퍼의 절실한 호소를 담고 있다. 본회퍼는 베를린 연설에서도 말했듯이 평화를 안전(Sicherung)개념과 철저히 구별한다. "안보의 길에는 평화에 이르는 길이 존재하지 않습니다. [...] 평화는 그 자체로 엄청난 모험이기 때문에 절대로 안전할 수 없습니다. 평화는 안보의 반대입니다. [...] 평화는 하나님의 계명에 우리 자신을 송두리째 내어드리는 것을 의미하고, 안전을 바라지 않으면서 '믿음'과 '복종'으로 민족의 운명을 전능하신 하나님께 맡기는 것을 의미합니다. [...] 길이 십자가로 이어질 때만 전쟁에서 승리할 수 있습니다."[41] 본회퍼는 전 세계의 지체들이 하나의 교회, 그리스도와 한 몸이 되는 한 그리스도 안에서 한 형제로서 그의 평화의 말씀과 평화의 계명에 순종하게 된다고 설교했다. 본회퍼는 이미 쿠펠레 강연에서 "세계 평화의 질서는 오늘날 우리에게 하나님의 계명이다"[42]라고 말했다. 본회퍼는 하나님의 계명을 직접 들을 수 있는 가능성은 존재하지 않으며, 오직 예수 그리스도를 통해 하나님의 구체적 계명을 인식할 수 있다고 말했다.[43]

본회퍼의 평화개념은 오직 예수 그리스도 안에서의 하나님의 평화를 의미하며, 안보와 같은 어떠한 인간의 시도에서 가능한 것이 아니라 오직 예수 그리스도 안에서의 믿음과 복종, 교회됨, 제자됨을 통해

40) 참조, DBW13, 295-297.
41) DBW13, 308-309.
42) DBW11, 338.
43) 참조, DBW11, 336.

서 가능하다고 주장하는 것이다. 본회퍼는 '그리스도론 강의'의 마지막 부분에서도 오늘날 교회도 성육신, 십자가, 부활하신 예수 그리스도의 현재로서 날마다 새롭게 그리스도로부터 하나님의 뜻을 받아들여야 한다는 과제를 제시했다. 그것은 예수 그리스도 안에서 진정한 '교회됨'과 '낮아짐'이라는 그리스도의 형상을 덧입는 것이 이 땅의 평화를 위한 진정한 길이라는 것을 학생들에게 제시한 것으로 볼 수 있을 것이다.

3. 본회퍼의 그리스도 이해: 교회이해에서 평화이해로

'공동체로 존재하는 그리스도'로서의 교회됨과 '낮아짐'이 1927년에서 1933년까지의 본회퍼의 그리스도 이해의 핵심적 내용임은 위에서 살펴보았다. 이러한 본회퍼의 그리스도 이해는 1934년을 전·후로 해서 '평화'의 담론을 위한 신학적 시금석으로 작용한다. 본회퍼의 평화 이해는, 그리스도를 뒤따름 그 자체에서 평화가 생성되고, 왜곡된 평화를 다시 진정한 평화로 실현할 수 있는 길은 오직 복음으로 설립되며 그 무기는 바로 이 땅의 고통과 고난을 제거할 수 있는 믿음과 하나님 사랑을 통한 이웃사랑이라고 보는 것이었다. 또한 본회퍼에게 평화는 어떠한 원칙적인 이념이나 원리가 아니었다. 그에게 평화는 '하나님의 계명'이었다. 그러나 특히 파뇌 설교가 설교였다는 점에서, 본회퍼의 평화가 설교의 언어를 통한 기독교인들만을 위한 일방적인 선포용의 메시지라고 이해해서는 안 된다. 이 파뇌설교는 본회퍼의 신학적 이해 특히 그리스도 이해와 교회 이해를 통해 오늘, 여기에서, 즉 당시에 세계를 향하신 하나님의 구체적인 뜻이 무엇인가에 대한 대답

들의 축소판이었으며, 평화라는 과제가 교회와 전 세계의 시급한 시
대적 과제라고 주장하는 울분의 호소였다.

그러나 본회퍼는 급진적인 저항의 길을 평화를 위한 대안으로 삼지
않았다. 그의 예수 그리스도에 관한 이론적 담론은 우리가 그리스도의
실존에 참여하는 것으로서의 평화의 실천적 담론을 마련한다. 이러한
평화에 대한 접근은 1935년부터 시작된 핑켄발데 신학교에서 본격적
으로 시작된다. 그의 교회이해, 계시에 관한 이해처럼 필자는 본회퍼
의 평화에 관한 이해도 철저히 '수동성'에 근거해서 사유된다고 본다.
여기에서의 수동성이란 하나님의 능동성과 주체성을 전제하는 개념이
라고 규정할 수 있다. 예를 들어, 『성도의 교제』에서 논했던 죄의 개념
은 인간 스스로 해결할 수 없으며, 예수 그리스도의 십자가와 부활 사
건에 근거하여 해결 가능하다. 본회퍼의 『행위와 존재』의 직접적 의식
(actus directus)과 반성적 의식(actus reflexus)의 개념 역시 결국 하나
님의 계시를 인식할 수 있는 길은, 오직 예수 그리스도를 통한 하나님
의 드러내심을 통해서 가능하며, 인간 스스로 행위나 존재론적 방법으
로는 사유 불가능함을 말하기 위한 개념이었다. 본회퍼는 평화개념 역
시 인간의 행위나 노력에서 행해지는 안보(Sicherheit)에 가능한 것이
아니라, 오직 예수 그리스도의 현존을 통해 가능하다고 보았다. 이러
한 배경에 근거해서 평화에 대한 문제는 어떻게 인간이 예수 그리스도
의 현존이 실존하는 시간과 장소에 참여할 수 있는가에 대한 질문으로
담론이 옮겨진다.

본회퍼의 평화에 대한 이해는 1935년부터 설립된 핑켈발데 신학교
에서는 '예수 그리스도의 말씀의 적극적인 순종'을 통한 평화설립의
형태로, 1939년의 『윤리학』 원고를 저술할 때부터는 '예수 그리스도

의 성육신, 십자가, 부활의 각인을 통한 인간의 형성'을 통한 평화설립
을 위한 형태로 발전된다.

4. 순종을 통한 평화 설립: 평화교육을 위한 교재로서의
『나를 따르라』

  오늘날 그리스도인들이 평화를 담론화할 수 있는 장소는 바로 예수
그리스도의 실존에 참여하는 것이며, 이는 본회퍼에게 구체적으로 제
자직의 담론으로 옮겨간다. 본회퍼는 1933년 무렵, 독일의 국가사회
주의가 히틀러를 우상화하기 위해 소위 루터정신(Luthergeist)을 국가
사회정신의 배경으로 삼고자 했던 시대에, 루터의 칭의 개념의 올바른
이해를 시작으로 제자직에 관해 논했다. 당시에는 무엇보다도 독일 사
회 내에서 형성되어 온 예수 그리스도의 평화 형상이 루터 신학의 왜
곡과 오용으로 파괴되고 있던 시기였다.[44] 본회퍼는 레지스탕스 조직
을 만들거나 비밀조직을 만들 목적으로 『나를 따르라』의 배경이 되는
핑켄발데 신학교를 설립한 것이 아니었다. 필자가 보기에, 핑켄발데
신학교는 루터 신학의 근본개념들의 올바른 이해와 산상수훈의 말씀
을 토대로 그리스도의 제자라면 그리스도의 평화의 현실에 참여하는
것이 우선적 과제임을 교육하는 평화교육의 장이었다. 이와 같은 이해
를 근거로 『나를 따르라』의 평화는 '순종 안에서의 평화 설립'을 말하
고 있다고 볼 수 있다.

---

44) 참조, Christian Gremmels(Hg.), *Theologie und Lebenswelt*. Beiträge zur
    Theologie der Gegenwart (Gütersloh, 2012), 38-40.

본회퍼에 의하면, 예수 그리스도의 부르심(막2:14)은 의미심장한 것을 실현해 줄 수 있는 어떠한 프로그램도, 인간이 추구해야 할 목표와 이상도 아니다. 그것은 지금까지의 생활에서 떠나라는 말이며 밖으로 뛰쳐나오라(existieren)는 말이다.[45] 평화가 예수 그리스도의 현존에 참여하는 것이라면, 우리는 본회퍼가 구체적으로 제시한 데로, 안정된 생활, 인간 스스로 예측가능한 곳, 유한한 가능성의 영역에서 떠나, 오직 예수 그리스도에게 매이는 것이다. 본회퍼에 의하면 예수 그리스도에게 매이는 것이란 그의 인격에 매이는 것이다.[46] 여기서 우리는 『성도의 교제』의 '그리스도교적 인격'과 '집단인격'을 떠올리게 된다. 왜냐하면 두 인격 개념은 예수 그리스도를 통해 하나님과 인간사이의 공동체적 관계의 회복이었으며, 이것이 본회퍼의 교회 개념의 초석이었기 때문이다. 제자직으로의 부름은 "새로운 상황"[47]을 만들어 내며, "실존의 새로운 창조"[48]이다. 제자직으로의 부름에 순종하며 뒤따르는 것은 한 사람의 선한 선생님에 대한 열광적 숭배가 아니라 우리에게 평화를 선물로 허락하시는 하나님의 아들에 대한 순종이다.[49]

평화란 예수 그리스도의 부르심에 뒤따름으로 순종하는 것에서 시작되며, 그것은 그분의 인격에 매여 교회의 현실에 참여하는 것이고, 오직 그분의 이끄시는 데로, 자신의 인생로를 그분께 맡기는 것이다. 이와 같은 배경에서 『나를 따르라』에서 본회퍼가 논했던 예수 그리스도의 부르심과 제자로서의 뒤따름은 그리스도인의 평화적 존재가 되

---

45) 참조, DBW4, 46.
46) DBW4, 47.
47) DBW4, 50.
48) DBW4, 50.
49) 참조, DBW4, 65.

기 위한 시작 단계로 볼 수 있다.

1) 고난을 통한 순종과 용서를 통한 순종

본회퍼는 그리스도론 강의(1933년)에서 예수 그리스도의 성육신, 십자가, 부활을 모두 자기비움의 관점에서 보았다. 특히 부활을 영광의 사건이 아니라 빈 무덤을 통해 그리스도께서 자신을 낮추신 역사적 사건이며, 동시에 부활의 증거라고 보았다. 본회퍼의 예수 그리스도의 부르심과 제자의 따라나섬의 순종에 대한 장면에 대한 이해는, 오늘날 그리스도인들에게 예수 그리스도 현존에 동참하며 평화의 실존적 자격이 부여되는 현재적 사건이라고 이해할 수 있다. 이 부분에서 간과하지 말아야 하는 것은 부르심의 주체가 예수 그리스도라는 사실이며, 평화의 실존 자격의 부여 역시 예수 그리스도의 부르심을 통해 창조된다는 사실이다.

본회퍼는 핑켄발데 신학교 시절 로마서 5장 1절에서 5절의 본문을 바탕으로 1938년 3월 9일 그로스 쉴렌비츠에서 '하나님과 함께하는 평화(Frieden mit Gott)'에 관해 설교[50]를 한다. 본회퍼는 예수 그리스도는 우리를 위해 십자가에 죽고 하나님의 심판을 감당하셨으며, 하나님 스스로 예수 그리스도를 이 사역을 위해 보내셨다고 강조했다. 본회퍼는 이와 같은 이유로 십자가 아래에 평화가 있는 것이며,[51] 하나님의 의지(뜻)에 의한 용서가 있고, 우리 자신 의지의 마지막이 있고, 하나님의 평온함과 고요함이 있고, 모든 우리의 죄의 용서 안의 양심

---

50) DBW15, 470-476.
51) 참조, DBW4, 108.

의 평화가 있다고 말했다. 본회퍼는 십자가는 우리가 서 있는, 은혜로 들어가는 입구이며(롬 5:2), 십자가는 하나님과 더불어 매일 평화로 들어가는 입구이며, 세상 속에서 하나님과 더불어 평화를 찾을 수 있는 유일한 길이 있다고 설교했다.[52]

"오직 예수 그리스도 안에서 하나님의 진노는 고요하게 되고, 우리는 하나님의 뜻(의지) 속으로 들어감으로서 이것을 극복할 수 있게 됩니다. 그러므로 예수 그리스도의 공동체의 십자가는 하나님의 오실 영광의 기쁨과 희망의 근거입니다. '우리는 미래의 영광의 희망을 찬양합니다.' 여기 이곳 십자가에 하나님의 정의와 땅위에서의 승리를 말할 수 있게 됩니다. [...] 우리가 받게 되는 평화는 하나님 나라의 영원한 영광스러운 평화가 될 것입니다.[53]

본회퍼의 그리스도론 강의에서의 그리스도의 '낮아지심'의 이해는 『나를 따르라』에서의 십자가의 고난에 대한 이해[54]로 이어진다. 부르심에 대한 순종이 평화적 존재로서 부여받는 자격의 근거였다면, 십자가에 고난에 동참하는 순종은, 평화적 존재로서 겪는 영광의 과제라고 이해할 수 있을 것이다.

"십자가는 불운과 가혹한 운명이 아니라, 오직 예수 그리스도와의 결속 때문에 생기는 고난이다. 십자가는 우발적인 고난이 아니라, 필연적인 고난이다. 십자가는 자연스러운 생활 때문에 겪는 고난이 아니

---

52) 참조, DBW15, 471.
53) DBW15, 471-472.
54) 참조, DBW4, 77-85; DBW15, 470-476: 본회퍼는 예수 그리스도의 십자가를 사랑하는 자, 그 안에서 진정한 평화를 발견한자는, 그 자신의 삶 속에서 환란조차도 사랑해야 하고 다음과 같이 말씀을 선포할 수 있어야 한다고 설교했다: "우리가 환난 중에도 즐거워하나니(롬 5:3)"

라, 그리스도인에게 반드시 다가오는 고난이다."[55] 본회퍼는 그리스도인에게 현실 속에서의 십자가의 고난은 홀로 감당하는 것이 아니라, 그리스도와 함께 받는 고난이라고 설명한다.[56] 모든 그리스도인들이 십자가를 지며 고난을 감당해야 하는데, 이는 예수 그리스도의 화해를 위한 고난에 동참하는 것을 의미한다. 물론, 그리스도인은 타인의 죄를 사하며 화해사건을 홀로 감당할 수는 없다. 본회퍼는 이러한 화해사건의 참여는 타인의 잘못을 용서함으로써 가능하다.[57] 즉, 본회퍼의 십자가 이해는 삶 속에서 예수 그리스도의 십자가의 고난을 타인의 잘못을 용서함으로 예수 그리스도의 화해사건에 동참하는 것을 의미한다. 본회퍼는 나아가 타인의 죄까지도 대신 짊어져야 한다고 말하는데, 이는 오직 "내가(그리스도인이) 참여한 그리스도의 십자가의 능력으로 그의 죄를 용서하는"[58] 방법으로 가능하다고 설명한다. 본회퍼는 1935년 11월 7일 핑켄발데 설교(마 18장 21-35절)에서 용서와 평화의 관계를 설명한다. "우리가 소중히 여기는 우정이나 명예, 형제애가 확고하고 영속하는 토대 위에 견고하게 서기 위해 꼭 필요한 평화는 용서함으로써 가능한 것입니다."[59] 본회퍼는 이러한 예수 그리스도의 십자가의 고난에 동참하는 것은 순수한 은혜와 기쁨이자,[60] 영혼을 소생케 하고 쉬게 하는 것이며, 최상의 기쁨이라고 말한다.[61]

---

55) DBW4, 79, 97.
56) 참조, DBW4, 95.
57) 본회퍼는 쿠펠레 강연(1932년7월 26일)에서도 이미 모든 평화 공동체의 궁극적이고 반드시 수행해야할 일은 '죄의 용서(Vergebung der Sünde)'라고 말했다(참조, DBW11, 339.).
58) DBW4, 82.
59) DBW14, 905-911.
60) 참조, DBW4, 82-83.

본회퍼는 1938년 1월 23일에 선포한 설교[62]에서 인간은 그들의 마음을 우정, 정의, 고귀한 자리들 사이에 두기 위해서 살아가지만, 예수 그리스도는 그의 원수들 사이에 계셨음에 주목한다. 그리고 그리스도의 제자들이라면 예수 그리스도의 자리에 있어야만 하는 것을 강조한다. 본회퍼에 의하면, 그 자리는 예수 그리스도의 십자가 고난의 자리이며, 용서의 자리였다. 그는 원수들 사이에서 예수 그리스도가 하나님의 사랑으로 죽었고 기도했던 것을 회상한다. 본회퍼는 로마서 12장 18절의 말씀을 인용하면서, "할 수 있거든(soviel an euch ist)"이라는 말씀을 '침묵하면서 아무것도 하지 않을 수 있다'라는 의미가 아니라 찢겨지고 둘로 나뉜 세상을 향해 '적극적으로 하나님과 더불어 평화를 도모해야 한다'는 의미로 해석한다. 우리가 원수 되었을 때에 예수는 우리를 평화롭게, 화목하게 만드셨다. 본회퍼는 바로 이러한 평화를 예수 그리스도에게서 발견했다.[63] 예수 그리스도의 현존은 우리를 평화의 장소로 초대한다. 그곳은 우리의 원수들이 있는 곳이다. 그리고 거기에서 침묵하며 무조건적 용서를 바라며 평화를 기다리는 것이 아니라, '하나님과 더불어!' '예수 그리스도와 함께!' 평화를 선포하고 평화를 창조해야 한다.

본회퍼는 십자가의 고난에 대한 설명을 통해 용서를 통한 화해에 대해서, 예수 그리스도의 십자가의 능력으로 타인의 죄를 짊어짐의 고난도 그리스도인들이 짊어져야 함에 대해서 당시 23명에 불과한 핑켄발데 신학교 학생들에게 가르쳤다. 그리스도가 세상의 고난을 대신 지

---

61) 참조, DBW4, 84.
62) DBW15, 463-470.
63) DBW15, 467.

셨고, 그리스도인은 세상의 고난을 대신 지시는 그리스도의 인격에 매임으로써, 그의 고난을 지시는 사역에 동참해야만 한다고 강조했다. 본회퍼는 그리스도의 제자는 저항하기 보다는 고난을 통해 악을 끝장내야 하며, 그렇게 함으로써 악을 극복해야 한다고 말했다.[64] 그러나 이것이 고통을 감수함으로써, 마치 악의 권리를 이해하려는 것처럼 보여서는 안 되며, 언제나 악한 모욕적 공격, 폭행, 착취에 대하여 제자들은 예수처럼, 악보다 강한 자발적 고난의 길을 걸어가야 한다고 주장했다.[65] 그러나 이러한 '자발적'이라는 표현이 제자 스스로 악에 대항할 수 있는 어떤 새로운 힘을 능동적으로 소유할 수 있다는 의미로 이해해서는 안 된다. 본회퍼는 제자 스스로 악에 맞서는 것이 아니라 제자와 함께하는 "예수가 악과 담판해야 한다"[66]고 말했다. 즉, 제자들과 공동체적 관계를 맺어주시는 예수께서 제자의 고난의 삶과 악에 대한 저항의 주체가 되신다는 의미이다.

이 땅위에서의 예수 그리스도의 부르심에 대해 뒤따름을 통해 그분의 인격에 매여서, 타인의 고난을 짊어짐과 타인의 잘못을 용서하는 구체적인 순종은, 예수 그리스도의 평화의 현실이다.

2) 포기를 통한 순종

예수 그리스도의 십자가의 실존적 삶을 살아가는 사람들은 본회퍼의 표현으로는 '비범한' 사람들이다. 본회퍼가 마태복음 5장의 제자도를 해석하면서, 제자들은 비범성을 지녀야 한다고 설명하는데, 이는

---

64) 참조, DBW4, 136.
65) 참조, DBW4, 136.
66) 참조, DBW4, 136.

바리새인들의 삶과 의를 능가하는[67] 삶을 의미한다. 본회퍼는 소위 8
복(마5:3-10)을 해석하면서 각 절을 그리스도의 제자들의 '~에 대한
포기'의 관점에서 해석한다. 예수 그리스도에게 매인 제자들, 그분과
함께 공동체를 이루는 제자들은 십자가의 고난을 넘어서서 바리새인
보다 더 나은 의를 추구해야 하며, '~의 포기를 통한 순종'을 해야 한
다. 그들은 예수 때문에 "모든 것을 포기하고 궁핍하게(마5:3)"[68] 살아
야 하며, 세상이 행복과 평화라고 부르는 것을 포기해야 하며(마5:4),[69]
예수 그리스도 때문에 이 땅의 모든 권리를 포기하며(마5:5),[70] 자신들
의 의를 포기(마5:6)하며,[71] 자신들의 존엄성마저 포기(마5:7)해야 한
다.[72] 이어 예수를 따르는 자들은 자신의 선과 악, 마음을 포기(마5:8)
해야 하며, 폭력과 폭동(마5:10)을 포기한다고 본회퍼는 핑켄발데 신
학교 학생들에게 설명했다. 본회퍼는 고난에 이어 '무엇에 대한 포기
(Verzicht auf)'[73]가 예수 그리스도께서 제자들에게 요구하신 비범성이
라고 말했다. 본회퍼의 이러한 생각은 예수 그리스도의 제자가 된다면
(wenn-dann), 포기가 전제되어야 한다는 식의 해석이 아니라, 예수 그
리스도의 제자이기 때문에(weil-darum), 당연히 제자의 삶의 본질이

---

67) 참조, DBW4, 119-120.
68) 참조, DBW4, 102.
69) 참조, DBW4, 102.
70) 참조, DBW4, 104.
71) 참조, DBW4, 105.
72) 참조, DBW4, 106.
73) 『윤리학 원고』에서는 『나를 따르라』에서 말했던 산상수훈의 '~의 포기'는 '자기
부정'으로 표현된다. "산상수훈은 인간이 되신 하나님의 사랑의 선포로서 인간으
로 하여금 다른 인간을 사랑하게 만들며, 바로 그렇게 함으로써 이런 임무를 방
해하는 모든 것을 부정하게 만든다. 한마디로 말하며, 그것은 바로 자기 부정이
다. 자신의 행복과 권리, 자신의 의로움, 자신의 존엄성, 폭력과 성공을 포기할
때, 자신의 생명까지 포기할 때, 인간은 이웃을 사랑하게 된다(DBW6, 241)."

세상이 추구하는 것들의 포기의 삶이 되어야 한다는 것을 의미한다고 이해되어야 한다고 그렘멜스(Christian Gremmels)는 분석했다.[74]

　본회퍼는 『나를 따르라』에서의 제자직을 논하면서 평화개념의 실천적 담론을 전개한다. 그것은 예수 그리스도의 부르심에 뒤따름으로 순종하면서 시작되며, 본회퍼의 용어로는 '새로운 실존'의 성립이었다. 예수 그리스도와 함께 인간이 새로운 실존이 되었다는 것은 『성도의 교제』에서의 본회퍼의 교회 이해 즉, 하나님의 새로운 뜻이 예수 그리스도를 통해 하나님의 창조 때 인간과 맺었던 공동체적 관계의 회복이라는 이해와 그 맥락을 같이한다. 즉, 초기 본회퍼의 교회 이해는 『나를 따르라』에서는 그분의 인격과 결합되는 개념으로 발전되며, 파뇌회의의 설교에서 주장했던 평화의 형상인 예수 그리스도 안에서의 하나의 교회됨에 대한 구체적인 실천적 담론이기도 하다.

　『나를 따르라』의 평화는 순종 안에서의 평화를 의미하며, 이는 예수 그리스도와 함께하는 제자로서의 그리스도인의 삶 속에서 '고난', '용서', '~에 대한 포기'라는 평화실현을 위한 실천적 과제가 부여된다. 이러한 의미에서 본회퍼의 『나를 따르라』는 기독교적 평화교육을 의도한 책으로도 볼 수 있을 것이다.

---

74) 참조, Christian Gremmels(Hg.), *Theologie und Lebenswelt*. Beiträge zur Theologie der Gegenwart (Gütersloh, 2012), 44-45.

5. 형성을 통한 평화설립:
평화윤리로서의 '형성으로서의 윤리'와 '책임'

핑켈발데 신학교의 폐쇄 이후, 출판과 강연금지까지 당한 본회퍼는 당시에 평화라는 단어를 유의해서 사용할 필요가 있었다. 모크로쉬는 바로 이러한 이유에서 본회퍼가 윤리학 원고에서 선(Gute)이라는 단어를 평화를 의미로 사용하고 있다고 주장한다.[75] 모크로쉬의 이러한 주장을 수용한다면, 본회퍼의 『윤리학』은 평화윤리를 의도하고 있다고 해석할 수 있겠는가?

본회퍼는 기독교 윤리를 "그리스도 안에서 일어난 하나님 계시의 현실이 피조물 가운데서 실현되는 것"[76]이라고 정의한다. 본회퍼는 이 하나님 계시의 현실은 예수 그리스도 안에서 이 세상의 현실로 들어왔고,[77] 이 현실의 나눌 수 없는 전체에 참여하는 것이 '선'에 대한 기독교적 질문이라고 규정한다.[78] 본회퍼는 예수 그리스도가 선의 현실이 되었기 때문에, 어떠한 인간의 이념, 규범, 가치에 의한 선의 정의를 부정한다.[79] 본회퍼는 파뇌설교에서 '평화의 현실'도 인간에 의한 안보(Sicherheit), 즉 어떠한 규약이나 군비증강을 통해서가 아니라 바로 예수 그리스도의 안에서의 교회의 현실이라고 규정한 바 있다. 본회퍼는 1940년 여름부터 1940년 11월 13일 사이에 쓴 『윤리학』 원고 중

---

75) 참조, Reinhold Mokrosch(Hg.), *Dietrich Bonhoeffers Ethik* (Gütersloh, 2003), 137.
76) DBW6, 34.
77) 참조, DBW6, 39.
78) 참조, DBW6, 38.
79) 참조 DBW6, 39-40.

의 '형성으로서의 윤리'라는 제목의 원고에서 그동안의 예수 그리스도
의 이해를 기초로 성육신, 십자가, 부활에 대한 기독교 윤리적 담론을
전개한다. 여기에서 한 가지 주목할 점은, 본회퍼가 『윤리학』의 다른
원고들에 비해 '형성으로서의 윤리'를 논하면서 평화(Frieden)라는 단
어들을 빈번하게 사용하고 있다는 점이다. 본회퍼가 말하는 기독교 윤
리적 '형성'이란 오직 인간이 되고 십자가에서 달리고 부활한 분의 유
일한 모습과 같은 모습이 됨으로써 형성은 가능하며, 그것은 인간이
예수를 닮으려고 해서 가능해지는 것이 아니라, 예수 그리스도가 형성
의 주체가 되어, 그분이 우리 자신에게 그분의 모습을 각인하심으로
그분의 모습으로 변형되는 것을 의미한다.[80]

"하나님과 화해되지 않고 하나님과 함께 평화를 누리지 않는 현실
은 없으며, 그런 세상도 없다. 이런 일을 하나님은 그분의 사랑하는 아
들 예수 그리스도 안에서 행하셨다."[81]

"세상과의 화해를 위해 하나님은 이렇게 값비싼 대가를 치르신다.
오직 하나님이 자기 자신에게 심판을 집행하실 때, 하나님과 세상 사
이에, 그리고 인간과 인간 사이에도 평화가 생길 수도 있다. [...] 그리
스도에게서 일어났던 일이 그리스도 안에서 모든 인간에게 일어났다.
인간은 오직 하나님의 심판을 받은 자로서만 하나님 앞에서 살아갈 수
있다. 오직 십자가에 달린 인간만이 하나님과 평화를 누린다."[82]

본회퍼는 '형성으로서의 윤리'에서, 성육신을 화해,[83] 십자가를 평

---

80) 참조, DBW6, 80-81.
81) DBW6, 70.
82) DBW6, 75.
83) 참조, DBW6, 69-70.

화,[84] 부활을 새로운 인간되기[85] 라는 관점에서 조명한다. 필자가 보기에 당시 본회퍼의 관심은, 세상 속에서 평화적 그리스도인으로서 살아가는 삶의 모습이란 과연 어떠해야 하는가였다. 필자는 당시 본회퍼가 성육신, 십자가, 부활을 더 이상 교리적 이해에만 그치지 않았고, 이 예수 그리스도의 세 형상이 평화를 지향하는 그리스도인의 삶의 근거가 되어야 한다는 취지로 '형성으로서의 평화'를 말한다고 본다.

성육신을 화해로 인식하는 것은 "예수 그리스도 안에서 실제로 실천되었던 하나님의 사랑"[86]이며 이는 '현실적 인간'이 되는 것을 의미한다. 본회퍼는 그리스도인이 예수 그리스도와 함께 세상으로 들어가 화해의 사역에 동참해야 한다고 말한다. 즉, 화해와 사랑의 관념적 이해에 들어가 정지된 삶이 아니라, 예수와 더불어 타자의 삶의 현실 속으로 들어가 생동력 있는 현실적 제자가 되어야 한다는 의미이다. 왜냐하면, 예수 그리스도가 이미 죄인의 삶을 살아가는 인간을 방관하지 않고 차안(此岸) 속으로 성육신했기 때문이다.

평화의 현실로서의 십자가 이해는 『그리스도론 강의』와 『나를 따르라』의 십자가의 이해를 다루면서 이미 살펴보았다. 본회퍼는 '형성으로서의 윤리'에서 십자가의 의미를 '심판'의 지평에서 해석한다. 이는 재해석 하자면 '세상 속에서의 성공에 대한 심판'이다. 그러면서 본회퍼는 그리스도인이라면 세상의 가치가 추구하는 모든 성공을 부정하면서 그리스도의 십자가 안에서 고통, 비참, 실패, 가난, 고독, 절망이라는 이름의 "거룩한 능력"[87]을 덧입어, 결국 십자가의 실패가 역사적

---

84) 참조, DBW6, 75-79.
85) 참조, DBW6, 82-83.
86) DBW6, 69.

승리로 이끌어 간다는 하나님의 통치를 삶 속에서 체험해야 한다고 말한다. 본회퍼의 십자가 이해가 세상의 성공을 부정한다는 것은 기독교 전통에서 다뤄진 평화의 전통적인 이해를 거부하게 한다. 왜냐하면 본회퍼가 이해하는 평화는 원칙주의적 담론이 아니라, 인간의 이성, 경험, 가치로 측정 불가능한 현실로, 즉 '예수 그리스도의 현실로 이 땅에서 실존함'이기 때문이다.

본회퍼의 '형성으로서의 윤리'의 세 번째 담론인 '새로운 인간되기로서의 부활'은 본회퍼 평화이해의 지평에서 어떻게 이해할 수 있는가? 본회퍼는 부활하신 분으로 변용되는 형성을 이룬 그리스도인은 십자가와 심판의 표징을 가지고 있다고 설명한다. 새로운 인간은 예수 그리스도 모습의 모방이나 반복이 아니라 인간 안에서 모습을 취하시는 예수 그리스도 자신의 모습이다. 이러한 이해는 본회퍼가 이미 그리스도론 강의(1933년 여름)에서 부활조차도 영광이 아니라, 자기비움, 낮아짐의 지평에서 이해했듯이, 부활의 형성을 예수 그리스도의 성육신과 십자가의 형상과 무관하게 인식하는 것이 아니라, 고난의 형상을 지닌 인간으로서 평화를 창조하는 새로운 실존을 의미한다고 해석할 수 있을 것이다.

이와 같은 이해들을 근거로 필자는 본회퍼의 『윤리학』원고에서 '형성으로서의 윤리'는 그리스도론적 교회 이해에서 평화의 담론으로 발전되어 형성된 기독교적 평화윤리를 지향하는 이해라고 본다. 본회퍼의 이러한 평화윤리로서의 '형성으로서의 윤리'는 2년 후 1942년 여름에 '역사와 선'이라는 제목의 『윤리학』 원고에서 본회퍼의 '책임' 개

---

87) DBW6, 78.

념으로 발전된다.

"책임적으로 행동한다는 것은 그리스도 안에서 하나님이 취하신 인간의 현실을 행동의 형성 안으로 끌어들인다는 것을 의미한다."[88] 본회퍼의 이러한 책임의 이해는 어떠한 이념으로부터 나오지 않고 현실로부터 나온다. 본회퍼는 책임적 행동에 대한 판단과 더불어 그 결과도 하나님의 손에 전적으로 맡겨야 한다고 말한다.[89] "이념적으로 행동하는 자는 이념 속에서 자신을 정당화하지만, 책임적으로 행동하는 자는 하나님의 은혜로부터 산다. 그는 자신의 행동을 하나님의 손에 맡긴다."[90] 본회퍼의 그리스도인이 책임적 인간이 되어야 한다는 근거는, 예수 그리스도의 진정한 대리에 있다.[91] 본회퍼는 대리적으로 책임지는 모든 행동은 죄 없이 죄인이 되신 예수 그리스도 안에 근원을 두고 있다고 말한다.[92] 본회퍼는 자신의 이러한 자신의 책임 이해를 근거로 그리스도인의 삶이 이 땅에서 '책임적 자유 안에서 행동하는 자'[93]로 실현되어야 하는 주장을 한다.

본회퍼는 심지어 책임적으로 행동하는 모든 사람은 예수 그리스도처럼 죄인이라고 설명한다. 이러한 본회퍼의 생각은 책임적으로 행동하는 모든 사람이 모두 죄인이다 라기보다는, 책임적으로 행동하는 사

---

88) DBW6, 224.
89) 참조, DBW6, 224-225.
90) DBW6, 225, 268.
91) 참조, DBW6, 231.
92) 참조, DBW6, 233, 276.
93) 참조, DBW6, 223. 본회퍼의 '책임적 자유안에서의 행동'에 관한 기독교 윤리적 논의는 Chrisine Schließer, *Schuld durch rechtes Tun?* : Verantwortliches Handeln nach Dietrich Bonhoeffer (Neukirchener Verlagshaus, 2006)을 참조할 것.

람은 설사 그것이 죄라고 할지라도, 현실적 인간을 위한 사랑을 위해
서는 그 행동을 감행할 수 있는 자가 되어야 한다는 의미로 해석해야
한다. 아마도 이러한 의미에서 본회퍼는 히틀러 체제 전복을 위한 방
첩대에 가입한 것은 아닐까? 즉, 그는 그가 주장한 대로 그 자신이 '책
임적 인간'이 되어야만 했다. 많은 유대인들과 나치에 의해 희생당했
던 수없이 많은 사람들의 생명을 위해 그는 '원수를 사랑하라'라는 계
명을 깨뜨리는 죄인이 되어야만 했다.[94] 필자는 본회퍼의 히틀러 체제
전복을 위한 방첩대의 단원으로서의 행동을 자신이 구상한 책임 개념
의 실현, 즉 '책임적 자유 안에서 행동하는 자'로서의 선택이었다고 본
다.[95] 본회퍼는 책임적 자유 안에서 행동하는 것이란 이 땅에서 예수

---

94) 몰트만(Moltmann)은 소위 적극적 저항에 대한 본회퍼의 결단을 평화주의자
(1934년)에서 적극적 저항의 투쟁자(1940년)로의 전환으로 보고, 당시 본회퍼는
폭력에 대한 원칙적 질문보다 생명에 대한 책임을 더 중요하게 생각했다고 보
았다. 몰트만은 본회퍼의 죄책의 수용(Schuldübernahme) 개념을 본회퍼의 결
단에 적용시키며 다음과 같이 해석한다: "죄책의 수용은 두 가지 측면을 가진
다. 나는 나의 인간적 공동체가 지닌 죄책을 의식적으로 짊어진다. 그리고 나는
인간을 위한 책임적 행동을 통해 스스로 죄책을 가진 자가 된다. 본회퍼의 경우
이것을 다음의 사실을 말한다. '나는 유대인들을 죽인 살인자들의 백성 가운데
살며, 이 살인적 체제에 대한 적극적 저항에 참여한다. 나는 나의 백성을 사랑
하기 때문에, 이 대량학살자를 죽일 채비가 되어 있다. 이로써 나는 1934년 내
가 선포했던 평화의 계명을 지키지 않는다는 빚을 짊어진다. 그러나 나는 독일
의 저항운동이 나에게 제시하는 가능성 속에서 책임적으로 행동할 수밖에 없다
(31).'" 이어 몰트만은 본회퍼의 위의 결단을 정치적 저항의 권리와 기독교적 저
항의 권리에 측면에서 해석하기도 한다(참조, Jürgen Moltmann, "오늘 우리의
세계에 대한 디트리히 본회퍼의 의미 - 테러의 시대 속에서 평화와 저항", in:
『평화와 기독교의 과제』, 제2회 서울신학대학교, 장로회신학대학교-튀빙겐대학
교 국제학술대회 자료집, 2015년 9월 4일, 11-32.). 본회퍼의 히틀러 체제 전
복을 위한 방첩대 가입에 대한 결단과 행위에 대한 '저항권'에 대한 상세한 설
명은 유석성, "본회퍼의 평화윤리", 『현대사회의 사회윤리』 (부천: 서울신학대학
교출판부 1997), 82-87을 참조할 것. 본회퍼의 위의 결단에 관한 다른 의견들
은, 김성호, "디트리히 본회퍼의 '평화' 이해에 관한 기독교윤리학적 담론", 「신
학과 선교」 46(2015), 282-289를 참조할 것.
95) 참조, 김성호, "디트리히 본회퍼의 '평화' 이해에 관한 기독교윤리학적 담론", 285.

그리스도를 대신하는 대리적 행위라고 규정하고, 책임의 내용은 사랑이며, 그 형태는 자유라고 말했다.[96] 필자는 모크로쉬의 윤리학 원고에서 '선'이 평화의 유사어로 쓰였다는 주장을 수용하고, 나아가 윤리학 원고에서 '책임' 개념이 '형성의 윤리'와 더불어 '평화'를 지향하는 용어로 쓰이고 있다고 본다. 그에게 책임은 죄 없이 죄인이 되신 예수 그리스도처럼 행동하는 것,[97] 생명의 전체성을 투입하며, 생사를 걸고 행동한다는 뜻이다.[98] 나아가 책임적 인간이 된다는 것은, 현실 적합적이며,[99] 그리스도 적합적이며,[100] 사실 적합적이다. 사실 적합적이란 하나님과 인간에 대한 근원적, 본질적, 목표적 관계에 주목하는 사실에 대한 태도를 말한다.[101]

당시 본회퍼가 핑켈발데 신학교 활동으로 인해 출판과 강연금지를 당한 상태와 시대적 상황을 감안한다면, 본회퍼의 '선'에 관한 이해와 '형성의 윤리' 뿐만 아니라 '책임'에 관한 내용도 평화를 지향하는 의도로 기술되고 있다고 볼 수 있다.

정리하자면, 필자는 본회퍼의 윤리학 원고에서 '형성으로서의 윤리'를 기독교 평화윤리로서의 실천적 담론이고, 그의 '책임' 개념 역시 그리스도인이 이 땅에서 어떻게 평화적 존재로서 살아가야 하는지에 대한 평화 윤리적 담론이며, 이러한 이해는 초기 본회퍼부터 소위 옥

---

96) 참조, DBW6, 231. 본회퍼의 자유 개념에 대해서는 『창조와 타락』(DBW3, 59)에서의 자유이해를 참조할 것. 본회퍼는 자유를 "하나님 안에서의 자유", "타자를 위한 자유"로 이해했다.
97) DBW6, 233.
98) DBW6, 254.
99) DBW6, 260-261.
100) DBW6, 263-264.
101) DBW6, 276-271.

중신학(1943년-1945년)까지 이어지는 '예수 그리스도의 현실'이라는 지평의 연속성상에 있다고 본다.

Ⅲ. 나가는 말

오늘, 우리에게 평화는 무엇인가? 지구촌 곳곳에서의 내전과 테러 그리고 러시아-우크라이나 전쟁 등 국가 간의 전쟁의 소식들은 지금도 끊임없이 전해지고 있다. 이러한 현실 속에서 평화는 하나님의 계명이며, 안보는 평화의 대안이 될 수 없다는 본회퍼의 주장은 시대 부적합하고 상황 부적합하다는 비판이나, 불평화를 직접 겪고 있는 이들에게는 희망 고문적인 구호에 지나지 않는다라는 냉소적인 비난을 들을 수도 있을 것이다. 또한 본회퍼의 그리스도론적 평화개념은 기독교인들에게만 신앙고백되는 평화개념이 아닌가 하는 비판도 제기될 수 있을 것이다. 본회퍼의 그리스도론적 평화이해는 이 땅에서 끊임없이 발생하는 불평화적 현실에 대해서는 과연 어떠한 현실적인 대안을 제시할 수 있는가?

'오늘, 우리에게 평화는 누구인가?'

예수 그리스도 안에서 계시된 하나님의 계명이 평화라는 본회퍼의 이해는 평화란 무엇인가?에서 평화란 누구인가?로의 질문으로의 전환을 요구한다. 하나님께서는 역사상의 정의와 진리가 바로 서지 못한 한계의 현실 속으로 예수 그리스도를 보내셨다. 인간이 과연 오늘날의 현실에서 평화란 무엇인가 질문하고 있을 때, 예수 그리스도께서는 평화 그 자체로 이 땅에 오셨다. 그리고 그리스도는 그리스도인들을 필요로 한다. 한 그리스도인은 다른 이에게 오직 그리스도를 통해서 나아갈 수 있다. 인간들 사이에는 다툼만 있을 뿐이다. '그는 우리의 평화이시다(엡 2:14)' 그리스도는 중보자가 되셨으며 하나님과 인간 사이에 평화를 창조하셨다. 그리스도 없이 우리는 하나님을 인식할 수도, 그를 부를 수도, 그에게 나아갈 수도 없다. 그리스도 없이 우리는 우리의 형제를 인식할 수도 그에게 다가갈 수도 없다. 그리스도는 하나님과 형제에게 나가갈 수 있는 길을 자유롭게 만드셨다. 이런 상황에서 그리스도인들은 서로 평화 가운데 살아갈 수 있다. 단지 예수 그리스도 안에서 우리는 하나(eins)이며 그를 통해서 우리는 서로 연합되어 있다.[102]

평화란 무엇인가란 질문은 평화는 누구인가의 질문으로 전환되어야 한다는 사실을 일깨워준 본회퍼의 평화담론은, 인간 스스로 평화를 정의하고, 평화적 담론을 형성할 수 있는 것이 아니라, 예수 그리스도 그분이 평화이시며, 평화 담론의 주체이시라는 것을 말하고 있다. 본회퍼에 의하면 평화는 어떠한 이념적 설정이 아니라 예수 그리스도 자체이기 때문에 인간은 오직 예수 그리스도와 함께 평화를 실현할 수 있다.

본회퍼가 그의 삶과 신학을 전개하면서 하나님의 주체성과 인간의 수동성을 강조하는 신학적 언어 선택을 하는 데 필자가 연구한 바로는 '참여(Teilnahme)'라는 단어이다. 필자는 본회퍼의 신학적 사고는 '수동성의 신학'을 전개하고 있다고 본다. 위에서 언급한 '참여'라는 본회퍼의 단어 선택은 그의 신학을 차안(此岸)에서의 하나님의 주체성을 강

---

102) 참조, DBW5, 19.

조하는 '수동성의 신학'이라고 규정할 수 있는 근거로 삼을 수 있다. 본회퍼의 '평화이해'도 그의 '수동성의 신학'에 서 있다. 본회퍼는 인간의 능동적인 결단으로 고난 속'다가섬'이 아니라 예수 그리스도의 고난 속으로의 초대에 응한다는 의미에서 '참여'라는 단어를 사용했다.[103] 특히 '고난의 참여'라는 본회퍼의 평화에 대한 실천적 담론은 본회퍼가 그의 평화의 주체를 인간이 아니라 철저히 예수 그리스도에 두고 있다는 의미이다.

본회퍼는 예수 그리스도의 현재를 평화 담론의 근거로 삼았으며, 어떠한 프로그램을 통해서가 아니라 예수 그리스도의 성육신, 십자가, 부활의 모습을 덧입는 형성을 통해서 평화실현이 가능하다고 말했다.[104]

본회퍼는 쿠펠레 강연에서 하나님의 계명인 평화는 진리와 정의라는 두 가지 한계가 있다고 말했다. 즉, 본회퍼는 진리와 정의가 침범당하는 곳에서는 평화가 있을 수 없다고 보았다.[105] 본회퍼는 이 진리와

---

103) 본회퍼는 참여(Teilnahme, Teilhabe)라는 표현을 다음과 같이 사용했다: 그리스도에 대한 참여(DBW4, 121, 300f; DBW14, 465), 예수의 힘에 참여(DBW 4, 199), 예수의 이름에 참여(DBW4, 221), 예수의 타자를 위한 존재에의 참여(DBW8, 558, 654), 그리스도의 죽음에 참여(DBW4, 224f, 271), 기도를 통한 참여(DBW4, 162), 하나님의 고난에 참여(DBW8, 537), 세상속의 하나님의 연약하심에 참여(DBW8, 537), 그리스도의 몸에 참여(DBW4, 230, 254; DBW14, 823, 846).

104) 참조, DBW8, 33-35: "우리는 당연히 그리스도가 아니며 우리 자신의 행동과 고난을 통해서 세상을 구원하도록 부름 받지도 않았다. [...] 우리는 그리스도가 아니지만 우리가 그리스도인이려고 한다면, 책임적 행동을 통해서 그리스도인의 마음의 넓이에 참여해야 한다. 이러한 책임적 행동은 자유 가운데 시간을 포착하고 위험에 맞서도록 하며, 진정한 고난의 나눔 속에 있게 한다. 진정한 고난의 나눔은 불안이 아니라, 자유하시며 구원하시는 그리스도의 사랑을 갖고 고통당하는 사람들에게 다가서도록 만든다(DBW8, 34)".

105) 참조, DBW11, 339, 346.

정의에 관해서조차도 어떠한 철학적, 역사적인 개념이 아니라, 그리
스도론적으로, 예수 그리스도의 교회, 예수 그리스도의 현재와 연관
하여 설명한다.[106] 즉, 본회퍼는 자신이 말한 하나님의 평화의 조건인
'진리(Wahrheit)'와 '정의(Recht)'를 각각 '복음(Evangelium)'과 '칭의
(Rechtfertigung)'의 개념과 연결해서 이해하며, 어떠한 인간의 반성적
의식(actus reflexus)에 의한 해석으로 이해하지 않는다.[107] 이와 같이
본회퍼는 평화를 그 어떤 무엇으로 인식하고 있지 않고 끊임없이 '누
구'로 인식한다. 다시 말해서 '진리'와 '정의'되신, 즉 복음과 칭의의
근거이신 예수 그리스도에게서 평화의 근거를 마련하고 있는 것이다.

　오늘날 불평화적 현상들에 대해 인간은 여전히 이성, 관념, 경험,
가치에 근거한 대안 마련을 시도하고 있다. 그러나 평화는 오직 진리
와 정의되신 예수 그리스도의 현재에 근거한다는 본회퍼의 주장은 평
화에 대한 인간적인 가능성의 포기를 포함한다. 본회퍼의 그리스도론
적 평화이해는, 오늘 우리에게 '평화'란 오직 예수 그리스도 안에서 하
나님의 평화를 의미한다는 인식으로의 계속적인 사유를 요구한다.

　그러나 이러한 본회퍼의 평화이해가 그리스도인으로 하여금 모든
불평화적 상황 속에서 침묵하기만을 요구하는 것은 아니다. 하나님께

---

106) 참조, DBW11, 344-347.
107) 정의와 관련해서는: 참조, DBW11, 215-226, DBW6, 125-136, 238-244,
　　몰트만은 하나님의 정의에 관해 다음과 같이 말한다: "우리는 최후의 심판을
　　생명과 죽음에 대한 형벌 재판으로서보다는, 오히려 생명에 대한 평화의 심판
　　으로서 표상해야 할 것이다. 최후의 심판에서 창조 안에 있는 공동체의 잘못된
　　관계를 바로 잡는 일이 중요한 문제라면, 우리는 오시는 하나님의 평화의 심판
　　자를 희망할 수 있게 될 것이다."(Jürgen Moltmann, Sein Name ist Gerechtigkeit,
　　곽혜원 역 『하나님의 이름은 정의이다』 (서울: 21세기교회와신학포럼, 2011),
　　201-202; 본회퍼의 진리 이해에 대해서는: DBW16, 619-629(진리를 말한다
　　는 것은 무엇인가?)를 참조할 것.

서 창조하신 평화는 인간의 타락으로 상실되었지만, 예수 그리스도 안에서의 화해사건으로 새롭게 창조되었다. 오늘, 우리에게 평화로 실존하시는 그리스도는 우리의 믿음의 대상이며 순종의 대상이다. 우리가 예수 그리스도를 믿기 때문에 순종해야 한다는 인과관계의 도식이 아니라, 예수 그리스도를 믿는 믿음의 본질로부터 순종하게 하는 은혜가 그리스도인들에게 주어지는 것이다. 평화로 오신 그리스도와 공동체를 이루며 실존하는 그리스도인들은 현실 속에서 평화를 창조할 수 있는 자리로 끊임없이 초대받는다. 그것은 본회퍼가 말한 대로, 부르심을 통한 순종 속에서 각인되는 성육신, 십자가, 부활이라는 예수 그리스도의 형상이며, 구체적인 실천적인 평화로의 참여할 수 있는 길은 이 땅의 고난, 용서, 포기(자기부정), 사랑[108] 그리고 책임의 자리에 참여하는 것이다.

> "평화는 존재해야 한다, 왜냐하면 그리스도가 이 땅위에 현재하기 때문이다. 즉 평화는 존재해야 한다, 왜냐하면 하나의 그리스도의 교회가 현재하기 때문이다. 그리스도는 오직 평화를 위해서 이 땅 여전히 살아계신다."[109]

디트리히 본회퍼는 평화를 예수 그리스도 안에서, 예수 그리스도를 통해서 이 땅위에 실현되는 하나님의 평화로 이해했다. 이와 같은 배

---

108) DBW6, 240: "모든 철학이 말하는 사랑과는 달리 복음이 말하는 사랑은 인간들과 교류하는 하나의 방법이 아니라, 하나의 사건 속으로, 즉 예수 그리스도 안에서 완성된 하나님과 세상의 사귐 속으로 이끌려 들어가는 것이고, 그 속으로 들어가는 것이다. [...] 사랑은 인간의 속성으로 존재하는 것이 아니라, 나와 인간과 세상을 향한 하나님의 사랑에 근거한 인간과 인간의, 그리고 인간과 세상의 현실적 일치성과 연대성으로 존재한다."
109) 참조, DBW13, 298-301.

경에서 필자는 본회퍼의 평화이해를 '그리스도론적 평화'로 규정한다. 한국 그리스도인들과 교회는 평화를 위한 성급한 대안 마련을 이유로, 평화 그 자체이신 예수 그리스도를 잠시라도 망각해서는 안 된다. 오늘, 여기에서 이 땅의 그리스도인과 교회는 평화로 존재하시는 예수 그리스도 안에서 '하나의 교회'로, 예수 그리스도의 교회됨, 예수 그리스도의 제자됨, 예수 그리스도의 성육신, 십자가, 부활의 형성, 예수 그리스도의 현실에 '자유로운 책임 안에서 행동'으로 '참여'하는 것을 통해 타자의 고통과 고난을 함께 나누는[110] 평화의 길을 끊임없이 예비하는 평화의 과제를 수행해야 할 것이다.

---

110) 몰트만은 '함께 나누는 고난'을 '사랑'이라고 규정하기도 한다: "우리를 행복하게 만드는 동시에 함께-고난당하게(mit-leiden) 하는 것이 사랑이다"(참조, Jürgen Moltmann, Der Gott der Liebe und der Gerechtigkeit, 김균진 역 『사랑과 정의의 하나님』(서울신학대학교, 2014), 32.)

참고문헌

강병오, 『기독교윤리학』, 서울: 한들출판사, 2022.

김성호, "디트리히 본회퍼의 교회론적 윤리", 「신학과 선교」 43(2013), 331-361.

김성호, "디트리히 본회퍼의 '평화' 이해에 관한 기독교윤리학적 담론", 「신학과 선교」 46(2015), 261-297.

박삼경, 『하나님 나라의 윤리』, 서울: 열린서원, 2023.

유석성, "본회퍼의 평화윤리", 『현대사회의 사회윤리』, 부천: 서울신학대학교 출판부, 1997, 82-87.

DBW(Dietrich Bonhoeffer Werke)1: *Sanctorum Communio* [성도의 교제]. Eine dogmatische Untersuchung zur Soziologie der Kirche (1927), hg. von Joachim von Soosten, München 1986.

DBW2: *Akt und Sein* [행위와 존재]. Transzendentalphilosophie und Ontologie in der systematischen Theologie (1930), hg. von Hans-Richard Reuter, München 1988, Gütersloh [2]2002.

DBW3: *Schöpfung und Fall* [창조와 타락]. Theologische Auslegung von Genesis 1-3 (1933), hg. von Martin Rüter und Ilse Tödt, München 1989, Gütersloh [2]2002.

DBW4: *Nachfolge*(1937) [나를 따르라]. hg. von Martin Kuske und Ilse Tödt, München 1989, Gütersloh [3]2002.

DBW5: *Gemeinsames Leben*(1938) [신도의 공동생활]. hg. von Gerhard Ludwig Müller, München 1987, Gütersloh [2]2002.

DBW6: *Ethik* [윤리학]. hg. von Ilse Toedt, München 1991, Gütersloh [2]1988.

DBW8: *Widerstand und Ergebung* [저항과 복종]. hg. von Christian Gremmels, Gütersloh 1998.

DBW10: *Barcelona, Berlin, Amerika 1928-1931*, hg. Reinhart Staats, München 1991, Gütersloh [2]2005.

DBW11: *Ökumene, Universität, Pfarramt 1931-1932*, hg. von Eberhard Amelung, Gütersloh 1994.

DBW12: *Berlin 1932-1933*, hg. von Carsten Nocolaisen, Gütersloh 1997.

DBW13: *London 1933-1935*, hg. von Hans Goedeking, Martin Heimbucher, Gütersloh 1994.

DBW15: *Illegale Theologenausbildung: Sammelvikariate 1937-1940*, hg. Dirk Schulz, Gütersloh 1998.

DBW16: *Konspiration und Haft 1940-1945*, hg. von Wolf Krätke, Gütersloh 1996.

DBW17: *Register und Ergänzungen*, hg. von Herbert Anzinger, Gütersloh 1999.

Gremmels, Christian(Hg.), *Theologie und Lebenswelt*: Beiträge zur Theologie der Gegenwart, Gütersloh, 2012.

Kelly, Geffrey B, "Interview mit Jean Lasserre 1971", in: *Dietrich Bonhoeffer Jahrbuch 5* (2011/2012), Gütersloh, 2012.

Mokrosch, Reinhold(Hg.), *Dietrich Bonhoeffers Ethik*. Gütersloh, 2003.

Moltmann, Jürgen, *Sein Name ist Gerechtigkeit*, 곽혜원 옮김, 『하나님의 이름은 정의이다』. 21세기교회와신학포럼, 2011.

_____, *Der Gott der Liebe und der Gerechtigkeit*, 김균진 옮김, 『사랑과 정의의 하나님』. 서울신학대학교, 2014.

_____, "오늘 우리의 세계에 대한 디트리히 본회퍼의 의미 - 테러의 시대 속에서 평화와 저항", in: 『평화와 기독교의 과제』, 제2회 서울신학대학교, 장로회신학대학교-튀빙겐대학교 국제학술대회 자료집, 2015, 11-32.

Welker, Michael, *Gottes Offenbarung*: Christologie, 오성현 옮김, 『하나님의 계시-그리스도론』. 대한기독교서회, 2012.

마틴 루터 킹의 평화운동[1]

김영준 (서울신학대학교 신전원 Th.D. 기독교윤리학)

I. 들어가는 말

테러와 전쟁, 인종차별이 멈추지 않고 지속되는 폭력의 시대를 살아가는 오늘의 기독교인들은 반(反) 평화를 어떻게 이해할 것인지 그리고 그것에 대항하는 행동이 무엇인가를 고민하게 된다. 기독교인들은 대체로 평화주의를 지향하고 있다. 그것은 비폭력 저항의 평화주의다. 폭력을 사용하지 않는 평화의 실현이다.

정치적 반 평화 상황에서 기독교적 평화운동을 펼쳤던 인물이 있다. 그가 바로 미국의 인권운동가 마틴 루터 킹(Martin Luther King, Jr)이다. 본 논문은 흑인들에 대한 인종차별이 극심했던 미국 남부 상황에서 흑인들의 인권을 찾기 위해 치열하게 싸웠던 평화주의자 마틴 루터 킹의 평화운동들을 검토하고 오늘날에도 여전히 실현 가능한 평화적 실천 방법이 무엇인지를 모색하고자 한다.

---

[1] 이 논문은 김영준의 "마틴 루터 킹의 평화윤리 연구" (서울신학대학교 신학전문대학원, 박사학위논문, 2023) IV장을 중심으로 수정, 요약한 것이다.

II. 마틴 루터 킹의 민권운동

마틴 루터 킹은 1929년 1월 15일 미국 조지아 주 애틀란타 흑인 침례교 목회자 가정에서 태어났다. 거기서 성장 후 애틀란타 모어하우스(Morehouse)대학과 체스터의 크로저(Crozer)신학교 그리고 보스턴(Boston)대학교에서 공부했다. 마틴 루터 킹의 비폭력사상 형성에 영향을 준 인물들은 헨리 데이비드 소로우(Henry David Thoreau), 월터 라우쉔부쉬(Walter Rauschenbush) 그리고 인도의 모한다스 카라므찬드 간디(Mohandas Karamchand Gandhi)이다. 마틴 루터 킹은 헨리 데이비드 소로우가 쓴 『시민 불복종』이라는 책을 통해서 비폭력저항을 배웠고, 미국 사회복음운동을 주도했던 월터 라우쉔부쉬와의 만남을 통해 복음이 영혼과 육체를 포함하는 구원까지도 다루어야 함을 알았다. 사회 개혁을 위한 방법론으로서 비폭력저항을 간디의 비폭력 저항주의를 통해 배웠다. 그러나 예수의 산상수훈은 그의 비폭력 저항 정신의 근원이었다. 마틴 루터 킹의 평화윤리의 핵심은 그의 평화운동에서 발견할 수 있다. 그가 펼친 운동은 세 가지다. 즉, 민권운동과 빈민운동, 반전운동이다. 그는 예수 그리스도의 비폭력 사랑의 정신으로 평화운동을 실행했다.

1. 민권운동 형성기 : 몽고메리 운동(Montgomery Movement)

1955년 12월에 앨라배마 주의 수도 몽고메리에서는 43살의 재봉사인 로사 파크스(Rosa Parks)라는 흑인 여성과 관련하여 흑백충돌[2]이 일어났다. 그녀는 시내버스에서 백인 승객에게 자리를 양보하지 않았기 때문에 체포되었다. 당시 몽고메리 시법[3]에 따르면, 흑인들은 버스 뒷좌석에 앉아야 했다.[4]

이 사건은 흑인 사회에 큰 파장을 일으키게 되었다. 몽고메리에서는 시내버스 이용을 거부하는 항의운동이 동시적, 체계적으로 전개되었다. 버스를 타지 않고 걸어 다니거나 카풀 등의 대체 운송수단을 재치 있게 활용하였다. 혼잡한 출퇴근 시간에 직장과 집을 오가는 사람들로 인도가 가득 찼다. 사람들은 자신들이 걸어가는 이유를 분명히 알고 있었다. 그것은 고통과 희생을 마다하지 않고, 자유와 존엄을 되찾기 위한 개인들의 결연한 용기였다.

몽고메리에서 버스 보이콧운동이 펼쳐지고 있는 동안에 흑인교회 네 곳에서 폭탄이 터졌다. 이는 백인 인종차별 주의자들이 벌인 분열 책동과 폭력이었다. 킹의 집 현관에서도 1956년 1월 30일 폭탄이 터졌다. 그날 저녁 월요저녁집회에 참석했다가 자신의 집이 폭파되었다는 말을 전해들은 킹은 집회가 끝나자마자 즉시 집으로 돌아왔다. 킹은 자신의 집 앞에서 분노한 표정으로 기다리고 있는 수백 명의 성난 군중에게 이렇게 말했다.

---

2) 몽고메리시의 흑인사회는 오랜 세월동안 심한 굴욕을 당해 왔다. 그중에도 흑인 지도자들의 분개를 산 것은 북부계 자본의 몽고메리시 버스로써, 회사의 수입의 70%를 흑인 손님에게서 충당하고 있었음에도 불구하고 흑인을 가장 심하게 모욕하였다.

3) 거의 모든 남부지역의 도시의 예와 같이 당시 몽고메리에서도 버스의 승객은 인종 분리의 선에 따라 선착순으로, 흑인은 뒷줄에서 백인은 앞줄에서 버스에 올라타고 순차로 자리를 잡게 되어 있었다. 그러나 이곳보다 진보적인 남부의 몇몇 거리와는 달리 몽고메리에서는 버스 앞의 네 줄 좌석은 백인 전용으로 정해져 있었다.

4) 이주영 외 4인, 『미국 현대사』(서울: 비봉출판사, 1996), 149.

"이제는 모두 안심하십시오. 여러분들 중에 흉기를 가지신 분이 계시면 그것이 원래 있던 곳에 가만히 갖다 두십시오. 만일 흉기를 가지지 않으셨으면 그런 물건을 찾지 말아 주십시오. 우리는 보복적인 폭력으로써는 도저히 이 문제를 해결할 수 없습니다. 우리는 폭력을 비폭력으로 맞아 들여야만 합니다. 예수께서 하신 말씀을 기억하십시오. '칼을 쓰는 자는 칼로 망하느니라.'고 하셨습니다. 우리는 백인 형제들이 우리에게 어떠한 짓을 하든지 그들을 사랑하지 않으면 안 됩니다. 예수께서는 여러 세기 동안을 걸쳐 메아리처럼 울려 퍼지는 음성으로 지금도 외치고 계십니다. '너희 원수를 사랑하며, 너희를 저주하는 자를 위하여 축복하며, 너희를 모욕하는 자를 위하여 기도하라.' 우리는 이것을 기준 삼아 살지 않으면 안 됩니다. 우리는 증오를 사랑으로 맞아야만 합니다. 이 점을 기억해 주십시오. 설령 제가 그만 둔다고 하더라도 이 운동은 멈추어지지 않을 것입니다. 왜냐하면 하나님께서는 우리의 운동과 항상 같이 하시는 까닭입니다."[5]

킹은 사랑과 비폭력 저항을 주장했다. 이것은 미국 전역에서 흑인만이 아닌 백인들 사이에서도 동정적인 추종자들을 형성하는데 강력한 영향력을 끼쳤다. 1956년 12월 20일 마침내 대법원은 앨라배마주의 흑백분리가 위헌(違憲)이라는 판결을 내렸고, 몽고메리의 버스 보이콧 운동은 성공했다. 흑백차별이 극심한 몽고메리는 남부식 생활양식에 대항하여 조직적이고 지속적인 대중 집회와 비폭력적 저항이 최초로 전개된 지역이 되었고, 흑인인권운동에 비폭력 저항이라는 새로운 무기를 제공하는데 기여했다.

---

5) Martin Luther King, *Stride Toward Freedom*, 홍동근 역, 『자유에의 투쟁』 (서울: 대한기독교서회, 1970), 156.

2. 민권운동 절정기

1963년은 흑인민권운동의 역사에서 의미심장한 사건이었던 링컨의 노예해방선언이 100주년을 맞는 해였다. 당시 흑인들은 '피부색깔'과 '빈곤'이라는 두 가지 차별구조 속에서 실업자, 영아 사망률이 백인들의 2배이고 평균수입, 교육의 질, 주거환경은 1/2배인 상황에 처해 있었고, 매일의 생활에서 이것을 경험해 오고 있었다. 그러나 링컨이 노예해방을 선언한 지 100년이 되는 해가 되자 "무감각한 마비 상태에서 깨어나 격렬하게 돌진"[6]하기 시작했다.

1) 버밍햄 운동(The Birmingham Campaign)

앨라배마 주의 버밍햄은 미국에서 손꼽히는 강철 산업의 중심지이자[7] 남부에서 가장 큰 공업도시였고, 1930년대 노동조합운동으로 빚어진 유혈사태로 상징적인 도시가 되었다. 버밍햄은 여러 면에서 흑인 차별이 심한 도시였다. 흑인이 인구의 40%를 넘게 차지하지만 흑인 유권자는 전체 유권자의 8분의 1수준이었고, 이들 조차 투표를 하기까지는 온갖 협박과 폭력을 견뎌야 했다.[8]

런치 카운티에서의 연좌운동(Sit-in movement), 시청행진, 불매운동, 선거인 등록 훈련, 대중 집회 등으로 구성된 버밍햄에서의 저항운동이 시작되었다. 연좌운동은 시작한지 3일 만에 35명이 체포되었다.

---

6) Martin Luther King, *Why We Can't Wait*, 박해남 역 『왜 우리는 기다릴 수 없는가?』 (서울: 간디서원, 2005), 33.

7) Martin Luther King, *I Have a Dream*, ed. Clayborne Carson, 이순희 역, 『나에게는 꿈이 있습니다』, (서울: 바다출판사, 2000), 221.

8) 최명 · 백창재, 『현대 미국정치의 이해』 (서울: 서울대학교출판문화원, 2013), 547.

시청으로의 두 번째 행진이 진행된 4월 6일에는 운동의 열기가 더하고 있었다. 그러나 인종차별주의자인 경찰국장 유진 불 코너(Eugene Bull Connor)는 예상 밖으로 운동을 좌시하면서 적극적 진압을 피하고 있었다. '시위의 권리가 인정될 때까지 시위행동을 중단할 것'을 지시하는 법원명령[9]을 요청해 놓고 기다리고 있었던 것이다. 4월 10일 시위를 불법화하는 법원의 명령이 떨어졌다.

킹은 감옥에 갈지라도 불의한 법에 복종하여 사악한 제도를 유지시키는 것은 불법을 자행하는 것과 똑같은 불의한 일이라고 주장하면서 시위를 감행했다. 시위가 시작되자 10일도 안 되어 450여 명이 감옥에 갇혔고, 보석으로 풀려난 150명을 제외한 300여 명이 여전히 투옥되어 있었다. 4월 12일 성 금요일에 킹을 포함한 50여명의 시위대는 시온 힐 교회(Zion Hill Church)로부터 시 중심가로의 행진을 시작하였다. 급기야 불 코너가 체포명령을 내리자 50여명 전원이 체포되었다. 그리고 킹은 누구와의 면회도 허용되지 않는 독방에 감금되었다. 그는 독방으로 들어온 신문을 통해 감옥 밖의 소식을 접했는데 그것은 주요 교파에 속하는 성직자 8명이 낸 광고였다. 본 광고에서는 시위대들을 '극단주의자, 범법자, 무정부주의자'라고 규정하면서 킹을 비난하였다. 이에 대해 킹은 자신들이 주장하고 감행한 '시민 불복종' 등 시위 전반에 대한 비난에 대하여 반박하는 장문의 편지를 썼다. 이것은 현재 민권운동의 고전이 된 '버밍햄 교도소에서 온 편지(Letter from Birmingham Jail)'[10]이다. 킹은 그의 답변에서 비폭력운동의 네 단계[11]를 설명하며, 왜 협상이라는 나은 방법을 두고 직접 행동에 들

9) Martin Luther King, 『나에게는 꿈이 있습니다』, 230-231.
10) 이 편지는 많은 학자들에 의해 킹 특유의 레토릭이 잘 드러나는 글로 유명하다.

어가는가라는 질문에 대하여 협상을 거부하는 이들에게 긴장을 통해 협상에 임하도록 하는 것이 그들의 목적임을 밝힌다.

비폭력저항인 버밍햄 운동에서 첫 번째 단계는 흑인 차별 반대운동에 함께할 흑인들을 모아 교육하는 것이었다. 시위의 자원자들에게는 폭행을 당하더라도 보복행위를 하지 않고 참고 견딜 수 있다는 확신에 서 있을 것을 요구하였고, 무기가 될 수 있는 것을 결코 소지 할 수 없다는 원칙이 강조되었다. 비록 무기가 사람이 아닌 경찰견의 공격으로부터 자신을 보호하기 위한 도구일 때조차도 이러한 원칙에는 변함이 없었다. 시위자들은 감옥에서 조차도 도덕적인 그들의 우위를 잃지 않도록 교육을 받았다. 감옥에서 이들은 처벌의 정당성에 대해서 이의를 제기할 수 있으나 형벌에 대하여 죄과 없이 형벌을 받아들임으로 온 세상에 대하여 우리들이 옳고 법 집행자들이 틀렸음을 인식하게끔 교육받았다.

킹은 이 같은 상황에 연방정부가 개입하지 않을 수 없도록 여론에 영향을 미치는 신문보도와 TV 뉴스 취재진을 적극 이용하려 했다.[12] 지난 성 금요일에 킹은 체포되어 죄수 호송차(paddy wagon)에 실려가는 모습이 적나라하게 사진에 찍혀 전 세계로 보도되었다.

학생들이 시위에 참여하고 있던 금요일 오후에 불 코너는 급기야 폭력적인 방법으로 진압을 명하는 지시를 내렸다. 이 날의 폭력적인 진압현장은 다음 날 미국 전 지역의 헤드라인 뉴스에 실렸다.[13]

---

11) 그것은 불의가 존재하는지를 판단하기 위해 필요한 사실들을 수집하는 단계, 협상의 단계, 자기 정화의 단계, 그리고 직접행동의 단계이다.

12) Steve Eric Bronner, *Ideas in Action*, 유흥림 역, 『현대 정치와 사상』 (고양: 인간사랑, 2005), 339.

13) David J. Garrow, *Bearing the cross, Martin Luther King, Jr., and the*

여론은 경찰의 잔인한 진압의 폭력과 어린 학생들에 가해진 폭력에 대해 분개하며 강하게 백악관을 압박하기 시작했다. 이에 '비 개입정책'을 고수하던 케네디 정부는 중재를 위해 시민권 부국장 버크 마샬(Burke Marshall)과 법무성 부국장 조셉 F. 돌란(Joseph F. Dolan)을 버밍햄에 파견했다. 마샬이 '중견시민위원회' 소집했고, 백인지도자들과 SCLC(Southern Christian Leadership Conference) 집행부가 협상을 통해 흑인에 대한 차별철폐에 대한 4개 항목이 담긴 협약을 결정하였다.

그러나 이것이 끝이 아니었다. 협약이 공표되자마자 버밍햄의 인종차별 주의자들은 즉각 반격을 가하였다. 킹의 동생 A.D. 킹의 집과 SCLC의 본부로 사용하고 있던 게스턴모텔이 폭파되었다. 그리고 시 교육청은 1,000여명의 학생에게 시위에 참여했던 이유로 정학이나 퇴학처분을 내렸다. 상황이 심각하다고 판단한 케네디 대통령은 급기야 연방정부 차원에서 "정당한 협약을 파괴하려는 행동을 묵과하지 않겠다"고 발표했고, "앨라배마 최고법원은 불 코너를 비롯한 시 위원들을 해임한다"는 판정을 내렸다.[14] 인종차별 주의자들의 극단적인 반동이 오히려 운동에 유리한 영향을 미친 것이다.

2) 워싱턴 행진(March on Washington D.C.)

흑인들의 자유의 함성은 미국 전역에 울려 퍼지다가 1963년 8월 28일 워싱턴에 총집결하였다. 그날 워싱턴에 도착한 25만 명에 달하는 사람들 중에는 고위 성직자와 명사들도 많았다. 하지만 가슴 뭉클

southern christian leadership conference (New York: Harpercollins, 2004), 249-250.
14) Martin Luther King, 『나에게는 꿈이 있습니다』, 276-277.

한 감동을 불러일으킨 것은 자기 세대에 민주주의를 달성하겠다는 굳은 의지를 표명하기 위해서 당당한 태도로 참여한 평범한 시민들의 모습이었다. 백인과 흑인, 노인과 어린이가 뒤섞여 있었다. 그곳에는 자유를 향한 열정만이 있었다. 워싱턴의 연단에 선 킹은 애써 준비한 원고가 있었지만, 그것을 하지 않았다. 그리고 갑자기 '나에게는 꿈이 있습니다(I have a dream)'라는 연설을 시작했다.

"미국 역사상 가장 위대한 자유시위로 기록될 오늘 이 시간, 여러분과 함께 있으니 가슴이 벅차오릅니다. 100년 전, 지금 우리 위에 그림자를 드리우고 있는 저 동상의 주인공 에이브러햄 링컨이 노예해방선언에 서명했습니다. 노예해방선언은 사그라지는 불의의 불꽃 속에서 고통받아온 수백만 흑인노예들에겐 희망의 봉홧불이었으며, 기나긴 속박의 밤을 걷어내는 찬란한 기쁨의 새벽이었습니다. … 나에게는 꿈이 있습니다. 조지아 주의 붉은 언덕에서 노예의 후손들과 노예 주인의 후손들이 형제처럼 손을 맞잡고 나란히 앉게 되는 꿈입니다. 나에게는 꿈이 있습니다. 이글거리는 불의와 억압이 존재하는 미시시피 주가 자유와 정의의 오아시스가 되는 꿈입니다. 나에게는 꿈이 있습니다. 내 아이들이 피부색을 기준으로 사람을 평가하지 않고 인격을 기준으로 사람을 평가하는 나라에서 살게 되는 꿈입니다. 지금 나에게는 꿈이 있습니다! 나에게는 꿈이 있습니다. 지금은 지독한 인종차별 주의자들과 주지사가 간섭이니 무효니 하는 말을 떠벌리고 있는 앨라배마 주에서, 흑인어린이들이 백인어린이들과 형제자매처럼 손을 마주잡을 수 있는 날이 올 것이라는 꿈입니다. … 이렇게 된다면, 모든 주, 모든 시, 모든 마을에서 자유의 노래가 울린다면, 흑인과 백인, 유대교도와 기독교도, 신교도와 구교도를 가리지 않고 모든 주님의 자녀들이 손에 손을 잡고 오래 된 흑인영가를 함께 부르게 될 그날을 앞당길 수 있을 것입니다. 마침내 자유를 얻었네, 마침내 자유를 얻었네. 전능하신 주님의 은혜로, 마침내 우리는 자유를 얻었네."[15]

워싱턴 행진이 미국 백인들의 양심을 얼마나 자극했는지는 언론매체들이 워싱턴 행진을 다뤘던 태도를 보면 분명히 알 수 있다. 대개 흑인들의 행동은 엄청난 폭동이 예상된다거나 이상한 특징을 가지는 경우에만 언론매체의 주목을 받는다. 워싱턴 행진은 조직적인 흑인들의 활동 중에서 그 중요성에 어울릴 만한 언론의 주목을 받은 최초의 사건이었다. 특히 텔레비전을 통해서 방영되었다는 점은 이 사건의 역사적 중요성을 드러내는 것이었다. 수백만 미국인들은 처음으로 각계각층 흑인지도자들의 유식하고 사려 깊은 연설을 듣게 되었으며, 이제까지 흑인들에 대한 편견을 가졌던 사람들은 큰 충격을 받았다.[16]

1963년 버밍햄에서 시작하여 워싱턴 행진으로 이어진 '흑인혁명'은 케네디 대통령의 암살로 인해 더욱 강한 여론을 형성하였다. 존슨 정부는 케네디 대통령에 대한 추모의 뜻과 민권운동에 대한 여론의 지지를 무기로 케네디 대통령이 제안한 광범위한 민권법을 통과시키도록 의회를 압박하였다. 이에 대해 하원은 9일간 지속적 토론을 거쳐 1964년 2월에 통과시켰고, 상원은 "남부 출신 반대자들의 무제한발언(filibuster)으로 57일이나 지연되다가, 마침내 6월 10일의 토론종결(closure) 표결이 있은 후"[17] 겨우 통과시켰다.

그간 제정된 민권법안 중 가장 광범위한 내용을 포함하는 것으로서, 그 구체적인 항목은 다음과 같다. "첫째, 호텔 · 모텔 · 식당 · 카페테리아 · 간이식당 · 주유소 · 영화관 · 극장 및 운동경기장을 포함하여 주간 통상에 영향을 주는 공중시설물에 있어서 인종적 혹은 종교적 차

---

15) Martin Luther King, 『나에게는 꿈이 있습니다』, 286, 289. 291.
16) Martin Luther King, 『나에게는 꿈이 있습니다』, 291.
17) 최명 · 백창재, 『현대 미국정치의 이해』, 545.

별의 금지. 둘째, 인종·피부색·성·종교 및 민족적 출신을 이유로
고용주나 노동조합에 의한 차별의 금지. 셋째, 백인과 흑인에 대하여
투표등록에 있어 상이한 기준 설정의 금지. 넷째, 공중시설에 있어서
흑백 통합을 강요하는 소송권을 법무장관에게 허용하고, 개인에게 동
법 하에서의 소송을 허용. 다섯째, 흑백 차별을 실행하는 정책 사업들
에 대한 재정지원을 중지할 수 있는 권한을 연방 행정부에 부여"[18]하
는 것이다. 이로 인해 대부분의 공공시설에서 흑백분리제도가 폐지되
었고, 연방 행정부는 주정부의 흑백차별정책에 제재를 가할 수 있는
강력한 법적 근거를 확보하게 되었다.

3) 노벨평화상 수상

킹은 워싱턴 행진을 '미국 역사상 자유를 위한 가장 위대한 시위'라
고 말했다. 1963년 8월 킹과 여러 인종으로 구성된 청중은 통합된 사
랑의 공동체가 곧 실현될 것이라고 확신하며 워싱턴을 떠났다.

그러나 킹의 위대한 연설이 있은 지 2주 후 버밍햄의 백인 인종주
의자들은 킹의 꿈에 전혀 관심이 없다는 메시지를 보내왔다. 버밍햄의
식스틴스 스트리트 침례교회를 폭파해 네 명의 흑인 소녀들을 죽인 것
이다. 이 사건은 미국 전역을 충격에 몰아넣었다. 킹이 이런 잔혹한 행
위 앞에서도 계속해서 비폭력을 주장하자 답답해하는 흑인이 많았다.

한편 미국의 백인과 유럽인들은 킹이 흑인에게 사랑과 비폭력을 강
연하는 것에 박수갈채를 보냈다. 그들은 킹에게 수백 가지의 상을 수
여했고 많은 저명한 행사에서 강연해달라며 그를 초청했다. 1963년,

---

18) 최명·백창재, 『현대 미국정치의 이해』, 546.

《타임》지는 그를 "올해의 인물"로 선정했다. 1927년부터 올해의 인물을 선발하기 시작한 《타임》지가 최초로 뽑은 아프리카계 미국인이었다. 그리고 1년 뒤(1964년) 킹은 노벨평화상을 수상했다. 1901년 시작된 그 상의 가장 젊은 수상자였다.

킹이 미국으로 돌아왔을 때 흑인과 백인 모두 그를 국가적인 영웅으로 환영했다. 뉴욕 시가 주는 명예의 상패도 받았고 8천 명의 시민들이 모여 그에게 경의를 표했고 존슨 대통령도 그를 접견했다. 애틀랜타의 백인들은 처음에는 킹에게 경의 표하기를 거부했지만 흑인들과 함께 킹을 위한 저녁 만찬을 베풀고 "조지아의 첫 번째 노벨상 수상자"라고 격찬했다.

킹은 대중이 쏟는 관심에 감사했지만 자신이 그런 관심을 받을 자격이 있다고는 생각하지 않았다. 대신 민권 운동 자체가 인정을 받아야 한다고 믿었기 때문에 킹은 노벨 평화상 상금인 5만 4천 달러를 민권 운동 단체들에게 나누어주었다.

4) 셀머(Selma) 투쟁

흑인들의 투표권은 기본적으로 1957년과 1960년 그리고 1964년에 만들어진 시민권 법안에 의해 법적으로 보장받고 있었다. 그러나 실질적으로 흑인들이 백인과 동일한 투표권을 행사하는 것은 아니었다. 앨라배마 주 셀머에서 흑인들은 4겹의 방어막에 가로막혀 투표권을 박탈당하고 있었다. 첫째는 공포와 두려움이었다. 투표권을 얻기 위해 선거인 등록을 하려고 시도하는 흑인들에게까지 인종차별 주의자들과 지역정부의 경찰은 공공연하게 협박과 테러를 저질렀다. 둘째, 흑인들이 정치적 권리를 행사하거나 획득하려는 집단적 행동에 대해 이를 금지하는 시 조례를 만들었다. 셋째, 선거인 등록의 절차를 악용하는 방법이 동원되었다. 선거인 등록 사무를 맡고 있는 공무원이 업무를 지나치게 늦게 처리하였고, 등록사무가 시행되는 날짜와 시간을 제한하였다. 넷째, 선거인 등록 절차로써 지나치게 어려운 읽기 쓰기 능력 테스트를 실시하여 흑인들의 투표권을 의도적으로 박탈했다. 이 테스트가 공정하지 않다는 점이 여러 번 제기 되었지만 시정되지 않았다.[19]

킹에게 투표권문제는 흑인들의 당면문제를 해결해 가는데 핵심적인 사안이었다. 투표권이라는 정치적 권리를 획득하게 되면, 민주주의적 절차에 따라 법적인 권리들을 직접 획득할 수 있다고 생각했기 때문이다. 흑인들이 투표권을 쟁취할 경우, 흑인들의 정치적 권한이 상당히 향상될 것이라 예상되었기 때문에 이를 저지하려는 인종차별 주의자들과 시 당국자들의 의지는 강경했다. 지미 리 잭슨(Jimmy Lee Jackson)이란 26살의 흑인 청년이 주 경찰대에 의해 살해되었고, 셀머와 매리온(Marrion)에서 선거권 등록을 위해 법원으로 향하는 시위행진을 하는 도중 킹을 포함한 3,000명 이상이 체포되었다.

셀머 교도소에 투옥된 킹은 뉴욕 타임즈(The New York Times) 신문에다 '버밍햄 교도소에서 온 편지(Letter from Birmingham Jail)'를 연상케 하는 '셀머 교도소에서 쓴 편지(Letter from Selma Jail)'라는 제목의 기금 모금 광고를 냈다. 본 광고를 실은 1965년 2월 5일은 그가 노르웨이 국왕으로부터 노벨 평화상을 수여 받은 지 60일도 채 되지 않은 시점이었다. 노벨 평화상 수상으로 국제적 명사가 된 그는 자신이 왜 감옥에 있는지를 설명하면서 미국 흑인들의 인권상황을 전 세계

---

19) 최명 · 백창재, 『현대 미국정치의 이해』, 349-350.

에 드러냈다.

감옥에서 나온 후 킹은 셀머에서 출발해 몽고메리까지 이어지는 80
번 고속도로를 행진하는 시위를 전개했다. 약 8,000명의 흑인들이 셀
머에서 출발했다. 행진에는 신교, 구교, 유대교의 많은 성직자들과 전
국에서 손꼽히는 40여명의 역사가들 그리고 수천 명의 시민들이 참여
하였다. 또한 존슨 대통령도 "투표권은 우리나라 전 시민들에게 신성
한 권리"[20]라고 발표하면서 셀머 투쟁을 지지하였다. 그는 연방정부
가 투표권을 통과시켜 흑인들의 온전한 권리를 인정해 주어야 한다고
선언하였고 결국 1965년, 투표권 법안이 통과되었다.

III. 마틴 루터 킹의 빈민운동 : 시카고 운동(Chicago Campaign)

1964년의 민권법과 1965년의 투표권(참정권)법은 흑인들의 사회적
평등을 가져다주지 못하였다. 민권법은 북부 흑인들이 필요로 하는 직
업, 거처할 곳, 부의 분배 등을 해결할 수 없었기에 북부도시 흑인들은
경제적인 빈곤의 문제에 직면해 있었다.

이처럼 민권운동이 북부 흑인들의 경제적 문제를 해결해 주지 못하
자 좌절감과 소외감에 의한 폭동이 일어났다. 1965년 8월 11일부터
15일까지 로스앤젤레스 와츠(Watts) 지역에서 발생한 흑인폭동은 킹
의 운동에 있어서 일대 전환점으로 작용하게 된다.[21] 킹은 "말 그대로

---

20) Clayborne Carson, *In Struggle-SNCC and the Black Awakening of the 1960s*, 158.
21) James H. Corn, *Martin & Malcolm & America*, 정철수 역, 『맬컴 X Vs.

두 개의 미국이 존재 한다"고 생각하기 시작했다. 하나는 아름답고 부유한 백인, 또 하나는 비참하고 가난한 흑인.

버밍햄이 시민권 운동의 상징이고, 셀머가 투표권 운동의 상징이었다면, 시카고는 빈민운동의 상징이 되었다. 킹이 경제적 목표를 위해 북부도시에서 전개한 최초의 운동이 1966년 시카고 운동이다. 흑인들이 백인들의 적대감에 의해 도시 남부 열악한 환경의 빈민지역에 집단으로 거주할 수밖에 없었던 시카고는 인종차별이 심한 북부의 대표적인 도시였다.

킹은 시카고에서의 비폭력 운동을 시작으로 전국의 양심이 깨어나고 확대되어 북부빈민지역(the Northern ghetto)문제를 현실적으로 해결하길 원했다. 시카고가 그 상징 역할을 할 것을 기대하며 1966년 시카고의 슬럼가의 한 곳인 론데일(Lawndale)로 가족들과 함께 이사했다. 킹은 머지않아 가난은 우연이 아니라 경제력을 지배하고 있는 사람들의 계산된 결정의 결과물임을 깨달았다.

킹은 말했다. "이 나라는 모든 게 틀렸다. 엄청난 풍요로움을 자랑하는 나라에 어떻게 4천만 명이나 되는 빈민들이 존재할 수가 있는가?" 킹은 로스앤젤레스, 시카고, 그리고 기타 대도시의 빈민가에서 엄청난 빈곤의 현장을 목격했다. 킹은 경제가 가장 큰 문제이며 유일한 해결책은 미국 전체를 개혁해서 모든 국민이 자기 몸을 위해 식량과 주택을 소유하고 자신의 영혼을 위해 존엄성과 자부심을 가질 수 있도록 해야 한다고 결론을 내렸다. 그리고 1968년 암살당할 때까지 멤피스와 미시시피 등 도시 슬럼가를 돌며 '빈곤과의 투쟁'을 전개해

마틴 루터 킹』 (서울: 갑인공방, 2005), 367.

나갔다.

운동에 참여하기로 결정한 이후, 킹은 시카고 운동의 범위를 교육문제해결에만 국한시키지 않았다. 교육문제는 북부 흑인들의 민권 문제 중 한 가지에 불과한 것이라고 보았기 때문이다. 대신 그가 목표로 삼은 것들은 "미래의 세대들이 다 쓰러져가는 주택에서 벗어나게 하는 것, 피부색에 관계없이 모든 사람들에게 일할 기회를 보장하는 것, 그리고 모든 사회시설 자원을 이용하여 흑인들의 생활수준을 일반적인 미국인의 생활수준으로 끌어올리는 것"[22]이었다. 이러한 목표로 킹이 시카고에서 전개한 운동은 크게 4가지였다. 첫째는 주거의 자유를 위한 시위(Open Housing), 둘째는 임대인조합운동, 셋째는 재건축사업운동, 넷째는 빵바구니 운동(Operation Breadbasket)이었다. 흑인이자 빈민에 속하는 사람들이 구조적으로 피할 수 없는 주거지역, 고용문제, 생활환경 등과 관련하여 가장 기본적인 의식주 문제해결을 위한 운동들이었던 것이다.

그러나 시카고 운동은 모두 쉽게 진행되지 않았다. 북부와 남부는 민권운동에 대한 이해와 당면한 문제, 참여하는 흑인들의 태도와 백인 사회의 동조와 태도 등에서 큰 차이를 가지고 있었기 때문이다. 또한 북부의 흑인들은 '비폭력주의'에 대해 남부의 흑인들보다 훨씬 회의적이었다. 북부의 흑인들은 운동에 적극적으로 동참하기보다 킹의 연설 도중 야유를 던지는 태도를 보였다. 백인들의 대응 또한 매우 적대적이었다.

킹은 남부에서 전개한 시민권 운동에서처럼 북부에서도 '민주주의

---

22) Martin Luther King, 『나에게는 꿈이 있습니다』, 385.

의 약속'에 근거해 빈민운동의 정당성을 주장했다. 킹은 남부에서의 시민권 및 투표권 쟁취 운동과 북부에서의 빈민운동이 결코 단절적인 별개의 운동이라고 보지 않았다. 킹은 이 두 운동이 연장선상에 있으며 '미국 민주주의의 발전'이라는 동일한 목표를 이루기 위한 것으로 보았다.

킹과 SCLC 지도부가 이런 인식 하에 시카고에서 처음 전개한 운동은 주거의 자유를 위한 시위였다. 당시 시카고는 흑인들이 돈이 있어도 백인이 거주하는 지역에서 집을 얻을 수가 없었다. 부동산 중개인들이 흑인들에게 백인들의 거주 지역에서 나오는 매물을 아예 알려주지 않았고, 설사 알려줬어도 갖은 위협과 협박으로 결국 흑인 빈민 거주 지역으로 유도했기 때문이다. 이러한 불법적인 부동산 거래를 종식시키기 위해서 킹은 백인 주거지역의 부동산중개소마다 찾아가 시위를 벌였고, 시카고 당국에 압박을 가했다. 시카고 운동에 백인들은 엄청난 폭력을 행사했다. 시위대는 우박처럼 쏟아지는 돌멩이와 벽돌 세례를 받으며 불타는 자동차 사이를 행진해야 했다.

킹은 시위를 시작하기 전, 흑인 참여자 약 2,000여명에게 비폭력주의 규율을 훈련시키고 폭력과 욕설을 받더라도 대들지 않도록 교육시켰다. 시카고의 부동산중개업연합회 회장단이 흑인에 대한 차별을 중단하겠다고 약속할 때까지 시위는 2개월 이상 계속되었다. 킹은 부동산 매매 및 임대거래에서 흑인을 차별하지 못하도록 하는 협약문서를 며칠간의 협상을 거쳐 시카고 당국으로부터 받아냈다.

그러나 대부분의 흑인들은 백인 주거 지역에 집을 매매 또는 임대할 형편이 되지 않았기 때문에 다수의 흑인들이 거주하는 빈민지역 자체를 개선하는 노력이 요구되었다. 빈민지역의 건물은 주로 유태인들이 소유하고 있었고, 흑인들은 대부분 임대인으로 거주하고 있었다. 킹과 지역사회 통합위원회는 운동을 다음 단계로 임대인조합운동과 재건축사업을 벌였다. 임대인조합운동과 재건축사업은 빈민지역의 열악한 주거환경 및 건물주로부터의 부당한 대우로부터 흑인들을 보호하는 활동으로서, 운동을 시작한 이후 당장에 많은 흑인들에게 혜택이 돌아가는 가시적이고 폭 넓은 성과를 가져오는 것은 아니었지만 장기간에 걸쳐 점차적으로 확대되어 가면서 수혜자들이 늘어갔다.

시카고에서 전개한 운동 중 가장 성공적인 결과를 낳은 운동은 빵바구니 운동(Operation Breadbasket)이었다. 빵바구니 운동의 특징은 본 운동의 모토로 사용했던 문구, "당신이 흑인들의 돈을 원한다면, 당신은 흑인들을 정중하게 대우하라(If you respect my dollar, you must respect my person)."[23]에서 잘 드러난다. 당시 흑인 거주 지역의 환경은 열악했지만 생활필수품에 흑인들이 소비하는 총액은 상당했다. 그러나 흑인 거주 지역 내에서 사업을 하는 중소기업, 소비재 생산업체, 소매업체, 프랜차이즈 상점들은 이 지역에서 거둔 수익을 흑인을 고용하거나 흑인소유의 은행에 예치하는 등 흑인사회로 다시 환원하지 않고 대부분 빈민지역 밖으로 빼내고 있었다. 킹은 흑인들의 집단적 구매력을 무기로 해서 이들 업체들의 고용통계를 입수하여 흑인 고용비율이 현저하게 낮거나 기대에 못 미치는 경우 공개적인 보이콧을 선언했고, 자금력이 상당한 기업에 대해서는 흑인 소유의 은행에 돈을 예치하거나 흑인이 펴내는 신문에 광고를 내도록 촉구하였다. 또한 프랜차이즈 상점들과 소매업체에 대해서는 흑인소유업체에서 생산

---

23) Editied by Clayborne Carson, *The autobiography of Martin Luther King Jr.*, 308.

한 필수품들을 점포에 진열해 달라고 요구하였고, 흑인이 많이 거주하는 지역의 상점 및 공장주에게는 흑인을 우선적으로 고용해 줄 것을 요청하였다.

빵바구니 운동으로 매출손해를 입었던 우유, 음료수, 식료품 관련 기업 및 상점들은 흑인고용과 흑인생산제품의 진열을 약속하였고, 그 결과 몇 달 내에 800건에 달하는 흑인신규고용 및 승진이 이루어지고, 흑인가정의 연간수입 증가액이 700만 달러를 상회하는 즉각적인 성과를 올렸다. 이러한 영향은 관련 업체에게도 빠르게 전해졌다.

하지만 킹의 시카고 운동은 남부에서처럼 가시적인 성공을 거두지 못했다. 그래서 많은 분석가들이 시카고 운동은 실패라고 선언해왔다. 강력한 주거 개선방법을 입안시키지 못했기 때문이었다. 버밍엄 운동과 같이 언론의 지지와 정부의 개입이 이루어지지 않은 것이 시카고 운동을 실패하게 한 요인이었다. 다시 말해 북부도시의 근본적인 문제는 흑인들의 빈곤문제였고, 이것은 미국사회의 도덕적 양심에 호소하는 것으로는 해결할 수 없는 것이었다.

Ⅳ. 마틴 루터 킹의 반전(反戰)운동

킹이 노벨 평화상을 수상한 1964년은 또한 통킹 만 사건[24]을 계기로 미국이 베트남에 직접 미군을 참여시킨 해이기도 하다. 블랙 파워

---

24) 1964년 북베트남군이 통킹 만에서 8월 2일과 8월 4일 2차례 미국 구축함을 공격하였고, 미군은 이를 격퇴했다고 보고된 사건으로 미국이 베트남 전쟁에 참전한 계기가 되었지만, 사실은 조작되었다는 사건. 다음백과사전.

운동에 완전히 동의하지는 않았던 킹이 그에 일부 공감할 측면이 있음을 인정하고, 또 백인들에게 더 큰 실망감을 느끼게 된 계기는 바로 베트남 전쟁이었다. 생의 마지막 한 해 동안 그가 했던 대중 연설에서 가장 중요한 주제는 바로 베트남 전쟁이었다. 그는 미국이 자기 나라의 빈민을 착취해서 부당한 전쟁에 비용을 지불하는 것에 매우 분노했으며, 자신이 반전 운동을 시작하자 흑백을 막론하고 민권 운동에 함께했던 동맹 세력들이 하나 둘 자기 주위를 떠나는 현실을 슬퍼했다. 킹은 이러한 상황에 낙담할 수밖에 없었지만, 자신의 신학적 관념에서 매우 중요한 변화를 체험하게 된다.

킹은 인종주의, 흑인 권력화, 전쟁에 대한 숙고를 통해 사랑, 정의, 희망이라는 주제의 의미와 강조에서 변화를 겪게 되었다. 정의에 초점을 맞춘 '홀트 스트리트(Holt Street)' 연설(1965년 12월 5일)을 제외하고 킹의 영적, 지적 발전의 첫 단계에서 핵심이 되었던 것은 사랑이었다. 그동안 사랑은 교훈적 개념으로서 정의와 희망도 그 견지에서 해석되었다. 하지만 이제는 민권 투쟁에 대한 차가운 재평가와 전쟁에 대한 고뇌를 통해, 희망은 킹의 사유에서 핵심이 되었으며 사랑과 정의에 대한 새로운 해석을 이끌어냈다.

희망에 대한 개념적 차이는 초기와 후기에 이렇게 달랐다. 초기에 킹의 희망은 민권운동의 발전에 부분적인 뿌리가 되면서 억압받는 흑인들과 백인 대다수 양자 모두의 지지 속에 이루어졌다. 하지만 이와 반대로 후기에 킹의 희망은 백인이나 심지어 흑인들에게서도 지지와 지원을 받지 못했다. 오히려 그의 희망은 오로지 성서와 흑인적 전통에 입각한 하나님에 대한 믿음에 기초하고 있었다. 성서의 말씀과 흑인적 전통은 그에게 어떠한 대가를 치르더라도 정의를 위해 올곧게 서라고 말하고 있었던 것이다.

1967년 4월 4일, 뉴욕에 있는 리버사이드 교회(Riverside Church)에서 처음으로 '베트남을 넘어서(Beyond Vietnam)'이란 제목의 반전 연설을 했다. 그가 본 연설에서 반전운동을 하지 않을 수 없다고 밝힌 이유는 크게 3가지이다. 첫째, 베트남 전쟁이 빈민운동에 미치는 악영향 때문이다. 북부의 여러 빈민지역과 남부의 몇몇 도시빈민지역을 돌아다니며 운동을 벌이고 있던 킹은 베트남 전쟁이 시작되고 난 후 미국 국민들의 관심이 집중적으로 전쟁에 쏠리면서 민권운동은 무시되거나 잊어지고 있다는 것을 경험했다.

이 연설에 대한 반응은 즉각적이었다. 연설 직후 '뉴욕 타임즈'는 "미국의 군사적 방편을 무턱대고 나치에 빗대면서 반전을 선동함으로써 민권운동을 교란하고 있다"고 평가하였으며, '워싱턴 포스트'는 "자발적 제휴, 협력을 했던 많은 사람들에게 심각한 누를 끼치고 나아가 그 자신에게는 더욱 심한 손상을 입히는 … 그의 말이라면 각별히 경청해 왔던 사람들이 앞으로 다시는 전과 같은 신뢰를 보내지 않을 것이다"라고 평하였다.[25] 그러나 킹은 멤피스에서 암살당하는 날까지 1년여 간 베트남전의 반대를 그의 발언의 중심 주제로 삼았다.

베트남 전쟁을 끝내고 국내 및 제3세계의 빈곤 문제를 해결하라는 요청을 거부하는 정부의 모습을 보면서 킹은 절망에 빠지곤 했지만 희망까지 잃지는 않았다. 그는 에베니저 침례교회(Ebenezer Baptist Church)에서 한 "평화에 관한 크리스마스 설교"에서 이렇게 역설했다.

---

25) David J. Garrow, *Bearing the cross, Martin Luther King, Jr., and the southern christian leadership conference*, 555-556.

"나에게는 아직 꿈이 있습니다. 왜냐하면 … 목숨이 붙어 있는 한 포기할 수 없기 때문입니다. 만약 여러분이 희망을 잃으면, 어떠한 역경에도 굴하지 않고 계속해서 앞으로 나아가게 할 용기와 자격을 잃게 될 것입니다."[26]

킹은 비폭력주의자로서, 베트남에 대한 미국의 무차별 폭력을 좌시할 수 없었기 때문에 베트남 반전운동을 하지 않을 수 없었음을 두 번째 이유로 밝혔다. 미국이 베트남 전쟁에 대한 명분은 미국의 베트남의 공산화를 막음으로써 아시아 국가들의 '도미노'적 공산화를 방지한다는 것이었다. 미국은 자유와 민주주의를 지키기 위해서 반공주의를 명분으로 내세웠다. 그러나 킹이 보기에, 미국의 베트남 전쟁은 사실상 베트남인들의 자유와 그들의 민주적 정치과정을 정면으로 부정하는 것이었다. 뿐만 아니라 미국이 공산주의의 확산을 막기 위해서 취한 방법도 매우 폭력적이며 파괴적이었다.

킹은 예수님이 민권운동의 목표를 제시했고, 간디가 그 방법을 가르쳐주었다고 말했다. 민권운동의 목표란 흑인들이 사회·경제적으로 어떠한 불의에도 희생되지 않고 백인들과 동등한 인격체로서 살아갈 수 있게 미국 사회를 변화시키는 것이었고, 그 방법은 '비폭력주의'였다. 그는 아무리 정당한 목표일지라도 그 목표를 달성하기 위한 방법이 정당하지 않는 이상 그 목표 또한 정당할 수 없다고 말했다. 바로 이러한 그의 신념 때문에 그의 민권운동이 '비폭력주의'로 불리어지는 것이다. 킹은 몽고메리 버스 보이콧 운동을 시작으로 버밍햄운동, 워싱턴 행진, 셀머 투쟁 그리고 시카고 운동을 할 때 끝까지 비폭력 저항

---

26) Martin Luther King, "Two Side of America" 1968년 3월 16일, 캘리포니아 민주회의 총회 오찬 모임 연설.

을 하였다. 운동을 하는 동안에도 비폭력주의에 대한 사람들의 회의적 태도와 'Black Power' 처럼 폭력적 열정을 유발시키는 선동적 문구의 사용 등 여러 차례 위기에 놓였지만, 정당하지 않은 방법을 통해 달성한 목표는 강력한 힘을 발휘할 수 없다고 보았기 때문에 킹은 끝까지 비폭력을 고수하려 했다. 킹은 미국 정부의 베트남 전쟁도 이와 똑같은 이유로 반대했다. 킹은 청중들에게 과연 미국이 베트남에서 자유와 민주주의를 위하여 싸우고 있는 것인지 아니면 '반공주의' 자체를 위해서 수단과 방법도 가리지 않고 있는지를 물었다.

끝으로 킹은 조국인 미국을 사랑하는 국민으로서 조국의 타락을 지켜보고만 있을 수는 없기 때문에 베트남 전쟁에 반대하지 않을 수 없었다고 세 번째 이유를 말한다. 킹은 암살당하기 1년 전, 법과 제도의 개선만으로는 불가능한 보다 근본적인 차원의 문제를 제기했다. 그것은 시대와 역사를 넘어 반복적으로 지속되는 인간악의 문제는 결코 몇 가지 법으로 고칠 수 없고, 오직 인간 내면으로부터의 변화를 통해서만 고칠 수 있다는 것이었다. 그는 그 인간 내면으로부터의 변화를 '사랑'이라고 말했다.

V. 나가는 말

킹이 주장하던 비폭력은 무엇인가? 그것은 킹이 정치적으로 또 종교적으로 믿고 있던 모든 것의 처음과 끝이었다. 킹의 비폭력은 많은 사람들이 말하듯 복종이나 아무것도 하지 않음을 의미하는 게 아니다. 그의 철학은 비폭력적이면서 동시에 직접적인 행동이었다. 사실 킹보다 더 적극적으로 정의를 위한 싸움에 가담한 사람은 없었다.

킹에게 비폭력저항은 평화를 이루는 중심적 방법론이었다. 킹은 비폭력저항을 통하여 불의에 저항하고 사회정의를 이루려고 하였다. 동시에 비폭력저항은 평화의 수단이고 평화를 본질적으로 표현한다. 킹의 입장에서 불의에 대한 저항 없이 평화로 가는 길은 없다. 이런 점에서 평화는 정의가 전제된 평화이다. 그러나 그러한 정의를 이룰 때 평화로운 방법이 필요하다. 악에 대한 저항이 필요한데 그것은 비폭력저항이어야 한다. 비폭력 저항운동은 평화적인 방식으로 이룬다.

그러나 킹이 주장하는 '평화적인 수단'으로서의 비폭력 저항은 이상화된 측면이 있다. 갈등과 투쟁이 있는 현장에서 비폭력저항은 이론적이고 원칙적인 모습과는 괴리를 보였다. 비폭력 저항방법은 의도적으로 법 집행자들이나 공권력과의 대결과 충돌을 유발한다. 물론, 민권운동자의 입장에서 이러한 방법론이 인종차별의 구조적인 폭력을 드러나게 하는데 필수적이라고 말한다.[27] 민권운동에 참여한 흑인 중적지 않은 사람들은 그의 방법론이 갖는 비현실적인 면을 비판한다. 인종차별에 저항하여 시위에 참여한 흑인들은 공권력에 의해 자행된 구조적, 제도적 폭력에 저항하며, 대항적인 성격의 폭력을 행사하곤 하였다. 이러한 논쟁 속에서 킹은 암살되기 얼마 전에 행한 여러 연설에서 비폭력에 대한 입장을 약간 수정하였다. '평화적인 수단'으로서의 비폭력의 원칙에 대한 신념에는 변화가 없지만, 법과 질서의 이름으로 자행되는 공권력의 폭력에 맞서는 '폭력적 봉기'는 이해하지 않을 수 없다고 고백하면서, 그는 이렇게 선언한다. "폭동은 자신의 목

---

27) King and Washington, *A Testament of Hope*, 295.

소리가 무시당한 사람들의 언어이다."[28] 그렇다고 해서 그가 흑인들의
폭력적인 대응을 완전히 용인하는 것은 아니다. 이러한 흑인들의 저항
적 폭력을 문제 삼기 이전에 먼저 법과 질서의 이름으로 폭력을 자행
하는 정부와 법 집행자들을 비난하고 항의하겠다는 것이다. 이런 입장
변화는 현실 속에서 비폭력저항이 갖는 의미가 그가 기대한 것처럼
'평화적'인 방법, 평화로운 저항만이 될 수 없다는 점을 잘 보여주고
있다. 그 근본적 원인이 구조적 불평등과 억압에 있음에도 불구하고
비폭력운동이 필연적으로 가져올 수밖에 없는 혼란의 문제는 평화로
운 방법론으로서의 비폭력저항이 갖는 의미에 문제를 제기하였다.

　결론적으로 마틴 루터 킹의 평화윤리는 그리스도인의 평화 행동에
관한 도덕적 고찰을 한 기독교 평화윤리의 한 전형이다. 신실한 그리
스도인인 마틴 루터 킹의 평화 이념은 절대적 평화주의에 매우 가깝
다. 하지만 그는 현실 정합적 평화주의를 지향하였으며 그런 차원에
서 다양한 평화운동을 펼쳤다. 마틴 루터 킹은 기독교 평화윤리의 실
천가다. 그는 반(反) 평화의 시대 속에 진정한 기독교적 피스메이커
(peacemaker)였다.

---

28) Martin Luther King, Jr. and Cornel West, *The Radical King*(Boston:
　　Beacon Press, 2016), 239.

참고문헌

이주영 외 4인, 『미국 현대사』, 서울: 비봉출판사, 1996.

최명 · 백창재, 『현대미국정치의 이해』, 서울: 서울대학교출판부, 2004.

Bronner, Steve Eric, 『현대 정치와 사상』, 유홍림 역, 고양: 인간사랑, 2005.

Martin Luther King, 『나에게는 꿈이 있습니다: 마틴 루터 킹 자서전』, Carson, Clayborne 엮음, 이순희 역, 서울: 바다출판사, 2000.

Corn, James H., 『맬컴 X Vs. 마틴 루터 킹』, 정철수 역, 서울: 갑인공방, 2005.

King, Martin Luther, 왜 우리는 기다릴 수 없는가?』, 박해남 역, 서울: 간디서원, 2005.

_____, 『자유에의 투쟁』, 홍동근 역, 서울: 대한기독교서회, 1970.

Carson, Clayborne, *In Struggle-SNCC and the Black Awakening of the 1960s,* Harvard University press. 1981.

Carson, Clayborne(ed.), *The autobiography of Martin Luther King Jr.,* Warner books, 1998.

James M. Wasington(ed.), *A testament of Hope: The Essential Writings of Martin Luther king, Jr.,* San Francisco: Harper & Row, Publishers, 1986.

Martin Luther King Jr. and Cornel West, *The Radical King,* Boston: Beacon Press, 2016.

Garrow, David J., *Bearing the cross, Martin Luther King, Jr. and the southern christian leadership conference,* New York: Harpercollins, 2004.

King, Martin Luther, "Two Side of America(1968년 3월 16일, 캘리포니아 민주회의 총회 오찬 모임 연설)".

이데올로기를 넘어서 화해의 윤리 공동체를 향하여

– 미학적 통일을 준비하는 그리스도인의 과제[1]–

박삼경 (서울신학대학교 교수, 기독교윤리학)

I. 들어가는 말

21세기의 한국사회의 키워드(keyword)는 통일이다. 그 통일이 의미하는 것이 무엇인가? 그동안 통일 논의에 있어서 "무엇이 올바른 통일인가?"를 묻는 진(眞)에 관한 것과 "어떻게 하여야 통일에 도달할 수 있는가?"를 묻는 선(善)에 관한 것들이었다. 그런데 최근에 "왜 통일은 아름다워야 하는가?" 라는 질문을 갖고 남북통일의 아름다움 측면을 부각시키는 미학적인 접근을 하고 있는 것을 볼 수 있다.[2] 미학이란 감각을 통한 인식의 학문으로서 알렉산더 바움가르텐(Alexander Baumgarten)에 의해 처음으로 그 용어가 사용되었다.[3] 바움가르텐은

---

1) 본 논문은 한국기독교신학논총에 실린 글이다. 박삼경, "이데올로기를 넘어서 화해의 윤리 공동체를 향하여",「한국기독교신학논총」91(2014), 185-207.
2) 유경동(감리교신학대학교 기독교윤리학교수)은 미학적 남북통일을 말한다. 유경동, 『남북한 통일과 기독교의 평화』(서울: 나눔사, 2012), 257-278.
3) 앞의 책, 258. 근대미학의 효시로 독일의 바움가르텐보다 이탈리아의 비코로 보는 학설이 있다. 오병남, 『미학 강의』(서울: 서울대학교출판부, 2004), 218.

미학을 아름답게 사유하는 기술이라고 부르며 그 목적은 아름다움의 성취라고 보았다. 현대신학에서도 폰 발타자(Hans Urs von Balthasar)는 신학 내용의 정확성도 중요하지만 신비에 관한 아름다운 영적인 진리들을 잃어버려려서는 안 된다고 지적하면서 미학적인 접근의 중요성을 언급한다.[4] 발타자는 미학적 차원의 신학은 단지 추상적인 학문이 아니라 모든 개념들을 넘어 하나님의 신비의 체험에로 우리를 인도하여야 한다고 말한다.[5] 이런 미학적인 측면에서 남북한의 통일을 바라본다는 것은 예수께서 십자가로 보여주신 화해의 현실을 전제로 한다. 즉 십자가 위에서 인류의 죄를 대속한 예수 그리스도 안에서 발견한 사랑의 아름다움이다. 예수께서 십자가에서 그 모든 원수된 것을 사랑으로 극복함으로써 적대적인 관계를 해소하는 아름다움, 미(美)를 드러내신 것이다.[6]

본질적으로 기독론 중심적인 미학의 측면에서 한국사회가 통일문제를 관심 갖고 볼 때 부딪히는 가장 큰 문제는 이데올로기라고 필자는 생각한다. 냉전 시대의 대표적인 이데올로기인 공산주의와 자본주의의 대립으로 인해 많은 상처와 아픔들이 남북한 곳곳에 아직도 분단이라는 상황 아래에서 계속 남아있기 때문이다. 남북한은 과거 분단 후 60년 동안 체제이데올로기 유지라는 명목으로 서로 간의 증오와 적대감으로 서로의 긴장과 불신을 키워왔다. 더욱이 지구상의 유일한 분단국가인 한국사회의 정치권력은 반공 이데올로기를 통해 자신의

4) Richard Viladesau, *Theological aesthetics*, 손호연 역, 『신학적 미학』 (오산: 한국신학연구소, 2001), 43.
5) Richard Viladesau, 『신학적 미학』, 44.
6) 유경동, 『남북한 통일과 기독교의 평화』, 261.

통치를 정당화하고 반대자들을 억압하는 수단으로 활용해 왔다. 또한 북한은 주체사상이라는 이데올로기를 통해 일인 독재를 하면서 북한 사람들의 눈을 어둡게 만들었다.

한반도의 통일을 가로막고 있는 거대한 걸림돌이 바로 공산주의와 자본주의라는 이데올로기의 괴물들이다. 남북한이 경제적으로 문화적으로는 그래도 개방 정책을 채택하면서도 이데올로기만은 배타 정책을 유지하고 있는 현실을 보면 분단 이후 남북한 이데올로기 체제는 고착된 것처럼 보인다. 특별히 한국전쟁 이후 분단의식은 남북한의 모든 삶의 영역, 정치, 경제, 사회 그리고 문화의 생활방식에서 내면화되어 있음을 알 수 있다. 이에 본 논문은 남북한이 휴전선을 맞대고 군사적으로 대치해 있는 한반도에서 미학적 통일의 과제를 위해서 이데올로기의 양면성인 부정적인 면과 긍정적인 면을 칼 맑스(Karl Marx)와 알로이시우스 피에리스(Aloysius Pieris)를 통해 살펴본다. 그리고 신앙과 이데올로기에 관한 문제는 후안 루이스 세군도(Juan Luis Segundo)의 이론을 통해 알아본다. 이는 신앙이 목표하는 바 그 참된 세계로 현실을 변혁하기 위해서는 이데올로기의 긍정적인 면을 잘 선택해야 한다는 것을 보여준다. 이데올로기와 신앙과의 관계를 살펴보면서, 화해의 윤리가 미학적인 차원에서 분단된 대한민국의 갈등의 상황을 해결할 이 땅에서 하나님 나라의 프락시스가 될 수 있는 가능성을 열어본다. 특별히 화해윤리에 관해서는 아다 마리아 이사시-디아즈(Ada Maria Isasi-Diaz)의 작품을 통해 그녀의 화해패러다임을 알아본다. 그리고 남북한의 화해 통일 공동체를 만들기 위하여 이사시-디아즈의 화해윤리를 한국의 정치현실과 경제체제에 어떻게 적용할 것인가를 아울러 살펴본다. 결론으로 화해 없이 한반도에는 진정한 아름다운

통일은 없다라는 것을 다시 한 번 상기하면서 김민기의 작은 연못이라
는 작은 글로 마무리한다.

Ⅱ. 이데올로기 이해

1. 칼 맑스(Karl Marx)의 이데올로기 이해

역사적으로 이데올로기라는 용어는 프랑스의 계몽주의 철학자 데
스뛰트 드 트레이시(Destutt de Tracy)에 의해 처음으로 사용되었다.
그는 이데올로기를 "관념들에 관한 한 학문(a science of ideas)"이라
고 말했다.[7] 관념이라는 단어는 희랍어로 본다 혹은 안다 라는 뜻을
가지고 있다. 즉 이데올로기란 어떤 사물에 관한 우리들의 생각, 관념,
견해, 그리고 이념이라고 볼 수 있다. 이런 이데올로기의 문자적인 의
미를 파악하기는 쉽지만 이데올로기의 정확한 개념을 정의하기란 쉽
지가 않다. 그러나 대체로 오늘날 이데올로기라는 용어를 사용할 때는
맑스의 이데올로기의 이해를 따르는 것을 볼 수 있다. 맑스의 이데올
로기는 허위의식(false consciousness)을 뜻한다.[8] 즉 거짓된 상상에
의한 왜곡된 이념체계로 보고 있다.[9] 이 같은 맑스의 이데올로기는 현

---

7) Aloysius Pieris, S.J., *An Asian Theology of Liberation* (Maryknoll: Orbis Books, 1992), 25-26.
8) Karl Marx·Frederick Engels, *Karl Marx and Frederick Engels Selected Works In One Volume* (New York: International Publishers, 1970), 700.
9) 맑스와 엥겔스는 1840년대 중반에서 1890년대 초엽까지 50년 동안 이데올로기 문제를 연구했다. 오랜 기간 동안 이데올로기를 연구하면서 그 의미도 다양하게

정치적 구조의 기득권(status quo)을 보존하고, 옹호하고, 강화시키기도 한다. 다시 말해, 이데올로기는 기존체제의 현상유지를 위한 법적, 정치적 그리고 사회적인 구조의 잘못된 억압적인 관계를 정당화한다. 맑스는 문화와 철학은 물론 종교까지도 성격상 이데올로기적인 경향이 있다고 본다.[10] 이데올로기는 인간 사회의 억압적인 현 상태에 대한 미묘한 방어기제로 작동함을 알 수 있다. 이를 가리켜 칼 만하임(Karl Mannheim)[11]은 이데올로기와 유토피아를 구별함으로써 더욱 이데올로기의 의미를 선명하게 밝혀준다. 이데올로기는 체제긍정적인 허위의식인 반면 유토피아는 체제부정적인 허위의식이다.[12]

맑스는 이데올로기를 가치중립의 개념을 가진 정신의 상징적인 체계를 의미하지 않는다. 즉 맑스는 이데올로기를 중립적인 의미로 사용하지 않는다. 이런 면에서 카톨릭 신학자인 그레고리 바움(Gregory Baum)은 맑스의 이데올로기의 이해에 도움을 준다. 그는 말한다. 맑스주의 전문용어를 보면, 이데올로기는 항상 무언가 잘못된 것을 의미

사용한 것을 알 수 있다. "이데올로기는 종교, 철학, 정치에서 인간의 자기 소외의 표현과 형태를 가리키기도 하고 또는 정신과 이념이 역사와 현실을 만들고 지배한다는 정신지배의 환상을 가리키기도 하고 또는 사회적 분업에서 비롯된 역사의 현실적 추진력의 전도된 파악을 가리키기도 하고 도는 한 특정한 역사적 생산과 재생산의 영원한 외견상 자연적인 구조로서 사회적-경제적 과정의 사회적으로 필연적인 반영을 가리키기도 하고 또는 사회적으로 필연적인 허위의식을 가리키기도 함" 전태국, 『지식사회학-지배, 이데올로기, 지식인』 (서울: 사회문화연구소 출판부, 1997), 119-120.

10) Gregory Baum, *Religion and Alienation* (NY: Paulist Press, 1975), 34.

11) 칼 만하임은 이데올로기의 존재 구속성(제약성)을 강조하며 지식사회학을 창시한 독일의 사회학자이다. 그는 이데올로기를 특수적인(particular) 이데올로기와 총체적인(total) 이데올로기로 구분한다. 그는 특수적인 이데올로기는 개인심리적인 차원에서 나타나는 허위의식이라면 총체적인 이데올로기는 역사적, 사회적 배경에 의해 결정되는 허위의식으로 이해한다. Karl Mannheim, *Ideology and Utopia*, 임석진 역, 『이데올로기와 유토피아』 (서울: 김영사, 2012), 160-252.

12) 한완상, 『지식인과 허위의식』 (서울: 현대사상사, 1993), 20.

하고 있다고 한다. 즉 이데올로기는 사회적 이익을 위하여 진리가 왜곡
될 수 있음을 보여준다. 이 같은 이데올로기는 사회의 지배그룹의 권력
과 특권을 정당화 시켜주는 정신의 상징적인 체계를 말하고 있다는 것
이다.[13] 이는 종교, 전통, 자연. 그리고 신에 의해 정당화된 필연성으로
서의 사회적인 특별한 질서를 수용하게 해 주는 무의식적인 합리화라
고 볼 수 있다.[14] 이런 면에서 보면, 맑스는 이데올로기를 긍정적인 의
미로 말하고 있지는 않는다. 그는 이데올로기를 비도덕적인 행동배후
에 점검되지 않은 이론 혹은 현상유지를 위한 합리적인 정당화의 역할
을 하는 부정적인 의미로 이데올로기를 사용하고 있음을 알 수 있다.[15]
　맑스는 종교를 하나의 이데올로기 또는 이데올로기의 한 요소로서
본다. 맑스에 의하면, 종교, 철학 그리고 가치들은 생산(production)을
위한 물질적인 과정들의 반향들이다.[16] 이런 생산을 위한 과정들의 합
의 방식은 노동자들에게는 억압적이고 소수의 엘리트들(the elites)에
게는 상당한 이익을 주는 처리방식으로 진행이 된다. 소수 엘리트들이
그들의 기득권 유지와 노동자들에게는 조금의 위안을 삼을 수 있도록
정당화하는 이데올로기적인 합의 방식의 사회 체계를 갖고 있기 때문
이다. 이런 뜻에서 이데올로기는 가진 자들(the haves)이 가지지 못한
자들(the haves not)을 억압하기 위한 수단에 불과한 것으로 본다. 또
한 종교는 가진 자들과 소수 엘리트들의 현상유지를 정당화하는 역할
을 한다고 맑스는 본다. 사회 권력자들과 소수 엘리트 지배계층의 현

13) Gregory Baum, *Religion and Alienation*, 34.
14) Aloysius Pieris, S.J., *An Asian Theology of Liberation*, 26.
15) Aloysius Pieris, S.J., *An Asian Theology of Liberation*, 26.
16) Karl Marx·Friedrich Engels, *On Religion* (N.Y.: Schocken Books, 1974), 77.

상 유지(status quo)를 가능하게 해주고 가난하고 힘없는 계층에게는 억압이 되는 그 체제들(the systems)을 영속케 하는 역할을 종교가 한다는 것이다. 그러므로 이데올로기 비판 없이 종교를 순수하게만 볼 수는 없다는 것을 맑스는 주장한다.

2. 알로이시우스 피에리스(Aloysius Pieris)의 이데올로기 이해

알로이시우스 피에리스는 스리랑카의 신학자로서 이데올로기를 근본적으로 계획된(programmatic) 세계관으로 말한다. 이데올로기는 사회-정치적 질서 안에서 투쟁과 함께 이 땅에서 이루어야 할 미래를 포함한다고 그는 본다. 무엇보다 먼저 이데올로기를 세계관으로서 묘사한다. 즉 이 세계와 관련 되고 이 세계를 이해하기 위해 사용되는 체계 혹은 틀(framework)로 말한다. 그에게 세계관이란 계획적인 것이다. 이는 심리적이고-정신적인 차원의 변화와 함께 사회-정치적인 차원의 근본적인 개선을 포함하는 것 전부를 말한다. 세계관 혹은 이데올로기의 목적은 세계의 현존하는 무질서(disorder)을 변화시키는 것이다. 이데올로기는 추상적인 사유가 아니라 그것은 부정의한(unjust) 구체적인 사회-정치적인 구조들을 변혁시키기 위한 계획적인 전망을 포함한다. 이데올로기는 단지 어떤 생각에 관하여 어떤 사람들을 설득시키는 것이 아니라, 그것은 세상적인 진보를 가져오는 프로그램들에게 헌신을 요구한다. 이데올로기는 정신적으로 분명한 목적을 가지고 있다. 그것은 특별한 목적들을 성취하기를 원한다. 그것은 단지 비전(vision)만이 아니라 더 나은 미래세계로 나아가기 위해 현재해야 할 것에 관한 하나의 사명(mission)이다. 그러므로 이데올로기는 쉽게 잘

갖춰진 사회-정치적인 프로그램 혹은 기획으로 변형될 수 있다.

피에리스는 이데올로기는 사람들이 현실(reality)을 잘 파악할 수 있는 인식론적인(epistemological) 구조를 갖춘 세계관이라고 말하면서, 사람들이 이데올로기를 통해 다소간의 세상과 인간 경험의 종합적인 이해를 할 수 있다고 본다. 이런 면에서 피에리스의 이데올로기 이해는 종교의 이해와 비슷하다고 할 수 있다. 피에리스는 이데올로기와 종교는 똑 같이 해방의 지평(the horizon of liberation)을 말하고 있지만 이데올로기는 초월적인 차원을 갖고 있지 않다는 면에서 근본적으로 종교와 다르다고 주장한다. 피에리스는 이데올로기와 종교의 차이점은 절대적인 미래에 관한 것이라고 말한다. 이데올로기는 절대적인 미래를 고려하지 않는 반면에 종교는 그것을 인정한다. 이데올로기의 주된 목표는 이세상의 진보(progress)다. 반면에 종교는 현 세상뿐만 아니라 전적인 타자와 절대적인 미래까지도 다룬다. 거기서 마지막 해방의 지평은 전적인 타자에게로부터 주어지는 것이다.[17]

피에리스는 이데올로기와 종교 사이에 어떤 연결점이 있다는 것을 보여준다. 그는 종교에 의해 제안되는 절대적인 미래(Absolute Future)는 이 세상에서 기대해야 한다고 힘주어 주장한다. 그는 절대적인 미래가 개인적인 구원의 영역으로써만이 아니라 인간 사회의 구조들을 통해서도 보여야 한다고 생각한다, 이데올로기가 바로 사회적 구조들, 전략들 그리고 기관들에게 주로(usually) 종교가 제공하는 절대적인 미래를 제공한다고 그는 말한다. 이데올로기는 이세상의 미래에만 관심 갖고 있다고 볼 수 있지만 그래도 이데올로기는 자기를 더 명확하게

---

17) Aloysius Pieris, S.J., *An Asian Theology of Liberation*, 25.

해 줄 진리로 인해 항상 초월해야 하기 때문이다.[18] 이데올로기는 그
자체 안에 이미 초월될 내적인 요소들로 이루어져 있다.[19]

피에리스의 계획된 세계관으로서의 이데올로기 이해를 보면, 피에
리스는 철저하게 사회적 존재로서의 인간이해를 갖고 있음을 볼 수 있
다. 그는 사회란 단지 인간들의 총체적인 합을 의미하지 않는다 라고
주장한다.[20] 개인의 변화가 곧 사회의 구조들의 변화를 필연적으로 도
출하지 않는다고 본다. 그는 사회를 움직이는 힘은 개인들이 바라는
완전함에 도달하려는 개인적인 노력들을 제압한다고 말한다.[21] 그러
므로 그는 정의로운 편에(put right) 선다는 것은 사회와 관련된 역동
적인 관계 안에서의 개인을 보아야 한다고 말한다.

피에리스의 이데올로기 이해는 맑스의 이데올로기의 이해와는 많
이 다르다는 것을 볼 수 있다. 맑스는 이데올로기를 허위의식이라는
부정적인 측면을 말해주고 있다면 피에리스는 이데올로기가 해방을
추구하는 세계관이라는 긍정적인 측면을 잘 말해주는 것 같다. 그렇다
면 이데올로기는 부정적인 역할과 긍정적인 기능을 하는 측면 둘 다
있다는 것이 아닌가 한다. 또한 이데올로기는 언제나 허위의식으로 변
할 수 있는 순간에도 우리에게 현실을 관찰할 수 있는 안목을 제공한
다고 볼 수 있다. 무엇보다 중요한 것은 이데올로기가 사회의 해방을
위한 순기능의 긍정적인 역할을 할 수 있도록 개인과 집단사회가 모두
깨어 있어야 한다는 것이다.

---

18) Aloysius Pieris, S.J., *An Asian Theology of Liberation*, 24. 피에리스는 이
    에 대해 노골적으로 말하고 있지는 않지만 거듭 반복적으로 제안하고 있다.
19) Aloysius Pieris, S.J., *An Asian Theology of Liberation*, 24.
20) Aloysius Pieris, S.J., *An Asian Theology of Liberation*, 27-28.
21) Aloysius Pieris, S.J., *An Asian Theology of Liberation*, 28.

3. 후안 루이스 세군도(Juan Luis Segundo)의 이데올로기와 신앙과의 관계

라틴 아메리카 신학자인 후안 루이스 세군도는 이데올로기의 개념에 관해 광범위하게 연구했다.[22] 세군도는 이데올로기를 인간 행동의 선상에서 혹은 어떤 선택을 위한 필요한 배경으로서 봉사할 수단들과 목적들의 체계(the system of goals and means)로 생각한다.[23] 이데올로기는 모든 사람들이 어떤 대가와 노력을 해서라도 찾아야하고 중요하게 생각하는 그 전제들과 관련을 갖고 있다고 그는 본다. 세군도는 이데올로기를 가치들과 상호 연관된 논리적인 체계(system)로 본다.[24]

세계교회협의회(World Council of Churches)는 이데올로기를 맑스주의 이데올로기, 자유주의적 이데올로기, 그리고 민족주의 등으로 구분하면서 이데올로기에 대한 신앙의 관계는 구체적인 상황들에서 해결되어져야 하는 문제로 남겨놓고 있다.[25] 그렇다면 이데올로기에 대한 신앙과의 관계는 어떤 것인가? 그것들의 유사점과 차이점은 어떤 것일까? 이런 면에서 세군도는 신앙과 이데올로기 관계에 집중한다. 그의 책, 『신학의 해방』(Liberation of Theology)에서 세군도는 직접적으로 신앙과 이데올로기에 관한 질문을 제기한다.[26] 그의 답변은 피에

---

22) Juan Luis Segundo, *Liberation of Theology* (Maryknoll: Orbis Books, 1976), 102.
 Juan Luis Segundo, *Faith and Ideologies* (Maryknoll: Orbis Books, 1984), 16.
23) Juan Luis Segundo, *Liberation of Theology*, 102.
24) Juan Luis Segundo, *Liberation of Theology*, 105.
25) Ans Joachim Van Der. Bent, *Vital Ecumenical Concerns*, 연규홍 역, 『WCC의 에큐메니칼 신학』 (서울: 동연, 2013), 333.

리스의 이데올로기와 종교를 구별하는 선상에서 따라간다. 이데올로기는 신앙처럼 하나의 절대적인 것에 관한 것이 아니다. 반면에 이데올로기는 늦은 성숙의 과정들을 통하여 그리고 그 과정들 안에서 역사적인 요구들과 필요성들에게 적응한다. 세군도는 이데올로기란 절대성의 특징들을 취하지 않아야 한다고 경고하면서 오히려 억지로 역사의 흐름에 맞추어 춤을 추듯 이데올로기는 역사안의 모든 상황들과 결합되어 있다고 말한다.[27] 다시 말해서 이데올로기는 상대적인 것이다. 이데올로기는 그 가치의 상대성에 관하여 논쟁되지만 개인적으로 사람들은 어떤 절대적인 가치들을 지니고 산다.[28] 이것이 바로 많은 사람들이 이데올로기와 신앙을 혼동하게 되는 이유이다.

이데올로기는 우리가 하나님을 아는 방법과 역사 안에 우리가 만나는 문제들 사이에서 다리 역할의 기능을 한다고 세군도는 말한다. 다른 말로 표현한다면 우리의 신앙으로부터 받아들이는 하나님의 개념과 계속 변하는 역사로부터 우리에게 다가오는 문제들 사이에는 텅 빈 공간이 있다고 가정해 본다. 그렇다면 우리는 하나님에 관한 개념과 역사 안에서 겪는 참된 삶의 문제들 사이에 다리를 세워야 한다. 이 다리, 즉 일시적이고 필연적인 수단들과 목적들의 체계가 바로 이데올로기다 라고 세군도는 말한다.[29] 신앙은 시대적 상황에 의해 제한되는 이데올로기라는 옷을 입지 않고는 인간에게 이해되거나 적용될 수가 없다는 것이다. 다시 말해 하나님을 아는 신앙을 역사 속에서 실천하

---

26) Juan Luis Segundo, *Liberation of Theology*, 102.
27) Juan Luis Segundo, *Liberation of Theology*, 102
28) Juan Luis Segundo, *Liberation of Theology*, 107.
29) Juan Luis Segundo, *Liberation of Theology*, 116.

기 위해 구체적으로 어떤 선택을 하게 될 때에는 필연적으로 시대적 제약을 받는 이데올로기적 형태로 나타날 수밖에 없다.[30]

세군도는 이데올로기에 관한 그의 이해를 예증하기 위해 성경에서 그 사례를 인용한다. 약속의 땅에 도착한 고대의 이스라엘을 생각해보라. 그들에게 있어서 그들의 적들을 전멸하는 것은 구체적으로 그들이 믿는 하나님이 누구이며 그리고 특수한 역사적인 상황에서 하나님이 그들에게 명령을 내린 것이 무엇인가를 가장 분명하게 이해하는 방법이었다. 따라서 적들을 전멸하는 것은 그 역사적인 상황에서 비판적인 숙고를 했든 안했든 상관없이 이스라엘 사람들의 신앙이 채택한 이데올로기이다. 그들의 신앙은 영원하고 특별한 것이지만 그들의 신앙이 선택한 이데올로기는 또 다른 역사적 상황에 따라 변할 수 있는 것이다.[31] 그들의 신앙은 그들에게 절대자를 만나게 하지만 그들의 이데올로기는, 하나님의 명령을 믿은 것에 기초는 하지만, 상대적인 것이다. "신앙이 절대적인 가치를 지니고 있다하더라도 역사 속에서 이데올로기라는 상대적 매개체를 통하지 않고는 신앙을 제대로 이해할 수 없다."[32] 신앙은 이데올로기를 통하여 역사한다. 이데올로기는 신앙에 의존한다. 이데올로기와 신앙은 다르지만 그들은 서로 상호 연관되어 있다. 세군도는 신앙과 새로운 역사적인 상황을 연결해 주는 한 가능한 접근 방법을 제안한다. 그것은 우리 시대에 걸 맞는 복음의 메시지에 의해 세워질 수 있는 이데올로기를 만드는 것이다. 우리의 현 상황과 신앙사이에서 기능할 다리를 만드는 것 즉 이데올로기를 만드는 것

---

30) 고재식 편저, 『해방신학의 재조명』 (서울: 사계절, 1986), 187.
31) Juan Luis Segundo, *Liberation of Theology*, 116.
32) 고재식, 『해방신학의 재조명』, 199.

은 지금 여기에서(here and now) 창조성(creativity)을 요구한다.[33]

세군도는 이데올로기 없는 신앙은 죽은 것이다 라고 말한다.[34] 이데올로기 없는 신앙은 행동으로 나아갈 수가 없다. 신앙, 이데올로기, 그리고 행위는 각각의 독특한 역할이 있으면서도 본질적으로 서로 연결되어 있다. 이런 면에서 신앙이 채택한 이데올로기의 임무는 단지 세상을 해석하는 것이 아니라 세상을 변하게 하는 것이다. 신앙은 이데올로기에 의해 성숙되어진다고 본다. 이데올로기는 인간의 참된 해방의 임무를 양심적으로 온전하게 행할 수 있는 가능성(possibility)이기 때문이다.[35]

신앙과 이데올로기가 따로 분리될 수 없기 때문에, 신앙은 이데올로기적인 경향을 갖는다고 말할 수 있다. 개인적인 도덕적인 결정을 넘어서서 사회정의 혹은 정치적인 문제들과 신앙이 연관될 때에는 정말로 신앙은 성격상 이데올로기적이 된다. 이데올로기 뿐만 아니라 신앙도 구체적인 상황을 바꾸는 혹은 개혁하는 전략과 관련된 프락시스-지향적인(praxis-oriented) 것이 된다.

신앙과 이데올로기의 상호관련성(interconnection)은 프락시스 차원뿐만 아니라 개념차원이나 설명하는 차원에서도 연관을 갖는다. 다시 말해 이데올로기와 신학사이에는 연관성이 있다. 신앙의 설명으로서의 신학은 신앙이 계속 살아있기 위해서 이데올로기를 고려할 필요가 있다. 이데올로기가 절대적이지 않기 때문에 특별한 역사적 상황에

---

33) Juan Luis Segundo, *Liberation of Theology*, 117-118.

34) Juan Luis Segundo, *Liberation of Theology*, 121; Juan Luis Segundo, *Faith and Ideologies*, 106-110.

35) Juan Luis Segundo, *Liberation of Theology*, 122.

서 이데올로기에 관하여 질문한다는 것은 어떤 의심(a suspicion)을 만드는 것이다. 이런 의심은 일반적으로 이데올로기의 상부구조와 특별히 신학에 그리고 성경에 까지도 적용해야 한다고 세군도는 말한다.[36]

신앙과 이데올로기의 관계는 동전의 양면과 같다. 신앙은 절대성과 초월성을 주장하고 있고 이데올로기는 상대성과 역사성을 말하기 때문에 상호 배타적인 것 같지만, 세군도는 서로 배타적 성격을 가지고 있는 신앙과 이데올로기가 또한 상호보완적인 존재양식을 갖고 있다는 인식을 하고 있다.[37] 사람이 육체와 정신으로 되어 있다면, 이데올로기는 육체의 필수품이고 신앙은 정신의 필수품이라고 말할 수 있지 않을까? 세군도는 신앙과 이데올로기의 상호보완적 관계를 말하면서 서로의 배타적 관계의 극복을 하나님 나라 사상과 참여적 실천(praxis)이라는 관점에서 찾고 있다.[38]

III. 화해의 윤리 - 참여적 실천(프락시스)

신앙과 이데올로기의 관계를 살펴보면서 특별히 이데올로기 체제가 다른 남북으로 분단된 한국 상황에서 신앙인은 과연 무엇을 해야 하는가("So what must we do?", 사도행전 2:36-8) 라는 질문을 하게 된다. 이 질문에 대한 응답은 신앙인들에게 남북의 갈등관계에서 어떻게 남북의 화해로 나아가야 하는가에 관한 실천적(praxis) 차원을 생각하

---

36) Juan Luis Segundo, *Liberation of Theology*, 25.
37) 고재식, 『해방신학의 재조명』, 199.
38) 고재식, 『해방신학의 재조명』, 200.

게 한다. 하나님 나라의 중요한 가치인 화해를 위한 윤리가 분단된 대한민국 상황에서 갈등을 풀 수 있는 미학적인 새로운 프락시스가 된다고 본다. 이 면에서 아다 마리아 이사시-디아즈(Ada Maria Isasi-Diaz)의 화해의 패러다임을 알아본다.

아다 마리아 이사시-디아즈[39]는 쿠바에서 태어나 거기서 자랐다. 부모의 정치적 망명으로 미국으로 건너와 뉴욕 유니온 신학교(Union Theological Seminary)에서 철학박사(Ph.D)를 받고, 뉴저지 드루(Drew)대학에서 기독교윤리학 교수로 봉직하면서 정의의 중심에 화해가 있다는 것을 가르치면서 새로운 화해 패러다임을 말한다. 특별히 그녀가 화해에 관심을 갖게 된 것은 그녀의 개인적인 체험과 무관하지 않다. 그녀의 고향인 쿠바에 남아 있는 사람들과 망명하여 미국에 사는 쿠바계 미국인들과의 분리된 삶의 경험가운데에서 그녀는 화해에 관심을 더욱 갖게 되었다고 말한다.

이사시-디아즈는 화해는 무엇보다 공동선(the common good)을 서로 공유하는 것을 기반으로 공동의 미래(common future)를 함께 세워가는 것이다 라고 말한다. 화해가 없다면, 즉 이 세상의 분리된 것에 치유가 없다면, 거기에는 정의가 있을 수 없다고 그녀는 주장한다. 화해의 일은 미래를 함께 세워가는 것에 헌신하도록 하는 결속력 있는 공동체을 만들어가는 투쟁에서 가장 중요한 과정이다. 그러므로 화해

---

39) 아다 마리아 이사시-디아즈(Ada Maria Isasi-Diaz, 1943년 3월 22일 - 2012년 5월 13일)는 *mujerista* theology을 최초로 주장하면서 쿠바계 미국인으로 히스패닉(Hispanic) 여성들을 위한 신학을 펼쳤다. 그녀의 대표적인 저술들은 다음과 같다. Ada Maria Isasi-Diaz, *Mujerista Theology* (Maryknoll, NY: Orbis Books, 1996); *La Lucha Continues:: Mujerista Theology* (Maryknoll, NY: Orbis Books, 2004); "Reconciliation: a Religious, social, and Civic virtue" *Journal of Hispanic/ Latino Theology* (May, 2001): 5-36.

와 연대감은 공동체의 정의를 위한 일에서 중요한 요소들이다.[40] 나누어진 공동체와 사람들이 있는 한 참다운 화해는 이루어질 수 없다.

이사시-디아즈는 다름(differences)에 관심을 갖는 것에서부터 화해의 패러다임을 시작한다. 그녀는 다름에 관한 생각을 바꾸어야 할 필요를 주장한다. 이사시-디아즈는 다름을 긍정적인 면(positive)으로 인식하지 않는 한, 갈라진 틈을 치료할 가능성은 없다 라고 말하며 거기에는 사람들 사이에 함께 연대할 가능성도 없게 된다는 면에 그녀는 주목한다. 그녀는 다름과 다양성을 서로의 관계를 분리하고 반대하는 요소들로서 보는 것이 아니라 그 대신 서로의 관계들을 구성하는 요소들로서 받아들여야 한다고 말한다. 이런 중요한 인식이 없는 한 우리는 진정한 화해자들(reconcilers)이 될 수 없다고 한다.[41]

화해의 일이란 현재와 미래의 시간동안 사람들의 창조적인 반응을 위한 기초 공사를 마련하는 일에 참여해야 하는 사람들의 책임에 관심을 갖는다.[42] 화해란 과거에 관한 것이라기보다는 오히려 미래에 관련된 것이다. 화해는 현재를 바꾸기 위해 노력하는 것에 의해 정확히 미래에 집중하는 한 과정이다.[43] 화해란 미래를 건설하는 부분일 때에만 과거를 보는 것이다. 화해란 과거에 집중해 있는 복수, 보상, 그리고 보복을 넘어서야 한다.[44] 이사시-디아즈는 과거를 무시한다는 것은 아니라고 말한다. 과거의 아픔과 고통을 야기 시켰던 잘못된 것에 관

40) Ada Maria Isasi-Diaz, *La Lucha Continues: Mujerista Theology* (Maryknoll, NY: Orbis Books, 2004), 219.
41) Ada Maria Isasi-Diaz, *La Lucha Continues: Mujerista Theology*, 223.
42) Ada Maria Isasi-Diaz, *La Lucha Continues: Mujerista Theology*, 224.
43) Ada Maria Isasi-Diaz, *La Lucha Continues: Mujerista Theology*, 224-225.
44) Ada Maria Isasi-Diaz, *La Lucha Continues: Mujerista Theology*, 233.

해서는 반드시 해결해야 한다. 그러나 우리는 고통을 겪은 사람들의 목소리를 듣는 공청회를 열어 주고 그들의 아픔을 인정할 필요는 있지만, 고통을 준 개인적인 사람들에게 용서를 하지 말자는 결정이나 혹은 보복을 요구하는 일 대신에 화해의 정신이 우세해야 한다는 것을 말한다.[45]

이사시-디아즈는 공통의 미래를 세워가는 일은 대화의 과정 밖에서는 이루어지지 않는다고 말한다.[46] 대화 안에서 이해와 관심 그리고 사실과 경험 그리고 대화에 참여하는 사람들의 세계관들로부터의 배움이 필수적이다. 그녀는 말한다. 첫째, 대화하는 사람들은 공통의 미래에 기여할 수 있는 그 무언가의 경험들이 각 자 자신에게 있다는 것을 알고 그것을 수용해야 한다. 둘째, 우리는 다른 사람들의 관점으로부터 현실을 볼 수 있는 것을 배우려고 대화의 부름을 받았다는 사실이다. 우리는 우리자신을 중심에서부터 내려놓고 다른 사람들의 관점을 이해하려고 할 뿐 아니라 그들의 이해에 있어 긍정정적인 면이 무엇인지 그리고 그들의 이해가 우리를 더 풍요롭게 할 수 있는 것이 무엇인지를 배워야 한다. 서로를 알아가는 것 그리고 온 세상의 사람들 사이에 존재하는 상호연관성들에 관해 배우는 것이 화해의 과정 안에서 중요하고 실행가능 한 첫 발걸음이다. 이사시-디아즈는 대화는 화해의 프락시스라고 주장한다. 대화는 공통 미래를 위하여 서로를 이해하고 서로를 더욱 알아가면서 서로 관계가 풍요롭게 되고 서로의 관계를 지속시켜 주기 때문이다.[47]

---

45) Ada Maria Isasi-Diaz, *La Lucha Continues: Mujerista Theology*, 224.
46) Ada Maria Isasi-Diaz, *La Lucha Continues: Mujerista Theology*, 230.
47) Ada Maria Isasi-Diaz, *La Lucha Continues: Mujerista Theology*, 231.

이사시-디아즈는 화해는 종교적인, 사회적인, 그리고 시민의 덕이
다라고 말한다.[48] 종교적인 덕으로서, 화해란 기독교인들에게는 예수
그리스도가 자기를 따르는 자들에게 요구하는 일종의 행동이다. 즉 화
해는 인간이 신의 성품에 참여하도록 만드는 특별한 사랑의 한 형태이
다.[49] 그녀는 화해는 교회의 중요한 사명이다 라고 지적하면서 그 사
명은 교회의 본질적인 요소다 라고 말한다. 교회의 사명인 화해의 일
에 교회가 얼마나 관심 갖고 그 화해의 일에 우선하는 가가 중요하다
고 그녀는 말한다.

사회적인 덕으로서 화해는 사람들을 분리시키는 것과 다른 사람에
게 반대하게 하는 것을 극복할 수 있도록 의무를 부과한다. 화해는 진
정 인류사회의 본질적인 특성인 친목(sociability)하며 살기 위하여 요
구되어 진다. 이사시-디아즈는 미국 사회에 관하여 특별히 언급하면
서, 시민의 덕으로서 화해를 고려한다. 미국 사회가 다름을 존경하는
것에 관한 도덕적 책무의 회복 또는 창출을 일으키는 시민의 덕으로서
의 화해를 말한다.[50] 미국 안에서 시민의 덕으로서 화해는 냉정한 겸
손과 함께 시작해야 한다. 그리고 그 화해는 세상 나라들과 함께 공동
의 이익(common interests)을 세우는 것이어야 한다. 이는 세계 미래
를 위하여, 미국과 다른 나라들과의 갈라진 틈을 치유하는 것이 된다.
바로 이런 것들이 시민의 덕으로서 화해가 이루어야 할 것이다.[51]

종교적인, 사회적인 그리고 시민의 덕으로서 화해를 효과적으로 실

48) Ada Maria Isasi-Diaz, *La Lucha Continues: Mujerista Theology*, 227.
49) Ada Maria Isasi-Diaz, *La Lucha Continues: Mujerista Theology*, 228.
50) Ada Maria Isasi-Diaz, *La Lucha Continues: Mujerista Theology*, 229.
51) Ada Maria Isasi-Diaz, *La Lucha Continues: Mujerista Theology*, 229.

천하기 위해서는 영성, 문화 그리고 화해의 정서를 발전시킬 필요가 있다고 이사시-디아즈는 주장한다. 화해의 영성을 받아들이는 것은 크리스챤에게는 서로를 향한 화해의 태도와 행위가 없는 한 하나님과 연관될 가능성은 없다 라는 것을 이해하는 것이다. 우리와 하나님의 관계는 본질적으로 우리와 다른 사람들과의 관계하는 방법에 연결되어 있기 때문이다. 화해의 하나님은 믿는 사람들에게 서로를 향하여 화해하는 태도를 가지기를 요구하신다. 이사시-디아즈는 또한 화해의 문화를 제안한다. 화해의 문화는 우리에게 가능한 한 모든 것으로 미움, 반대 그리고 소외를 반대할 뿐만 아니라, 실제적으로 개방, 대화 그리고 대적과 배제에 기초하지 않은 다름을 역동적으로 이해하는 것을 촉진시키고 함양시키는 것을 말한다. 화해의 덕을 실천하는 가장 중요하고 효과적인 방법은 어떠한 역경의 환경에서도 화해의 신비성(mystique)을 진작시키는 것이다 라고 이사시-디아즈는 주장한다. 화해의 신비성은 우리에게 무엇보다 먼저 선취해야 할 세계가 어떠해야 하는 가를 알게 하는 데 도움을 준다. 서로 함께 하나로 서는 방법, 서로를 묶어주는 공동의 이익을 인식시키는 방법, 모든 사람들의 건강을 고려하는 포괄적인 사회가 되는 방법들을 우선적으로 생각하게 하는 것이다.[52]

이사시-디아즈의 화해 패러다임은 화해란 미래에 관한 것이며 공동의 미래를 만들어 가는 것이고, 서로의 다름을 좋고 긍정적인 것으로 보는 것이며 특별히 대화는 화해의 프락시스로 생각하면서 그리고 화해를 종교적인 사회적인 그리고 시민의 덕으로 함양하며 화해의 분위

---

52) Ada Maria Isasi-Diaz, *La Lucha Continues: Mujerista Theology*, 235.

기(mystique)을 촉진시키는 것을 말한다. 무엇보다 미래의 공유된 꿈을 함께 세워가는 것에 화해가 중요한 요소임을 알게 해 준다. 화해는 진정한 평화의 공동체를 정착하기 위한 공동의 미래의 남북통일에 있어서 매우 중요한 프락시스라고 본다. 남북의 이데올로기 넘어서 서로 인정하고 과거의 책임보다 미래의 건설적인 평화 공동체를 일구어나갈 수 있는 노력은 화해의 윤리를 통하여 더 결실을 볼 수 있을 것이다.

IV. 이데올로기를 넘어서 화해 윤리의 공동체를 향하여

미국 뉴저지에 있는 드루(Drew)대학교의 아시아 신학 교수인 웨슬리 아리아라자(Wesley Ariarajah)는 "이데올로기의 정치"로부터 "정체성의 정치"로의 전이를 말한다.[53] 제3세계 신학들이 희생자의 연대에 주목했지만 희생자의 정체성이 어떻게 회복되고 바르게 세워지는데 큰 관심을 기울이지 못한 것을 지적하면서 정체성의 정치의 중요성을 말하고 있다. 특별히 통일 과정에 있어 남북한 양자는 화해윤리 공동체라는 새로운 정체성의 정치로 나아가야 한다고 본다. 이런 면에서 남북한의 화해윤리 공동체라는 정체성을 이루기 위하여 이사시-디아즈가 말하는 화해윤리를 한반도의 정치현실과 경제체제에 어떻게 적용할 것인가를 보다 더 구체적으로 알아본다.

이사시-디아즈의 화해윤리의 키워드는 다름(difference)을 어떻게

---

53) Wesley Ariarajah, "The Challenge of Building Communities of Peace for All: The Richness and Dilemma of Diversities" in *The Ecumenical Review*, Vol. 57. No. 2(2005), 124.

보느냐하는 것이다. 그녀는 다름을 서로의 관계를 반대하는 요소들로서 보는 것이 아니라 그 대신 서로의 상호 관계들을 구성하는 요소들로서 받아들여야 한다고 본다. 이는 다름을 배제하는 것이 아니라 포용하고 존중하는 것으로써 이는 남북한의 통일이 남한의 자본주의체제나 북한의 공산주의체제 중에서 양자택일하는 방식으로 가는 것을 의미하지 않는다. 각각의 체제를 그대로 둔 채 평화로운 통일을 하자는 것을 의미한다고 볼 수 있다. 이데올로기의 차이 때문에 통일이 불가능한 것이 아니고 오히려 서로 다른 이데올로기 체제 때문에 미래의 공공선(the common good)을 위한 상호보완 관계가 될 수 있다고 본다. 오늘날 자유와 경쟁을 위주로 하는 자본주의가 계속해서 존속할 수 있는 길은 평등과 정의를 추구하는 사회주의적인 요소들을 적극적으로 수용하는 길임을 볼 수 있다. 다름을 존중하며 남과 북의 차이를 인정하고 포용하는 것이 실질적인 남북 화해공동체의 형성에 있어서 근간이 되어야 한다.

이사시-디아즈는 화해를 시민의 덕으로서 함양해야한다고 말하면서 현실적인 이해관계를 말한다. 화해란 함께 공동의 이익(common interests)을 세우는 것이어야 한다고 본다. 즉 남북한 통일의 화해란 남북한의 공동의 이익을 세우는 것을 말한다. 이런 면에서 금강산 관광, DMZ를 평화공원으로 만드는 일, 그리고 부산에서 런던까지의 유라시아 철도사업을 위한 남북한의 협력 등은 남북한의 통일을 화해의 공동체로 만들어가는 과정들이 될 것이다. 무엇보다 중요한 것은 어떠한 역경의 환경에서도 화해의 신비성(mystique)을 진작시키는 것이다. 화해의 신비성은 서로 함께 하나로 서는 것과 서로를 묶어주는 공동의 이익을 인식시키는 방법들을 우선적으로 생각하게 하는 것이다. 더 나아가 남북한은 물론 주변의 나라들과도 공동의 이익을 세우는 것이 요구된다.

무엇보다 종교적인 덕으로서 화해를 효과적으로 실천하기 위해서는 화해의 영성을 이사시-디아즈는 말한다. 화해의 하나님은 서로를 향하여 화해하는 태도를 가지기를 요구하신다. 특별히 남한의 그리스도인들은 자본주의를 기독교적 이념과 체계로 보는 반면, 공산주의를 무신론적이고 반종교적이라 믿으면서 반공이 곧 기독교 신앙이라고 믿고 있는 이데올로기의 포로에서부터 벗어나야 한다. 단순한 흑백논리에 함몰됨으로써 상대방의 가치와 입장을 배려하지 못할 때 화해의 열매를 기대하기는 어렵다. 그리고 냉정한 겸손과 함께 하나님이 함께 하는 화해의 일에 매진해야 한다. 미가서 6장 8절에 보면 "여호와께서 네게 구하시는 것은 오직 정의를 행하며 인자를 사랑하며 겸손하게 네 하나님과 함께 행하는 것"이라고 말씀한다. 화해의 영성이란 겸손함을 가지고 무조건적으로 하나님의 자비를 먼저 보여주는 것이다. 이 세상에서 하나님의 화해시키는 행동을 삶의 방식으로 채택하는 것이다. 이것이 진정한 관계성을 회복할 수 있는 아름다운 그리스도인의 스타일이다.

이사시-디아즈에 따르면, 대화는 화해의 프락시스라고 주장한다. 아름다운 평화 통일을 이루기 위해서는 어떠한 일이 있더라도 남북 대화는 이어져야 한다. 남북 대화는 서로의 협상을 통한 갈등해결을 수행하는 일이다. 이로 인해 서로를 이해하고 서로의 관계를 더욱 풍요롭게 할 수 있다. 남북한의 계속적인 대화를 통해 인도적 지원이나 사회 문화교류나 경제협력이 더욱 공고하게 이루어져 가야 한다. 특별히 대북 지원은 일부 민간단체들의 인도적 차원에만 맡길 수 없고 국가에 의한 전략적 지원이 필요하다고 본다. 그리고 더 나아가 군축과 평화 체제 구축을 위한 대화의 물꼬가 이어져야 한다. 이런 면에서 쉽지 않지만 북미 수교와 북일 수교를 통해 한반도 평화 체제를 구축하는 것이 필요하다. 현재 무엇보다 한반도에서 전쟁을 방지하도록 정전 체제를 평화 체제로 전환하면서 동북아 평화 체제를 구축해 가는 것이 남북의 화해 윤리 공동체를 발전시켜 나아가는 길이다. 더욱이 기독교인들은 신앙을 지속 가능한 화해운동으로 그리고 평화운동으로 동력화시키는 일에 지혜를 모아야 한다.

V. 나가는 말

21세기 한국의 신앙인들의 최대과제는 통일이다. 남북한 서로간의 화해 없이는 아름다운 평화 통일을 바라볼 수 없다. 정치와 경제를 비롯한 사회구조적인 통일도 매우 중요하지만 사람의 마음속으로부터의 통일이 근본적으로 중요하다.[54] 분단으로 인해 그동안 서로간의 쌓였던 적대감, 불신, 그리고 맺힌 마음의 한을 화해의 윤리를 통해 풀어야 한다. 특별히 화해의 윤리는 예수 그리스도의 십자가 사건을 근거한다. 예수 그리스도의 십자가 사건은 갈등과 분쟁을 넘어 용서와 치유로 이끄는 남북한의 새로운 화해의 가능성을 제시해 준다고 본다. 십자가의

---

54) 임성빈(장로회신학대학 기독교윤리학교수)은 정치적, 경제적 그리고 군사적 측면에서의 통일을 '땅의 통일'로 규정하면서 문화적 심리적 측면에서의 통일을 '사람의 통일'이라고 주장한다. 임성빈, 『21세기 책임윤리의 모색』(서울: 장로회신학대학 출판부, 2002), 406.

아름다운 사랑을 통해 원수 간의 진정한 화해가 이루어진다. 미학적인 통일을 이루기 위해 기독교인들이 따라가고 추구할 것은 바로 원수까지도 포용하는 십자가의 아름다운 사랑이다. 글을 마치면서 왠지 모르게 김민기의 작은 연못이라는 가사가 생각이 난다. 가사의 내용은 다음과 같다.

"깊은 산 오솔길 옆/자그마한 연못엔/지금은 더러운 물만 고이고 /아무것도 살지 않지만/먼 옛날 이 연못엔/예쁜 붕어 두 마리/살고 있었다고 전해지지요/깊은 산 작은 연못//어느 맑은 여름날/연못 속에 붕어 두 마리/서로 싸워 한 마리는/물위에 떠오르고/여린 살이 썩어 들어가/물도 따라 썩어 들어가/연못 속에선 아무것도/살수 없게 되었죠."

참고문헌

김용민 외, 『갈등을 넘어 통일로-화해와 조화의 공동체를 위하여』, 서울: 통일교육원, 2004.

김지하, 『미학강의: 예감에 가득 찬 숲 그늘』, 서울: 실천문학사, 1999.

고재식 편집·저술, 『해방신학의 재조명』, 서울: 사계절, 1986.

임성빈, 『21세기 책임윤리의 모색』, 서울: 장로회신학대학 출판부, 2002.

오병남, 『미학강의』, 서울: 서울대학교출판부, 2004.

유경동, 『남북한 통일과 기독교의 평화』, 서울: 나눔사, 2012.

전태국, 『지식사회학-지배, 이데올로기, 지식인』, 서울: 사회문화연구소 출판부, 1997.

한완상, 『지식인과 허위의식』, 서울: 현대사상사, 1993.

한신대학교개교60주년기획위원회, 『한반도 통일논의의 쟁점과 과제』, 오산: 한신대학교출판부, 2001.

Ariarajah Wesley, "The Challenge of Building Communities of Peace for All: The Richness and Dilemma of Diversities", 「The Ecumenical Review」 Vol. 57. No. 2(2005).

Baum, Gregory, Religion and Alienation, New York: Paulist Press, 1975.

Bent, Ans Joachim Van Der, 연규홍 역, 『WCC의 에큐메니칼 신학』, 서울: 동연, 2013.

Fukuyama, Francis, The End of History, Washington, D.C.: United States States Institute of Peace, 1990.

Isasi-Diaz, Ada Maria, Mujerista Theology. Maryknoll, New York: Orbis Books, 1996.

_____, La Lucha Continues: Mujerista Theology. Maryknoll, New York: Orbis Books, 2004.

_____, "Reconciliation: a Religious, social, and Civic virtue", 「Journal of Hispanic/ Latino Theology」 (2001) 5-36.

Mannheim, Karl, 임석진 역, 『이데올로기와 유토피아』, 서울: 김영사, 2012.

Marx, Karl and Engels, Friedrich, *On Religion,* New York: Schocken
    Books, 1974.

_____, *Karl Marx and Frederick Engels Selected Works In One
    Volume,* New York: International Publishers, 1970.

Pieris, S.J.,Aloysius. *An Asian Theology of Liberation.* Maryknoll:
    Orbis Books, 1992.

Segundo, Juan Luis, *Liberation of Theology,* Maryknoll: Orbis Books,
    1976.

_____, *Faith and Ideologies,* Maryknoll: Orbis Books, 1984.

Viladesau, Richard, 손호연 역, 『신학적 미학』, 오산: 한국신학연구소,
    2001.

종교 연합기구를 통한 평화운동 가능성 탐구
- 나탄 세데르블롬과 루돌프 오토를 중심으로 -

이길용 (서울신학대학교 선교학부 교수, 종교학)

I. 들어가는 말

종교와 평화는 매우 가까운 이웃처럼 보이나 세계의 역사를 살피면 그와는 다른 사례도 여럿 발견하게 된다. 속내는 그렇지 않다고 하더라도 종교를 외피로 한 크고 작은 전쟁이 적지 않기 때문이다. 대표적으로 '십자군 전쟁'이 그렇다. 1095년에 시작되어 1291년까지 2백여 년 가까이 지속된 이 전쟁은 외형상 종교를 이유로 들고 있다. 그 밖에도 마르틴 루터의 종교개혁 이후 기존 로마가톨릭 국가와 프로테스탄트 국가들 사이의 길고 긴 '30년 전쟁(1618~1648)' 역시 종교를 가장한 분쟁이었다. 종교적 동기를 지닌 전쟁이나 분쟁은 동서가 따로 없다. 동아시아의 경우 중국 후한말 부패한 관리들의 폭거에 농민들이 당시 태평도[1](太平道)라 불리는 도교의 힘을 빌려 일으킨 '황건적의 난

---

1) 2세기 초 우길(于吉, ?~200)에 의해 창립되었다고 알려졌고, 장각(張角, ?~184)에 의해 계승 발전한 도교 계열의 종교로, 인간 행실의 공과에 따라 하늘이 생명을 늘리기도 줄이기도 한다고 믿었다. 이들이 한나라 말기 머리에 노란색 띠를 두르고 반란을 일으켜 '황건적의 난'이라 불렸다.

(184~205)'이나 청대에 일어난 '백련교[2]도의 난(1796~1804)', 그리고 '태평천국운동[3](1850~1864)' 역시 종교적 동기를 지닌 전쟁이나 분쟁이었다. 종교적 동기를 지닌 전쟁은 한반도 역시 예외가 아니다. 대표적으로 조선 말기 '동학민중항쟁(1894)' 역시 그 한 사례로 제시될 수 있기 때문이다.

물론 앞서 언급한 사회적 분쟁, 혹은 전쟁 사례들은 나름대로 복잡다단한 정치·사회적 배경을 안고 있기에 그걸 하나로 묶어 종교적 원인에 의한 것으로만 설명할 수는 없을 것이다. 그런데도 사회적 변동이나 충돌, 혹은 갈등에 종교가 적잖이 도구, 혹은 구실로 작동해 왔다는 사실을 적시하기엔 충분한 사례라 할 것이다.

아이러니하게도 종교는 평화와 안정을 추구하고, 또 권장한다. 그런 점에서 종교의 영역에서 갈등과 분쟁을 해결하기 위한 시도가 전혀 없었던 것도 아니다. 이 글은 바로 이러한 물음에서 시작된다. 종교의 영역에서, 그것도 우리와 가까운 시대에 세계의 평화를 위해 노력한 사례가 있는가, 있다면 어떠했고 그것을 주도한 이들은 누구였는가? 바로 이 물음에 관한 잠정적 답변 제시가 이 글의 동기가 되고 있다 하겠다.

그래서 선정된 인물이 스웨덴의 나탄 셰데르블롬[4](Nathan Söderblom, 1866~1931)과 독일의 루돌프 오토(Rudolf Otto, 1869~1937)이다. 두

---

2) 백련교(白蓮教)는 불교와 도교가 혼합된 중국의 종교이다. 현세를 거짓된 세계로 보고 참된 세계로 가야 한다고 주장하며 마니교의 영향을 받은 것으로도 알려져 있다.
3) 청 말기 객가 출신 홍수전에 의해 설립되었고, 기독교의 영향 아래 시작된 종교운동으로 중국 남부지역 일부를 15년간 통치하였다.
4) 셰데르블롬은 국내에선 주로 쇠더블롬, 혹은 죄더블롬이라 표기해 왔지만, 이 글에서는 스웨덴 원발음에 기초하여 셰데르블롬이라 적는다.

사람은 모두 그리스도교 배경을 지닌 학자요, 교회 지도자, 그리고 정치가였다. 셰데르블롬의 경우 웁살라(Uppsala)의 대주교로 이후 WCC의 모태가 되는 '삶과 봉사[5](Life & Work) 운동'을 선도했고, 오토는 대학교수에서 프로이센 국가의회의 회원으로 활동하며 세계평화에 이바지할 수 있는 '종교인류연맹(Religiöser Menschheitsbund)' 창립에 매진했다. 이 글은 두 사람의 생애와 사상, 그리고 세계 평화운동의 대강을 살피며 종교연합을 위한 평화 구축 가능성을 탐색해 보고자 한다.

세계사적으로 두 사람의 평화운동은 뚜렷한 족적을 남겼음에도 한국어로 된 관련 자료나 참고문헌은 매우 빈한한 형편이다. 특히 셰데르블롬의 경우 우리나라에서는 상대적으로 덜 알려진 스웨덴의 인물인지라 독일어권인 오토보다도 알려진 것이 거의 없었다. 그런 점에서 이 글 역시 상대적으로 정보 제공 차원에 치우칠 수밖에 없는 한계가 있음을 밝힌다. 부족하나마 이런 시도를 통해 향후 더 활발하고 풍성한 종교와 평화운동 사이의 연관 연구가 일어나길 기원해 본다.

---

5) 그가 주도했던 이 사업의 한국어 번역은 때론 '삶과 봉사', '생명과 봉사', '삶과 일', '생명과 노동' 등이 사용되고 있다. 이 글에선 이 사업이 갖는 특성을 상대적으로 잘 드러내고 있는 '삶과 봉사'를 사용하기로 한다.

II. 셰데르블롬의 에큐메니컬 운동

1. 셰데르블롬의 생애와 사상[6]

셰데르블롬은 1866년 1월 15일 스웨덴 트뢰뇌(Trönö)에서 출생하였다. 그의 아버지 요나스(Jonas Söderblom, 1823-1901)는 루터교 목사였고, 어머니 소피(Sophie Söderblom, 1839-1913)는 덴마크 출신 의사 집안의 딸이었다. 셰데르블롬은 라르스 올로프 요나탄 셰데르블롬(Lars Olof Jonathan Söderblom)이란 제법 긴 이름을 갖고 있지만, 통상 중간 이름으로 애칭으로 하여 '나탄 셰데르블롬'이라 불린다. 전하는 바에 따르면, 아버지 요나스는 매우 엄격하고 경건한 루터교 목사였고 매우 열정적인 사람이었다고 한다. 반면, 그의 어머니 소피는 다정다감했으며 음악적 감수성이 뛰어났다고 한다. 셰데르블롬은 이처럼 대비적인 부모로부터 적절한 영향을 받은 것으로 보인다. 부친의 엄격함과 경건함은 그가 자유로운 신학적 사유를 전개하고 있음에도 신앙과 선교의 열정을 유지할 수 있는 근거가 되었고, 어머니의 부드러움과 뛰어난 음악적 감수성은 그의 탄력적이고 융합적인 학문 범위와 음악적 재능으로 빛을 발하게 하였다. 셰데르블롬의 음악적 재능은 다수의 찬송가를 작곡한 것으로도 확인할 수 있는바 1919년 10월 29일 스웨덴 왕립음악원의 회원으로도 선출되었고, 그가 직접 만든 "이 달콤한 여름날(I denna ljuva sommartid)"이란 찬송가는 대중적으로도

---

6) 셰데르블롬의 생애와 사상에 관해서는 다음을 참조하라. 이길용, 『이야기 종교학』 (서울: 종문화사, 2018), 157-168.

인기 높았다고 한다.[7]

 그는 1883년 웁살라 대학에 입학하였고, 1886년 철학으로 학부를 마쳤다. 전공 선택에 적지 않은 고민을 하던 셰데르블롬은 철학으로 시작했다가 결국 1892년 신학 학사 과정을 마침으로 마침표를 찍게 되었다. 1893년 루터교 목사가 된 그는 웁살라 병원의 원목으로 활동하였고, 이듬해 안나 포르셀(Anna Forsell, 1870-1955)을 만나 결혼하였다.[8] 셰데르블롬은 1894년부터 1901년까지 프랑스 파리에 있는 스웨덴 대사관에서 근무했는데, 이때 알프레드 노벨(Alfred Nobel, 1933~1896)과도 친분을 맺게 되었다. 이 인연 때문인지 셰데르블롬은 노벨의 장례식을 집례하였고, 후엔 노벨 평화상을 받기까지 한다.

 셰데르블롬의 파리 생활은 그의 학문 여정에도 매우 중요한 계기가 되었다. 대사관 업무와 동시에 파리에 있는 소르본느 대학에서 학업을 이어갈 수 있었는데, 그곳에서 셰데르블롬은 오귀스트 사바티에(Auguste Sabatier, 1839-1901)교수를 만나 개방적이고 자유로운 신학적 환경을 접하게 된다.[9] 사바티에는 프랑스의 개신교 신학자로서 1886년부터는 〈고등연구실습원[10](École Pratique des Hautes Études)〉에 새롭게 개설된 종교학 전공 교수로 임명되었다. 그는 그리스도교의 교의도 시대와 문화에 따라 동시대인이 이해할 수 있는 형태로 재해석되어야 한다고 주장하였고, 신앙과 과학 사이에 본질적 모순은 존

---

7) 관련해서는 다음 링크를 참조바람.
　 https://sv.wikipedia.org/wiki/Nathan_S%C3%B6derblom
8) Axel Michaels(Hg.), *Klassiker der Religionswissenschaft* (München: C.H.Beck. 1997), 157.
9) Axel Michaels(Hg.), *Klassiker der Religionswissenschaft*, 159.
10) 프랑스의 국립 고등연구기관의 하나로 생활과학, 지구과학, 역사학, 문헌학, 종교학 등에 전문화된 교육기관이다.

재하지 않는다는 상당히 개방적인 학문적 태도를 보였다. 루터교 정통 신학에서 자라난 셰데르블롬은 사바티에의 학문적 개방성과 연이어 독일의 자유주의 신학자인 하르낙(Adolf von Harnakck, 1851- 1930) 과 리츨(Albrecht Ritschl, 1822-1889)에게 지속적인 영향을 받으며 신학적 성향을 결정해 나갔다.

그렇다고 그가 개신교 정통 신앙의 틀에서 크게 벗어나지는 않았다. 셰데르블롬의 지속적인 선교 열정은 미국을 방문해서 당대 저명한 부흥 설교가 무디(Dwight L. Moody, 1837-1899)의 집회에 참여하도록 만든다.[11] 셰데르블롬은 YMCA의 일원으로 열정적인 학생 선교 운동가이기도 했다. 당시 확산 중인 계몽주의적 환경하에서 신학적으론 개방적 태도를 보였으나, 신앙생활 속 선교 운동에서도 열정적이었던 셰데르블롬의 삶에는 19세기와 20세기를 잇는 시대적 고민이 올곧이 녹아있다고 평가할 수 있겠다.

셰데르블롬은 1892년부터 학위논문에 집중하게 되는데, 마침내 1901년 자라투스트라 종교에 관한 논문으로 학위을 받았다. 그의 논문에는 "자라투스트라교의 내세관"(La vie future d'apres le Mazdeisme, 1901)이란 제목이 붙어있었으며, 무려 400쪽이 넘어가는 상당한 분량의 학위논문이었다.[12] 이 논문을 통해 셰데르블롬은 자라투스트라라는 고대의 예언자에게 역사적 해석을 내리고자 하였다. 박사학위를 마친 후 셰데르블롬은 웁살라대학[13](Uppsala Universitet)의 교수로 임용

---

11) Axel Michaels(Hg.), *Klassiker der Religionswissenschaft*, 159.
12) Axel Michaels(Hg.), *Klassiker der Religionswissenschaft*, 159.
13) 웁살라대학은 스웨덴 웁살라에 소재한 교육기관으로 1477년 야콥 울브손(Jakob Ulvsson, 1430~1521)이 설립하였고, 스웨덴을 비롯해 스칸디나비아반도에서 가장 오래된 고등교육기관이다.

되었고. 1912년에는 독일 라이프치히(Leipzig) 대학의 종교학 교수로
도 청빙을 받았다. 1914년 셰데르블롬에게는 매우 중요한 인생의 변
곡점이 찾아오는데, 바로 웁살라의 대주교로 임명된 일이다. 이후 그
는 유력한 교회 지도자로 활동하며 세계평화와 교회 일치 운동의 전면
에서 활동하였다.

　학문적으로 셰데르블롬의 공헌은 '성스러움'의 발견에 있다. 1913
년 『종교윤리 사전』(Encyclopedia of Religion and Ethics)에 실린 '성
스러움'(Holiness)란 그의 논문은 당시 교의적 신학해석 일반이었던
환경에 적지 않은 영향을 주었다. 셰데르블롬은 종교에서 신(God)보
다 더 본질적이고 중요한 개념으로 '성스러움'을 제시하였다. 다른 신
학자들보다 비그리스도교 종교에 관한 지식과 정보가 많았던 셰데르
블롬으로선 신개념 없는 종교까지 아우를 수 있는 '성스러움'이야 말
로 종교의 더 본질적 개념으로 본 것이다.[14] 신 관념을 중심으로 종교
를 바라보게 되면 불교와 같은 종교를 설명하기 어렵지만, 성스러움을
중심으로 관조하게 되면 세계 종교 대부분을 포함할 수 있다고 본 것
이다. 일상을 끊어버리는 매우 위험한 성스러움의 체험이야말로 종교
대부분이 말하고 있으며, 따라서 이 경험을 중심으로 세계의 종교를
다시 기술할 수 있다고 본 것이다.

　셰데르블롬은 모국어인 스웨덴어를 비롯하여 영어, 독일어, 프랑스
어, 이탈리아어, 라틴어, 히브리어, 그리스어, 아랍어, 그리고 고대 페
르시아어까지 구사하는 다국어 능력자였다. 연구자요 교회 지도자로
서 열정적인 삶을 이어가던 그는 1931년에는 에딘버러의 기퍼드 강

---

14) 이상 셰데르블롬과 성스러움의 관련 내용은 다음 글을 참조 바람. 이길용, 『이야
　　기 종교학』, 169-172.

연에 초청받기도 했고, 이때 행한 강연은 그의 사후 『살아계신 신』
(Den levande Guden, 1932)로 출판되었다. 그는 이 강연에서 "나는 신
이 살아 계시다는 것을 알고 있다. 그리고 그것을 종교학으로 증명할
수 있다."[15]라는 유명한 말을 남겼다.

2. 셰데르블롬의 '삶과 봉사 운동'

셰데르블롬이 웁살라의 대주교가 되던 해 운명과도 같이 '1차 세계
대전'(1914-1918)이 발발한다. 유럽의 여러 나라가 편을 나누어 진행
된 이 전쟁으로 민간인 포함 사망자 수가 2천만이 넘고, 전쟁의 포화
속에 폐허가 된 도시들이 부지기수였다. 인류가 자행한 참혹한 참사
앞에 셰데르블롬은 교회 지도자로서 무언가 해야 할 일을 찾았고,
1914년 11월 8일 대주교로서 공식적인 서한을 통해 다음 세 가지 목
표를 표명하였다. ① 진보적 신념의 유지[16] ② 소외된 노동계급의 교
회 관련 적대적 태도 개선을 위한 노력 ③ 세계평화를 위해 전쟁 중인
국가들에 대한 교회의 역할 강조[17]

셰데르블롬이 집중한 국제적인 '삶과 봉사(Life and Work) 운동'은
이후 세계교회협의회(World Council of Churches, WCC) 설립의 한 축

---

15) "Det finns en levande Gud, jag kan bevisa det genom religionshistorien."
관련해서는 다음 링크를 참조 바람.
https://sv.wikipedia.org/wiki/Nathan_S%C3%B6derblom
16) 셰데르블롬은 스웨덴 루터교회 내 그의 대주교 취임에 부정적이었던 보수파 인
사들과의 대화를 마다하지는 않았지만, 그렇다고 그의 진보적 신념을 포기하지
도 않았다.
17) Dietz Lange, "Nathan Söderblom", *Lutheran Quarterly* Volume XXIX
(2015), 42.

을 이룬다. WCC는 크게 세 개의 그리스도교 연합 운동의 결합으로
결성된 조직이다. 우선 1910년 에든버러에서 열렸던 세계선교대회를
계기로 결성된 '국제선교협의회'(International Missionary Council, IMC)
가 있고, '삶과 봉사 운동'과 '신앙과 직제(Faith and Order) 운동'이
그 뒤를 잇는다.[18] '신앙과 직제' 운동이 다양한 그리스도교 교파의 고
백이 왜 생겨났고 어떤 차이와 유사성을 지니고 있는지 살핌으로써,
교파별 상호 이해와 협력의 길을 가려고 했던 것에 반해, 셰데르블롬
이 주도했던 '삶과 봉사 운동'은 생활세계 속 정치와 경제 문제에 관심
이 많았다. 앞서 언급했듯이 참혹한 결과를 배태한 1차 세계대전 이후
교회는 상호협력을 통해 세상에 대한 그리스도인의 책임 있는 행동이
필요하다는 판단이 이 운동의 기저에 있었다. 셰데르블롬은 무엇보다
세계의 평화를 위해 그리스도인과 교회의 적극적 역할이 필요하다고 보
았고, 그것이 현실 세계에 구체화한 것이 바로 '삶과 봉사 운동'이었다.

　1차 세계대전이 종료된 후 1919년 세계는 현 UN의 전신이라 할
수 있는 '국제연맹'을 창설하였고, 이는 셰데르블롬에게 큰 영감을 주
었다. 국가 간의 연합을 통해 세계평화의 길을 모색할 수 있다면, 역시
교회의 연합운동도 세계 평화를 위해 일정한 역할을 할 수 있을 것이
란 판단이 있었기 때문이었다. 국가 간의 정치적 연맹보다 높은 수준
의 도덕과 윤리를 겸비한 교회의 연합운동은 세계 평화를 유지를 위해
충분한 보완재 역할을 할 수 있을 것이라 기대하기도 하였다. 셰데르
블롬은 1차 세계대전 직전 세계 교회에 〈평화에의 호소문〉을 보냈고,
이후 지속된 그의 헌신적 노력으로 1925년 스웨덴의 수도 스톡홀름

---

18) 조진모, "WCC의 역사에 나타난 세 가지 중심축의 상호관계 연구", 「신학정론」
　　28권 2호(2010), 436.

에서 '제1회 삶과 봉사 세계대회'가 개최되었다.[19] 이를 위해 셰데르 블롬은 스웨덴 교회와 영국 교회의 긴밀한 협력 관계를 모색하였고, 그 결과 영국 성공회 소속 신학자이자 치체스터 주교였던 조지 벨 (George Bell, 1883~1958)의 협력을 끌어냈고, 그것이 삶과 봉사 세계 대회의 성공적 개최의 밑거름이 되었다.

1차 삶과 봉사 세계대회의 주축은 유럽의 루터교회와 미국의 사회 복음주의(social gospel) 운동이었다. 세계 속 그리스도인의 책임 있는 행동을 강조하며 연합으로 모였긴 했으나, 이 두 조직 간 견해 차이가 분명히 존재했다. 상대적으로 세상에 하나님의 나라 건에 긍정적 태도 를 보였던 미국의 사회복음주의 운동과는 달리, 유럽의 루터파 교회들 은 세속에 대해 부정적 견해를 견지하고 있었기 때문이다. 이러한 이 견은 세상의 정치-경제적 문제 해결을 위한 해법제시를 개인 윤리 차 원으로 묶어두게 하는 결론으로 매듭짓게 하였다. 그렇지만 교회가 한 목소리로 세상에 대한 책임 있는 행위를 하고자 했고, 그것을 연합운 동으로 이루려 했다는 점에서 '1차 삶과 봉사 세계대회'의 의의는 충분 하다고 할 수 있을 것이다. 삶과 봉사 세계대회는 스톡홀름 대회를 거 쳐 2차 대회를 영국 옥스퍼드에서 1937년에 개최함으로써 교회 간 연합운동의 한 모범을 제시하였다. 이후 이 운동은 기존 '신앙과 직제 운동'과 국제선교협의회와 통합하며 WCC로 기구를 확대하였다. 생 명과 봉사 운동이 교회 간 연합운동의 모범적인 사례였음은 분명하나 여전히 서구 중심적이었다는 것 역시 부정할 수는 없다. 따라서 후속 확대 기구라고 할 수 있는 WCC는 비서구권(아시아, 아프리카, 남미) 교

---

19) 조진모, "WCC의 역사에 나타난 세 가지 중심축의 상호관계 연구", 436.

회들을 수용하여 제대로 된 연합운동으로 확대하는 과제를 안게 되었다.

교회 연합 및 일치 운동을 위한 셰데르블롬의 헌신적 활동은 그의 건강에 좋지 않은 영향을 주었고, 실제로 몇 차례 심장마비와 협심증으로 고통을 받는 등 꾸준히 심장 관련 질환에 어려움을 겪었다. 결국 그는 1931년 7월 12일 65세의 나이로 사망하였다. 교회 연합 운동을 통해 세계평화를 이루려 했던 그의 의지와 역동적 활동은 1930년 노벨 평화상 수상으로 인정받았다.

Ⅲ. 오토의 종교인류연맹

1. 오토의 생애와 사상[20]

루돌프 오토 역시 앞서 살펴보았던 셰데르블롬만큼이나 학계와 정관계에 큰 족적을 남긴 인물이다. 그는 1869년 9월 25일 독일 하노버(Hannover) 파이네(Peine)라는 지역의 신실한 루터파 가정에서 태어났다.[21] 1882년에 부친을 여읜 오토는 1888년에 에어랑엔(Erlangen) 대학에 입학하였으나 곧바로 괴팅엔(Göttingen) 대학으로 옮겨간다. 보수적 학풍의 에어랑엔 대학에 비해 괴팅엔 대학은 독일 종교사학파의 중심지로서 자유주의의 물결이 강하게 일던 곳이었다. 오토에겐 괴팅

---

20) 루돌프 오토의 생애와 사상에 관해서는 다음을 참조하라. 이길용, 『이야기 종교학』, 175-194.
21) Axel Michaels(Hg.), *Klassiker der Religionswissenschaft*, 198.

엔의 학풍이 에어랑엔보다 잘 맞았고, 그는 학업에 집중하여 1898년 조직신학 전공으로 박사학위를 수여 받는다. 이후 여러 해 동안 사강사(Privatdozent) 생활 끝에, 1915년 브레스라우(Breslau) 대학의 조직신학 교수를 거쳐 1917년 빌헬름 헤르만(Wilhelm Hermann, 1846~1922) 교수의 뒤를 이어 마부륵(Marburg) 대학 신학부의 조직신학 전임교수로 청빙 되었다.[22]

마부륵 대학 교수 시절 그는 자유주의적 신학의 분위기 아래 다양한 학문적 결과물을 내어놓게 되는데, 그중 가장 대표적인 것이 『성스러움의 의미』(Das Heilige, 1917)이다. 20세기 초반 신학과 종교 연구 분야에서 성스러움을 강조한 것은 흥미롭게도 앞서 살펴본 셰데르블롬과 오토가 대표적이다. 셰데르블롬은 백과사전의 한 칼럼을 통해 종교 연구에서 성스러움의 개념이 중요하다는 것을 강조한 것에 비해, 오토는 단행본 연구 서적으로 성스러움이 종교에서 가지는 본질적 가치를 규명하고 있다는 점에서 더 심화한 결과물을 내어놓았다고 할 수 있다.

오토가 펴낸 이 책에는 "신 관념의 비합리적인 요소와 그것의 합리적 요소와의 관계에 대하여(Über das Irrationale in der Idee des Göttlichen und sein Verhältnis zum Rationalen)"라는 긴 부제가 달려 있다. 부제를 통해 당시 팽배하던 칸트식 종교 이해에 갖고 있던 오토의 거부감을 읽어낼 수 있다. 신적 존재에 대해 불가지론적 태도를 보였던 칸트 이후 종교는 주로 합리적 차원에서 조망되고 설명되었다. 이런 경향은 종교를 도덕-윤리적으로 바라보게 하였고, 오토가 보기

---

22) Axel Michaels(Hg.), *Klassiker der Religionswissenschaft*, 198.

에 이런 식의 종교 이해는 종교의 본질적 요소를 결여케 하는 것이기도 했다. 오토는 칸트식 종교 이해는 불완전하며 종교의 비합리적 측면도 고려해야 제대로 된 이해에 도달할 수 있다고 주장한다. 오토는 그러한 비합리적 측면을 '누미노제(numinose)' 혹은 '성스러움'이라고 명명하였다. 성스러움이란 일상의 경험과는 철저히 구별되는 그 '무엇'이다. 이는 인간의 인식 이성을 통해 규명되거나 분석되는 대상이 아니라, 그저 경험되고 반응하는 알지 못하는 대상일 뿐이다.[23] 오토는 이 규명되기 어려운 성스러움의 속성을 '두렵고 떨리지만, 매혹적인 신비(mysterium tremendum et fascinans)' 규정하였다. 이 명제의 핵심은 '신비(mysterium)'에 있다. 성스러움은 인간에게는 규명되지 않는 비밀스러운 대상일 뿐이다. 그러나 그것이야말로 종교의 본질적인 측면이 된다고 본 것이다. 그 점에서 오토는 종교의 비합리적 이해의 선두에 서 있던 학자라 할 수 있다. 오토의 이런 식의 종교 접근은 당대 많은 정통주의 신학자의 도전과 비판에 직면한다. 에밀 브루너(Emil Brunner, 1889~1966), 루돌프 불트만(Rudolf Bultmann, 1884~1976) 등 신정통주의 신학자들은 오토가 말하는 성스러움이 성서의 인격적이며 계시하는 신의 모습과는 다르다는 주장에 동참하게 된다.[24]

오토는 앞서 살펴보았던 셰데르블롬 못지않게 왕성한 사회활동을 한 인물이기도 하다. 오토는 1919년 프로이센 국가 의회의 회원으로 활동하였고, 독일 개신교 교회의 예전 개혁을 위해서도 앞장서기도 했다. 그러나 이처럼 다양한 분야에서 왕성하게 활동하던 오토의 인생 말미는 석연치 않은 그림자가 읽힌다. 공식적으로 오토는 1937년 3월

---

23) 이길용, 『이야기 종교학』, 188.
24) Axel Michaels(Hg.), *Klassiker der Religionswissenschaft*, 209.

6일 폐렴으로 생을 마감한다. 말년의 병치레 때문에 1933년에 초대된
〈기포드 강연(Gifford Lectures)〉[25]마저 취소했다. 무엇보다 죽기 얼마
전인 1936년 10월 마르부르크 외곽의 슈타우펜베르크(Staufenberg)에
있는 첨탑에서 낙상사고를 당하게 되는데, 이것이 세간의 큰 구설수가
되었다. 혹자는 민족주의적 성향이 강했고 나치 부역의 의혹을 받고 있
던 오토가 의도적 사고를 만든 것은 아닌지 의심할 정도였다. 결국 오토
는 사고 이후 후유증으로 앓다가 1937년 3월 6일 생을 달리하게 된다.

2. 오토의 종교 인류연맹 운동

  학자요 정치가이기도 했던 오토는 종교를 통한 세계평화 이바지에
도 관심이 많았고, 이 점에서 셰데르블롬의 경우와 많이 닮아있다. 그
러나 셰데르블롬이 같은 종교, 즉 그리스도교를 중심으로 일치와 세계
평화 운동에 매진한 반면, 오토는 세계 종교 전반을 아우르는 조직을
꿈꿨다는 점에서 차이가 있다. 오토는 이를 〈종교인류연맹〉(Religiöse
Menschheitsbund)이라 명명했고, 이를 통해 사회적 공의와 국제사회
의 평화 유지를 꾀하고자 하였다.
  오토의 출발점도 셰데르블롬과 크게 다르지 않았다. 세계의 평화를
위해서 종교가 나름대로 이바지할 수 있다고 생각한 것이다. 무엇보다
오토는 종교와 윤리가 갖는 보편적이고 전 세계적인 차원의 가치를 중
시했다. 오토는 이를 '세계 양심(Weltgewissen)'[26]이라 불렀고, 이를 배

---

25) 오토는 '도덕률과 신의 의지'(Sittengesetz und Gotteswille)를 주제로 강연하
    고자 했었다.

양하는데 종교가 중요하다고 생각했다. 오토는 '세계 양심'을 다음과 같이 정의한다: ① 인간, 계급, 국가가 인류 전체에 속해 있다는 책임의식과 의무감에 관한 자각 ② 개개인의 행위나 그것을 넘어서는 단체의 관계에서 권리와 정의가 우선한다는 자각 ③ 사적인 차원의 윤리를 넘어 공동체와 인류 전체의 윤리적 과업에 관한 자각. 왜냐하면 종교야말로 인간의 양심과 선의지를 키우는 역할을 하기 때문이다.[27]

이런 구상 아래 오토는 가급적 지구상 많은 종교가 참여하는 연합체를 기대했다. 왜냐하면 그리스도교만으로 국제적 영향력을 실현하기는 쉽지 않다고 판단했기 때문이다. 유럽 밖 세계의 다양한 종교가 참여하는 기구여야 지구적 차원의 평화 유지에 적절한 역할을 할 수 있다고 생각한 것이다. 오토는 이러한 종교 간 국제 연합기구에 관한 생각을 스웨덴의 셰데르블롬과 공유했다. 1920년 1월에 오토가 셰데르블롬에 보낸 편지에 이미 이러한 구상이 등장하고 있다.[28] 같은 해 2월 오토가 하르낙(Adolf von Harnack, 1851~1930)에게 보낸 서신에서도 이러한 정황을 살필 수 있다.

> "셰데르블롬은 교회의 형제화, 세계의 용서라는 목표로 하나의 교회 일치 운동을 있습니다. 저는 셰데르블롬에게 다음과 같이 제 뜻을 건의했습니다. 세계의 커다란 종교 단체들이 인류 전체의 과업을 위해 공동의 실천, 회의와 구체적인 작업을 하는 것이 훨씬 포용력 있는 일이 되리라는 것이라고요.[29]

---

26) 이와 관련해서는 다음을 참조하라. 최정화, "루돌프 오토와 종교인류연맹", 「종교와 문화」 20권 (2011), 7.
27) 최정화, "루돌프 오토와 종교인류연맹", 8.
28) 최정화, "루돌프 오토와 종교인류연맹", 9.
29) 1920년 2월 5일 오토가 하르낙에게 보낸 편지로 베를린 국립도서관에 보관되어

오토는 인류의 양심과 선한 의지 배양에 도움이 되는 세계의 종교들이 모여 동시대 많은 국제적 이슈의 배후에 있는 인류의 부도덕과 욕망이 제어되는 모습을 기대했다. 세계의 종교 지도자들이 한자리에 모여 동시대 문제를 토론하고, 해법을 모색하여 현실 정치에 영향력을 행사하는 모습을 희망했다.[30] 최초 오토의 구상은 3년을 주기로 세계의 양심적인 종교 지도자들이 모여 동시대의 이슈를 논의하고 협의하며 결론을 도출하는 것이었다.[31] 이런 구상 아래 드디어 1921년 종교를 통한 세계 양심 구현을 위한 국제 조직을 출범시켰는데, 그것이 바로 '종교인류연맹'이었다. 그리고 1922년 8월 1일 베를린 근처 빌헬름스하겐에서 첫 번째 국제회의를 개최하였다. 그 회의에는 다양한 종파에 속한 90여 명의 종교 지도자가 참석하였다.[32] 국제질서를 위한 현실 조직으로 국제연맹이 있기는 하나, 그 역시 강대국 중심으로 힘의 논리가 통용되는 한계를 지녔다고 오토는 보았다. 따라서 이 조직과는 독립하여, 때로는 이를 보완할 수 있는 세계 종교의 연합체가 필요하고, 그것이 바로 종교인류연맹이었다.

세계 양심을 향한 오토의 구상은 안타깝게도 현실 세계에서는 실패하고 말았다. 우선 당시 사회적 환경이 오토에게 유리하지 않았다. 오토가 종교를 통한 세계평화 기여라는 구상을 제시하였을 때 여러 종교

있음. 위 인용문은 최정화, "루돌프 오토와 종교인류연맹", 10에서 인명과 문투는 이 글의 일관성을 위해 수정하여 재인용하였음.

30) 최정화, "루돌프 오토와 종교인류연맹", 8.

31) Frank Obergethmann, "Rudolf Ottos 'Religiöser Menschheitsbund'-ein Kapitel interreligiöserBegegnung zwischen den Weltkriegen", in *Zeitschrift für Religionswissenschaft* 6(1998), 83.

32) Frank Obergethmann, "Rudolf Ottos 'Religiöser Menschheitsbund'-ein Kapitel interreligiöserBegegnung zwischen den Weltkriegen", 86.

의 적극적 호응을 얻은 것도 사실이나, 그가 속한 독일의 정치 지형이 평탄하지 않았다. 1차 세계대전 이후 독일은 나치 정권이 들어서면서 종교인류연맹 진행에 차질이 생기기 시작했고, 오토 자신의 나치 부역 의혹, 그리고 급작스러운 사고와 사망 때문에 이 구상은 현실적으로 중단될 수밖에 없었다.

Ⅳ. 나가는 말

　셰데르블롬과 오토는 같은 시대를 살았고, 동시대의 고민을 공유했다. 이 두 종교인의 삶 속에 1차 세계대전은 커다란 변곡점이 되었다. 인류의 손으로 자행된 수천만 명의 희생에 대한 부채 의식이 이 두 종교인의 삶을 무겁게 내리누르고 있었다. 찬란히 그리고 무한히 진보할 것만 같던 인류의 미래가 욕망과 부도덕의 전횡으로 파멸과 분쟁으로 치달을 것 같은 두려움이 있었고, 현실 세계에서 이를 확인해 준 것이 바로 1차 세계대전이었다. 셰데르블롬과 오토는 이런 환경 아래 종교의 긍정적 역할을 찾았다. 그 점에서 두 사람은 같은 생각을 공유하고 있었다. 국제적 규모의 종교연합기구를 통한 세계평화 구축이 바로 그것이다. 다만 이를 구체적으로 실천하는 방법에서 차이가 났을 뿐이다.

　셰데르블롬은 무엇보다 그리스도교 전통 안에서 평화의 방법을 찾고자 했다. 그것이 바로 '삶과 봉사 운동'이었다. 그리스도인으로서 동시대 사회적 책무를 마다하지 않고 공동의 선을 실현하고자 하는 그의 노력은 이후 WCC 창립이라는 결실을 보며 그 공로로 노벨 평화상을 수상하게 된다. 오토는 방향은 유사나 방법은 셰데르블롬보다 더 넓었다.

세계 양심의 확산을 통해 지구에 평화의 바람이 불어오게 되도록 더 많은 종교의 참여를 희망했다. 그래서 그는 종교 인류연맹을 주창하고, 설립하기에 이른다. 결과적으로 셰데르블롬의 '삶과 봉사 운동'은 WCC로 계승되어 지금까지 이어지고 있지만, 오토의 종교 인류연맹은 그 정신만 남고 실천적 명맥은 단절되었다.

종교연합기구를 통해 평화 활동을 모색했다는 점에서 두 사람은 유사했고, 종교 연구에서 비합리적 요소를 강조했다는 점에서도 많이 닮았다. 두 사람 모두 종교 연구에서 '성스러움'의 의미를 강조했다. 모든 종교를 아우르는 보편적이고도 핵심적인 개념으로 셰데르블롬과 오토 모두 '성스러움'을 꼽은 것이다. 이는 칸트 이후 유럽의 정신계를 지배하던 합리적 경향에 대한 적절한 반작용의 결과로 해석될 수 있다. 칸트의 인식 이성 비판 전략은 본체계와 현상계의 단절적 사고를 불러왔다. 인간의 인식 이성은 선험적 형식으로 주어진 시간과 공간이라는 조건 아래 현상적 대상만 파악할 뿐이지, 본체계를 인식할 방법은 없게 되었다. 그래서 물자체(Ding an sich)는 불가지론의 영역에 남게 된다. 이러한 칸트식 이해가 종교의 영역에 적용되자 비합리적 요소의 퇴출이 자행된다. 신앙과 종교의 주요 대상이랄 수 있는 신과 영혼같은 개념은 인식 이성으론 알 수도 없고 인지의 대상이 될 수도 없다. 그러니 이제 종교에는 도덕과 윤리의 영역만 남게 되었는데, 셰데르블롬과 오토가 강조한 '성스러움'은 이런 칸트식 종교이해의 한계를 보완하고자 하는 전략이었다고 할 수 있다. 그렇다고 이들이 칸트식 종교이해를 완전히 버린 것은 아니다. 결국 두 사람 모두 종교가 가진 윤리적 효용성과 사회적 책무를 들어 종교연합기구의 필요성을 강조했기 때문이다.

그런데 셰데르블롬과 오토의 결과물은 왜 다른 것일까? 셰데르블롬의 '삶과 봉사 운동'은 명맥을 잇고 있지만, 오토의 '종교 인류연맹'은 왜 좌초되고 말았는가? 물론 앞서 이 두 운동의 역사-사회적 배경을 살펴보았고, 그에 따라 계승과 단절의 원인도 검토해 보았다. 종교연합기구를 통한 평화 구축이란 점에서 두 사람 모두 강한 열정과 의지가 있었는데도, 왜 오토의 종교 인류연맹은 이어지지 못한 것일까?

먼저 셰데르블롬의 '삶과 봉사 운동'은 동일한 그리스도교 전통 내의 연합과 일치, 그리고 평화 구축 운동이었다. 물론 그리스도교 내에서도 서로 다른 고백과 전통이 있었고, 이들 상이한 교파의 상호 이해를 위한 '신앙과 직제 운동'이 있었지만, 상대적으로 공유하는 역사와 전통, 그리고 신앙이 있었기에 지속적인 추동력을 얻기가 종교 인류연맹보다는 용이했을 것이다. 반면 오토가 주창한 종교 인류연맹은 유력한 세계 종교 전반의 참여를 기대하고 있었다. 여기서 지적해야 할 부분은, 상호 이해 없는 협력 사업은 제한적일 수밖에 없으며 지속성을 갖추기 쉽지 않다. 서로에 대한 이해도 부족한 상태에서 해당 종교의 지도자들만 모였다고 해서 '세계 양심'이 공유되거나 확산될 수는 없는 것이다. 따라서 오토의 기획이 성공하기 위해서는 무엇보다 세계 종교 '들'에 관한 전문적 지식과 정보가 먼저 공유되어야 했다. 그런 사전 작업 없이 이벤트성으로 진행되는 종교연합기구 구축은 시작부터 제한적일 수밖에 없을 것이다.

결국 세계 양심을 구축을 위해서라도 지구촌 유력한 종교에 관한 상호 연구와 이해의 작업이 선행되어야 한다. 이는 오토 이후, 그의 종교 인류연맹 정신을 잇고 있다고 평가되는 이들의 작업을 통해서도 확인할 수 있다. 먼저 오토의 뒤를 이어 마부륵 대학의 교수가 된 하일러

(Friedrich Heiler, 1892~1967)는 '전 인류적 종교'(Menschheitsreligion)의 완성을 종교학의 궁극적 목표로 생각[33]했는데, 이를 위해서도 세계 종교에 관한 세밀한 연구는 필수 작업이 될 수밖에 없었다. 윌프레드 캔트웰 스미스(Wilfred Cantwell Smith, 1916~2000)의 '세계 신학'(world theology)도 비슷한 맥락에서 이해될 수 있다. 스미스가 말하는 세계 신학은 세상을 향한 종교의 포괄적 입장을 인정한다면 신앙은 여러 종교 전통마다 다른 얼굴을 하고 있다고 하더라도 본질은 다르다고 할 수 없음에 주목하고 있다. 그래서 개별적 신앙 전통보다는 신과 인간 삶의 초월적 표현에 집중하는 것이 세계 신학이라 주장한다.[34] 한스 큉(Hans Küng, 1928~2021)의 '세계 윤리(Weltehos)' 프로젝트 역시 유사하다 하겠다.[35] 지구적 차원에서 보편적이고 일반적인 윤리 의식을 끌어내기 위해서라도 선제적으로 해야 할 작업은 개별 종교 전통에 관한 정밀하고 상세한 이해이다.

이 점에서 오토 자신은 뛰어난 인도 종교전문가[36]로 종교신학 분야

---

33) Friedrich Heiler, "The history of religion as a way to unity of religion", in *Proceedings of the IXth International Congress for the history of religion, Tokyo & Kyoto 1958* (Tokyo: Maruzen, 1960), 7-22.
Jeong Hwa Choi, *Religion as Weltgesissen* (Berlin: LIT, 2011), 161에서 재인용.

34) Wilfred Cantwell Smith, *Towards a World Theology: Faith and the Comperative History of Religion* (Philadelphia: Westminster, 1981), 151.

35) 최정화, "루돌프 오토와 종교인류연맹", 21.

36) 오토는 고대 인도어인 산스크리트에 능통했고, 이를 바탕으로 인도 종교와 그리스도교를 비교하는 기념비적인 연구 결과물을 다수 내놓았다. 불이론적 베단타 학파의 창시자인 라마누자(Rāmānuja, 1056-1137)를 연구한 『인도의 자비 종교와 그리스도교』(*Die Gnadenreligion Indiens und das Christentum*, 1930)와 인도 베단타 사상가인 상카라(Śankara, 788-820)와 중세 신비주의자 엑카르트(Meister Eckhardt, 1260-1327?)를 비교한『동서의 신비주의』(*West-östliche Mystik: Vergleich und Unterscheidung zur Wesensdeutung*, 1926)가 그것이다.

의 깊이 있는 지식을 소유하고 있었지만, 전반적으로 세계 종교에 관한 이해도가 불충분한 환경에서 그의 시도는 조금 성급한 점이 있었다고 할 수 있다. 따라서 종교에 관한 상호적 이해가 전제되지 않은 연합기구 운동은 제한적일 수밖에 없으며, 윤리적 규범 운동이 초기에 그리고 전면에 등장해서는 계승적 성공을 기대하기 어려울 것이다.

결국 그것이 '세계 양심'이든, '전 인류적 종교'이든, 혹은 '세계 신학'이나 '세계 윤리'이든 간에 상식적 수준에서 일반인도 이해할 수 있는 수준으로 확산하지 않는 상황에서 선두그룹의 높은 구호만으로 연합운동의 실효와 계승을 기대하기는 어렵다는 의미이다. 그 점에서 그나마 상호 이해의 폭이 어느 정도 선행되어 있었던 동일 전통 내에서 이뤄진 셰데르블롬의 교회 일치 운동이 오토의 종교 인류연맹보다는 명맥을 이을 수 있었다고 볼 수 있다.

셰데르블롬과 오토의 종교운동이 지나간 지 백 년이 되어가는 지금. 여전히 세계는 전쟁의 소문으로 가득하다. 21세기는 911테러로 시작되었고, 2022년 러시아의 침공으로 시작된 우크라이나-러시아 전쟁은 해를 넘겨 진행 중이다. 최근 이스라엘과 팔레스타인의 갈등은 전쟁이라 칭해도 무방할 정도로 치열하다. 한반도의 불안 요소 또한 여전하며 앞으로의 전개될 전망 역시 불투명하다. 이런 상황에도 국제기구는 여전히 강대국의 수 싸움에 밀려 제 역할을 못 하고 있으며, 종교 역시 무력하다. 세월은 지났지만, 셰데르블롬과 오토가 지녔던 시대정신과 문제는 여전히 유효하다고 하겠다.

백 년 전 그들의 운동을 지금 반면교사로 삼는다면, 가까이 우리 한반도의 평화를 위해 종교는, 더 좁게 한국 교회는 무슨 일을 해야 하겠는가. 당장 구체적이고도 실천적인 윤리 행위도 필요하겠지만, 그 무엇보다 필요하고 시급한 것이 상호 이해를 위한 작업이다. 서로를 알고 이해할 때 소통의 가능성은 넓어지고, 평화의 구축도 가능해질 것이기 때문이다. 이 일을 위해 기독교 연합기구 산하 북한을 비롯한 한반도의 종교와 문화를 이해하기 위한 연구 조직을 설치할 필요가 있다. 그러한 이해에 기초한 평화 구축 시도가 단기적이지 않고 지속적인 평화운동의 단초가 될 것이기 때문이다. 현재 우리 사회에는 이러한 역할을 하는 기구로 '한국종교인평화회의(Korenan Conference of Religion for Peace, KCRP)'가 있긴 하다. 현재 개신교, 불교, 원불교, 유교, 천도교, 천주교, 한국민족종교협의회 등 총 7개의 종교 단체가 모여 다양한 사업을 진행하고 있다. 문제는 선두그룹과 일반 신자공동체 사이의 괴리감이다. 종교연합기구가 역량 있는 평화운동의 중심지가 되려면, 종교를 통한 평화 구축의 메시지가 더 확산되고 일반화되어야 할 것이다. 그리고 이런 작업은 '상호 이해'라는 틀 속에서 진행되어야 지속적 평화운동의 역동성을 확보할 수 있을 것이다.

참고문헌

박충구, "한국 기독교 평화운동의 과제와 그 조건", 「신학과 세계」 63(2008).
이길용, 『이야기 종교학』, 서울: 종문화사, 2018.
장병준, "세계교회협의회 에큐메니칼 신학의 전개", 「한국기독교와 역사」 40(2014).
조진모, "WCC의 역사에 나타난 세 가지 중심축의 상호관계 연구", 「신학정론」 28권 2호(2010).
최정화, "루돌프 오토와 종교 인류연맹", 서울대학교 종교문제연구소, 「종교와 문화」, 20(2011).
Benz, Ernst, "Nathan Söderblom", in *Zeitschrift für Religions und Geistesgeschichte* XVIII. Jahrgang. 1966.
Choi, Jeong Hwa, *Religion as Weltgesissen*, Berlin: LIT, 2011.
Greschat, Hans-Jürgen, *Was ist Religionswissenschaft?*, Stuttgart: Kohlhammer, 1988.
Lange, Dietz, "Nathan Söderblom", *Lutheran Quarterly* Volume XXIX. 2015.
Michaels, Axel(Hg.), *Klassiker der Religionswissenschaft*, München: C.H.Beck, 1997.
Obergethmann, Frank, "Rudolf Ottos 'Religiöser Menschheitsbund' -ein Kapitel interreligiöserBegegnung zwischen den Weltkriegen", in *Zeitschrift für Religionswissenschaft* 6(1998), Marburg.
Smith, Wilfred Cantwell, *Towards a World Theology: Faith and the Comperative History of Religion*, Philadelphia: Westminster, 1981.

노자의 평화 철학

이명권 (코리안아쉬람 대표, 동양철학)

I. 들어가는 말

왜 이 시대에 노자의 평화 철학을 말하는가? 2천5백 년의 세월이 흐른 지금도 노자의 평화적 교훈은 여전히 살아 있다고 보기 때문이다. 함석헌도 노자를 평화주의자의 첫째 사람으로 꼽은 바가 있다. 노자의 〈도덕경〉 81장 전체가 따지고 보면 인간의 평화와 행복을 위한 교훈이다. 전쟁이 끊임이 없던 춘추전국 시대에 살면서 매일 평화를 기원하는 마음으로 살았을 것이 분명하다. 오늘날 한반도의 분단 상황이나 우크라이나와 러시아의 전쟁, 하마스와 이스라엘 간의 전쟁도 여전히 평화를 추구하거나 실천하지 못하는 집단 이기주의와 최고 통치자의 철학 부재를 그 원인 가운데 하나로 꼽을 수 있다. 노자의 평화 철학을 묻는 이유도 〈노자〉 본문에 남아 있는 절실하고 심오한 사상이 오늘 한반도와 우리의 상황에 여러 가지 측면에서 교훈과 시사점을 주고 있다고 판단하여 몇 가지 쟁점을 중심으로 노자의 평화 철학을 재구성하여 보았다.

본론 1장에서 모든 형태의 다툼과 전쟁을 반대하고 평화를 추구한

'부쟁(不爭)'의 정신에 대하여 노자의 철학 중에 아주 중요한 개념인 '부드러움을 간직함(守柔)'과 '비우고 고요함(虛靜)', 그리고 '마음을 비우고 배를 채우라(虛心實腹)'하는 측면을 통해 다소 상대적으로 소극적 의미의 평화 개념을 고찰하였다. 2장에서는 화광동진(和光同塵)의 적극적 평화를 논하면서 '좌기예(挫其銳), 해기분(解其紛)', '화기광(和其光), 동기진(同其塵)'의 의미를 평화적 관점에서 되새겨 보았다. 그리고 평화에 이르는 제3의 길로서 '현동(玄同)'의 철학을 말했다.

3장에서는 무위이치(無爲而治)의 자연적 평화를 말하면서, 사람이 본받아야 할 도리로서의 도법자연(道法自然)과 '최상의 평화', 무위자연의 길로서의 '현덕(玄德)'의 철학을 말했다. 그 '현덕'의 길은 바로 일상생활 속에서 소박한 삶으로 돌아가는 '복귀어박(復歸於樸)'을 의미하는 것이다. 이 같은 일련의 연구를 통하여 노자의 평화 철학은 우리에게 주는 의미를 깊이 성찰해 보는 계기가 될 것으로 생각한다.

II. 본론

1. 부유부쟁(夫唯不爭)의 소극적 평화

〈노자〉 22장에 "오직 다투지 않으므로 천하가 그와 더불어 다투지 않는다."[1]고 했다. 다투지 않음(不爭)은 노자 사상의 중요한 한 부분이

---

1) "夫唯不爭, 故天下莫能與之爭"

다. '부쟁'은 평화로 가는 첫걸음이다. 개인과 개인, 집단과 집단 나라와 나라 간의 '부쟁'의 정신이 평화를 이루는 기초가 된다. 〈노자〉 5천 자의 글자 가운데 '부쟁'이라는 단어는 8번 정도 나온다. 이러한 '부쟁'의 정신은 노자가 즐겨 사용하는 개념인 '수유(守柔)', 즉 '부드러움을 간직함'과 '허정(虛靜)' 즉, '텅 비우고 고요함'은 '다투지 않음'의 '부쟁'의 정신과 상통한다. 이러한 '부쟁'의 정신을 유지하기 위해 '부드러움을 간직함'과 '비우고 고요함'이 필요하다. 평화를 유지하기 위한 소극적 방법으로서의 두 가지에 해당하는 '수유'와 '허정'을 좀 더 구체적으로 살펴보자

1) '부드러움을 간직함(守柔)'
〈노자〉 52장에 이런 구절이 있다.

> "작은 것 볼 줄 아는 것을 밝음이라 하고, 부드러움을 간직하는 것을 강하다고 한다. 그 지혜의 빛을 사용하여 다시 그 밝음으로 돌아가면 자기 몸에 재앙을 남기지 않게 되니 이것이 항상성을 익히는 것이다."[2]

부드러움을 간직한다는 '수유(守柔)' 개념은 노자에게서 아주 중요한 부분이며, "부드럽고 유약한 것이 단단하고 강한 것을 이긴다(柔弱勝剛强)"하는 〈노자〉 36장의 말과도 통한다. 〈노자〉 76장에서는 다음과 같이 생명의 유약함에 대해 언급하며 유약함이 도의 성질임을 비유적으로 설명하고 있다.

---

2) "見小曰明, 守柔曰强. 用其光, 復歸其明, 無遺身殃, 是謂襲常."

"사람이 태어날 때는 부드럽고 약한데, 죽으면 뻣뻣해진다. 만물과 초목이 생겨날 때는 부드럽고 여린데 죽으면 바짝 마른다. 그러므로 뻣뻣한 것은 죽음의 유형이고 유약하고 미세한 것은 삶의 유형이다. 그러므로 병사를 사용함에 강하기만 하면 이기지 못하고, 나무도 단단해지면 잘리게 된다. 강대한 것은 아래로 처하게 되고 유약하고 미세한 것은 위에 처한다."[3]

노자는 삶과 죽음의 유형을 '부드러움'과 '단단함'으로 비유하면서, 인생이 태어날 때의 모습이나, 초목이 자라날 때의 모습이 모두 부드럽고 유약하다고 하면서 죽음의 무리인 단단하고 강대한 것보다는 부드러운 생명의 미학을 강조하고 있다. 노자의 부드러움의 미학은 여기서 그치지 않고 〈노자〉 78장에서 "천하에 물보다 부드럽고 약한 것이 없지만, 굳세고 강한 것을 공격하는 데는 물보다 뛰어난 것은 없다."라고 하여, 부드러운 물의 강함을 역설적으로 말해 주고 있다. 이러한 물의 부드러움이 지니는 훌륭한 '도'의 '부쟁(不爭)의 가치'는 〈노자〉 8장의 '상선약수(上善若水)'에 대한 교훈에서도 알 수 있지만, 〈노자〉 43장에서는 "천하에서 지극히 부드러운 것(至柔)[4]이 천하의 지극히 견고한 것을 지배한다. 형체가 없는 무는 틈이 없어도 들어가니 나는 이로써 무위가 유익하다는 것을 안다."[5]고 했다. 이 같은 노자의 진술은 '부드러움'의 철학이 생명과 평화에 어떠한 역할을 할 수 있는지를 충분히 숙고하게 한다.

---

3) "人之生也柔弱, 其死也堅强. 萬物草木之生也柔脆, 其死也枯槁. 故堅强者死之徒, 柔弱者生之徒. 是以兵强則不勝, 木强則兵. 强大處下, 柔弱處上."
4) 〈노자〉 43장의 '지유(至柔)'의 문제에 대해서 필자는 "지유(至柔)와 로마를 정복한 예수의 온유(溫柔)"라는 제목으로 비교 서술한 바 있다. 비교. 이명권, 『노자왈 예수 가라사대』 (서울: 열린서원, 2017), 43-47.
5) "天下之至柔, 馳騁天下之至堅, 無有入無閒, 吾是以知無爲之有益."

〈노자〉 28장에는 "수컷을 알고 암컷을 간직하면 천하의 시내(골짜기)가 될 수 있다. 천하의 시내가 되면 늘 덕이 떠나지 않아 갓난아이(어린아이)로 되돌아갈 수 있다."[6] 여기서 '수컷을 알고(知雄)' '암컷을 지키는 것(守雌)'에 대하여 남성성을 알고 여성성을 간직하는 것으로 설명될 수 있으며, 이렇게 될 때 천하의 시내가 되어 마침내 어린아이처럼 될 수 있다는 것이다. 노자에게서 어린아이, 곧 '영아(嬰兒)'는 갓난아이의 부드러움을 상징하며 동시에 순수성을 말하는 '도(道)'의 비유 중 하나다.

수컷의 용감하거나 강성함도 중요하지만, 동시에 암컷의 부드러움과 나서지 않는 겸손함이 노자에게 중요한 덕목이 된다는 것이다. 리지아모(李嘉謨)는 "수컷이 움직여 창성하게 하고 암컷은 고요히 처한다. 움직여 나가지만 반드시 고요히 돌아오게 마련이다. 그러므로 천하의 시내가 된다."[7]고 해석했다. 앤푸(嚴復)는 "암컷을 간직함(守雌)이란 고요함을 지탱하는 것이며, 후면에 처하는 것이요, 부드러움을 간직한다는 것이다."[8]라고 했다.

노자가 이처럼 수컷의 강성함을 아는 것도 중요하지만, '암컷의 여성성을 간직하라'는 교훈은 균형 잡힌 평화를 이루는 일에 아주 중요한 요소로 설명하고 있음을 볼 수 있다. 리야오서(李約瑟)는 『중국 과학기술사』의 제2권 『과학 사상사·도가와 도가사상』에서 여성성으로서의 '음성(陰性)'은 유가(儒家)에서 말하는 '양성(陽性)'의 진취성과 강경

---

6) "知其雄, 守其雌, 爲天下谿. 爲天下谿, 常德不離, 復歸於嬰兒."
7) 劉康德, 『老子』(上海: 上海辭書出版社, 2018), 81. "雄動而倡, 雌靜而處, 動必歸靜, 故爲天下溪"
8) 劉康德, 『老子』, 81. "'守雌'含有持靜, 處后, 守柔的意思."

함에 비해 "관용, 유순, 인내, 사양하고 물러섬, 신비와 승수(承受)"의 의미를 상징한다고 보았다.[9] 노자는 〈도덕경〉 전반에 걸쳐서 '부드러움과 인내, 양보와 겸허'의 미덕을 강조하고 있는데, '부드러움을 간직함'의 의미도 이와 같은 것이다. 이는 처세의 원칙과도 같아서 사회적 평화를 이루는 중요한 덕목이다. 개인은 물론 사회적 평화를 이루는데는 '부드러움'의 철학 외에도 '비우고 고요함'을 중시하는 '허정'의 원리도 중요하다.

2) '비우고 고요함(虛靜)'

(1) '치허극(致虛極) 수정독(守靜篤)'의 평화

노자는 평화에 이르는 중요한 방법 가운데 하나로 '비우고 고요함'이라는 '허정(虛靜)'의 원리를 말하고 있다. 〈노자〉 16장에는 인간의 마음을 다스리는 수양의 문제에 대해 "치허극(致虛極) 수정독(守靜篤)"이라는 말로 요약한다. "비움을 끝까지 이르게 하고, 고요함을 돈독히 하라"는 뜻이다. 〈노자〉 16장의 내용을 살펴보자.

"비움(虛)의 지극함에 이르고 고요함(靜)을 독실히 지켜라. 만물이 함께 자라나는데, 나는 그 돌아감을 바라본다. 대저 만물은 무성하게 자라지만 각기 그 뿌리로 되돌아간다. 뿌리로 돌아가는 것을 '고요함'(靜)이라 한다. 이를 일러 생명을 회복하는 것(復命)이라 한다. 생명을 회복하는 것을 '사물 변화 법칙의 항상성'(常)이라 한다. 변화의 항상성을 아는 것을 '밝음'(明)이라 한다. 변화의 항상성을 알지 못하면, 망령되이 흉한 일을 저지르게 된다. 변화의 항상성(常)을 알면 포용하게 되고, 포용하면 공평하게 되며, 공평하면 왕이 되고, 왕이 되

---

9) 劉康德, 『老子』, 81. "寬容, 柔順, 忍耐, 退讓, 神祕和承受."

면 하늘과 같게 된다. 하늘과 같게 되면 곧 도(道)에 이르고, 도에 이
르면 오래갈 수 있으니, 죽을 때까지 위태롭지 않다."[10]

노자는 비움을 고요히 하여(虛靜), 근원의 자리에 이르고(歸根), 생명
을 회복할 것(復命)을 말하고 있다. 이렇게 될 때, 비로소 포용과 공평
그리고 천도(天道)에 이르러 죽을 때까지 위태롭지 않은 삶(歿身不殆)을
살게 된다. 이른바 평화로운 삶의 실현은 텅 빈 고요의 '허정'에서 시
작되는 것임을 말하고 있다. 여기서 '허(虛)'는 마음이 텅 비고 맑은 무
욕(無欲)의 상태를 말하고, '정(靜)'은 무위(無爲)의 상태로 안정을 취하
는 것을 뜻한다.[11] 무욕의 마음으로 무위의 안정을 구하는데 평화가
없을 수 있겠는가? 다만 상대로부터 가해지는 불합리한 폭력의 경우에
대해서는 정당한 방어의 방법과 자세 등에 있어서 다양한 논의가 가능
할 것이다. 다만 노자가 말하는 '허정'은 누구나 그와 같은 자세를 취해
야 한다는 것이지, 어느 한쪽만 취해서 되는 일은 아니라는 점이다.

천지 만물이 함께 분분히 초목이 무성하듯 사건들이 발생하지만,
모두가 그 뿌리로 돌아간다는 사실을 노자는 지적한다. 뿌리(根)는 근
본, 본원(本原)을 말한다. 뿌리, 곧 근본으로 돌아가는 것을 '고요함(靜)'
이라고 하였고, '고요함'을 일러 '복명(復命)'이라 하였으니, 복명은 원
래 주어진 '본성'(바탈)으로 돌아감을 뜻한다. 노자에게서 본래 주어진
'바탈'은 선악의 이분법으로 판단 될 수 없는 근원의 자리다. '생명 그
자체의 자리'라고 할 수도 있다. 이러한 '복명'을 함석헌은 '하나님의

---

10) "致虛極 守靜篤. 萬物竝作, 吾以觀復, 夫物芸芸, 各復歸其根. 歸根曰靜, 是爲復命.
復命曰常, 知常曰明, 不知常, 妄作凶. 知常容, 容乃公, 公乃王, 王乃天, 天乃道, 道
乃久, 歿身不殆."
11) 劉康德, 『老子』, 47.

자리로 돌아감', 혹은 '하나님과 하나 됨'이라고 표현했다. 폭력이 더 이상 지배할 수 없는 지극한 평화의 자리가 될 것이다.

'정(靜)' 곧 고요함이란 천지 만물의 본원이고 보면, 경거망동의 행동과 폭력적 행위는 더욱 안 되고, 자연의 본성에도 위배 되는 행위가 된다. 이러한 고요함을 사회와 국가 생활에서 적용하면, 포용, 공평함으로 나타난다. 노자가 제기하는 이러한 '치허(致虛)'와 '수정(守靜)'의 수련 방법은 도의 실현 방법이기도 하다. 이러한 노자의 '정(靜)' 사상은 유가(儒家)의 '주정(主靜)'12) 사상과 일맥상통한 바가 있다. 더 나아가 도가(道家)에서 '정'은 '신명(神明)'을 뜻하거나, 인식을 넓히고, 사리를 밝히는 것과 통한다. 그것은 마치 물이 고요해지면 능히 눈썹도 비추일 수 있는 원리와 같다. 이는 또 명대(明代) 이학(理學)자 방효유(方孝孺)가 "고요해지면 밝고, 움직이면 어지럽다"13)라고 한 것과 맥락을 같이 한다. 이를 기초로 하여 여곤재(呂坤在)는 다음과 같이 말했다.

> "천지간에 진정한 맛이 있다면, 오직 고요함이 능히 맛을 볼 것이다. 천지간에 진정한 방아쇠가 있다면, 오직 고요함이 능히 보고 뚫을 것이다. 천지간에 진정한 정경(情景)이 있다면 오직 고요함이 능히 알아차릴 것이다."14)

이처럼 노자에게서 '허(虛)'는 도의 '체(體)'에 해당한다면, '정(靜)'은 도의 '용(用)'에 해당하는 것으로 '허정'은 도의 체용 관계가 되어 도의

---

12) "靜則凝重, 靜中境自是寬闊."〈呻吟語〉卷一. cf.劉康德, 『老子』, 48.
13) "靜則明, 動則眩."〈靜齋記〉. cf.劉康德, 『老子』, 48.
14) "天地間眞滋味, 惟靜者能嘗得出. 天地間眞機括, 惟靜者能看得透. 天地間眞情景, 惟靜者能題得破."〈存心〉. cf.劉康德, 『老子』, 48.

정신을 수련하고 수양하는 이에게 중요한 관건이 된다. 이러한 허정의
수련은 개인의 평화를 가져올 뿐 아니라, 허망한 행위(妄作)를 드러내
지 않음으로써 사회와 국가적 차원에서도 평화를 이루는데 중요한 철
학적 출발점이 되는 것이다.

(2) '허기심(虛其心) 실기복(實其腹)'의 평화
〈노자〉 3장에는 성인(聖人)의 리더십이 나온다. '마음을 비우고 그
배를 채우라'는 '허심실복(虛心實腹)'의 사례다. 전문을 먼저 살펴보자.

> "현명함을 숭상하지 않음으로써, 백성들이 다투지 않게 해야 한
> 다. 얻기 어려운 재화를 귀하게 여기지 않음으로써, 백성들이 도둑질
> 하지 않게 해야 한다. 욕심낼만한 것을 보이지 않음으로써, 백성들의
> 마음이 어지럽지 않게 해야 한다. 그러므로 성인의 다스림은 그 마음
> 을 비우게 하고 그 배를 채우게 하며, 그 뜻을 약하게 하고 그 뼈를
> 강하게 한다. 늘 백성으로 하여금 지식이 없게 하고 욕심을 내지 않
> 게 함으로써 대저 지혜롭다 하는 자들로 하여금 감히 함부로 하지 못
> 하게 한다. 억지로 함이 없으면 다스려지지 않음이 없다."[15]

"현명함을 숭상하지 않음으로써 백성들이 다투지 않게 한다."는 이
말은 노자의 '부쟁'의 정신을 잘 표현하고 있다. 백성들이 다투는 여러
가지 이유 중에 하나로 노자는 '현명함을 숭상하지 말라'는 '불상현(不
尙賢)'을 말했다. 왕필의 해석에 의하면, '현(賢)'은 '능력'이고, '상(尙)'
은 아름답게 여기는 것이다. 이는 능력 있는 사람만 숭상하게 되면 소
외된 자들은 더욱 낙오 될 뿐이니 이로써 불편부당함에 따른 다툼이

---

15) "不尙賢, 使民不爭. 不貴難得之貨, 使民不爲盜. 不見可欲, 使民心不亂. 是以聖人之治,
   虛其心實其腹; 弱其志 强其骨. 常使民無知無欲, 使夫智者不敢爲也. 爲無爲則無不治."

일어나게 마련이니, 그런 일을 하지 말라는 노자의 경고다. '재화를 귀하게 여기는 일' 또한 도둑질하는 이유가 되니 소비를 지나치게 하거나 사치를 조장하여 결국 이를 탐하는 도둑이 생기는 일을 방지하라는 것이다.

이러한 일들을 방지하기 위해서 노자는 성인의 다스림을 예를 들어서 "그 마음을 비우게 하고 그 배를 채우게 하라."고 한다. 여기에 왕필의 해석이 흥미롭다. "마음은 꾀를 품고 배는 음식을 품는다. 그러므로 잔꾀를 비우고 잔꾀 없는 것으로 채우라"[16]고 해석했다. 하지만 필자는 왕필의 이러한 해석보다는 마음으로는 비우되, 육체로서의 그 배는 채우라는 것이 노자다운 해석이라고 생각한다. 백성들이 춘추전국 시대의 굶주림이 일상화 되고 있는 상황에서 배를 채우는 일은 아주 중요했다. 이는 마치 예수가 오병이어의 기적을 이야기를 통해서도 보여 주듯이 마음은 비우고 어린아이가 내어놓은 도시락으로 오천 명이 배불리 먹고 남았다는 이야기[17]를 유의해 볼 필요가 있는 것과 같다. 중요한 것은 '마음을 비우고 배는 채우는' 실제적인 노력이 참된 평화의 조건이 되는 것이다.

이러한 정신은 〈노자〉 5장의 '허이불굴(虛而不屈)'의 정신과도 통한다. "하늘과 땅 사이는 풀무나 피리의 구멍과 같지 않은가? 비어 있어 수그러지지 않고 움직일수록 더욱(바람소리가) 나온다."[18] 는 이치와도 같다. 이른바 '허이불굴(虛而不屈)'의 평화다. 이것은 또한 〈노자〉 26

---

16) (魏) 王弼, 『老子道德經注』(北京: 中華書局, 2011), 9. "心懷智而腹懷食, 虛有智而實無知也"
17) 이명권, 『노자왈 예수 가라사대』(서울: 열린서원, 2017), 43-47.
18) "天地之間 其猶槖籥乎. 虛而不屈 動而愈出."

장의 "무거운 것은 가벼운 것의 근본이 되며(重爲輕根), 고요한 것은 조급한 것의 임금(주인)이 된다(靜爲躁君)."는 것과도 일맥상통한다. 비어 있음과 고요함, 곧 '허정(虛靜)'은 동전의 양면과도 같고, 체용(體用)의 관계와도 같기 때문이다.

2. 화광동진(和光同塵)의 적극적 평화

1) '좌기예(挫其銳), 해기분(解其紛)'

〈노자〉 4장에 '화광동진(和光同塵)'의 유명한 표현이 나온다. "빛을 누그러뜨려 먼지와 하나가 되라"는 적극적인 평화의 메시지다. 이는 도와 도의 실천에 관련된 문제다. 우선 4장 전체의 본문을 읽어보자.

> "도(道)는 비워서 쓰이니 혹 차지 않은 듯 하고, 심연(深淵)처럼 깊음이 만물의 으뜸 같다. 날카로움을 무디게 하고, 얽힌 것을 풀어주며, 번쩍거리는 것을 부드럽게 하고, 티끌과 하나가 된다. 맑고 그윽하여 혹 있는 듯하다. 나는 도가 누구의 아들인지 알 수 없으나 상제(上帝)보다 앞서는 것 같다."[19]

위의 본문에서 노자는 "그 날카로움을 무디게 하고(挫其銳), 그 얽힌 것을 풀어주라(解其紛)"고 했다. 여기서 '좌기예'는 여러 가지 방면으로 설명할 수 있지만, '인사(人事)'의 문제로 해석하면 칼끝을 예리하게 드러내면 폭력적이어서 지혜로운 행위가 아니라는 뜻이다. 이를 국가 간

---

19) "道沖而用之或不盈, 淵兮似萬物之宗. 挫其銳, 解其紛, 和其光, 同其塵. 湛兮似或存, 吾不知誰之子, 象帝之先." 필자는 화광동진을 예수의 성육신 사건에 비유한 바 있다. cf. 이명권, 『노자왈 예수 가라사대』, 43-47.

에 적용하면 살상무기의 전쟁을 주동하지 말고 얽힌 문제를 평화적으로 풀어가라는 뜻도 된다. 현실생활에서도 날카로운 성격을 지니고 살면 항상 상대와 부딪히고 마찰을 하게 된다. 다음과 같은 격언도 있다. "숲에서 나무가 높이 자라면 바람이 반드시 그 나무를 때리게 되고, 언덕이 높이 쌓이면 반드시 흘러내려 여울이 생기게 된다."[20]

『순자·유좌』 편에서도 보면, '유좌지기(宥坐之器)'라는 표현이 나온다. 이는 고대에 임금의 보좌 좌우에 안치하는 기기(攲器)로써, 지나치거나 부족함이 없도록 기울어지지 않는 균형과 평형을 교훈하고 권계(勸戒)하는 뜻에서 사용된 그릇(器)이다. 이때 '그릇'은 노자의 '도'에 해당하는 용어다. 그릇에 물을 적당하게 '중(中)'으로 채워 넣으면 '바르게(正)' 되고, 가득하게 물을 부으면 기울어져서 뒤집어진다. 따라서 이 '그릇'은 좌우명(座右銘)처럼 곁에 두어서 가르침을 되새김질하는 '도'와 같은 역할을 하는 것이다. 이것이 노자가 '좌기예'라는 말로 주는 교훈과도 통하여, 날카로움을 무디게 하고 얽힌 것을 푸는 평화의 교훈이 되는 것이다.

2) '화기광(和其光), 동기진(同其塵)'

"번쩍거리는 것을 부드럽게 하고(和其光), 티끌과 하나가 된다(同其塵)"는 화광동진은 널리 잘 알려진 노자의 교훈이다. 이러한 '화광(和光)의 정신'을 생활에 적용하면 균형 잡힌 평화로운 삶을 영위할 수 있을 것이다. '빛을 누그러뜨린다는 것(和光)'은 과도한 빛의 반사를 절제하고 조화를 이루는 것이기도 하다. 이 구절에 대하여 하상공(河上公)

---

20) "木秀于林風必摧之, 堆出于岸流必湍之."(三國李康〈運命論〉).

은 다음과 같이 해석한다. "비록 혼자 밝게 두드러진다고 해도 마땅히 어둡고 우매한 것처럼 해야지, 그 빛남을 가지고 사람을 어지럽게 해서는 안 된다는 것이다."[21]

이를 음양 조화의 관계도 해석이 가능하다. 음양이 적중하고(陰陽適中), 명암이 서로 반씩 어슷비슷 해지는(明暗相半) 것이다. 이같이 '화기광'은 빛이 너무 과다하여 혼(魂)을 상하게 하거나(明多傷魂), 어두움이 너무 지나쳐서 넋(魄)을 상하게 하는(暗多傷魄) 것을 방지하기 위한 것이다.[22]

이 같은 논리를 사람의 인사(人事)에 적용해 보면, 번쩍거리는 현란한 광고와 요란한 자랑들은 실속이 없는 경우가 허다하다. 한 걸음 더 나아가서 번쩍거리는 지위나 권세를 가지고 낮은 자들을 억압한다면 더욱 폭력적인 행위가 된다. 땅속에 묻힌 보석도 원래 흙 속에서는 번쩍거림이 없다. 자연 상태는 그러하다는 것이다. 보석이 인간의 손에 발견된 이후에는 손질하고 닦아서 빛을 발하게 되지만, 이것이 금은보화로 인간 탐욕의 대상이 되기도 한다. 빛이 지나치게 밝거나 빛이 없이 지나치게 되면 인간의 혼백이 상하게 되는 경우와 같이, 이를 방지하기 위해서 번쩍거림을 적극적으로 조율하여 음양의 조화와 균형을 도모하는 평화의 철학을 배워야 할 것이다.

중국의 위진(魏晉)시대 죽림칠현의 한 사람인 혜강(嵆康)이 그의 뛰어난 재주를 누그러뜨리지 못하여 끝내 죽임을 당한 경우와는 다른 측면이 있지만, 무력과 권력으로 빛을 과다하게 뿜어대는 오늘날의 국지적 전쟁의 경우는 과연 '화기광'의 진실을 외면하고 평화를 멀리하는

---

21) (漢) 河上公, 『道德經集釋』(上冊) (北京: 中國書店, 2015), 7. "言雖有獨見之明, 當如暗昧, 不當以曜亂人也."
22) 劉康德, 『老子』 15.

것이라고 볼 수 있다.

"티끌과 하나가 된다."는 '동기진(同其塵)'의 경우는 어떤가? 이는 '화광'의 차원에서 한 단계 더 들어가서 보다 적극적으로 '티끌과 하나 되기'다. 이는 마치 예수가 하느님의 아들로 왔다고 하지만 갈릴리의 가난하고 소외된 민중들과 삶을 같이 하다가 생을 마감한 사례에도 비교된다. '동진(同塵)'에 대한 하상공의 해석을 보면, "마땅히 일반 백성들과 더불어 때 묻은 티끌처럼 하나가 되어야지 자신만이 유별나게 구별해서는 안 된다."[23]고 했다. 이는 오늘날의 상황도 마찬가지다. 함석헌이 '씨올로서의 민중'과 하나가 되어야 하고, 노자가 '백성의 마음으로 나라를 다스려야 한다(以百姓心爲心)'고 했던 이치와도 통하는 이야기다.[24] 이처럼 노자는 '화광동진'의 도의 원리를 백성과 함께하는 평화의 실천철학으로 말하고 있다.

3) 평화에 이르는 제3의 길, '현동(玄同)'의 철학

〈노자〉 56장에는 노자 특유의 개념인 '현동(玄同)', 곧 현묘하게 하나 됨의 철학을 말하고 있다. 56장 전문을 살펴보자.

"아는 자는 말하지 않고, 말하는 사람은 알지 못한다. 그 구멍을 막고, 그 문을 닫으며, 그 날카로움을 꺾고, 그 엉킨 것을 풀며, 그 빛을 누그러뜨리고, 세속의 먼지와도 함께한다. 이것을 가리켜 현묘하게 하나 되는 것이라 한다. 그러므로 가까이 할 수도 없고 멀리 할 수도 없으며, 이롭게 할 수도 없고 해롭게 할 수도 없으며, 귀하게 할 수도 없고 천하게 할 수도 없으니, 그리하여 천하의 귀한 것이 된다."[25]

---

23) (漢) 河上公, 『道德經集釋』(上冊), 7.
24) 이명권, "함석헌의 동양사상과 한반도 평화통일", 「함석헌과 평화통일」(2023), 10.

위의 본문에서 '화기광, 동기진'의 표현이 앞선 4장과 같이 중첩되어 나온다. 이는 편집상의 의도나 아니면, 또 다른 맥락의 전승 자료가 편입되었을 것으로 생각된다.[26] 하지만 앞선 4장의 짧은 문장에 비해 56장에서는 설명 부분과 앞뒤 맥락이 달라서 새롭게 이해되는 일면이 있다. 더구나 '현동'에 대한 구체적인 언급도 나온다. 4장에서는 '화광동진'이 "그 날카로움을 무디게 하고(挫其銳), 그 얽힌 것을 풀어주라(解其紛)"에 이어지고, 그 이전에는 "도(道)는 비워서 쓰이니 혹 차지 않은 듯 하고, 심연(深淵)처럼 깊음이 만물의 으뜸 같다(道沖而用之或不盈)"는 구절로 이어진다. 이는 '도의 체(体)'는 '비어 있어 그 쓰임이 항상 가득 차있지 않음과 같다'는 의미에서 연속되는 '화광동진'의 뜻이었다.

56장에서의 '화광동진'은 그 앞에서 묘사되는 "그 구멍을 막고(塞其兌), 그 문을 닫으며(閉其門), 그 날카로움을 꺾고(挫其銳), 그 엉킨 것을 풀며(解其分)"라는 문장에 이어서 나타난다. 이는 그 어떠한 편파성이나 치우침이 아예 사라진 '현묘한 하나 됨'으로서의 '현동(玄同)'이 되는 것이다. 노자가 말하는 이 '현묘한 하나 됨'의 도는 추상적인 것만이 결코 아니다. 오히려 적극적으로 실천하여 얻어지는 제3의 길이다. 이러한 길은 위의 본문이 언급하는 것처럼, "가까이할 수도 없고 멀리할 수도 없으며, 이롭게 할 수도 없고 해롭게 할 수도 없으며, 귀하게

---

25) "知者不言, 言者不知, 塞其兌, 閉其門, 挫其銳, 解其分, 和其光, 同其塵, 是謂玄同. 故不可得而親, 不可得而疏, 不可得而利, 不可得而害, 不可得而貴, 不可得而賤, 故爲天下貴."

26) 마쉬룬(馬叙倫)이나 천꾸잉(陳鼓應) 같은 학자는 4장의 '화광동진'이 잘못 삽입되었다고 본다. 하지만 다른 학자들은 장양밍(張揚明)이나 까오밍(高明) 등은 〈노자〉 책 전체에 같은 용어가 중복되어 나타나는 곳이 여러 곳이라는 점에서 부당한 오류나 삽입이 아니라고 주장한다. 비교. 劉康德, 『老子』, 374.

할 수도 없고 천하게 할 수도 없으니, 그리하여 천하의 귀한 것"이다.

오늘날 남북한이 공산주의와 자본주의로 체제가 갈라져 있다. 그러니 가까이할 수도 없지만 그렇다고 멀리할 수도 없는 동족(同族)이다. 이념은 멀지만, 민족으로는 하나다. 사회주의와 민주주의의 이념도 다르고 70여 년간 분단되어 온 민족의 체제와 갈등이 없을 수 없다. 그럼에도 불구하고 노자의 '현동'의 지혜를 배우면 불가능한 것만도 아니다. 〈노자〉 4장에서 "도는 비어서 쓰인다."라고 했다. 서로가 서로를 비우면 그 쓰임이 커서 하나가 되기에 점점 가까이 갈 수 있다. 이것이 제3의 길, '현동'이다. 도의 길은 사람에게서 멀리 떨어져 있는 것이 아니다(道不遠人). 도는 우리의 일상생활 속에 있는 것인데 인간이 그것을 발견하지 못하거나 실천하지 못할 뿐이다. 제도와 이념이라는 장벽이 가로막히면 더욱 도의 실행은 멀어진다.

〈노자〉 56장의 '화광동진' 앞 문장에 이어지는 "그 구멍을 막고(塞其兌), 그 문을 닫으라(閉其門)"는 말은 무슨 의미일까? 이 문장의 해석은 비록 다양하지만 크게는 인간의 언어행위에 대한 조심성을 말한다. 하상공은 이 문장에 대해 "막고 닫는 것은 욕망의 근원을 끊고자 하는 것"[27]이라고 했다. 같은 문장이 〈노자〉 52장에도 언급되는데 그곳에서 하상공은 "그 구멍을 막는다(塞其兌)"고 했을 때의 '태(兌)'를 '눈(目)'이라고 하여 "눈이 망령된 것을 보지 말아야 한다."고 했고, "그 문을 닫으라(閉其門)"고 했을 때의 '문(門)'은 '입(口)'을 뜻한다고 하여, "입으로 망령된 말을 하지 말아야 한다."고 해석했다.[28]

왕필(王弼)은 "그 구멍을 막고(塞其兌), 그 문을 닫으라(閉其門)"는 말

---

27) (漢) 河上公, 『道德經集釋』(上冊), 76. "塞閉之者, 欲絶其源".
28) (漢) 河上公, 『道德經集釋』(上冊), 70. "兌, 目也. 目不妄視. 門, 口也. 使口不妄言."

에 대하여 이렇게 해석한다. "태(兌)는 욕심거리가 생겨나는 곳이요, 문(門)은 욕심거리가 좇아가는 곳이다."²⁹⁾ 하상공이 '태와 문'을 각각 '눈과 입'으로 지칭하고 있는 반면에, 왕필은 욕심거리가 생겨나는 곳과 좇아가는 것으로 조금 다르게 해석한 차이가 있다. 하지만 '눈과 입'도 욕심에서 나는 것이라면 큰 차이는 없다. 『회남자·도응훈』(淮南子·道應訓)에 의하면, 고유(高誘)가 해석하기를 "태(兌)는 귀, 눈, 코, 입이다."³⁰⁾ 했다.

이렇게 보면 '태와 문'은 '눈과 입'을 포함한 이목구비의 총칭으로 보아도 무방하다. 이목구비는 즐기고자 하는 구멍이다. 그중에 눈과 입의 역할은 크다. 특히 〈노자〉 56장 서두에서 '아는 자는 말하지 않고(知者不言), 말하는 사람은 알지 못한다(言者不知)'라 하여 말의 중요성과 그 침묵에 대한 교훈을 말한 것에 이어지는 문장으로 볼 때, 도의 실천이 언행에 있어서 얼마나 비중이 큰 것이며, 평화를 파괴하는 온갖 갈등의 원인도 눈과 말의 일체 그릇된 욕망에서 출발하는 것으로 이해 가능하다. 물욕에 찬 사람의 말(口)이나, 물욕에 가득 찬 사람의 보는 눈(目)으로 하지 말고 예리함을 꺾고 분을 풀며, '화광동진'하여 세속의 먼지와도 깊이 화동(和同)³¹⁾하는 '현동'의 길을 택하라는 것이다.

이러한 길은 '수신(修身)'³²⁾을 통하여 가능한 것으로 평화의 길도 '말

29) (魏) 王弼, 『老子道德經注』(北京: 中華書局, 2011), 143. "兌, 事欲之所由生. 門, 事欲之所從生也."
30) 羅義俊, 『老子譯注』(上海: 上海古籍出版社, 2012), 116. "兌: 耳, 鼻, 口也." 위계붕(魏啓鵬)도 '태(兌)'를 이목구비와 같은 사람의 구멍(孔竅)이라고 했다. 비교. 陳鼓應, 『老子今注今釋』(北京: 商務印書館, 2015), 278. 『老子註譯及評介』(北京: 中華書局, 2010), 273.
31) 鄭張歡, 『老子今釋』(齊南: 齊魯書社, 2011), 99.
32) 馮振, 『老子通證』(上海: 華東師範大學出版社, 2012), 89. "塞其兌, 閉其門; 修身也."

과 눈'의 훈련이 필요한 것이다. 이러한 수신의 과정을 거쳐 훈련되는
평화의 길은 소극적인 수신에 그치는 것이 아니라, 적극적으로 이웃과
하나 되고 백성과 하나 되며 분단된 민족과도 하나 되는 노력이 필요
하다. 도의 길은 평화의 길이며, 평화의 길은 언어로서만 불가능하다.
그러므로 언행에 있어서 반드시 멈추어야 할 때 멈추어야 하고 말문을
닫거나 눈감아야 할 때 욕망의 눈을 감아야 한다. 땅의 경계를 넓히고
자 하는 끝없는 욕망은 오직 살육을 감행하는 폭력과 피의 보복이라는
악순환이 거듭될 뿐이다. "색기태, 폐기문"의 '막고 닫는' 일은 보배와
같은 도의 비밀을 은밀히 간직해 두는 것[33]과 같다.

　침묵의 언어(智者黙)와 사랑의 응시로 화해와 평화의 길을 열어가는
일이 무엇보다 필요하다. 이것이 '도의 체'와 '도의 용'을 합일해 가는
방법이 될 것이기 때문이다. 오늘날 '도의 체(体)' 곧, '화광(和光)'이 발
현되는 장소는 남북한 분단 현실의 한반도다. 이를 극복하기 위한 '도
의 용(用)' 곧 적극적인 평화의 방법은 '동진(同塵)'에 있다. 예수처럼
씨올 민중과 함께 '성육신의 길'과 '십자가의 길'을 가야 할 것이다.
이것이 제3의 길인 '현동' 곧 평화의 길이다. '현동'은 일종의 생활의
지혜일 수도 있으나, 인생의 경계(境界)이기도 하다. '현동'이 요구하는
것은 일체의 사욕을 멀리하고 지배와 압제를 거부하며, 세속적인 편협
한 인륜 관계까지 넘어서는 '무위(無爲)'와 '무욕(無欲)'의 경계에서 이
루어지는 큰 하나의 경지이기 때문이다.

33) (宋) 林希逸, 『老子鬳齋口義』(上海:華東師範大學出版社, 2009), 61. "必塞兌閉門,
而藏之於密"

3. 무위이치(無爲而治)의 자연적 평화

1) 사람이 본받아야 할 도리, 도법자연(道法自然)

노자가 강조하는 '도'는 언어로써 설명할 수 있는 도가 아님을 〈노자〉 1장에서 "도를 도라고 하면 늘 그러한 도가 아니며(道可道非常道), 이름을 붙여 이름 하면 늘 그러한 이름이 아니다(名可名非常名)"라고 분명히 밝히고 있다. 그럼에도 불구하고 노자는 오천 자 글자를 빌어서 도를 설명하고 있는데, 대부분 비유를 들어 도를 설명하고 있다. 도는 인간이 본받아야 할 규범이자 삶의 원리로서 작용한다. 도에 입각한 삶은 '상선약수(上善若水)'와 같이 부드러워 일정한 규정에 얽매이지 않고 흐름에 자유로우며 만물을 이롭게 하되 다투지 않는다. 이러한 도의 훌륭한 성질을 인간이 본받아 살아야 할 것으로 노자는 비유를 통해서 말하고 있다.

이러한 '도'의 그 현묘(玄妙)함은 세상 만물이 생성되는 '온갖 오묘한 문(衆妙之門)'으로 끊임없이 작용하며 순환한다. 문제는 우리가 살고 있는 이 세상의 현장이 물의 흐름처럼 부드럽고 유연하며 다투지 않는 삶이 아니라 오히려 부단히 다투고 전쟁을 일으키며 피를 흘리는 갈등과 투쟁의 역사라는 점이다. 이 갈등과 투쟁의 역사 현장에서 '도'를 수행하고 실천하는 사람이 가져야 할 자세는 무엇인가 하는 질문에 응답해야 할 필요가 있다. 특히 평화의 문제와 관련하여 도의 실천은 어떠한 함수 관계가 있는지도 고려해야 한다. 이러한 문제를 염두에 두고 〈노자〉 본문이 주는 평화의 철학이 무엇이며, 그 궁극적 평화에 해당하는 '무위이치(無爲而治)'의 자연적 평화에 대해서도 고려해 볼 필요

가 있다. 이러한 무위 자연적 평화의 이상 상태에 대하여 〈노자〉 17장
에서 '순박하고 소박한 풍속의 세상'에 대해 말하고 있다. 그 전문을
살펴보자.

> "가장 훌륭한 지도자는 사람들이 그 존재 정도를 알 뿐이며, 그다
> 음의 지도자는 사람들이 가까이하며 칭찬하는 지도자이고, 그다음의
> 지도자는 사람들이 두려워하는 지도자이며, 그다음의 지도자는 사람
> 들이 업신여기는 지도자다. 신의가 부족한 삶은 불신이 따르게 마련
> 이다. 말을 귀중히 하여 삼가야 할 것이다. 공이 이루어지고 일이 완
> 수되면, 백성이 모두 '우리 스스로 그러한 것이다'라고 한다."[34]

〈노자〉 17장에 대하여 하상공은 '순풍(淳風)'이라는 제목을 달았다.
'순박한 풍속'이라는 뜻이다. 그 이유는 본문 첫 구절에도 알 수 있다.
"가장 훌륭한 지도자는 사람들이 그 존재 정도를 알 뿐이다(太上, 下知
有之)."[35]는 점이다. 여기서 가장 훌륭한 고대의 지도자는 왕을 뜻한다.
그러한 최상의 지도자인 왕에 대하여 백성들은 그 왕의 존재하고 있는
정도만 알 뿐이라는 것이다. 이러한 경우에 대하여 왕필은 다음과 같
이 해석한다.

> "태상(太上)은 대인(大人)이다. 대인이 윗자리에서 무위의 일에 거하
> 고, 말 없는 가르침을 행하며, 만물이 일어나더라도 첫머리가 되지 않

---

34) "太上, 下知有之. 其次, 親而譽之. 其次, 畏之. 其次, 侮之. 信不足焉, 有不信焉. 悠兮,
   其貴言. 功成事遂, 百姓皆謂我自然."
35) "太上, 下知有之"라는 문구는 〈죽간본〉이나 〈왕필본〉에 따른 통행본에서 통용되
   고 있지만, 吳澄本, 明太祖本, 焦竑本, 등에서는 '不知有之'라고 하여 '不'자를 사
   용하고 있다. 뜻은 "태상의 존재를 있는지도 알지 못한다"는 뜻이다. 오히려 이
   런 뜻이 노자의 전체 맥락에 더 깊은 의미를 주는 것이라고 생각된다. 비교. 陳
   鼓應, 『老子註譯及評介』(北京: 中華書局,2010), 129. 饒尙寬, 『老子』(北京: 中華
   書局, 2006), 43.

는다. 그러므로 아랫사람들은 대인이 있다는 것을 알기만 할 뿐이다."[36]

　최상의 지도자보다 약간 못한 그다음의 지도력을 가진 임금에 대해서는 "사람들이 가까이하며 칭찬하는 지도자(親而譽之)"다. 최상의 지도력에 미치지 못하는 지도자는 "무위로써 일을 행하지 못하고 말 없는 가르침을 주지 못하기 때문에, 선을 내세워 베풀기 시작하니 백성들이 가까이하고 찬양한다."[37]고 왕필은 해석한다. 최상의 지도력에 못 미치는 세 번째 단계의 지도자는 아랫사람들이 두려워하는 대상(畏之)이고, 마지막 네 번째 단계의 지도자는 아랫사람들이 업신여기는(侮之) 대상이 된다. 이러한 이유는 지도자가 미덥지 못하므로 백성들도 불신하게 된다. 그리하여 가장 훌륭한 지도자는 말을 아끼고 신중히 한다(貴言). 예나 오늘이나 이런 문제는 동일하다. 신중하지 못한 지도자의 언행은 모든 분란의 원인이 될 수 있기 때문이다.

　〈노자〉 23장에서도 "말을 아끼는 것이 자연스럽다(希言自然)"라고 했다. 하상공도 '희언(希言)'을 '애언(愛言)'이라 하여, 말을 아끼는 것이 자연지도(自然之道)라 했다. 이러한 언어의 측면과 더불어 인간이 도를 실천한다고 할 때 반드시 모범을 삼아야 하는 일에 대해서 노자는 천지(天地)와 '스스로 그러한' 자연(自然)을 들어서 설명한다. 〈노자〉 25장에는 '도'의 속성에 해 설명한 다음 마지막 구절에서는 '도법자연(道法自然)'이라는 유명한 구절을 말하고 있다. 25장 전문을 살펴보자.

36) (魏) 王弼, 『老子道德經注』, 43. "太上, 爲大人也... 大人在上, 居無爲之事, 行不言之教. 萬物作焉而不始, 故下知有之而已."
37) (魏) 王弼, 『老子道德經注』, 43. "不能以無爲居事, 不言爲教, 立善行施, 使下得親而譽之也."

"천지가 생겨나기에 앞서서 무언가 섞여서 이루어진 것이 있었다. 고요하고 텅 비어 홀로 서서 고침(변함)이 없고, 두루두루 행하지만 위태하지 않으니 가히 천하의 어머니라 할 수 있다. 나는 그 이름을 알 수 없으니 글자를 빌어 말하자면 도라 할 수 있고, 억지로 이름을 붙이자면 대(大)라 할 수 있다. 대(大)는 크기에 가게 마련이고, 서 (逝)는 가기에 멀어지는 것이며, 원(遠)은 멀어지기에 돌아오는 것 (反)이라 말할 수 있다. 그러므로 도가 크고 하늘도 크고 땅도 크고 왕도 크다 할 것이다. 우주에 네 가지 큰 것이 있으니, 왕도 그 가운 데 하나다. 사람은 땅을 본받고, 땅은 하늘을 본받으며, 하늘은 도를 본받고, 도는 자연을 본받는다."[38]

위의 본문에서 '도'는 천지가 형성되기 전부터 있었다는 전제와 그 성질은 텅 비고 홀로 있어 변개함이 없고(獨立不改)' 온 우주에 편만하게 두루 행하니(周行而不殆), 천하의 어머니라고 부른다. 그러한 도의 속성은 크고, 멀리 미치며 다시 돌아오는 순환의 속성을 가진다. 그리하여 큰 도는 하늘도 있고 땅도 그러하고 사람 또한 크다는 것이다. 문제는 사람이 어떻게 하여야 하는 것이다. 이를 두고 노자는 "사람은 땅을 본받고, 땅은 하늘을 본받으며, 하늘은 도를 본받고, 도는 자연을 본받는다."라고 했다. 이는 사람이 마땅히 땅에 발을 디디고 살면서 땅의 지리적 조건과 자연환경에 따라서 살아야 하는 것임을 말하는 것이고, 동시에 땅은 하늘의 사시운행(四時運行)과 관련하여 태양과 우주 공간의 별들의 작용 그리고 하늘에서 내리는 비와 기후 조건에 따라 땅도 생명을 이어간다는 것이다. 그런데 하늘은 어떻게 운행되는가? 이 또한 '도의 법칙'에 따른다는 것이다. 여기서 한 걸음 더 나아가서

---

38) "有物混成 先天地生. 寂兮寥兮 獨立而不改 周行而不殆 可以爲天下母. 吾不知其名 字之曰道 强爲之名曰大. 大曰逝 逝曰遠 遠曰反 故道大 天大 地大 王亦大. 域中有四大 而王居其一焉. 人法地 地法天 天法道 道法自然."

도는 그러면 무슨 법칙에 따라 어떻게 움직이는가? 이에 대해 노자는 '스스로 그러함' 곧 '자연'을 본받는다고 했다. 이른바 도법자연이다.

인간은 천지인의 존재로 살아가면서 도의 법칙을 따라 살 때 비로소 평화가 있다. 인간이 땅은 물론이고 하늘을 거스르고 살 수는 없다. 인간이 땅을 거스르고 정복하며 파괴함으로써 지구적 재난과 기후 위기 시대가 봉착했다. 인류 재난이 오래전부터 시작되었고 오늘날 그 대가를 치르고 있는 셈이다. 인간이 자연환경만 파괴하고 있는 것이 아니라, 전쟁 살상무기를 통하여 수만, 수십만 그 이상의 인류의 생명을 앗아가고 있다. 그 모든 이유 가운데 하나가 인간이 마땅히 지켜야 할 도리를 위반하기 때문이다. 그러면 어떻게 그 도리를 지킬 수 있는가? 노자가 말하는 또 다른 도와 덕의 속성인 '현덕(玄德)'의 철학이 요구된다.

2) '최상의 평화', 무위자연의 길, '현덕(玄德)'의 철학

노자에게서 궁극적 상황은 '도법자연'이다. 노자 우주론과 인간론의 핵심 개념이 '도'이고 그 도는 스스로 그러함을 따르는 '자연이연(自然而然)'을 기초로 하기 때문이다. 문제는 어떻게 그러함을 따를 수 있겠는가 하는 점이다. 이것이 가능한 상태가 되면 두말할 필요도 없는 '최상의 평화'가 이루어지는 것이며 궁극적 이상향이 될 것이다. 이른바 '무위자연'의 세계다. 그 가능성의 세계에 대해 〈노자〉 51장에서 '현덕'을 말하고 있다. 전문을 살펴보자.

"도는 만물을 생기게 하고, 덕은 기르며, 물체는 형상을 지니게 하고, 세(勢)는 만물을 이룬다. 이로써 만물은 도를 높이고 덕을 귀하게 여기지 않는 것이 없다. 도가 높고 덕이 귀한 것은 명령하지 않아도 언제나 스스로 그러하기 때문이다. 그러므로 도는 생기게 하고 덕은 길러서 육성시키며, 열매 맺히고 숙성시켜(亭之毒之)[39] 보살피며 덮어준다. 낳아 주지만 소유하지 않고, 도움을 주지만 거기에 의지하지 않으며, 길러 주지만 주재하려고 하지 않으니 이를 현묘한 덕이라고 한다."[40]

세상에서 '최상의 평화'라는 말이 가능한가? 세상에는 언제나 갈등과 대립이 상존하는 곳이다. 다만 '작은 평화' 혹은 '상대적으로 큰 평화'는 있을지라도 '최상의 평화'라는 말이 성립되는 것인가 하는 문제가 있다. 하지만 노자에게서는 적어도 그렇다. 그리스도교에서는 '천국'이 그렇고 불교에서는 '극락정토'가 그럴 수 있다. 마찬가지로 노자가 말하는 평화의 세계에도 '최상의 평화'가 있으니, 이를 일러 필자는 무위자연의 도가 실현되는 '현덕'의 길이라고 말하고 싶은 것이다. 이제 그 현덕의 길은 어떻게 실현되는 것인가를 좀 더 살펴보자. 〈노자〉 51장 본문으로 다시 돌아가 보자.

우선 "도는 만물을 생기게 하고(道生之)", 만물에 내재하면서 만물에 작용한다. 그런데 인간을 포함한 만물은 각자가 도의 작용에 따른 '덕(德)'을 품수(稟受)하여 자기를 발전시키며 성취해 간다는 것(德畜之)이다. 이때 이 자기성취의 완성도가 '현덕'의 단계다. 이러한 도와 덕의 작용과정에서 "만물은 도를 존귀하게 여기고(道之尊) 덕은 진귀하게(德

---

39) 왕필본이나 통행본의 '亭之毒之'에 대하여, 하상공은 '成之熟之'로 해석한다. 성숙시켜 준다는 의미. 비교. (漢) 河上公, 『道德經集釋』(上冊), 69. 왕필은 '亭之毒之'를 해석하기를 "정(亭)은 온갖 형체를 드러내 주는 것이고, 독(毒)은 그 실질을 이르게 하는 것이다(亭謂品其形, 毒爲成其實(質)."라고 해석한다.

40) "道生之, 德畜之, 物形之, 勢成之. 是以萬物莫不尊道而貴德. 道之尊, 德之貴, 夫莫之命而常自然. 故道生之, 德畜之, 長之育之, 亭之毒之, 養之覆之. 生而不有, 爲而不恃, 長而不宰, 是謂玄德."

之貴" 여겨진다. 그 이유는 간단하다. "명령하지 않아도 언제나 스스로 그러하기 때문"이다. 여기서 중요한 것은 "언제나 스스로 그러함(常自然)"이다. 어떻게 언제나 스스로 그러할 수 있는가? 여기에 인간의 궁극적 도전과 응답이 요구된다. 궁극적 도전이란 노자의 무위자연의 길을 따를 것인가 아닌가 하는 문제다. 그 길을 따른다는 결단은 '무위'의 길에 응답하는 것이다. 그 무위의 길은 다시 노자가 51장 본문에서 제시하는 바와 같이, 도의 생성작용과 덕의 육성과정을 이해하고 실천하는 것이다. 이를 두고 노자는 다시 본문에서 "낳아 주지만 소유하지 않고, 도움을 주지만 거기에 의지하지 않으며, 길러 주지만 주재하려고 하지 않으니 이를 현묘한 덕(玄德)"이라고 했다.

평화로 가는 무위의 길과 '현덕'의 내용은 이제 나왔다. '생이불유(生而不有)', '위이불시(爲而不恃)', '장이부재(長而不宰)'의 경우다. 이것은 앞서 말한 '스스로 그러함을 따르는' '자연이연(自然而然)'의 경우다. '현덕'에 대하여 왕필은 "덕이 있으나 그 주인을 알지 못한다. 그윽이 어두운 데서 나오므로 '현덕'이라 했다."[41]고 해석했다. '그 주인을 알지 못한다.'는 것은 그만큼 무위의 자연적 흐름에 따를 뿐임을 말하는 것이다. 한편 하상공은 '현덕'에 대하여 이렇게 말하고 있다. "도가 행하는 은덕(恩德)은 현묘하고 아득하여(玄闇) 눈으로 볼 수 없다."[42] 왕필이나 하상공 모두 '현덕'의 깊이는 알 수 없어서 눈으로 볼 수 있는 것이 아닌 것으로 설명한다.

이를 예수의 말에 비유하자면, "오른손이 하는 것을 왼손이 모르게 하는" 이치와 같다. 현덕의 단계에서는 부모가 자식을 낳아 주고 길러

---

41) (魏) 王弼, 『老子道德經注』, 141. "有德而不知其主也, 出乎幽冥, (是以)[故]謂之玄德也".
42) (漢) 河上公, 『道德經集釋』(上冊), 69. "道之所行恩德, 玄暗不可得見".

주지만, 자신의 소유로 하거나 부려먹으려고 생각하지 않는 것과 같고, 누군가 남을 위해 큰 공을 세워 주지만 그것에 조금도 기대거나 의지하려는 생각이 없는 순수한 '사심 없는 봉사'의 길을 갈 뿐이다. 그것은 마치 『바가바드기타』의 '카르마 요가'에서 말하는 '사심 없는 봉사'의 이치와 같고 이를 실천하고자 했던 간디의 정신과도 상통하는 바가 있다. 바로 이 대목에서 간디의 비폭력 평화사상이 나오고 그의 영향을 받은 함석헌의 '씨ᄋ 민중'의 비폭력 평화사상도 같은 맥락에서 전개되고 있다. 이 밖에도 '현덕'의 철학은 〈노자〉 본문 곳곳에 나타난다. 예컨대, '소박한 삶으로 돌아가라' 하는 '복귀어박(復歸於樸)'의 사상이 그렇고, '나라를 작게 하고 백성을 적게 하라'는 '소국과민(小國寡民)'의 철학이 그렇다.

3) 복귀어박(復歸於樸), 소박한 삶으로 돌아가라

이제 마지막으로 '소박한 삶으로 돌아가라' 하는 노자의 교훈으로 평화 철학의 방향을 제시해 보고자 한다. 이는 지상 평화의 '궁극적 현실'로 기능할 것이다. 한마디로 '통나무(樸)'처럼 되라는 것이다. 통나무 같은 질박하고 소박한 성질을 말한다. 노자는 '도'를 비유하기를 '갓난아이(嬰兒)'와 '물(水)' 그리고 '통나무'를 들고 있다. 통나무처럼 되라는 비유를 말하고 있는 〈노자〉 본문은 32장, 37장, 28장, 57장, 19장 등에서 나타난다.

〈노자〉 32장[43]에 의하면, "도는 항상 이름이 없다. 질박한(통나무)

---

43) "道常無名, 樸雖小 天下莫能臣也. 侯王若能守之, 萬物將自賓. 天地相合, 以降甘露. 民莫之令而自均. 始制有名, 名亦旣有. 夫亦將知止, 知止可以不殆. 譬道之在天下, 猶川谷之於江海."

것이 보잘 것 없어 보이지만 천하가 능히 신하처럼 부리지 못한다."는
말이 있다. 이러한 '통나무의 진실'을 만일 왕이 깨닫고 이 도를 지킬
수 있다면, 만물이 스스로 따를 것이라고 노자는 말했다. 마찬가지로
하늘과 땅도 서로 합하여 단 이슬을 내릴 것이며, 백성들은 명령하지
않아도 스스로 고르게 된다고 했다. 그렇다면 '통나무의 진실'은 무엇
일까? 왕필의 해석이 설득력이 있다.

> "통나무(질박함)라는 것은 어둑하고 어리석은 듯하여(憒然)[44] 치
> 우침이 없는 것이 마치 없는 것에 가깝다. 그러므로 말하길, '(천하
> 가) 신하로 부리지 못한다(莫能臣也)'고 하였다. 통나무를 품고 무위
> 하여 외물(外物)로서 그 참된 본성을 얽매지 않게 하고, 욕심으로 그
> 신명을 해치지 않게 하면 사물이 스스로 손님으로 찾아오고 '도'가
> 저절로 얻어진다."[45]

그런데 현실은 어떠한가? 노자는 32장에서 계속해서 이점에 대해
다음과 같이 말한다.

> "일들을 만들기 시작하면 이름이 생기고, 이름이 이미 있으면 대
> 저 장차 그칠 줄도 알아야 한다. 그칠 줄을 알면 가히 위태롭지 않다.
> 비유하자면 도가 천하에 있는 것이 마치 개천과 계곡의 물이 강과 바
> 다에 흘러드는 것과 같다."

---

44) '憒然'이라는 용어를 왕필이 해석상 사용을 했지만 樓宇烈의 교석(校釋)에 의하면
의견이 분분하다. '憒'라는 용어는 번뇌의 뜻이 있기 때문에 뜻이 통하지 않는다
는 것이다. 하지만, 〈노자〉20장의 노자가 자신을 일러 '어리석은 사람(愚人)'이라
고 지칭 할 때, '나만 홀로 버려진 듯(我獨若遺)'라고 했을 때의 '유(遺)'와 상통
하거나 착오로 '憒'로 바꾸어진 경우로도 보는 학자가 있다. 필자는 '궤'를 어둑
하고 어리석음으로 해석했다.

45) (魏) 王弼, 『老子道德經注』, "樸之爲物, 憒然不偏, 近於無有, 故曰: '莫能臣也.' 抱樸
無爲, 不以物累其眞, 不以欲害其神, 則物自賓而道自得也." 84.

현실에서 일은 끝이 없다. 일을 시작하면 그에 따른 명분(名分)이 붙게 마련이다. 〈노자〉28장에서 언급하듯, "통나무가 질박한 상태에서 쪼개져서 그릇이 되고(樸散則爲器)", 관장(官長)이 되거나 하면, 일의 명분에 따라 우선순위와 존비(尊卑)의 차이가 매겨지게 된다. 이렇게 되면, 송곳 끝만큼 조그만 이해관계를 가지고 다투게 된다(爭錐刀之末). 결국 이름을 내세워 명분을 가지고 다투게 되면 다스림의 근원을 잃게 된다. 그러므로 '멈출 줄 알아야 위태롭지 않다'는 말이 있게 된다.[46] '멈출 줄 아는 것(知止)'은 부질없는 욕망의 멈춤이다. 욕망의 멈춤은 온갖 다툼의 종식이요, 전쟁의 중단이다. 지도자의 책임이 크다.

멈출 줄 알고 바다와 같은 근원으로 돌아가는 것이 필요하다. 그렇게 될 때, '도가 온 천하에 있는 것과 같이, 골짜기의 냇물이 마침내 강과 바다로 흘러들 듯이(猶川谷之於江海) 무위자연의 도는 실현 될 것이다. 이것이 '통나무로 돌아가라'하는 '복귀어박(復歸於樸)'이다. 〈노자〉19장에서 "있는 그대로를 드러내며 순박한 것(통나무)을 껴안고(見素抱樸), 사사로운 일을 줄이고 욕심을 적게 하라(少私寡欲)"고 했다. 통나무처럼 소박한 삶을 근본으로 하는 것이 중요하다. 마지막으로 〈노자〉57의 교훈을 통해 '무위자연의 평화철학'을 살펴보자.

> "성인이 이르기를 내가 무위하니 백성은 스스로 교화되고, 내가 고요함을 좋아하니 백성들이 스스로 올바르게 되며, 내가 일을 꾸미지 않으니 백성들이 저절로 부유해지고, 내가 무욕하니 백성들이 스스로 소박해진다."[47]

---

46) (魏) 王弼, 『老子道德經注』, 84.
47) "聖人云, 我無爲而民自化, 我好靜而民自正, 我無事而民自富, 我無欲而民自樸."

이 본문에서 성인(聖人)이 이르기를 스스로 '무위(無爲)', '호정(好靜)', '무사(無事)', '무욕(無欲)'을 행하니 백성들이 스스로 교화되고(自化), 스스로 올바르게 되며(自正), 스스로 부유해지고(自富), 스스로 소박해진 다(自樸)고 했다. 이 가운데서도 '고요함을 좋아 하는(好靜)'과 '욕심을 부리지 않는(無欲)' 마음으로 '소박함을 안고(抱樸)' 무위의 길을 걷는 것이 평화에 이르는 길의 출발이 될 것이다.

Ⅲ. 나가는 말

평화로 가는 길은 멀고도 가깝다. 그 역으로 가깝기도 하지만 또한 멀다. 자신에 있는 내면의 평화를 유지하는 성찰과 수련도 중요하고, 이웃과의 관계 속에서 형성되는 평화는 더욱 중요하다. 이 세상에 완전한 평화는 없다. 평화는 관계적이고 상대적이기 때문이다. 나 홀로 평화는 있을 수 있지만, 관계적 평화는 절대적일 수 없다. 너와 나, 나와 이웃, 나와 국가, 나와 세계, 나와 자연과의 모든 관계 속에서 평화는 결정된다. 따라서 평화는 상대적 개념이다. 하지만 종교와 관련해서 평화는 절대적 경지일 수 있다. 그리스도교에서는 천국의 실현이 그렇고, 불교에서는 극락왕생이나 해탈이 그렇다.

노자에게서 평화의 철학은 어떠한가? 이 물음을 놓고 〈노자〉 텍스트 본문을 선별적으로 검토하면서 평화에 관한 노자의 의중을 묻고 해석했다. 완벽한 답은 될 수 없을지 몰라도 적어도 노자가 꿈꾼 '평화의 철학' 일부라도 건진 것이 아닌가 하는 생각을 해 본다. 그것을 다시 네 글자로 요약하자면, 부쟁(不爭), 현동(玄同), 현덕(玄德), 귀근(歸根) 혹은 귀박(歸樸)이다. 부쟁은 어떤 형태라도 다툼이나 전쟁을 하지 말라는 최소한의 소극적 평화라고 한다면, 현동은 '화광동진'하라는 적극적인 평화의 뜻으로 해석할 수 있다.

이에서 한 차원 더 나아간다면 '현덕'의 단계는 무위자연의 평화다. 이른바 '생이불유(生而不有), 위이불시(爲而不恃), 장이부재(長而不宰)'와 같은 말 없는 무위의 가르침인 '행불언지교(行不言之敎)'의 차원이다. 예수로 말하자면, "오른손이 하는 것을 왼손이 모르게 하는" 선한 일체의 행위 같은 것이다. 이것을 다른 말로 하면, "뿌리로 돌아가라(歸根) 혹은 '소박함으로 돌아가라(歸樸)'는 말로도 요약할 수 있다. 귀근(歸根) 혹은 귀박(歸樸)은 곧 '평화로 돌아가는 길'이라는 말로도 대신할 수 있다. 노자가 '도법자연'이라는 최고의 경지를 말하듯, 인간이 천지를 통해 배울 뿐 아니라, 도의 작용의 근원이 '스스로 그러함(自然)'의 '무위적 행위, 곧 무위자연'의 실천궁행(實踐躬行)이 평화를 열어가는 첩경이요 알파와 오메가다. 이른바 '스스로 그러함'을 종지(宗旨)로 삼고(以自然爲宗), 스스로 그러함을 따라 사는(自然而然) 인생, 그것이 노자가 지향하는 궁극적 평화가 될 것이다.

참고문헌

이명권, 『노자왈 예수 가라사대』, 서울: 열린서원, 2017.
이명권, "함석헌의 동양사상과 한반도 평화통일", 「함석헌과 평화통일」, 사단
　　법인 함석헌기념사업회, 씨올사상연구원, 2023. 10. 26.
(宋) 林希逸, 『老子鬳齋口義』, 上海: 華東師範大學出版社, 2009.
(魏) 王弼, 『老子道德經注』, 北京: 中華書局, 2011.
(漢) 河上公, 『道德經集釋』(上冊), 北京: 中國書店, 2015.
羅義俊, 『老子譯注』, 上海: 上海古籍出版社, 2012.
劉康德, 『老子』, 上海: 上海辭書出版社, 2018.
馮振, 『老子通證』, 上海: 華東師範大學出版社, 2012.
鄭張歡, 『老子今釋』, 齊南: 齊魯書社, 2011.
陳鼓應, 『老子今注今釋』, 北京: 商務印書館, 2015.
陳鼓應, 『老子註譯及評介』, 北京: 中華書局, 2010.

2부

통일선교

구윤희
김원천
박영환
오성훈
조은식
홍성혁

'사람의 통일'을 위한 한국교회의 현황과 과제

-탈북민 사역을 중심으로-

구윤회 (평화나루교회 담임목사, 선교학)[1]

I. 들어가는 말

1990년대 중반 소위 '고난의 행군' 시절부터 늘어나기 시작한 탈북민[2]은 2023년 현재 34,000명 가까이 되었다. 계속 증가추세를 보이던 탈북민 입국 수는 김정은 정권이 들어선 2012년부터 현저한 감소세로 돌아섰고, 코로나 19가 발생한 2020년부터는 탈북민 입국 숫자가 2000년대 중후반의 1/10 이하로 감소하였다.

탈북민들은 우리와 같은 민족이고 쓰는 언어가 같아 동질감을 갖고 있지만, 지난 70년 넘게 분단된 상태로 다른 문화, 환경에서 살다 온 사람들이기 때문에 타문화권 이주민으로 접근해야 한다. 이들은 북한

---

1) 연세대학교 선교학 박사과정 수료(Ph.D Cand.), 현재 북한사역목회자협의회 부회장이기도 하다.
2) 공식적인 용어는 '북한이탈주민'이나, 주로 탈북자, 새터민이라고 부른다. 다만, 필자가 사역하고 있는 교회에서 실제로 만나본 사람들에게 제일 거부감없는 용어가 탈북민이라 본 원고에서는 이하 탈북민이라 쓰겠다.

인구의 약 0.1%에 불과하지만, 남한 사람들에게 통일 이후의 남북한 사회통합에 대한 선 경험을 제공해 준다는 점에서 가치가 크다.

구분	~'98	~'01	'02	'03	'04	'05	'06	'07	'08	'09	'10	'11	'12	'13	'14	'15	'16	'17	'18	'19	'20	'21	'22	'23.6월 (잠정)	합계
남(명)	831	565	510	474	626	424	515	573	608	662	591	795	404	369	305	251	302	188	168	202	72	40	35	23	9,533
여(명)	116	478	632	811	1,272	960	1,513	1,981	2,195	2,252	1,811	1,911	1,098	1,145	1,092	1,024	1,116	939	969	845	157	23	32	76	24,448
합계(명)	947	1,043	1,142	1,285	1,898	1,384	2,028	2,554	2,803	2,914	2,402	2,706	1,502	1,514	1,397	1,275	1,418	1,127	1,137	1,047	229	63	67	99	33,981
여성비율	12.2%	45.8%	55.3%	63.1%	67.0%	69.4%	74.6%	77.6%	78.3%	77.3%	75.4%	70.6%	73.1%	75.6%	78.2%	80.3%	78.7%	83.3%	85.2%	80.7%	68.6%	36.5%	47.8%	76.8%	71.9%

〈표1〉 북한이탈주민 입국현황3)

또한 교회 또는 기독교NGO의 지원을 통한 탈북민들의 성공적인 남한사회 적응은 이들과 연계된 북한 주민들(요즘에는 북한에 있는 가족, 친척들과 전화통화가 가능함)의 남한 사회와 기독교에 대한 반감을 감소시킬 수 있으므로 간접선교사로의 역할도 가능할 것이다.

하나님께서는 탈북민들을 대한민국에 보내주셔서 우리로 하여금 '사람의 통일'을 시작하셨고, 다가올 통일을 준비케 하셨다. 이들은 북한선교의 마중물로서 한국교회에 있어 구체적인 통일사역을 시작하게 되는 계기가 되었다. 이 글은 지난 20여 년의 한국교회 탈북민 사역현황을 돌아보고, 특별히 탈북민 재정지원 문제를 중심으로 탈북민 사역의 과제와 나아가야 할 방향을 제시하고자 한다.

---

3) 통일부 홈페이지
   (https://www.unikorea.go.kr/unikorea/business/NKDefectorsPolicy/status/lately/)

II. 한국교회의 탈북민 사역 현황

탈북민들이 대한민국에 입국하여 국정원 보호센터를 거쳐 하나원교회로 들어오는 숫자는 매 기수마다 남녀와 어린이 합쳐 대략 60%정도이다. 일반적으로 하나원 수료 후 탈북민이 지역교회에 정착할 수있는 유일한 방법은 스스로 지역교회를 찾아가거나 지인에 의한 전도혹은 정착도우미 성도의 도움에 의해서이다. 스스로 교회를 찾아가는경우는 극히 드물고 대부분 탈북과정에서 도움을 준 선교사나 교회관계자, 정착도우미의 인도로 교회를 가게 된다. 교회로 인도된 탈북민들은 대부분 그 교회에 정착하기보다 자신에게 도움이 되는 여러 교회를 전전하든지, 피곤하고 직장에 나가야 한다는 이유로 교회에 나오지않게 된다. 선교사들과 목회자들의 헌신으로 대한민국에 입국한 탈북민들 중 약 60-70% 정도가 기독교신앙을 갖고 있으나, 대한민국에입국하고 난 뒤 4-7년이 지나면 이들 중 25% 정도가 신앙생활을 포기하고 있는 현실이다.

1. 대형교회 부서 중심 사역모델

1990년대 말부터 탈북민들의 대량입국이 시작되면서 대형교회를중심으로 탈북민들을 위한 전담부서를 설치하고, 예배를 시작하였다.[4] 지난 20여 년동안 탈북민들의 대한민국 정착지원에 있어 한국교

---

4) 여의도순복음교회(자유시민대학, 1999), 영락교회(자유의 사람, 1999), 남서울은혜
   교회(통일선교위원회, 2001), 온누리교회(하나공동체, 2003), 수영로교회(북한선교부,

회가 중요한 역할을 감당한 것이 사실이다. 초기정착지원 뿐 아니라 취업알선, 직업교육, 학업지원, 장학금지급 등 그동안의 사역을 통해 남한정착에 어려움을 겪는 탈북민들에게 "교회는 우리를 도와준다."는 인식을 심어주었다. 또한 대형교회에서는 탈북민 본인의 의지만 있으면 체계적인 신앙훈련이 가능하다는 장점이 있다.

한편, 탈북민들이 대한민국 문화에 적응하는 3-5년이 지나자 많은 수가 교회를 떠나는 문제가 나타났다. 그 주요한 이유로 1. 자신들을 있는 그대로 받아주지 않는다. 2. 교회는 부유한 자들만이 가는 것 같다. 3. 한국 사람들은 언제나 가르치려 든다. 4. 함께 하고 같이 나누고 싶은데, 그럴 기회를 주지 않는다. 5. 교회직분을 받는데 장벽이 너무 높다. 6. 교회 용어가 낯설고 그들만의 문화에 진입하기가 어렵다.[5] 등을 들 수 있다. 대한민국의 많은 교회들은 북한의 문이 열리면 무너진 북한 교회를 재건하겠다는 계획은 가지고 있으나 정작 선교의 대상인 북한주민들이 어떠한 사고와 행동을 하는가에 대해서는 관심을 갖고 있지 않았기[6] 때문이다. 탈북민 사역 초기에 같은 말을 쓰고 같은 민족이기 때문에 우리와 같을 것이라는 생각으로 접근했다가 많은 교회들이 탈북민들의 사고, 가치, 문화 등의 차이로 갈등을 겪으면서 사역을 중단한 경우도 많이 있다. 따라서 주체사상 등 사회주의 배경을 가진 사람들에 대한 보다 깊은 이해와 선교전략이 필요하다.

대형교회들은 지난 20여 년간 여러 가지 시행착오를 겪어가면서 탈북민 사역의 문제점을 인식하고, 물질중심에서 사람중심으로, 일방적

2004), 사랑의교회(북한사랑의선교부, 2005), 중앙성결교회(2010, 북한선교부) 등
5) 하광민, "북한교회모델세우기", 북한사역목회자협의회 세미나자료집, 4.
6) 조요셉, 『북한선교의 마중물 탈북자』 (경기: 도서출판 두날개, 2013), 19.

인 관계에서 함께 배우고 성장하는 관계로, 남북한 성도가 함께 가는 통일공동체로서, 아직은 제한적이기는 하나 교회 안의 교회로 건강한 예배공동체 모델로 변모해 가는 노력을 하고 있다.

2. 교회개척 사역모델

2000년대 중반 이후 탈북민 출신 목회자들이 배출되어 사역하게 된다. 이들은 중국에서 비밀리에 예수님을 만났거나, 대한민국 입국초기 그리스도인이 되어 복음에 대한 열정으로 신학을 하게 되었고, 2000년대 중후반 졸업하였다. 일부는 대형교회의 탈북민부서 담당교역자로 사역하지만, 한국교회의 탈북민 사역자에 대한 인식부족으로 탈북민부서가 아닌 교구, 또는 청년, 교육담당 부교역자로 사역하거나, 또는 담임교역자로 청빙받는 데는 제한이 있었다. 그래서 대부분이 교회를 개척[7]하게 되었는데, 탈북민교회는 주로 이민교회와 비슷한 경향을 보인다. 탈북민들이 대부분이라 새로운 탈북민들이 왔을 때 여러 가지 남한사회에 대한 정보를 공유하면서 초기 정착을 돕는다. 또한 북한출신이라는 공감대가 있어서 탈북출신 교역자의 설교에 더 큰 은혜를 받으며, 명절이나 주일 공동체 식사 때 북한음식을 함께 나누며 남한사회에서 받았던 어려움을 서로 이야기하면서 위로를 받게

---

7) 열방샘교회(이** 전도사, 2004), 새평양순복음교회(엄** 목사, 2004, 현재는 남한 출신 박상식 목사가 담임으로 사역), 새터교회(강** 목사, 2004), 창조교회(심** 목사, 2005), 평택성비전교회(송** 목사, 2009), 꿈의교회(석** 전도사, 2009), 기쁨나눔교회(이*** 전도사, 2010), 새희망샛별교회(마** 목사, 2011), 하나로교회(유** 목사, 2011), 하나목양교회(송** 전도사, 2012), 새생명교회(주** 전도사, 2013) 등

된다. 성도들 간에 비교적 차별이 없으며, 봉사나 직분 등 헌신의 기회가 열려있고, 주인의식을 가지고 교회생활을 할 수 있다는 장점이 있다. 하지만 탈북민들의 헌금만으로 교회를 유지하기 어려운 면이 있으며, 남한에 있으면서 남한사람들과의 교류가 부족하고, 초신자의 비율이 높기 때문에 봉사나 신앙양육할 만한 평신도 지도자들이 부족하다는 단점이 있다.

한편, 남한교역자 중에 북한선교에 대한 소명을 받고, 기존 대형교회 중심 사역의 한계를 극복하고자 탈북민과 함께하는 교회를 개척하는 사례도 생겨나게 되었다.[8] 대학생 자원봉사자들과 연계하여 탈북민 방과후 공부방이나 문화체험 등의 활동을 하면서 탈북민들은 남한생활에 필요한 정보나 지식을 얻고, 남한사람들은 북한사회나 문화를 경험하여 남북한출신들이 서로를 알아갈 수 있도록 한다. 그러나 탈북민교역자들이 사역하는 교회와 마찬가지로 역시 규모가 작다보니 외부의 후원 없이는 교회운영이 어렵다. 그래서 선교회 또는 NGO 등을 설립하여 사역을 병행하다보니 외부에 보이기 위한 행사를 개최하기도 하고, 교역자 혼자서 모든 사역을 감당하는 경우가 많아 정작 교회의 본래 사역인 목회, 설교, 심방, 기도에 소홀해지기 쉽다. 보통 믿음이 좋은 남한출신 교인들과 초신자들이 대부분인 탈북성도들이 함께 섞여 있기 때문에 남한출신에게 맞추면 탈북민들은 너무 어렵고, 탈북

---

8) 주찬양교회(이사랑 목사, 2003), 한반도사랑교회(이배수 목사, 2005), 상인제일교회(김정환 목사, 2005), 장대현교회(임창호 목사, 2007), 물댄동산교회(조요셉 목사, 2007), 평화나루교회(구윤회 목사, 2010), 황금종교회(최광 목사, 2010), 한성중앙교회(김미령 목사, 2010), 뉴코리아교회(정형신 목사, 2011), 예수마음교회(이무열 목사, 2012), 한꿈교회(임용석 목사, 2012), 행복이넘치는교회(김*** 전도사, 2013), 예심교회(오성훈 목사, 2014), 생명나래교회(하광민 목사, 2014) 등

민들에게 맞추자니 남한성도들에게는 주일학교 공과같아 시시해지는 어려움도 있다.

　탈북교역자에 비해 남한 교역자들이 어찌 탈북민들이 겪는 아픔과 어려움들을 다 이해하고 공감할 수 있겠는가? 그래서 오랜 시간 신뢰 관계가 쌓이지 않고는 자신의 문제에 대해 속 깊은 이야기나 상담을 하기 어려운 면이 있다. 그럼에도 때로는 탈북민들이 자신에게 닥친 어려움들을 믿음으로 이겨낼 수 있도록 도전하고, 신앙성장을 위해 말씀훈련, 주일성수, 기도훈련, 헌금생활 등을 권면해야 하는데, 탈북교역자들에 비해 헌신에 대해 직접적으로 이야기할 수 없는 한계가 있다. 그러다보니 이러한 교회에 출석하는 탈북교인들은 신앙성숙이 더딘 면이 있으며, 유혹이나 위기가 찾아왔을 때 신앙으로 이겨내기 보다는 세상으로 돌아가는 경우들이 많다.

　한반도평화연구원(KPI)의 조사결과를 보면 한국교회가 탈북민들에게 가르치고 선교하는 내용을 그들이 인식하고 받아들이는데 3-4년의 긴 시간이 요구되기에, 북한이탈주민들을 대상으로 한 선교는 인내심과 지속성이 필요하다. 그럼에도 불구하고 대부분의 교회들이 당장의 가시적인 성과를 추구하기에 일회성 행사나, 단기프로그램을 진행하고 있는 현실이다. 따라서 남북한출신이 함께 모인 교회는 교역자 역시 남북한출신들이 함께 동역하여 서로의 약점들을 보완하고 강점을 극대화할 필요가 있다. 담임교역자가 남한출신이라면, 부교역자로 탈북민 목회자와 동역하는 방식(혹은 그 반대의 경우)도 좋고, 공동목회 방식도 신뢰를 바탕으로 동역한다면 남북의 차이를 넘어 교회 내에 통일을 살아가는 구체적인 대안적 모델이 될 수 있을 것이다.

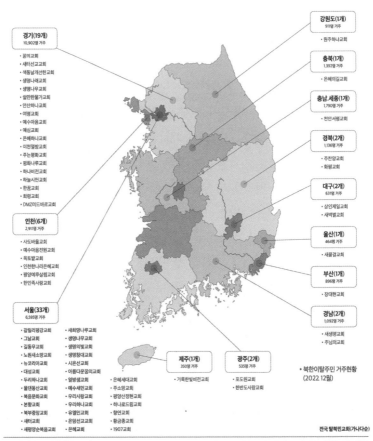

강원도(1개)
911명 거주

· 원주하나교회

충북(1개)
1,392명 거주

· 은혜의길교회

충남.세종(1개)
1,790명 거주

· 천안서광교회

경북(2개)
1,136명 거주

· 주찬양교회
· 화평교회

대구(2개)
631명 거주

· 삼인제일교회
· 새벽별교회

울산(1개)
464명 거주

· 새물결교회

부산(1개)
896명 거주

· 장대현교회

경남(2개)
1,092명 거주

· 새생명교회
· 주님의교회

경기(19개)
10,902명 거주

· 꿈의교회
· 새터선교교회
· 색동날개선한교회
· 생명나래교회
· 생명나무교회
· 실만한물가교회
· 안산하나교회
· 여명교회
· 예수마음교회
· 예심교회
· 은혜하나교회
· 이천열방교회
· 주는평화교회
· 평화나루교회
· 하나비전교회
· 하늘시민교회
· 한콩교회
· 희령교회
· DMZ미드바르교회

인천(6개)
2,911명 거주

· 사도바울교회
· 예수마음전원교회
· 옥토밭교회
· 인천한나라은혜교회
· 평양예루살렘교회
· 한민족사랑교회

서울(33개)
6,595명 거주

· 갈릴리평강교회
· 그날교회
· 길동무교회
· 노원새소망교회
· 뉴코리아교회
· 대성교회
· 두리하나교회
· 둘대동산교회
· 복음문화교회
· 본향교회
· 복부중앙교회
· 새터교회
· 새평양순복음교회

· 새희망나루교회
· 생명나무교회
· 생명의빛교회
· 생명청대교회
· 시온선교회
· 아름다운꿈의교회
· 열방생교회
· 예수새민교회
· 우리사랑교회
· 우리하나교회
· 유엘인교회
· 은샘선교교회
· 은혜교회

· 은혜새대교회
· 주소망교회
· 평양산정현교회
· 하나로드림교회
· 향연교회
· 활금종교회
· 1907교회

제주(1개)
350명 거주

· 거룩한빛빛전교회

광주(2개)
535명 거주

· 포도원교회
· 한반도사랑교회

· 북한이탈주민 거주현황
(2022. 12월)

전국 탈북민교회(가나다순)

갈릴리평강교회(서울 광진구_김정욱 전도사) · 거룩한빛빛전교회(제주시_김엔녀 강도사) · 그날교회(서울 도봉구_하늘임 목사) · 길동무교회(서울 길동구_정순희 목사) · 꿈의교회(경기도 동두천시_석경애 목사) · 노원새소망교회(서울 노원구_김현정 전도사) · 뉴코리아교회(서울 강서구_정형심 목사) · 대성교회(서울 동대문구_손정영 목사) · 두리하나교회(서울 관악구_천기원 목사) · 불낭동산교회(서울 동작구_조요섭 목사) · 복음문화교회(서울 강서구_김광석 목사) · 본향교회(서울 금천구_유대열 목사) · 복부중앙교회(서울 노원구_김강오 목사) · 사도바울교회(인천 부평구_정선태 목사) · 삼인제일교회(대구 달서구_김정환 목사) · 새물결교회(울산 중구_이서철 목사) · 새벽별교회(대구 중구_김재호 목사) · 새생명교회(경남 창원시_주영순 목사) · 새터교회(서울 양천구_최창순 전도사) · 새터선교교회(경기도 부천시_김태택 목사) · 새평양순복음교회(서울 양천구_박상식 목사) · 새희망나루교회(서울 양천구_마요한 목사) · 색동날개선한교회(대운선 목사_경기도 용인시) · 생명나래교회(경기도 성남시_하관인 목사) · 생명나무교회(서울_주광민 목사) · 생명의빛교회(서울 서대문구_김경호 전도사) · 생명청대교회(서울 서대문구_주은진 전도사) · 실만한물가교회(경기도 광명시_김정원 전도사) · 시온선교회(울산 용산구_이존경 목사) · 아름다운꿈의교회(송파구_박광일 목사) · 안산하나교회(경기도 안산시_최선화 목사) · 여명교회(경기도 화성시_김송희 전도사) · 열방생교회(서울 구로구_이해림 목사) · 예수마음교회(경기도 고양시_조연조 전도사) · 예수마음전원교회(인천 강화군_이카영 목사) · 예수새민교회(서울 노원구_안면회 목사) · 예심교회(경기도 김포시_오성훈 목사) · 옥토밭교회(인천 서구_김정애 목사) · 우리사랑교회(서울 강서구_정명재 목사) · 우리하나교회(서울 구로구_조이김 선교사) · 원주하나교회(강원도 원주시_김양호 전도사) · 유엘인교회(서울 강서구_정철홍 목사) · 은샘선교교회(서울 용산구_이주은 목사) · 은혜교회(서울 노원구_김혜스더 선교사) · 은혜새대교회(서울 구로구_최 원 목사) · 은혜의길교회(충북 청주시_오영화 전도사) · 은혜하나교회(경기도 의정부시_유정은 목사) · 이천열방교회(경기도 이천시_유해안 목사) · 인천한나라은혜교회(인천 남동구_김규능 목사) · 장대현교회(부산 사하구_임환 목사) · 주는평화교회(경기도 김포시_김주천 목사) · 주님의교회(경남 창원시_전선준 전도사) · 주소망교회(서울 용산구_이주은 목사) · 주찬양교회(경북 포항시_이사랑 목사) · 천안서광교회(충남 천안시_박애스더 목사) · 평양산정현교회(서울 강서구_김경숙 목사) · 평양예루살렘교회(인천 남동구_임혜민 목사) · 평화나루교회(경기도 고양시_구문희 목사) · 포도원교회(광주 광산구_임은혜 목사) · 하나로드림교회(서울 양천구_송혜연 목사) · 하나비전교회(경기도 평택시_송신복 목사) · 하늘시민교회(경기도 시흥시_이경혜 목사) · 한콩교회(경기도 의정부시_임용석 목사) · 한민족사랑교회(인천 서구_최금호 목사) · 한반도사랑교회(광주 서구_이저수 목사) · 향연교회(서울 영등포구_서경화 목사) · 화평교회(경북 포항시_이추성 목사) · 활금종교회(서울 영등포구_최 광 목사) · 희령교회(경기도 수원시_신면희 전도사) · DMZ미드바르교회(경기도 연천시_한창후 목사) · 1907교회(서울 노원구_김성근 목사)

〈표2〉 전국 탈북민교회현황(2023.5월 현재)

III. 한국교회 탈북민 선교의 과제와 정책제안

지난 20여 년간 탈북민 사역은 북한 내지에 자유롭게 방문할 수 없는 상황에서 한국교회 대표적인 북한선교사역으로 자리매김하였다. 그동안 이론적으로, 이념적으로만 알았던 북한주민들을 분단 이후 교회 내에서 직접 만날 수 있는 소중한 기회가 되었다. 남북한 출신 성도들이 함께 모인 통일한국예배공동체 사역은 규모를 떠나 향후 2,500만 명 이상의 북한사람들을 위한 선교사역을 준비할 수 있는 전초기지로서 가치가 크다고 할 수 있겠다. 아직 성결교단 내 탈북민 목사는 전무한 실정이지만 그동안 탈북민 사역을 통해 현재 한국교회 내 100여 명의 탈북민 목회자들이 배출되었고, 이들은 장차 북한복음화를 위한 소중한 자원이 될 것이다. 하지만 탈북목회자들이 개척했건 남한출신 목회자들이 개척했건 대부분의 탈북민 교회들이 미자립교회인데, 최근 탈북민 입국수가 급감하면서 사역환경이 더 열악해진 상황이다. 한국교회는 탈북민을 통해 '사람의 통일'을 시작하신 하나님께 감사하며, 지난 20여 년의 탈북민 사역에서 얻은 교훈들을 통해 통일한국교회의 바람직한 청사진을 제시할 수 있도록 지원해야 할 것이다.

1. 한국교회 탈북민 사역의 과제

그동안 한국교회의 탈북민에 대한 인식이 도와줘야하는 사람들, 다시 말하면 구제의 대상, 가르침의 대상에만 머물렀기 때문에 탈북민 교회출석 시 재정을 지급하는 문제는 아직 극복해야 할 숙제로 남아있

다. 한국교회는 북한사회나 북한주민에 대한 사전적 이해가 없다가 어
느날 다가온 탈북자를 대하면서 동정심에서 물량공세를 시작하였다.[9]
'북한교회세우기연합' 김중석 사무총장은 한국교회의 탈북자 사역을
'교회는 탈북자를 돕는다는 성취감을 위해, 탈북민은 지원금이라는 목
적을 위해' 서로의 필요에 의한 결과물로 인식하기까지 한다고 지적하
면서, 탈북민들은 1. 신앙 때문에 교회를 나가는 경우는 거의 없고, 2.
지원금이 없어진다면 1백 명 중 1-2명 정도만 나올 것이며, 3. 돈 때
문에 나가면서 신앙 때문인 척하는 자체가 괴롭고, 4. 이것도 반복하
게 되면 양심이 무뎌지고 습관화되며, 5. 매주일 교회를 순례하면 얼
마의 돈을 얻을 수 있다는 '안내지도'까지 작성되어 있을 정도이며, 6.
지원금을 주는 교회에 감사하기보다는 냉소적 태도를 보이기까지 한
다[10]고 주장한다. 물론 이 정도까지는 아니겠지만 재정지원이 탈북민
들의 신앙성장이나 헌신된 그리스도인으로 양육하는데 장애가 되는
것은 사실이다. 한번은 교회 출석하는 탈북성도가 대학에 입학하고 나
서 교회다닌다고 하니까 다른 탈북대학생들이 대번에 '너는 얼마받
냐?'고 물어봤다고, 우리 교회는 '얼마준다'며 같이 다니자고 해서 갈
등하는 경우도 있었다. 무엇보다 이제 탈북민들에게 깊이 자리잡은
'교회=물질적인 도움을 받는 곳'이라는 틀을 깰 필요가 있다고 생각한다.
    한편, 한 영혼이 천하보다 귀한데, 재정을 지급해서라도 그 영혼을
붙잡을 수 있다면 그래서 교회 다니는 중에 예수님을 영접하고 변화될
수 있는 기회가 된다면 좋은 일 아니겠는가? 반문하는 분들도 있다.
조요셉 목사는 교회가 어려운 처지에서 공부하는 탈북대학생이나 몸

9) 조요셉, 『북한선교의 마중물 탈북자』 (경기: 도서출판 두날개, 2013), 60.
10) 조요셉, 『북한선교의 마중물 탈북자』, 75.

이 불편하거나 생계능력이 없는 나이가 많은 탈북민들에게 한정해서 구제헌금이나 장학금을 지급할 수 있으나 신체건강한 사람에게까지 지급하는 것은 안된다고 말한다.[11] 구제는 교회에서 마땅히 해야하는 사역이기에 어려운 탈북민들에게 구제비를 지급하는 것까지 문제삼는 것은 아니다. 다만, 탈북민이면 교회출석을 조건으로 무조건 얼마씩 지급하는 관행은 이제 지양해야 할 것이다.

사역초기라면 시행착오를 하고 있는 중이라고 생각할 수 있지만 이미 20여 년이 지났기 때문에 이제는 이 문제에 대해 한국교회에서 논의를 거쳐 가이드라인을 제시할 때가 왔다고 생각한다. 예를 들면 탈북대학생들에게는 학기별로 장학신청서를 작성하게 하여 생계비수급여부, 다른 장학기관, 또는 단체, 개인에서 지원받는 현황을 작성하여 2중 3중으로 받지 못하도록 하고, 차등을 두어 지급할 수 있도록 해야 할 것이다. 적어도 예산을 사용할 때에는 정말 그 예산을 필요로 하는 사람에게 혜택을 주어야 하지 않을까?

물질을 동원한 방식의 탈북자 사역은 단기적으로는 효과가 있을지 모르지만 장기적으로는 역효과를 가져올 수 있을 것이다.[12] 또한 이러한 선교방식은 천 만 가까운 남한 기독교인들이 3만 4천명 탈북민들을 섬길 때는 가능하지만 통일 후 2천 5백만 이상의 북한주민들에게 나눠 줄 재원을 어떻게 마련할 수 있겠는가? 어떤 탈북출신 사역자는 남한사람에게는 그렇게 전도하지 않으면서 왜 탈북민들에게는 교회오면 얼마준다는 식으로 전도하는지 모르겠다고 말하기도 하는데, 탈북민 전도의 새로운 인식전환이 필요한 시점이다.

---

11) 조요셉, 『북한선교의 마중물 탈북자』, 61.
12) 조요셉, 『북한선교의 마중물 탈북자』, 61.

대북지원과정에서 나타난 바와 같이 각 교단과 지역교회의 무분별한 접촉은 남한교회의 조선그리스도교연맹과의 만남을 더욱 혼란스럽게 만들어 북한의 의도와 정치적 계산에 따라 좌지우지되어 지원의 본래적 의미는 퇴색하고 남남갈등으로 이어진 아픈 기억을 기억하고 반성하여 되풀이하지 않도록 노력해야 할 것이다. 북한에 앞서 개방된 중국 동북3성의 경우를 보더라도 교파 간의 경쟁 및 물질공세는 바람직하지 않은 결과로 이어졌음을 교훈삼아야 할 것이다. '돈 선교'가 횡행하는 곳에서는 '복음'이 희생과 고난을 통한 자유와 해방의 메시지로 받아들여지는 것이 아니라, 오로지 물질적과 세속적 축복을 약속하는 '성공의 신학'으로 이해될 뿐이다.[13]

예수의 선교는 돈과 권력을 통해 사람들의 아픔에 다가간 것이 아니라 고통 속으로의 신 자신의 감정이입으로 이해된 것이다.[14] 예수는 인간의 몸으로 인간을 위해서 인간과 더불어 고통을 당하셨고 오늘날에도 억압이 있는 곳, 그 억압의 경험 속에 화육한 그리스도의 영이 존재한다.[15] 예수 그리스도가 선포한 복음을 통해 포로된 자가 자유하게 되고, 병든 자가 고침을 받고, 소외되고 고통받는 자들이 인간으로서 존중받는 삶으로 변화되는 것이 바로 하나님의 나라가 아닐까? "우리 시대를 사는 사람들, 특히 어떤 식으로든 가난하거나 고통받는 자들의 기쁨과 희망, 슬픔과 고뇌는, 그리스도를 따르는 자들의 기쁨과 희망,

13) 이진구, "한국 개신교와 선교 제국주의", 『무례한 복음』 제3시대그리스도교연구소 기획, (서울: 산책자, 2007), 91.
14) 김진호, "안티 기독교의 사이버테러vs./ and 기독교의 공격적 해외 선교", 『무례한 복음』, 122.
15) Orlando E. Costas, *Christ Outside the Gate* 김승환 역, 『성문밖의 그리스도』 (서울: 한국신학연구소, 1987), 42-45.

슬픔과 고뇌이기도 하다."[16]라는 제2차 바티칸공의회에서 채택된 '현대 세계에서의 교회에 대한 목회 율령'의 교훈을 한국교회가 진지하게 고민해보아야 할 것이다. 우리는 점령군이 아니다. 한국 기독교의 공격적 선교 방식은 일관되게 성장주의를 추구해 온 방식의 연장선상에 있으며, 성장주의는 힘에 대한 숭배를 그 요체로 하고 있으며, 우승열패(優勝劣敗)의 가치관에 근거하고 있음[17]을 기억하고, 이 같은 오류를 탈북민사역에서 되풀이하지 않도록 정책적 보완이 필요할 것이다.

2. 탈북민 사역을 위한 정책제안

통일한국교회는 출신과 상관없이 모든 교인들이 그리스도 안에서 형제/자매로 평등한 관계를 지향하며, 함께 공동체를 이루어가야 한다. 탈북민이기 때문에 교회출석을 조건으로 재정지급을 하는 특혜를 주거나 반대로 차별하지도 말아야 한다. 구제나 장학사역을 하지만 탈북민이기 때문에 주는 것이 아니라 남북 상관없이 교회의 도움이 필요한 교회공동체 구성원이기 때문에 지급해야 한다. 물질을 기반으로 사역을 시작하면, 남북한 출신들이 서로 교회 내 성도로서, 공동체 구성원으로서 평등한 관계를 맺기 힘들다.

이제는 탈북민을 구제나 선교의 대상만이 아니라 동역자로 인식하

---

16) Austin P. Flannery, *Documents of Vatican II* (Grand Rapids: Eerdmans, 1975), 903. Richard Mouw, *Uncommon Decency*, 홍병룡 역, 『무례한 기독교』 (서울: IVP, 2004), 72에서 재인용.

17) 최형묵, "아프간 피랍사태의 교훈, 그리고 협력과 공존을 위한 선교", 『무례한 복음』, 25.

고, 사역하는 태도가 요구되는 시점이다. 탈북민 처우에 대한 사회인식을 비판하기 전에 교회부터 변해야 한다. 나는 우리 구역 식구로 탈북민을 받아들을 수 있는가? 우리 교회 장로, 권사로 세울 수 있겠는가? 우리 교회 유치부, 초등부, 중고등부, 청년부, 교구 담당교역자로 받아들일 수 있겠는가? 우리 교회 담임교역자로 세울 수 있겠는가? 고민이 필요한 시점이다.

남한출신 교역자들에 비해 탈북교역자들의 신앙연차나 행정능력 등 목회적 훈련이 부족한 면이 있는 것이 사실이다. 탈북교역자들도 신앙적, 교회행정적, 목회적 자질을 키워야 하는 노력에 힘써야 할 것이고, 한국교회 교역자와 성도들도 탈북민 교역자(또는 평신도 지도자) 리더십아래 있는 훈련도 필요하다. 탈북민 교역자에게 바로 부서를 맡길 수 없기에(또는 탈북민들에게 구역, 소그룹을 바로 맡길 수 없기에) 투자가 필요하다. 1년차에는 헬퍼로서 담당교역자(또는 구역장)에게 배우고, 2년차에는 공동으로 사역하고, 3년차에는 책임을 맡기고 남한헬퍼를 보내는 형태가 바람직할 것이다.

현재 한국교회는 남한 사람들에게 교회 내의 모든 권한이 집중되어 있다. 탈북민들이 교회 리더십에 들어오기 위한 진입장벽이 너무 높다. 따라서 정책적으로 남북출신들이 함께 공동체를 이루려는 자세가 필요하다. 특별히 남한출신은 기꺼이 자기 기득권과 자리를 비워줄 수 있는 용기가 필요하다. 남한출신에게는 성육신하신 그리스도를 본받아 낮아짐이 필요하고, 탈북민들은 내 힘과 능력이 아닌 성령의 능력으로 직분을 감당하는 훈련이 필요하다. 이 과정을 통해 많은 사람들이 사명을 받고 세워지며, 교회를 세워가는 선순환 모델을 만들어 내야한다.

현재 교단별 대형교회들을 중심으로 북한이 열리면 교회를 세우겠다면서 모아둔 재정이 상당하다고 한다. 대형교회 부서가 아닌 남북이 함께하는 교회 대부분은 재정문제로 교회운영의 어려움을 겪고 있는데, 이 중 일부를 통일한국교회 모델을 준비하는 작은교회들의 예배처소를 위한 임대보증금 또는 매입자금으로 활용한다면 작은교회들이 월세의 부담에서 벗어나 보다 활발한 사역을 펼칠 수 있을 것이고, 성장의 기반을 마련할 수 있을 것이다. 지원금 횡령 등의 문제를 예방하기 위해 재산권은 지원교회 명의로 하고, 사용권을 탈북민교회에게 주는 형태가 바람직할 것이다.

한편. 탈북민들의 거주지 현황이 빠르게 바뀌어 가고 있는데 교회들은 탈북민들의 밀집지역과 거리가 먼 경우가 많다. 또한 이들이 어디에 몰려있는지 어디로 이동하는지에 대한 정보를 접할 기회가 없다. 대부분 탈북민 정착에 관한 정보는 대외비라 지역 하나센터에서 알려주지 않기 때문에 정착 도우미나 그들이 찾아올 수 있도록 필요를 채워주는 접촉점을 만들어야 한다. 따라서 신규정착지역인 경기도 신도시 등과 같은 지역에 교단차원의 북한선교 모델링 교회의 설립이 필요하다. 또한 탈북민 선교를 위해 지속적인 관계와 접촉을 위한 도구로는 공동거주시설인 그룹홈과 작은도서관 또는 방과 후 교실이 효과적이라고 여겨진다. 가능하다면 어린이집과 같은 시설도 필요하다. 공동거주 시설을 통해 주택미배정 탈북민 청(소)년들의 육체적, 심리적, 정서적 쉼을 도모하고, 안정적인 생활환경을 통해 남한사회정착을 도울 수 있다. 탈북청년들이 쾌적한 환경에서 생활할 수 있도록 의,식,주 및 기타 생필품을 제공하며, 진로코칭, 문화체험, 악기교실, 교육지원 등을 통해 장차 통일시대를 이끌어갈 인재로 미래를 준비할 수 있도록 하고, 탈북민 뿐 아니라 신실한 남한청년들과 함께 거주하면서 서로 배우고, 그리스도 안에서 하나될 수 있는 계기를 만들 수 있을 것이다.

그룹홈과 작은도서관(방과후 교실)의 최종목적은 탈북민에게 그리스도를 전하고 그리스도 안에서 비전을 갖게 하여 그리스도의 제자로 세우는 것이다. 더 나아가 부모교실 등을 통해 아이들의 가족, 부모들에게 복음을 전할 수 있을 것이다. 아이들과 함께 온 부모들이 성경에 기반한 가치로 자녀들을 바르게 양육할 수 있도록 성경적 가치관, 자녀교육법, 대화법 등 육체적, 정신적, 사회문화적, 영적 교육이 필요하다. 그동안의 경험을 바탕으로 탈북민과 자녀들을 위한 전인적 양육모델과 복음화 전략을 계발이 요구되는 시점이다.

한국교회는 탈북민들을 물질적으로 지원하여 교회에 출석하는 정도의 신앙인이 되게 하는 것에 만족할 것이 아니라, 그들을 그리스도의 사랑과 하나님의 말씀을 양육하여 북한 뿐 아니라 세계복음화를 위한 일꾼으로 성장할 수 있도록 지원해야 한다. 그동안 한국교회가 탈북민들의 신앙정착을 위해 물고기를 직접 주었다면, 이제는 물고기 잡는 법을 가르쳐줘야 할 때이다.

Ⅳ. 나가는 말

올해 정전 70년을 맞아 북한선교단체들과 교회들이 여러 가지 행사들을 기획하고 진행하였다. 정전 70년 사역들이 이벤트성 행사로 끝나지 않고, 그 의미를 새롭게 하기 위해서는 이번 기회를 한국교회 탈북민사역 전반을 점검하고 돌아보는 계기로 삼아야 할 것이다.

독일은 통일 이후 30년이 지났지만 '사람의 통일'은 여전히 진행중이다. 동독인을 오씨(Ossis)라고 부르고 서독인을 베시(Wessis)라고 부르면서, 서로를 부정적으로 여기며 갈등하기도 하지만 점차 통일 독일인으로서의 정체성을 만들어가고 있는 하나되는 과정 중이라고 할 수 있다. 탈북민들과 함께 통일한국교회 공동체를 이루어가는 과정 역시 현재진행형이다. 현재 국내입국 탈북민은 3만 4천 여명에 불과하지만 통일이 되면 2,500만 명 이상의 북한주민들이 전부 사역대상이 될 것이다. 지금은 일부 사역자들의 일이라고 생각할 수 있지만, 통일 후에는 어느 교회나 20% 이상은 북한출신들이 될 것이다. 따라서 현재 뿐 아니라 교회의 미래를 위해서 탈북민들을 위한 사역준비가 필요하다. 다가올 통일과 북한복음화를 위하여 인력, 정책, 재정의 요소가 준비되어야 하는데, 그 중에서 제일 시급한 과제가 '사람의 통일'이다.

대형교회 내 북한선교공동체도 그렇고, 남북이 함께하는 예배공동체도 그동안의 사역을 통해 시행착오를 겪으면서 장점은 살리고, 단점을 극복하려는 노력들이 계속되고 있다. 대형교회에서도 탈북민이 북한선교부 책임교역자로 남한헌신자들과 동역하는 경우도 생기고, 탈북평신도 리더들을 세우기도 한다. 또한 교회 내에 남북성도들이 함께 있다보니 서로의 단점과 한계를 보완하고자 남북출신 교역자들이 서로 동역하는 사례가 늘고 있다. 북한선교에 헌신된 남한성도들과 탈북민들이 함께 열린 마음으로 가족과 같이 지내면서 함께 서로를 알아가는 통일을 지향하고 있다. 오성훈 박사는 '콘비벤츠(Konvivenz)'[18] 개념을 인용하면서 통일한국교회가 '서로 돕고', '서로 배우고', '서로 잔

---

18) "함께 더불어 사는 삶"이란 뜻의 스페인어, 독일 선교신학자 데오 순더마이어 (Theo Sundermeier)가 선교패러다임으로 구조화 함.

치하는' 공동체가 되어야 한다고 주장한다.[19] 남북한 사람이 함께 모이는 교회는 주로 남한 사람이 일방적으로 탈북민을 도와야 한다는 생각을 하지 않아야 하며, 탈북민 또한 남한 사람이나 교회로부터 일방적으로 도움을 받아야 한다고 생각하지 않아야 한다.[20]

아무리 어렵고 힘들더라도 탈북민들과 함께 통일한국교회의 모델을 연습해야 한다. 하나님께서는 탈북민들을 보내주셔서 '사람의 통일'을 시작하셨다. 우리는 그리스도 안에서 이미 주신 통일을 살아야 한다. 한국교회가 북한인구의 0.1%에 불과한 탈북민들에게 복음을 전하지 못하면서 북한에 있는 2천5백만 동포들에게 복음을 전한다는 것은 자가당착[21]이 아닌가?

요셉과 다니엘, 느헤미야 같은 성경의 인물들은 모두 외국에 팔리거나 포로 신분으로 살았던 아픈 경험들이 있지만, 그 연단의 과정을 거치면서 하나님의 사람으로 자기 민족을 구원하며, 그 시대를 향한 하나님의 뜻을 이루는 도구로 쓰임을 받았다. 분단 70년을 맞는 2023년이 분단의 빗장을 끊어내고 복음적 평화통일을 위한 전환점이 되기를 기도하며, 한국교회가 하나님께서 북한의 문을 여시고, 통일을 준비시키기 위하여 보내신 탈북민들과 함께 보다 구체적으로 건강한 통일한국교회공동체를 이루어가기를 바란다.

19) 오성훈, 『하나님의 눈으로 북한 바라보기』 (서울: 포앤북스, 2011), 163-181.
20) 조요셉, 『북한선교의 마중물 탈북자』, 77.
21) 조요셉, 『북한선교의 마중물 탈북자』, 19.

참고문헌

경남대학교 북한대학원 엮음, 『남북한 관계론』, 서울: 한울아카데미, 2005.

김흥수·류대영, 『북한종교의 새로운 이해』, 서울: 다산글방, 2002.

노정선, 『통일신학을 향하여』, 서울: 한울, 1988.

대북협력민간단체협의회·대북지원민관정책협의회, 『대북지원 10년 백서』, 서울: 도서출판늘품, 2005.

북한사역목회자협의회 편집, 『통일을 넘어 열방으로』, 서울: 아가페북스, 2020

백중현, 『북한에도 교회가 있나요?』, 서울: 국민일보, 1998.

오성훈, 『하나님의 눈으로 북한 바라보기』, 서울: 포앤북스, 2011

이만열, 『한국 기독교와 민족통일운동』, 서울: 한국기독교역사연구소, 2001.

임채완 외 5명, 『분단과 통합』, 서울: 한울아카데미, 2006.

정성한, 『한국기독교통일운동사』, 서울: 그리심, 2003.

조요셉, 『북한선교의 마중물 탈북자』, 경기: 도서출판 두날개, 2013

통일부, 『2023 통일백서』, 서울: 통일부, 2023.

한국기독교교회협의회 통일위원회, 『한국교회 평화 통일 운동 자료집』, 서울: 한국기독교교회협의회, 2000.

한국기독교역사연구소 북한교회사 집필위원회 편집, 『북한교회사』, 서울: 한국기독교역사연구소, 1999.

한국기독교총연합회, 『북한 교회 재건백서』(1997).

한민족선교정책연구소, 『한국교회 북한선교정책』, 서울: 한민족선교정책연구소, 2002.

한화룡, 『4대신화를 알면 북한이 보인다』, 서울: 한국기독학생회출판부, 2003.

북한의 체제폭력과 과거 청산을 위한 한국교회의 역할

김원천 (서울신학대학교 신전원 Th.D. 기독교윤리학)

I. 들어가는 말

최근 세계에서 발생하는 국가체제폭력 현상은 이데올로기의 기반이 붕괴 되면서 사회 불평등의 심화와 그 현상에 대한 불만이 주류를 이루고 있다. 그러나 남북한은 이데올로기적으로 국가 체제의 정당성을 확보하기 위한 수단으로서 폭력을 사용하고 있다고 추론된다. 특히 북한의 체제폭력은 세계 현대사 어디에서도 찾아보기 드문 참혹한 반인도적 인권 범죄를 자행하고 있다. 북한은 범죄 국가로 주민들의 자유와 권리를 제한하고 박탈하여왔다. 예컨대, 북한의 정치범 수용소는 자유권 규약을 정면으로 위배한 범죄 행위 그 자체의 산물이며, 체제 폭력의 집약이며 상징물이다. 정치범 수용소는 정치적 사건과 연관된 당사자와 그의 가족들을 합법적인 재판 절차 없이 수용하거나 처벌을 집행하는 특별 구금 시설이다. 북한 정치범 수용소는 두 가지 목적으로 운영되고 있다. 첫째는 정치범들을 사회로부터 격리시키고자 함이며, 둘째는 강제 노동을 시켜 물자를 생산 하려는데 있다.

또한 북한의 체제폭력은 생태적 파괴와 더불어 경제난으로 인한 가난의 문제로 그 고통이 심화되고 있다. 이러한 북한의 체제폭력 문제는 통일 이후 반드시 청산 되어야 할 시대적 요청이자 역사적 과업으로 떠오를 것이다. 이 문제를 해결하기 위한 과제를 두 가지 맥락에서 살펴보아야 할 것이다. 첫째, 북한의 체제폭력의 문제에서 피해자와 가해자의 범위를 어디까지 규정할 것인가? 규명한 피해를 어떤 방식으로 처리할 것인가? 둘째, 과거 청산의 문제와 과제이다. 과거 청산 문제는 법률적, 정치적으로 처리하는 것이 원칙이지만, 이 논문은 정의와 화해의 관점으로 풀어가고자 한다. 첫 번째 문제는 북한의 체제폭력의 범위를 규정하는 것으로서, 그 피해 범위를 피해자, 가해자, 생태 피조세계까지 확대시키고자 한다. 피해에 대한 규명을 위해 극히 제한적이나마 북한인권 침해 상황, 북한의 생태계오염과 생태계 파괴 상황, 구조적 비생태성, 경제체제의 구조적 모순, 경제난의 실태를 제시할 것이다. 두 번째 문제로서 과거 청산을 법적 청산으로 해결한 사례들이 있다. 유고 전범 재판소, 나치 전범 재판소, 아프리카의 국제적 차원의 전범 재판의 사례들이 있다. 그러나 이 논문의 관점은 정의와 화해의 기독교 사회 윤리적 근거에 바탕을 두고 과거청산에 대한 사례에 초점을 두고, 이를 고찰하고자 한다. 체제폭력 청산의 국제적 사례 중, 독일과 남아프리카 공화국의 노력들을 주목하고자 하며, 두 나라의 노력들을 살펴보는 가운데 북한의 체제폭력 청산을 위한 한국교회의 역할로 청산과제의 범위를 한정 짓고자 한다. 이를 위해 디트리히 본회퍼의 책임윤리와 교회론에 근거한 통일 이후 북한의 체제폭력과 과거청산의 방향성이 무엇인지 이론적 담론을 마련하고, 특별히 현재부터 통일 이후까지 한국교회가 감당해야 하는 역할을 모색하는데 있다.

II. 정의와 화해를 위한 윤리 신학적 근거-디트리히 본회퍼의 책임윤리와 교회론

본회퍼는 인간들이 책임적 삶을 살지 못한 이유를 어떻게 규명하며, 이를 회복하기 위한 방안을 어떻게 설명하고 있는가? 인간이 책임윤리적인 삶을 실천하는 양태를 어떻게 제시하고 있는가? 본회퍼의 교회론이 함의하고 있는 세 가지 주요 관점은 무엇인가? 여기에서 제기하고 있는 그리스도 중심 공동체로서의 교회, 역사 속에서의 책임적 사귐 공동체로서의 교회, 세상 안에서 거룩한 책임적 제자 공동체로서의 교회가 북한의 체제폭력과 과거청산을 위한 방향성 정립에 어떻게 기여할 수 있는지 구체적으로 다루고자 한다.

1. 책임윤리와 정의(正義)

본회퍼는 처음으로 책임윤리 문제를 신학계에 제기한 신학자이다. 본회퍼는 책임의 개념을 인간의 삶의 궁극적인 현실과 인간적 삶의 원천이 되시는 예수 그리스도의 생명에 대한 구체적인 응답구조로 파악하면서,[1] '책임'을 다음과 같이 정의한다. "예수 그리스도의 생명에 대해 응답하는 (우리의 생명을 긍정하고 부정하는) 이 생명을 우리는 '책임'이라고 부른다. 책임이란 생명의 전체성을 투입한다는 뜻이며, 생사를 걸고 행동한다는 뜻이다."[2] 그리스도인이 이러한 '책임'을 만나는 지

---

1) 고재길, "디트리히 본회퍼의 사회윤리에 대한 소고", 「장신논단」 37 (2010), 135.
2) 디트리히 본회퍼, 『윤리학』, 304.

점을 본회퍼는 다음과 같이 기술한다. "책임은 하나님 앞에서, 그리고 하나님을 위해 일어나며, 사람들 앞에서, 그리고 사람들을 위해 일어난다. 그것은 항상 예수 그리스도의 일을 위한 책임이며, 오직 그런 점에서 자신의 생명을 위한 책임이다. 오직 말과 생활로써 예수 그리스도를 고백하는 곳에서만 책임은 존재한다."[3]

1) 하나님과 분열에 의한 타자에 대한 책임회피

하나님은 인간의 자유를 위해 아담과 하와를 만드시고 타자를 향한 책임적 삶을 살도록 하셨다. 그러므로 인간의 자유는 타자와 함께 살 때에 보장되는 것이다.[4] 인간의 타자를 위한 자유는 하나님의 처음창조를 회복할 때 가능하다. 즉 인간의 피조성의 회복은 타자지향성의 삶을 살 때에 회복된다.[5] 타자는 하나님이 인간에게 정해주신 한계로서 인간은 그 한계 안에서 타자를 사랑은 하지만 침범하면 안 되는 것이다.[6] 또한 인간은 타자를 속박해서도 안 되며, 오히려 타자를 통해서 하나님을 발견해야 하는 것이다. 그러나 인간은 타자이신 하나님과의 관계를 파기하고, 위임된 타자와의 관계를 회피하였던 것이다. 에덴동산에서 아담과 하와의 범죄로 인해 인간들은 하나님에게서 분리되었으며 결혼관계가 타락하여[7] 서로 사랑하는 관계가 아니라 대적하는 관계가 되었다. 이러한 대적관계는 다음과 같은 모습으로 나타난다.

---

3) 위의 책, 306.
4) 디트리히 본회퍼, 『창조와 타락』, 강성영 역 (서울: 대한기독교서회, 2010), 83.
5) 위의 책, 85.
6) 위의 책, 126.
7) 디트리히 본회퍼, 『창조와 타락』, 151.

첫째, 그것은 성적 욕망으로 나타난다. 성적인 욕망은 인간의 한계에 대한 광기어린 증오이며, 극단적으로 사실을 왜곡시키며, 분열된 세계에서 자기중심적인 의지로 일치를 도모하는 병적 집착인 것이다.[8] 인간은 성적욕망으로 인해 타인을 말살하고, 하나님이 위임한 피조성을 강탈하고, 하나님이 베푸신 자유의 은혜를 거부하기에 이른다.

둘째, 분열된 인간은 양심에 이끌리는 존재가 된다. 양심이란 하나님 앞에서의 수치감이며 악행에 대한 위장과 정당화를 시도한다.[9] 인간의 양심은 하나님으로부터의 안전을 느끼는 도피처로 안내한다.[10] 인간들은 생각하기를, 하나님께로부터 분열되고 소외된 것이 자유를 쟁취한 것이라고 착각하지만 이것은 영원한 저주상태이며 궁극적으로 심판에 이르게 된다.

셋째, 분열된 인간은 정치적 존재가 된다. 인간이 하나님 신앙함을 상실하게 되면 자신의 승리쟁취를 위해 모든 수단과 범죄의 방법을 사용하게 된다.[11] 정치적 존재가 된 인간은 자신의 이익을 위해 타자를 억압하고, 억압당하는 타자는 용기를 상실한 채 학대받거나 배제당하고 멸시 당하게 된다.

인간은 타자를 향한 책임을 망각하고 자신만을 위해 살면서 타자를 책임지는 삶을 살지 않고, 타인을 소유하며, 억압하는 삶을 살았다. 이에 그리스도는 인간의 타자와의 관계회복을 위해 십자가 희생으로 책임을 지셨고, 그리스도를 중심으로 타자를 향한 삶을 사는 책임적인

---

8) 위의 책, 156.
9) 위의 책, 161.
10) 위의 책, 161.
11) 디트리히 본회퍼, 『윤리학』, 119.

공동체를 회복하셨다.[12]

그러므로 본회퍼가 말하는 '책임'은 책임의 원천인 예수 그리스도 안에 거하는 것이다. 따라서 그리스도인이 책임적 삶을 산다는 것은 죄가 없으신 예수 그리스도안에 함께 거하며, 그 분의 사랑을 이 땅에 실현하는 것이다.[13]

2) 타자에 대한 책임 회복으로서의 정의

산상설교는 인간으로 하여금 타인을 책임지게 만들며, 공동체 안에서 책임적 행동을 하도록 명령하고 있다. 책임적 행동은 사랑으로 나타나며, 사랑의 근원은 피조현실 전체를 품고 있는 하나님의 사랑이다.[14] 여기서 하나님의 사랑으로 대변되는 타자에 대한 책임의 회복을 살펴보고자 한다.

첫째, 고난을 짊어져야 하는 책임이다. 그리스도인이 고난 받는 자들의 위로자이신 그리스도와 교제하는 길은 타자를 위해 고난을 감내할 때에 가능해진다.[15] 하나님을 위해 고난 받는 것은 자신의 것을 상실하는 것이 아니라 오히려 전부를 얻는 것이다. 이로 인해 인간이 타자를 위해 고난을 받음은 자신을 희생함으로 타자를 얻게 되는 것이다. 타자의 고난을 짊어진다는 것은 타자를 위한 봉사의 삶으로써 타자를 위해 친절을 실천하고 권리와 생명을 보장해 주는 봉사적 삶을 사는 것이다.[16] 봉사는 대상을 선별해서는 안 되며, 대상을 선별하면

---

12) 요한복음 13:34-35.
13) 김성호, 『디트리히 본회퍼의 타자를 위한 교회』 (서울: 동연, 2018), 331-332.
14) 디트리히 본회퍼, 『윤리학』, 289.
15) 디트리히 본회퍼, 『나를 따르라』, 허혁 역 (서울: 대한기독교서회, 1974), 120.

타자를 자기의 기준에 맞추거나 억압할 가능성도 있기 때문이다.

둘째, 책임적 삶은 원수를 사랑하는 것이다. 하나님은 원수된 인간을 위해서 화해의 짐을 지셨다.[17] 원수를 사랑하는 것은 인간이 감당할 수 있는 능력을 넘어서는 것이다.[18] 그럼에도 불구하고 원수를 사랑해야 하는 이유는 하나님이 성육신하셔서 그 원수를 찾아오셨고 지금도 찾고 계시기 때문이다. 그러므로 책임공동체는 타자인 원수를 찾아가야 한다.[19] 따라서 하나님과 같이 원수를 용서하고, 원수에 대한 책임을 감당해야 한다.

셋째, '타자를 위한 책임회복으로서의 정의'란 소외된 자들에게 행하는 것이다. 하나님 나라의 복음과 구원의 능력은 소외된 자들을 위한 것이었다.[20] 소외된 자들을 위한 책임을 감당할 때 하나님의 정의가 성취되어진다.[21] 예수님은 소외된 이방인, 여인들, 가난과 학대에 시달린 낮은 자들을 향해 제자들을 파송하셨다. 그리고 소외된 자들은 이전에 경험하지 못했던 섬김의 신비를 제자들로 인해 경험하게 된다. 이것이 제자들의 타자를 향한 책임적 모습이며, 세상을 향한 그리스도의 선교적 명령이 된다.[22] 교회공동체는 예수 그리스도의 보내심을 받

---

16) 위의 책, 148.

17) 로마서 5:10.

18) 위의 책, 166.

19) 디트리히 본회퍼, 『창조와 타락』, 170.

20) 디트리히 본회퍼, 『나를 따르라』, 229.

21) 위의 책, 229. 여기서 말하는 하나님의 때란 추수할 때요, 예수 그리스도의 재림의 때이다. 예수 그리스도는 멸시를 당하고, 불쌍하고 가련한 하나님의 백성 가운데서 추수를 기다리는 하나님의 들판을 보았다. 그리고 이들을 하나님나라로 인도할 때가 가까이 왔음을 선언하시면서 추수할 일꾼들을 부르신다. 예수 그리스도는 홀로 일할 수 없었고, 일꾼은 부족했기에 그를 도와 일할 사람을 보내달라고 아버지께 간청하셨다.

22) 위의 책, 235.

은 자로서 소외된 자들을 섬기는 책임회복을 통해 하나님의 정의를 성취할 수 있다.

넷째, 직업을 통한 계명에 순종하는 책임적인 삶을 사는 것이다. 본회퍼는 루터의 직업관을 따르고 있다. 루터에게 성스러운 일이란 수도생활과 금욕생활만이 아니라 그리스도의 은혜 가운데 실천하는 모든 일이었다. 이로 인해 루터는 수도원에서 나와 세상에서 하나님의 계명을 순종하는 삶을 산 것이다. 계명에 대한 순종과 직업에 대한 순종은 같은 것으로서 직업은 생존수단이 아니라 하나님께 위임받은 것으로 보았다.[23] 그러므로 직업은 계명을 실천하는 길이며, 자신의 생존에 대해 책임질 수 있는 구체적인 방법이 되는 것이다. 루터는 인간이 삶의 자리에서 끊임없이 하나님의 부르심을 확인하고, 오늘의 업무를 거룩히 여겨야 한다고 했다. 인간은 직업을 통해 노동을 하게 되고, 계명에 순종함으로써 그리스도와의 인격적 경험을 하게 된다.[24]

세상의 직업을 수행하는 과정에서 그리스도인들은 타인과 심각한 갈등관계를 갖게 된다. 이때 그리스도인은 직업생활을 하는 가운데 세상 사람과는 다른 자신의 삶을 보여 주어야 한다.[25] 그리스도인은 세상에서 타인들과 함께 살고 있지만, 그리스도로 인해 자유로워진 존재임을 깨달아야 하며,[26] 그리스도인은 세상의 유혹에서 승리하고, 박해

---

23) 디트리히 본회퍼, 『나를 따르라』, 41.
24) 디트리히 본회퍼, 『윤리학』, 350.
25) 위의 책, 307.
26) 위의 책, 311. 본회퍼는 고전 7:29-32의 말씀을 통해 세상 안에서 살아가는 그리스도인의 모습을 이야기한다(그때가 단축하여 진고로 이후부터 아내 있는 자들은 없는 것 같이 하며 우리는 자들은 울지 않는 자같이 하며 기쁜 사들은 기쁘지 않은 자 같이 하며 매매하는 자들은 없는 자같이 하며 세상 물건을 쓰는 자들은 다 쓰지 못하는 자 같이 하라 이 세상의 외형은 지나감이니라 너희가 염려 없기를 원하노라.).

와 수모 속에서도 평화를 창출해 내야한다. 그러기 위해 그리스도인은 직업현장에서 연대하여 위임적 직업공동체를 세우며 동시에 교회 공동체의 일원으로 존재해야 한다. 그리스도인에게 직업은 위임받은 책임이고, 책임을 감당하는 것은 하나님을 향해 전적으로 응답하는 삶이 된다.[27] 세상은 그리스도인들과 지속적으로 갈등을 조성하지만 오히려 그리스도인들은 직업에 대한 책임적 삶을 통해 세상에 침투하고, 세상에서 그리스도의 뜻을 실현하는 위임받은 직업 공동체를 세워 나가야 하는 것이다.

3) 인간의 책임윤리적 삶

본회퍼에 의하면 인간의 책임적 삶은 선택이 아닌 필수이다. 은혜로 부름 받은 사람들의 삶은 그리스도의 입장에서는 소명이 되고 인간의 입장에서는 책임이 된다.[28] 인간이 어디에서 사느냐와 어떠한 일을 하느냐의 문제보다 중요한 것은 그리스도의 부르심의 여부와 이에 대해 기쁨으로 응답하느냐에 달려 있다.[29] 이러한 부르심에 대한 응답은 인간이 위임에 대해 책임적 삶을 실천하게 하는 것이다. 본회퍼는 세상을 향한 교회공동체의 책임에 대한 실천명령을 노동, 혼인, 정부, 교회의 위임으로 보았다.[30]

첫째, 노동의 위임이다. 노동 위임은 하나님의 명령에 순종하는 기

---

27) 디트리히 본회퍼, 『윤리학』, 351.
28) 위의 책, 348.
29) 위의 책, 348. "인간이 자신의 책임을 완수하는 때는 시민으로서, 노동자로서, 가장으로서 세상 직업의 의무를 충실히 수행할 때가 아니라 예수 그리스도의 부르심을 받아들일 때다."
30) 위의 책, 65.

본적 책임적 행위이다. 인간은 하나님에 대해 범죄하여 타락하였고, 피조세계에서 하나님의 창조적 대리역할인 노동을 박탈당하였다. 그러나 인간은 예수 그리스도로 인해 칭의를 얻은 후 그리스도의 재림을 대망하며, 그리스도를 위한 책임을 회복하여 노동위임에 순종할 수 있는 길이 열렸다. 이러한 노동은 예수 그리스도에 의한 지상명령인 것이다.[31]

둘째, 혼인의 위임이다. 인간은 혼인을 통해 하나님의 창조사역에 동참하며, 혼인하여 출생한 인간은 예수 그리스도께 영광을 돌리고 섬기며 그리스도의 나라 확장에 동참하게 된다.[32] 혼인은 교회공동체에 주신 하나님의 축복의 방편이며 하나님을 위한 책임적 행위이다. 그러므로 혼인한 가정은 하나님의 책임공동체로서 피조세계에 창조원리를 실현시키는 위임에 복종해야 하는 것이다.

셋째, 정부의 위임이다. 정부는 하나님의 위임에 의한 질서 내에서 법제정과 무력을 통한 법집행으로 창조세계와 혼인, 노동을 보존해야 한다.[33] 이것이 정부를 향한 하나님의 위임이며, 정부공동체는 이를 실천하는 책임공동체가 된다.[34] 정부위임의 출현은 교황과 황제가 대립하는 분열에서 왔다.[35] 정부는 교회와 분리됨으로 세상통치를 위임받은 것이다. 그러나 정부는 예수그리스도의 통치와는 다른 길을 걸어왔다. 본회퍼가 나치에 투쟁한 것은 정부가 그리스도의 위임을 망각하였기 때문이었다.[36] 그는 일사각오로 종전 이후에 그리스도의 위임을

---

31) 마태복음 28:19-20.
32) 디트리히 본회퍼, 『윤리학』, 70.
33) 위의 책, 70.
34) 위의 책, 71.
35) 위의 책, 120.

올바르게 실천할 정부가 수립되도록 투쟁한 것이다.

넷째, 교회의 위임이다. 교회 위임의 핵심은 온 세상을 향한 구원을 선포하는 것이다. 교회의 선포는 교회 안과 밖에서 성취되는데 교회 안에서는 설교자가 회중을 향해 선포를 하고[37] 회중들은 만인사제로 맡겨진 선포의 위임을 교회 밖에서 실천하는 것이다.[38] 교회 내의 설교자에 대한 위임과, 회중에게 위임된 선포에 의해 교회 안과 밖의 세계가 통일된다.

인간은 본회퍼가 언급한 노동위임, 혼인위임, 정부에의 위임, 교회를 향한 위임에 대한 책임적 실천을 통해 하나님에 대한 책임을 감당하고, 예수 그리스도에 의해 성취된 하나님의 정의에 대해 책임 윤리적 삶으로 응답함으로써 현실화에 동참하게 된다.[39]

본회퍼는 '타자에 대한 책임회복으로서의 정의'를 실현하는 현장으로 노동, 혼인, 정부, 교회의 위임으로 보았다. 그런데 인간은 이러한 책임을 망각하고, 자신만을 위해 살면서 타자를 책임지는 삶을 살지 않고 타인을 소유하고 억압하는 삶을 살았다. 이에 그리스도는 인간들이 자신들의 삶 속에서 타자와의 관계를 회복할 수 있도록 십자가 희생으로 책임을 지셨고, 그리스도의 중심으로 타자를 향한 삶을 사는 책임적인 공동체를 회복하셨다. 그러므로 "본회퍼의 책임은 철저하게 신학적이요, 그리스도론적이며, 예수 그리스도를 통하여 우리를 향하여 하시는 하나님 말씀에 응답함으로써 사는 응답구조이다."[40]

---

36) 위의 책, 71.
37) 위의 책, 479.
38) 디트리히 본회퍼, 『성도의 교제』, 유석성, 이신건 역 (서울: 대한기독교서회, 2010), 210.
39) 디트리히 본회퍼, 『윤리학』, 73.

2. 그리스도 중심 공동체로서의 교회

본회퍼의 교회 이해는 '인간이 그리스도와 함께 공동체를 형성하며, 그리스도를 중심으로 타자와 함께 살아가기'를 의미한다.[41] 그러므로 "교회는 그리스도 안에서 시작되었을 뿐만 아니라 그 안에서 이미 성취되었다."[42]

1) 그리스도가 실존하는 현실 공동체

본회퍼는 그리스도적 교회공동체가 그리스도로부터 시작하여, 그리스도 안에서 하나 되고, 그리스도를 통해 완성되는 구원공동체라고 설명한다.[43]

첫째, 그리스도의 실존경험은 그리스도의 의미에 대해 끊임없이 질문하는 현실공동체가 될 때 가능해진다. 본회퍼는 그리스도의 실존 경험을 인간이 자신의 한계를 고백하며, 이러한 한계를 그리스도 안에서 재발견할 때 가능해진다고 말한다.[44] 그리스도가 오늘의 현실에서 누

---

40) 유석성, "본회퍼의 평화윤리", 「신학사상」 91(1995), 480.
41) 김성호, 『디트리히 본회퍼의 타자를 위한 교회』, 70.
42) 디트리히 본회퍼, 『성도의 교제』, 125.
43) 디트리히 본회퍼, 『그리스도론』, 이종성 역 (서울: 대한기독교서회, 1981), 122-125. 그리스도교적 교회의 개념은 유대교적 집회 개념의 완성, 교회는 그리스도의 활동을 통해 이루어짐, 바울은 그리스도와 교회를 동일시함, 교회도 그리스도라고 칭할 수 있다. 교회는 그리스도의 현존이다, 너희는 그리스도의 몸이라는 바울의 직실법은 구체적 개별교회인 종말론적인 하나님의 교회를 지시함, 교회는 예배하고 서로를 위해 활동하는 가시적 공동체, 교회는 전체인격 곧 공동체로서 존재하는 그리스도로부터 보아야 하며 그리스도에 의해 통치되는 사람들은 서로에게 봉사하도록 인도된다.
44) 디트리히 본회퍼, 『저항과 복종』, 손규태, 정지련 역 (서울: 대한기독교서회, 2010), 653-655.

구인지를 끊임없이 질문하고 논쟁할 때에 그리스도를 온전히 만나게
된다. 그러므로 교회공동체는 '과거, 현재, 미래 그리고 나, 우리, 교
회, 현실 상황'에서 그리스도가 어떤 의미인가를 항상 질문하여 오늘
의 현실에서 그리스도가 실존하도록 해야 하는 것이다.

둘째, 현실공동체로서 그리스도의 실존을 설교와 성례전을 통해 경
험해야 한다. 교회의 존재 의미는 설교에 그리스도가 존재해야 하
며,[45] 성례전의 집례를 그리스도가 성육신하신 말씀으로서 집례할 때
에 존재의 의미가 있게 된다.[46] 그리스도가 없는 설교는 청중으로 하
여금 설교자의 제자가 되게 하는 것이다. 그리고 그리스도의 임재가
없는 성만찬과 세례예식은 그리스도 안에서 중생함과는 상관없이 단
순한 감정이입 행위가 되는 것이다.

셋째, 그리스도 안에서 하나 됨으로써 그리스도의 실존을 경험하는
현실 공동체이다. 바울은 머리이신 그리스도를 중심으로 서로 지체가
되어 그리스도 안에서 하나가 되고, 성령의 도움과 힘 그리고 지혜와
교훈을 받는 공동체가 되어야 함을 강조한다.[47] 이것은 지체들이 서로
를 인정하고, 용납해야 한다는 것이다. 만약 서로가 다름을 인정하지
않는다면 그리스도의 몸은 수많은 조각으로 파편화 될 것이다. 교회공
동체가 그리스도 안에서 한 몸이라면 그리스도인은 지체로서 그리스
도에 근거한 공동체적 삶으로 연합되어야 하는 것이다.[48] 분리될 수밖
에 없는 상황에서 분리되지 않는 것이 그리스도의 신비이다. 이 신비

---

45) 디트리히 본회퍼, 『그리스도론』, 37.
46) 위의 책, 44.
47) 존 맥아더, 『그리스도의 몸 된 교회』 이춘이 역 (서울: 생명의 말씀사, 1986), 16.
48) 서창원, 『깨어있는 예수의 공동체』 (서울: 진리의 깃발, 1999), 56-61.

안에서 교회공동체는 어떤 상황에서도 그리스도의 몸으로서 현존하게 되는 것이다.[49)]

2) 삼위일체 안에서 인격적으로 관계 맺는 공동체

교회공동체는 삼위일체를 신앙으로 고백하고, 화해를 성취하고, 삼위일체를 중심으로 관계 맺는 공동체이다.

첫째, 삼위일체 공동체는 그리스도 중심적 삼위일체가 고백되는 공동체이다. 삼위일체의 역사는 그리스도 안에서, 그리스도로 말미암아 나타난다. 삼위일체를 신앙고백 하면 그리스도를 통해 성취된 하나님의 완전한 사역을 용납하게 되고, 삼위일체의 사역에 신앙고백자 개인과 교회공동체가 동참하게 되는 것이다.

둘째, 삼위일체 공동체는 그리스도의 화해를 성취하는 공동체이다. 그리스도의 십자가는 타자와의 모든 인격적 관계를 회복시키는 정점이다. 그리스도께서 자신을 낮춘 십자가 사건은 삼위일체 그리스도의 화해사역으로서 모든 타자 간의 단절되었던 관계를 회복시킨 것이다.[50)] 이에 따라 십자가가 교회의 최고상징이 된 것이며, 십자가 앞에서 불가능한 화해란 있을 수 없다. 그러므로 세상에서 분열을 화해시키려면 자신이 그리스도의 십자가를 대신 짊어지겠다는 결단이 요구된다.

셋째, 삼위일체 공동체는 그리스도 안에서 서로간의 관계를 맺는

---

49) Hans Küng, 『교회』, 정지련 역 (서울: 한들출판사, 2007), 325.
50) 디트리히 본회퍼, 『신도의 공동생활』, 문익환 역 (서울: 대한기독교서회, 1998), 28. 하나님의 아들이 육을 받아들이셨을 때, 그는 은혜로 인해 진실로, 그리고 신체적으로 우리의 존재와 본질, 아니 우리 자신을 받아들이셨다. 이것이 바로 삼위일체 하나님의 영원한 뜻이다. 그래서 우리는 이제 그분 안에 있게 되었다.

공동체이다. 본회퍼는 『신도의 공동생활』에서 그리스도인의 생사 여탈문제는 하나님의 말씀에 의해서 발견될 수 있다[51]고 말한다. 그리스도에게서 주어지는 창조의 말씀, 구원의 말씀, 능력의 말씀을 가지고 타자인 피조세계와 관계 맺는다는 것은 인간의 힘이 아니라 그리스도께서 인도하시는 힘에 의한 것이다. 그러므로 교회공동체는 항상 그리스도가 지체 안과 공동체 안에 내주하시면서 인격적 관계를 맺고 계시는가를 확인하고 그리스도의 관계 가운데 존재하도록 해야 한다.

3) 창조적 능력 공동체

교회공동체는 하나님의 창조사건이 그리스도로부터 시작하여, 그리스도를 향하고, 그리스도를 통해 완성된다고 믿는 공동체이다. 교회공동체는 그리스도를 위해 그리스도로부터 위임받은 창조적 능력을 발휘할 책임이 있다.

첫째, 창조의 말씀으로 사역하는 공동체이다. 교회는 창조의 말씀에 의존하며 창조의 말씀으로만 존재하는 공동체이다.[52] 교회공동체를 참된 공동체가 되게 하는 창조의 말씀은 현재적으로 살아있고, 인격적으로 활동한다. 그러므로 말씀이 살아있지 않다면 교회공동체는 생존할 수가 없다.

둘째, 창조된 세상을 보존하는 책임공동체이다. 하나님은 타락한 세계라도 선한 피조물로 보시며, 하나님 자신을 위해 만든 선한작품으로 보신다.[53] 그런데 인간은 피조세계를 하나님과의 관계형성을 위해

---

51) 위의 책, 25-26.
52) 디트리히 본회퍼, 『그리스도론』, 44.
53) 디트리히 본회퍼, 『창조와 타락』, 61.

다스리지 않고 자기 뜻대로 지배하고, 강탈함으로 땅을 상실하였다. 타락한 인간이 생명을 피조세계로부터 보존하는 길은 그리스도를 통한 보존의 질서 회복으로만 열리게 된다.[54] 인간들이 피조세계에서 강탈행위를 멈추고 그리스도의 통치가 가능하도록 책임지는 공동체가 되어야 한다. 이러한 변화는 호흡하는 피조세계뿐만 아니라 호흡은 없지만 생명력이 있는 세계의 정치 경제 문화에까지 확대 시켜야 한다. 하나님께서는 그리스도의 공동체에 창조의 능력을 부여하시어 창조의 능력을 누리게 하시고 세상의 변화를 꾀하시기를 원하신다.

셋째, 하나님의 새로운 창조를 선취하는 공동체이다.[55] 본회퍼는 하나님에 의한 처음 창조와 같이 타락한 피조세계를 새롭게 창조할 때가 반드시 도래할 것이라고 보았다.[56] 새로운 창조란 피조물에 대한 심판만을 의미하는 것이 아니라 예수께서 부활하셨듯이 재림하시는 마지막 날, 피조세계의 부활의 날에 창조주와 영원히 안식하는 세상을 의미한다.[57] 교회공동체는 이러한 새 창조를 대망하며 선취하는 공동체이다. 교회공동체가 새 창조를 기다리지 않는다면 첫 창조를 헛되게 하는 것이 되고, 새 창조를 선취하기 위해 노력하지 않으면 창조적인 생명력을 잃게 될 것이다. 그러므로 교회공동체는 하나님의 말씀으로부터 새 창조의 능력을 위임받아 피조 된 세상을 보존하며, 화해를 추

---

54) 위의 책, 173.
55) 디트리히 본회퍼, 『윤리학』, 147. "교회는 역사적 유산의 소유자로서 마지막 날을 기다리는 가운데서 역사적 미래에 대해 책임을 지고 있다."
56) 디트리히 본회퍼, 『나를 따르라』, 245. 가까운 재림에 대한 예수의 약속은 이 약속이 참되다고 믿는 공동체에 의해 보존되었다. 약속의 성취는 불확실하다. 그러나 예수의 재림은 속히 이루 어질 것이며, 우리가 예수를 위해 완성할 수 있는 일보다 더 확실하다. 예수의 재림은 우리의 죽음보다 더 확실하다. 이 사실은 분명하며, 오늘 우리에게 중요하다.
57) 디트리히 본회퍼, 『윤리학』, 93.

구하고, 새 창조의 때를 예비해야 한다.

본회퍼의 교회공동체론은 전적으로 그리스도를 따르는 제자공동체를 의미한다. 이것은 그리스도가 하나님의 말씀과 성례전을 통해 역사하는 성육신적공동체이다. 교회공동체는 제자들이 그리스도를 중심에 두고 타자와 사귐을 갖는 제자공동체로서 성도들의 공동체이며 그리스도의 몸이 되는 것이다. 이러한 교회공동체는 삼위일체를 신앙으로 고백하고, 화해를 성취하고, 삼위일체를 중심으로 관계 맺는 공동체이다. 교회공동체는 하나님의 창조사건이 그리스도로부터 시작되어, 그리스도를 향하고, 그리스도를 통해 완성된다고 믿는 공동체이다. 교회공동체는 그리스도를 위해 그리스도로부터 위임받은 창조적 능력을 발휘할 책임이 있다. 이것이 바로 그리스도 중심 공동체로서의 교회이다.

3. 역사 속의 책임적 사귐 공동체로서의 교회

교회는 인간을 위한 하나님의 선하신 뜻이다. 하나님의 선하신 뜻은 구체적이고 역사적인 인간을 향하며, 역사 속에서 시작된다.[58] 역사 속에서 세워진 사귐 공동체인 교회는 타자를 위한 봉사를 해야 한다. 또한 공동체의 일원인 개인은 직업을 통하여 세상 안에서 위임받은 바를 책임지고, 실천하는 존재가 되어야 한다. 책임적인 삶의 구조는 인간과 하나님을 위한 삶의 의무와 인간의 삶의 자유라는 방식을 통해 결정된다.[59]

---

58) 디트리히 본회퍼, 『성도의 교제』, 125.
59) 디트리히 본회퍼, 『윤리학』, 307.

1) 세상에 세워진 위임 공동체

인간은 십자가로 성육신하고 책임을 지신 하나님에 의해 세상에서 책임적 삶을 위임받았다. 그러므로 십자가를 중심으로 존재하는 교회 공동체는 세상에서 다양한 책임적 삶으로 세워져 나가야한다.

첫째, 세상에서 가정단위로 세워진 위임공동체이다. 가정은 가장 작은 단위로, 혼인과 노동이 중요한 구성요소이다. 본회퍼는 가정공동체가 남편과 아내로 이루어진 교회의 원초적 형태라고 했다.[60] 그러므로 그리스도인은 혼인을 공동체 구성의 가장 소중한 행위로 고백하고, 혼인을 통해 교회공동체가 견고히 세워지도록 해야 하며, 또한 노동은 타락한 세상에서의 고통스러운 책임[61] 이 아니라 하나님의 피조세계에 선포되었던 하나님의 명령에 대한 책임지는[62] 행동을 의미한다. 노동은 하나님이 맡기신 신성한 일이며, 가정을 유지하기 위한 기본적 행위이다. 노동이 없는 가정은 가정의 기능이 상실되고, 하나님의 거룩한 명령을 외면하게 된다. 가정과 가정들이 모인 교회공동체는 에덴에서 아담과 하와가 이루었던 가정의 원형을 회복하기 위해 노력해야 한다.

둘째, 세상에서 사회참여를 위해 세워진 위임 공동체이다. 사회현실에서의 참여는 하나님께서 위임하신 업무를 실천하는 것이다. 본회퍼는 나치를 향한 저항투쟁으로 사회의 현실에 참여하였다.[63] 그리고

---

60) 디트리히 본회퍼, 『창조와 타락』, 128.
61) "네가 흙으로 돌아갈 때까지 얼굴에 땀을 흘려야 먹을 것을 먹으리니 네가 그것에서 취함을 입었음이라 너는 흙이니 흙으로 돌아갈 것이니라 하시니라."(창세기 3:19)
62) "하나님이 그들에게 복을 주시며 하나님이 그들에게 이르시되 생육하고 번성하여 땅에 충만하라, 땅을 정복하라, 바다의 물고기와 하늘의 새와 땅에 움직이는 모든 생물을 다스리라 하시니라."(창세기 1:28)
63) 디트리히 본회퍼, 『저항과 복종』, 45. 오직 역사적으로 책임적인 물음을 통해서

고백교회 활동을 통해 세상을 향해 교회에 맡겨진 위임을 감당하고자 고난을 감내해야 함을 가르쳤고, 스스로 고난의 길을 걸어갔다.[64] 교회는 사회참여를 통해 세상과의 사귐을 갖게 된다.[65] 교회가 사회문제에 대해 침묵하고, 대다수의 역할을 교회 내에만 집중하는 것은 온전한 사귐을 위한 행위가 아니다.[66] 교회는 사회문제에 대해 고민하고 공동체의 입장을 선포하며, 이를 실현하기 위해서 참여해야 한다. 그리고 사회에서 소외된 약자와 소수의견을 청취하고 다수의 논리와 조화를 이루는 가교가 되어야 한다.[67]

셋째, 세상에서의 선포를 통해 하나님의 위임을 감당하는 공동체이다. 교회는 사회적 참여를 통해 사회의 문제를 해결해야 한다. 교회의 사회참여는 완전한 그리스도의 현실이 성취될 수 있도록 현재를 변화시키며 미래를 형성하게 된다.[68] 교회의 사회참여는 위임된 복음 선포의

만 결실 있는 해결책들이 나올 수 있다.

64) 위의 책, 682. "인간은 세상적으로 살아야 하며, 바로 그렇게 함으로써 하나님의 고난에 동참하지. 인간은 세상적으로 살도록 허락받았다네." 위의 책, 683. "종교적 행위가 그리스도인을 만드는 것이 아니라, 세상적인 삶에서 하나님의 고난에 동참하는 것이 그리스도인을 만든 다네."

65) 위의 책, 331.

66) 디트리히 본회퍼, 『윤리학』, 154. 교회는 무죄한 자들의 피가 하늘을 향해 소리를 지르기 때문에 소리쳐야 할 때에 침묵했다. 교회는 올바른 말을 올바른 방법으로, 올바른 때에 하지 못했다. 교회는 피를 흘리면서까지 신앙의 타락에 저항하지 않았고, 대중의 불신앙을 자초했다.

67) 디트리히 본회퍼, 『저항과 복종』, 578. "우리는 우는 자들과 함께 울고 동시에 즐거워하는 자들과 함께 즐거워하지."

68) 디트리히 본회퍼, 『저항과 복종』, 57. "우리에게는 오직 찾기 힘든 좁은 길만이 남아 있는데, 우리는 그 길속에서 매일매일 오늘이 마치 마지막 날인 것처럼 살아가면서도 신앙과 책임 가운데 아직도 거대한 미래가 존재하는 것처럼 살아가야 한다. 도래하는 세대를 바라보고 생각하며 행동하는 것, 그러면서도 매일매일 걱정과 근심 없이 갈 각오를 하는 것. 이것이야말로 우리가 요청받고 있으며 또한 용감하게 견지해 나가야 할 자세다."

사명을 감당하기 위해 사회에 적극적으로 침투하는 것이다. 복음의 능력은 인간의 한계와 노력을 넘어서 하나님의 일들을 성취한다. 교회는 세상의 한 가운데에 존재하면서 그리스도와 더불어 세상에 들어가야 한다.[69] 그렇게 될 때에 세상은 복음을 통해 그리스도 내에서 사귐을 형성하고,[70] 하나님의 뜻에 맞는 공동체로 형성될 수가 있다.[71]

하나님을 위한 대리공동체인 교회는 가정으로 하여금 세상에서 형성된 가장 기초공동체가 되도록 사역해야 하며, 세상과의 사귐을 통해 능동적으로 사회에 참여하고 교회 공동체에게 위임된 은혜의 복음을 선포해야 한다.

2) 타자를 위한 봉사 공동체

본회퍼는 교회의 존재가치를 타자를 위해 현존하는데 있다[72]고 보았다.

첫째, 타자를 위해 존재하는 공동체이다. 인간은 자유롭고 싶은 욕구가 있는데 자유를 추구하는 행위는 하나님으로부터의 분열을 초래한다.[73] 하나님은 인간이 하나님과 분리되지 않도록 한계를 정해주셨는데 그것이 타자를 의미한다.[74] 인간은 타자 때문에 한계를 갖지만 타자와 함께 존재함으로 공동체 안에서 자유함을 얻는다. 그리스도인이 교회공동체의 일원으로서 은사를 따라 공동체를 세우는 삶을 살고,

---

69) 위의 책, 523. "교회는 인간의 능력이 실패한 곳, 한계에 있지 않고, 마을 한가운데 있지."
70) 위의 책, 637. "지상에서의 삶을 그리스도와 함께 전적으로 맛보아야 한다네."
71) 위의 책, 325. "만물을 회복시킬 수 있는 능력과 권한이 우리에게 있는 것이 아니며, 오직그리스도에 의해서만 만물이 회복된다는 말일세."
72) 위의 책, 713.
73) 디트리히 본회퍼, 『창조와 타락』, 114.
74) 위의 책, 126.

서로를 위해 살아갈 때 교회공동체가 완전한 타자를 위한 공동체로 형성될 수 있다.

둘째, 타자의 짐을 대신 짊어지는 공동체이다. 인간은 이웃을 자기 이익 추구를 위한 도구로 취급하여 타자를 자신과 무관한 존재로 취급하였다.[75] 본래 모든 인간은 타자를 위해 살아야 하는데 이것은 오직 예수 그리스도의 존재하심에 동참할 때에 가능해지는 것이다.[76] 따라서 인간은 교회공동체 안에서 서로 교제하며 대신 짐을 짊어지는 삶을 살아야 한다.[77]

셋째, 소외된 타자를 위해 존재하는 공동체이다. 교회공동체가 가난과 질병과 차별에 의해 소외된 자들과, 범죄에 의해 하나님으로부터 소외된 자들을 향해 봉사해야 한다. 본회퍼는 형제를 친절하게 대하고 권리와 생명을 얻도록 하는 봉사생활이 자기를 부정하고 십자가를 지는 길이라고 말한다.[78] 타자로 인해 자유를 향유하는 인간은 공동체 안에서 타자의 짐을 대신 짊어지고, 원수 사랑과 소외된 자를 위해 살아가게 된다. 이처럼 봉사공동체는 공동체 안에서 타자와 타자가 연합하여 서로를 위해 봉사할 때 형성되는 것이다.

3) 직업을 통한 책임적인 그리스도인들의 일상 공동체

본회퍼에 따르면, "직업은 책임이고, 책임은 현실 일상에 대한 인간의 전적인 응답이다."[79] 직업적 책임은 오직 예수 그리스도의 부름에

---

75) 위의 책, 155.
76) 디트리히 본회퍼, 『저항과 복종』, 711.
77) 디트리히 본회퍼, 『신도의 공동생활』, 40.
78) 디트리히 본회퍼, 『나를 따르라』, 148.

순종하는 것이기 때문에 직업을 저속한 것으로 간주하거나 협소한 의무로 국한시켜서는 안된다. 그러므로 그리스도인은 세상에서 책임 있는 구체적 행위를 일상의 직업에서 표출한다.[80]

본회퍼는 직업을 "예수 그리스도에게 전적으로 속하기를 요구하는 그분의 부름"이며, "예수 그리스도의 부름을 듣는 장소에서 그분의 요구를 듣는 일"이고, "실제적 노동과 인격적 관계를 포함"한다고 주장했다.[81] 이러한 맥락에서, 본회퍼가 주장하는 직업 개념에서 한계와 제한이 존재한다면, 그것은 "그 자체로서 하나의 가치로서가 아니라 예수 그리스도에 대한 책임 안에서 그러하다." 그러므로 직업의 한계와 제한의 영역은 "예수와 이러한 관계를 맺음으로써 모든 고립으로부터 벗어난다."[82]

여기서 중요한 것은, 직업의 한계와 제한은 "단지 위를 향해, 곧 그리스도를 통해 깨어질 뿐만 아니라, 밖을 향해서도 깨어진다." 그러므로 직업은 책임으로서, 책임적인 인간은 철저한 현실 안에서 철저하게 인간적으로 응답해야한다. 그런데, 책임의 본질 속에는 자유의 법칙이 작동함으로 "어느 범위까지 인간의 소명과 책임에 속하는지"를 법적 논리로 규정할 수 없다. "직업적 책임은 오직 그리스도의 부름만을" 따르는 것으로, 인간을 "이리저리로 인도하는 예수 그리스도의 부름에 대한 자유로운 책임이 될 것이다."[83] 그러므로 그리스도인은 책임적 행위를 적대시하는 세상에서 세상변화의 주역이 되어 직업의 가치

---

79) 디트리히 본회퍼, 『윤리학』, 351.
80) 위의 책, 351.
81) 위의 책, 350.
82) 위의 책, 350.
83) 위의 책, 351.

를 새롭게 하는 책임적 공동체의 일원으로 살아야 한다.

인간은 십자가로 성육신하시고 책임을 지신 하나님에 의해 세상에서 책임적 삶을 위임받았다. 그러므로 십자가를 중심으로 존재하는 교회공동체는 세상에서 다양한 책임적 삶으로 존재해야 한다. 본회퍼는 교회의 존재가치가 타자를 위해 현존하는데 있다고 보았다. 그리스도인은 세상에서 책임 있는 구체적인 행위를 일상의 직업에서 나타낸다. 본회퍼에 따르면, "직업은 예수 그리스도에게 전적으로 속하기를 요구하는 그 분의 부름이다. 직업은 예수 그리스도의 부름을 듣는 장소에서 그 분의 요구를 듣는 일이다."[84]

4. 세상 안에서 거룩한 책임적 제자 공동체로서의 교회

본회퍼는 교회를 세상과 역사를 초월하여 정주하고 있는 조직으로 이해하지 않는다. 세상 안에서 철저히 책임적인 존재로서 파악한다. 본회퍼는 이러한 교회의 본질을 신약성서에서 보여주는 제자 공동체 속에서 파악한다. 제자 공동체에 속한 그리스도인들은 "자기 부정을 통한 사랑을 통해 세상과 맞서야 하며, 그 사랑의 현실이 바로 [그리스도인의] '책임'"[85]인 것을 자각해야 한다.

1) 부르심에 순종하는 고난 공동체

제자들의 예수 그리스도의 부르심에 대한 순종은 부르심에 응답하

---

84) 위의 책, 350.
85) 김성호, 『디트리히 본회퍼의 타자를 위한 교회』, 331.

기 위해 모든 것을 버릴 때에 가능해진다.[86) 예수의 부르심에 순종하는 교회공동체가 고난공동체가 되는 것은 세상의 유익한 것들을 포기하기 때문이다. 부르심을 입은 교회공동체가 기꺼이 고난을 받을 수 있는 이유는 그리스도가 인간의 고난 받음을 위로해 주는 것을 믿기 때문이다.

첫째, 고난공동체는 말씀에 순종함을 통해 부르심에 응답한다. 본회퍼는 제자들의 응답은 언어가 아니라 순종하는 행위라고 한다.[87) 예수의 제자공동체는 고난으로 초청하는 말씀의 부르심으로 형성되었고, 말씀선포의 사명을 감당했으며, 말씀대로 살아갔던 것이다. 그러므로 교회는 성경의 말씀, 선포되어진 말씀, 공동체에 선포되어진 성령의 말씀을 통해 고난을 향한 예수의 부르심을 확증하고, 예수 그리스도의 길에 순종해야 한다.

둘째, 고난공동체는 고난을 감내하는 방식으로 그리스도 안에서 사귐을 갖게 된다.[88) 예수 그리스도의 부르심의 조건에는 십자가가 따라오며, 부르심을 입은 사람은 십자가를 향해 가는 사람이기 때문에 고난에 동참하게 된다. 고난의 십자가를 짊어짐은 부름 받은 제자공동체의 본분이다. 공동체가 고난극복을 하기 위해서는 십자가를 짊어지고,[89) 예수 그리스도와 십자가를 함께 지는 사귐이 있어야 한다.[90) 고

86) 마가복음 10:28.
87) 디트리히 본회퍼, 『나를 따르라』, 52.
88) 디트리히 본회퍼, 『나를 따르라』, 97.
89) 위의 책, 95. "오직 그리스도를 따르는 가운데서 그리스도와 결속하는 자만이 참으로 십자가 아래에 설 수 있다."
90) 위의 책, 99-100. "고난은 하나님의 멀어짐이다. 그러므로 사귐을 나누는 자는 고난을 당하지 않을 수 없다. … 고난은 항상 하나님의 멀어짐이다. 그러나 예수 그리스도의 고난의 사귐 가운데서 고난은 고난을 통해 극복된다. 하나님과의 사

난을 극복한다는 것은 고난의 추방이 아니라 고난을 용납하는 것이다.

셋째, 세상에서의 가시적 공동체로 소금과 빛이다. 본회퍼에 의하면 예수의 공동체는 세상 사람들에게 드러나 보이는 공동체가 되는 것이다.[91] 교회가 세상을 구원하려면 빛과 소금처럼 보이는 공동체의 역할을 감당해야 한다.[92] 제자공동체가 가시적 공동체가 되기 위해서는 고난을 감내해야 한다. 교회가 어두운 세상에서 가시적 공동체성을 회복할 때 가서 제자 삼으라는 사명을 감당할 수 있게 되며, 선포되는 복음을 통한 구원이 가능해진다. 그리스노의 말씀을 따르는 제자들의 삶에 의해 공동체가 드러나게 되고, 새롭게 제자가 된 사람들은 말씀을 따르고 순종하는 순환구조를 형성한다.

2) 제자로서의 훈련공동체

교회는 훈련공동체이며, 공동체는 훈련을 통해 세상에서 그리스도의 사역을 감당하게 된다. 첫째, 참된 예배가 드려지는 공동체이다. 본회퍼는 교회공동체에서 공적 예배가 중요함을 역설하고, 교회는 성도들의 공동체로부터 형성된 하나의 세상이라고 하였다.[93] 공동체는 예배 때마다 설교, 세례, 성만찬의 형태로 신앙을 고백하고, 하나 됨을 체험하게 된다. 예배에 참석하는 공동체는 세상 가운데에서 구별되며, 예배가 드려지는 현장에서 하나님의 뜻은 성취된다.

둘째, 공동생활로 인한 기쁨에 의해 훈련된 제자공동체가 형성된다.

쁨은 바로 고난 가운데서 선사된다."
91) 위의 책, 132.
92) 위의 책, 131.
93) 디트리히 본회퍼, 『신도의 공동생활』, 205.

본회퍼는 『신도의 공동생활』에서 그리스도인이 함께 존재하는 자체가 신자들의 기쁨과 힘의 원천이며,[94] 공동체 생활의 가치는 인간에게 가장 중요한 것임을 강조한다.[95]

셋째, 영적인 사귐을 형성한다. 그리스도인이 제자로의 삶이 가능한 것은 성령을 통해 경험된 영적 사귐에 근거하기 때문이다.[96] 그리스도인들은 성령이 충만한 임재에 의해 형성된 사랑의 공동체에서 서로를 구하고 찾고 서로에게 자신을 내어주는 삶을 살게 된다.[97] 제자들은 이러한 영적 사귐을 통해 그리스도를 체험하고, 그리스도 안에서 타자와의 사귐을 경험하게 된다.

3) 우주적 변혁으로 화해공동체

우주적 화해는 피조세계가 하나님의 창조의 질서대로 그리스도 중심의 세계로 회복됨을 의미한다. 그리스도의 제자공동체는 그리스도의 뜻을 실현시킬 책임을 위임 받은 것이다.

첫째, 철저한 복종의 신앙으로 우주를 변혁하는 능력을 위임받는다. 제자들은 우주의 변혁주체이신 그리스도의 소유가 되어야 한다. 신앙이란 하나님의 통치를 용납하는 것이며,[98] 제자들은 그리스도의 뜻대로 행동해야 한다.[99] 교회공동체는 신앙의 사수를 위해 박해를 받

---

94) 위의 책, 23.
95) 위의 책, 82.
96) "오직 성령이 너희에게 임하시면 너희가 권능을 받고 예루살렘과 온 유대와 사마리아와 땅 끝까지 이르러 내 증인이 되리라 하시니라."(사도행전 1:8)
97) 디트리히 본회퍼, 『성도의 교제』, 249.
98) 위의 책, 146.
99) 디트리히 본회퍼, 『행위와 존재』, 정지련, 김재진 역 (서울: 대한기독교서회, 2010), 107.

아 왔고, 모든 것을 상실하기도 했으며, 목숨을 희생당하기도 했다. 오늘의 교회는 희생을 감수하고 그리스도께 복종하여 신앙으로 우주를 변혁시키는 능력을 가져야 한다.

둘째, 화해를 위한 하나님의 선교에 충성하는 공동체이다. 예수 그리스도는 십자가의 희생과 부활로 하나님과 피조세계와의 화해를 성취하였다. 그리스도는 제자들에게 선교를 명령하셨고, 선교는 지상명령이 되었다.[100] 화해의 주체이신 그리스도는 제자공동체에 의해 땅 끝까지 복음이 전파되면 재림하셔서 화해의 세계를 완성하실 것이다. 그러므로 제자공동체는 화해의 명령을 전파해야 하며 그리스도의 도래를 선취하는 역할을 감당해야 한다.

셋째, 말씀으로 변화되어 세워진 공동체이다. 교회는 말씀에 따라 세상을 변화시키는 주도세력이 되어야 한다. 교회가 세상에서 우주적인 변화를 주도할 수 있는 힘은 말씀에서 나온다. 그러므로 오늘의 교회는 변화의 주체인 말씀공동체가 되어, 말씀을 가지고 말씀을 거부하는 세상에서 말씀공동체를 형성해야 한다. 이것이 말씀을 통해 성숙한 세계를 형성해 가는 하나님의 뜻이다.

제자들의 예수 그리스도의 부르심에 순종은 부르심에 응답하기 위해 모든 것을 버릴 때에 가능해진다. 예수의 부름에 순종하는 교회공동체가 고난공동체가 되는 것은 세상에서 유익한 것들을 포기하기 때문이다. 부르심을 입은 교회공동체가 기꺼이 고난 받음은 그리스도가 인간의 고난 받음을 위로해 주는 것을 믿기 때문이다. 교회는 훈련공동체이며, 공동체는 훈련을 통해 세상에서 그리스도의 사역을 감당하게

---

100) 디트리히 본회퍼, 『나를 따르라』, 235.

된다. 우주적 변혁은 피조세계가 하나님의 창조의 질서대로 그리스도 중심의 세계로 회복됨을 의미한다. 그리스도의 제자공동체는 그리스도의 뜻을 실현시킬 책임을 위임 받은 것이다. 여기서 받은 위임이란 세상 안에서 거룩한 책임적 제자공동체로서의 교회를 형성하는 것이다.

본회퍼는 '타자에 대한 책임회복으로서의 정의'를 주창하면서 그리스도는 이를 위해 십자가 희생으로 책임을 지셨다고 갈파한다. 그리스도는 그리스도 중심으로 타자를 향한 삶을 사는 책임적인 공동체를 회복하셨다. 따라서 본회퍼의 교회론은 교회존재의 형태가 공동체여야 한다는 것이다. 교회공동체는 그리스도 중심적이어야 하고, 책임적인 사귐을 하며, 부름에 응답하고 세움을 받아 파송된 제자들의 공동체이다. 이에 따른 연구자의 입장을 정리하고자 한다.

첫째, 본회퍼는 교회가 고난 받는 자들과 함께 하는 성숙한 공동체가 되어야 하며, 제자들은 자신이 처한 상황을 회피하지 말고 낮은 자들의 고난에 동참해야 한다고 말한다. 반면, 오늘의 한국 교회 성도들의 신앙은 기복신앙화 되어 고난을 저주로 여기고, 부유하고 영화로운 생활을 복이라고 여기는 신앙생활을 하고 있다. 이렇게 올바르지 않게 정립된 '값싼' 구원관은 십자가의 희생과 고난을 기피하게 만든다. 한국 교회는 그리스도와 함께 그리스도를 위해 고난의 십자가를 짊어지고, 북한동포가 받는 고난과 북한의 체제폭력으로 인해 고난 받는 자들의 아픔을 공감하고 치유하는 것에 동참하는 공동체의 일원이 되는 것을 기쁨으로 추구해야 한다.

둘째, 본회퍼는 공동체 신학을 구체화했다. 교회의 중심은 그리스도다. 그리스도는 자신의 몸인 교회공동체로 존재한다. 그리고 교회의 존재양식은 공동체적으로 사회문제에 참여하지만, 지배가 아닌 봉사와 섬김의 방식이어야 한다는 것이다. 연구자는 이러한 공동체 신학을 '그리스도 중심의 공동체', '책임적인 사귐의 공동체', '부름에 응답하고 세움을 받아 파송된 제자 공동체'의 구조에서 발견하였다. 본회퍼의 공동체 신학은 개인주의적 기복신앙으로 무너진 한국교회를 성육신적 그리스도의 공동체로 변혁시키는 촉매제가 될 것이다.

셋째, 본회퍼는 세상 안에서 언행일치의 삶을 산 그리스도인이요, 목회자요, 신학자로서 공동체를 세우는데 힘쓴 지도자였다. 본회퍼는 단순한 언어유희로서의 학문 활동이 아닌, 공동체를 중심으로 치열하게 실천의 학문을 하였다. 오늘의 한국 교회는 세상의 기준으로 성공하고, 풍요로운 삶을 위한 기술을 습득하는 데 집중하고 있으며, 제자 공동체로서 그리스도가 존재하는 참다운 신앙공동체가 아니라 개인적 관심사와 그리스도가 존재 하지 않는 친교공동체로 변질되었다. 또한, 그들은 박학다식한 신앙지식을 추구하나, 신앙의 실천에는 소극적이 되었다. 이런 맥락에서 본회퍼의 실천적 삶은 그리스도 안에서, 그리스도를 통해 그리고 그리스도를 위한 삶의 모범이 되고 있다.

넷째, 본회퍼의 책임공동체신학에서 세상은 하나님에 의해 이미 화해되었고 용납되었다. 죄를 범한 인간은 하나님과 자신을 피조세계로부터 소외시킴으로 스스로 단절되었지만, 성육신하신 그리스도에 의해 화해되고 용납되어 칭의를 얻은 것이며, 인간은 그리스도 안에서 화해가 이루어진 세상에서 하나님의 부르심에 응답해야 한다. 오늘의 한국교회는 하나님의 화해와는 상관없이, 사람들을 화해에 초청하는 것과는 무관하게 교회의 양적 증대를 추구하는 선교를 하고 있다. 화해된 세상에 계신 그리스도가 내재하며 화해를 하실 수 있도록 자신들의 선교관을 바꾸어야 할 것이다. 제자공동체는 이를 위해 고정관념을

깨고 자신만을 위한 선교방법을 버리고 그리스도의 부르심에 응답함
으로 십자가를 지는 순종의 삶을 살아야 한다. 따라서 한국교회가 북
한의 체제폭력과 과거청산을 위해 책임 윤리적 동참을 해야 하는 신학
적 이유가 여기에 있다.

III. 북한의 체제폭력 청산을 위한 한국교회 역할

1. 북한인권 개선을 위한 한국교회의 역할

한국교회는 북한의 인권개선과 통일 이후 북한의 체제폭력 청산에
따른 한반도 화해를 위해 교량역할을 해야 할 것이다. 최근 한국교회
가 남북통일에 대한 적극적인 관심을 갖기 시작하면서, 북한의 인권개
선운동을 비롯하여 여러 가지 다양한 통일운동에 매진하고 있다. 이것
은 한국교회가 하나님께서 한국교회에게 주신 시대적 사명을 명확하
게 깨닫고 성실하게 사명을 감당하는 빙거라고 사료된다. 한걸음 더
나가서, 한국교회는 보다 체계적으로 윤리신학적 관점에서 성경적인
통일목회를 정립하고, 모든 성도들에게 사명의식을 고취시켜 나가야
할 것이다. 통일목회의 출발점은 남남갈등, 남북갈등의 현실에 임재
하는 그리스도의 십자가 안에서 출발해야 한다.[101]

---

101) 김영한, 『평화통일과 한국기독교』 (서울 : 도서출판 풍만, 1990), 27-64.

1) 성서적 통일목회의 정립과 통일운동의 사명의식 고취

동독에서 동독교회가 민주화운동을 주도하였던 추동력은 교회의 본질에 대한 이해를 하나님의 선교(Missio Dei)에서 찾았다. 하나님의 선교는 교회의 존재목적을 신앙공동체로서 하나님나라의 확장을 위해 존재하는데 두고 있다. 즉 선교는 교회가 아니라 하나님께서 하시는 것임으로 교회는 항상 하나님의 섭리로 이끌어지고 있는 역사에 대한 질문을 하여야 하는 것이다. 그러므로 교회는 교회 밖 세계에 대해 함께 가야 하는 것이다.[102]

이처럼 동독교회는 하나님의 나라와 통치라는 종말론적인 신학에 의한 선교의 정체성을 가지고 비폭력, 평화운동으로 적극적인 사회참여를 하였다. 이러한 하나님의 선교의 성서적 근거를 이사야 2장 4절 및 미가서 4장 3절에 두었으며, 격변하는 독일 통일의 과정에 성서적 비전이 세계역사 현장에 영향을 미친다는 것을 고백하였고, 하나님 나라라는 주제는 동독교회의 공식적 회의들이나 평화 운동에서 정치·사회적인 예민한 현안들에 대한 해석과 적용의 중요한 도구였다.[103]

동·서독 교회는 교회의 일치성을 가지고 유대관계를 위해 노력하며 교회의 연합을 추구한 결과 독일의 평화적인 통일에 초석이 되었다.[104] 이와 같이, 한국교회도 평화통일의 초석이 되기 위해서는 동·서독 교회가 '하나님의 선교'에 교회의 본질을 두었듯이 성서적 통일목회의 정립이 우선되어야 할 것이다.

102) 권오성, "독일 통일과 교회의 역할(II)", 「기독교사상」 39(1995), 156.
103) 오현기, "독일의 분단과 통일이 한국교회에 주는 교훈", 「복음과 선교」 12(2010), 81-82.
104) 권오성, 『독일 통일과 교회의 노력』 (서울: 고려글방, 1995), 27-28.

성경에 통일의 개념을 가장 잘 표현한 것은 하나됨이다.[105] 하나됨의 출발은 창2:24절의 '한몸'이며, 이 말씀을 예수님도 인용하셨다(마 19:5). 성경에서 '하나됨'은 예수님의 기도 제목이었다. 삼위 하나님이 하나가 된 것 같이 제자들도 '하나가 되게 하고'(요 17:21), 나아가 제자들을 하나가 되게 하시는 이유는 삼위 하나님과 하나가 되게 하기 위함(요 17:23)이라고 하였다.

삼위일체 하나님으로부터 오는 통일의 개념은 단지 물리적인 하나됨 또는 획일성이라는 의미의 영적인 개념이 아니며, 여기에서의 통일은 그리스도의 머리되심을 인정한다는 의미의 질적인 개념이다. 즉, 남북한의 통일은 단지 남한과 북한의 심지어 온 우주가 산술적으로 정치적·경제적·사회적·제도적·문화적으로 하나 되는 것을 의미하지는 않으며, 예수 그리스도의 머리되심으로 성령의 평안의 매는 줄로 하나 되게 하신 것을 지키는 것이니, 통일은 삼위일체 중심에서 그 출발점을 삼아야 할 것이다.

성경은 하나 됨에 대한 좋은 예를 보여 주는데, 하나님의 말씀이 에스겔 선지자에게 임하여, "인자야 너는 막대기 하나를 가져다가 그 위에 유다와 그 짝 이스라엘 자손이라 쓰고 또 다른 막대기 하나를 가지고 그 위에 에브라임의 막대기 곧 요셉과 그 짝 이스라엘 온 족속이라 쓰고, 그 막대기들을 서로 합하여 하나가 되게 하라 네 손에서 둘이 하나가 되리라"(겔 37:16-17)라고 하시는 말씀이 있다.

이 말씀은 한반도에 살고 있는 한국교회에 위로의 말씀으로 들려진다. 남과 북이 한 왕되신 그리스도의 통치와 다스림을 받아, 남북이 나누이지

---

105) 정종기, 『통일목회를 위한 디딤돌』(서울: 청미디어, 2016), 148-150.

않고 한 민족으로 살게 하신다는 하나님의 계시의 말씀으로 들리기 때문이다. 이렇듯 하나됨은 우리 민족과 한국교회의 절실한 주제가 된다.

목회는 방향을 가지고 있다. 하나님께 영광이라는 목표는 목회자들에게 빼놓지 못하는 주제이며, 통일목회의 방향은 하나됨이다. 하나됨은 성경 전반에 나타난 통일의 의미이고 이것은 통일목회의 가장 주요한 방향이 된다.

성경에서 하나됨을 한반도의 상황에 맞추어서 해석한다면, 로마서 15:6을 기억해야 한다. "한 마음과 한 입으로 하나님 곧 우리 주 예수 그리스도의 아버지께 영광을 돌리게 하려 하노라"(롬 15:6). 불화와 갈등 속에서는 하나님의 영광에 흠이 간다고 말씀하고 있다. 즉 그리스도인들의 연합을 소중히 여기시는 하나님의 마음을 보게 된다. 북한선교나 통일의 문제는 한반도의 교회와 성도들이 같은 생각과 같은 의지와 같은 목적으로 해야 하는 것임을 '하나됨'이란 단어에서 찾아보게 된다. 이러한 예수님이 말씀하신 하나됨을 사도바울은 '통일'로 해석하였다. 바울은 자신을 이방인의 사도로 자처했지만 그의 이방인 전도의 궁극적 목적은 회복이었다.[106] '온 이스라엘'이 구원을 얻도록 하는 것이었다.[107] 이런 사도바울의 소명의식을 바라 볼 때, 한국교회의 목회 패러다임을 바꾸어야 하는 것에는 분명한 당위성이 있다. '동족을 품지 않고 땅 끝까지 선교'라는 한국목회의 패러다임은 틀렸다고 인정한다면, 한국교회가 살길은 윤리적 도덕적 그리고 본질의 회복에 앞서 동족을 품고 땅 끝까지 선교하는 복음통일을 이루는 통일목회 패러다

---

106) 김연호, "이스라엘의 회복과 온 이스라엘의 구원," (제5회 이스라엘신학포럼이스라엘 독립 70주년 기념포럼, 예루살렘 히브리대학교, 2018년 1월 31일), 67.
107) 위의 논문, 67.

임을 가져야 한다.

2) 한국교회의 지원에 의한 북한교회의 자생과 자립화

한국교회가 북한교회와의 대화와 교류를 위해서 서독교회의 섬김의 신학을 준거로 북한교회를 지원해야 한다.[108]

서독교회는 동독교회를 위해 재정적으로 지원하여 동독교회의 생명력 유지를 위해 최선을 다했다.[109] 서독교회의 이러한 지원으로 동·서독교회가 정신적 신학적인 교류를 활성화시킴으로써 동독교회가 동독정부의 핍박가운데도 생존력을 유지할 수 있었다. 그 결과 동독교회는 서독 교회와의 연대성을 가지고 유물론적 사회주의 상황에서도 교회의 정체성과 자립의 힘을 보유하였으며 동독정권을 향한 지속적인 저항운동으로 동독정권의 붕괴가속화를 촉진시켰다.[110]

동·서독교회의 경험을 바탕으로 한국교회도 북한 조선기독교연맹을 지원하여 자립성을 갖도록 하여, 북한정권의 통제로부터 독립적인 조직이 되도록 지원해야 한다. 또한 북한교회 지도자들의 사역이 북한사회에서 지도력을 발휘하도록 직·간접적인 지원을 확대해 나가야 할 것이다.

이와 같은 결과를 얻기 위해 첫째, 한국교회는 북한교회가 북한정권 하에서 입지가 강화되어 북한사회가 친기독교적인 분위기로 바뀌도록 기여해야 한다.[111] 둘째, 동·서독교회는 재정지원만이 아니라 자

---

108) 정종훈, "독일교회에 비추어 본 한국교회의 남북통일을 위한 과제", 「한국기독교신학논총」 68(2010), 262.
109) 오현기, "독일의 분단과 통일이 한국교회에 주는 교훈," 79.
110) 오현기, 위의 논문, 79.
111) 정종훈, 위의 논문, 265.

문단과 협의단을 조직하여 정기적인 회합을 통한 교류를 하였다. 그 결과 동독교회가 동독사회의 신뢰를 획득하였고 동독 변화의 주도 세력이 되었던 것[112]과 같이 남북교회의 교류의 활성화를 도모해야 한다. 셋째, 남북교회의 공통 관심주제를 가지고 기념행사, 연구 활동, 기독교유적지 발굴 및 선양 등의 사업을 통해 공동체성과 일치운동을 추진해야 한다. 남북한 교회가 다양한 형태로 만남과 친교를 나누고, 공동관심사를 공유하고, 그리스도 안에서 한 형제자매임을 확인할 것을 추구해야 한다.[113] 이러한 섬김의 신학은 대한민국의 정권변화와 상관없이 꾸준히 지속적으로 추진하는 가운데 완충역할을 감당해 나가야 할 것이다.

3) 남북한 교회들과 북한정권과의 지속적 관계 개선

동독교회는 동독정부로부터 통제를 받으면서도 국가에 대해 독립성을 가지고 종속되지 않았는데, 그 이유는 비기독교인과 기독교인들 모두가 동독교회의 역할과 활동을 지지하였기 때문이다. 그러나 북한은 동독교회와 같이 지지하는 세력이 없으며, 북한정부의 강력한 통제를 받고 있다. 따라서 한국교회는 북한정부와 협력적 관계를 유지하고 발전시켜서 북한교회의 입지를 도와야 한다. 동독교회는 정부의 사회복지 사각지대의 사회복지사업을 담당함으로써 정부와의 공존의 장을 마련하였다.[114] 한국교회는 북한을 향한 사회복지사업을 직간접적으로 시행하여 간접적인 복음전도와 남북의 공동체성을 활성화 시키는

---

112) 정종훈, 위의 논문, 265.
113) 정종훈, 위의 논문, 265-266.
114) 오현기, "독일의 분단과 통일이 한국교회에 주는 교훈", 77.

데 기여할 수 있다.[115] 대한민국의 정권변화는 남북관계에도 항상 변화요인으로 작용하였던 것을 고려하여 한국교회는 정권의 변화와는 무관하게 지속적이며 일관성 있는 교류를 유지해야 한다. 따라서 국가적 차원의 교류와 화해와는 별도로 한국교회가 북한선교 차원에서 추진해 온 북한사회봉사 사역을 북한정권과의 원만한 협력적 관계유지를 위한 창의적인 접근방법으로 모색해야 한다.[116]

미국을 중심으로 한 UN과 그 산하국가들이 행하고 있는 북한경제제제 상황에서 정치성이 배제된 한국교회의 역할이 그 어느 때 보다 중요한 시점이다. 이럴 때 한국교회가 하나 된 협의체로서 구심점을 갖고 북한조선기독교연맹을 지원하는 명분하에 실제적으로 북한정권과의 관계 개선을 모색해야 할 것이다. 이런 과정에서 북한정권으로 하여금 남북교회가 민간교류를 통한 북한의 경협활성화에 반드시 필요한 존재로서 각인시켜야 할 것이다.

4) 통일 이후 대비 차원에서 한국교회를 대표할 수 있는 교회협의체의 필요성

한국교회는 독일과 같은 대표할 만한 교회협의체가 없다. 한국교회의 연합기구는 한국기독교교회협의회(KNCC)와 한국기독교총연합회 한국교회연합회가 있으며, 이 세 단체는 한국교회의 진보진영과 보수진영을 대표하는 협의체 일뿐 전체를 대표하지 못하고 있다. 한국교회가 민족의 통일문제에 대해 한 목소리로 영향력을 발휘하고 통일 이후

---

115) 오현기, 위의 논문, 78.
116) 강병오, "통일독일의 과거청산 사례 분석과 그것이 한반도에 주는 교훈-북한선교 관점에서", 「신학과 선교」 53(2018), 32.

를 대비하기 위해서는 전략적 연합이 필요하다.[117] 한국교회의 이러한 연합의 필요성은 한국 내에서 뿐만 아니라 북한의 '조선 기독교 연맹'[118]과의 대화와 협력을 위해서도 요청된다. '조선 기독교 연맹'은 노동당원으로 구성된 북한을 대표하는 기독교기관으로서 북한정권으로부터 독립된 힘을 가지지 못하고 있다.[119] 그러나 엄연히 북한에서 기독교를 대표하는 협의체로 존재하고 있는 것이다. 따라서 한국교회도 민족의 통일과 통일 이후 북한의 체제폭력 청산을 위해 단일화된 대표직 연합기관이 있어야 한다.

IV. 나가는 말

국제사회는 북한의 인권문제를 끊임없이 제기하고 있으며, 국내적으로도 탈북자들이 북한인권문제의 심각성을 가감 없이 폭로하고 있다. 특히 주목할 것은 유엔총회의 지속적인 움직임이다. 2003년 제59차 '유엔인권 위원회'에서 '북한인권 결의안'이 처음으로 채택되었는데, 유엔총회는 14년 연속 이 결의안을 계속해서 채택하고 있다. 한국교회는 북한주민들의 심각한 인권침해 실태에 대한 염려와 개선책을 담고 있는 유엔인권결의안을 존중하고, 북한주민들의 인권문제 해결

---

117) 정일웅, "교회의 연합정신과 한국교회의 민족통일에 대한 노력", 59-60.
118) 박종화, 『평화신학과 에큐메니칼 운동』 (서울: 한국신학연구소, 1991), 146. 조선기독교연맹의 설립 목적과 활동 목적은 다음과 같다. 첫째, 종교생활의 자유와 기독교인의 이익수호, 둘째, 국가를 위한 기독교인의 봉사 격려. 셋째, 사회정의와 평등을 위해 노력, 넷째, 에큐메니칼 국제 연대 강화 및 평화 통일을 위한 노력이다.
119) 조은식, "남북교회 교류를 통한 통일선교 과제", 「장신논단」 21 (2004), 351.

을 위해 다각적인 노력을 경주해야 한다.

뿐만 아니라 한국교회는, 한국사회 내부에 강고하게 자리 잡고 있는 극단적 반공주의자들의 반인권적 주장과 행동에도 강력한 경고를 보낼 수 있어야 한다. 한국사회는 경험적 반공주의와 더불어 분단의 깊이만큼 학습을 통해 고착된 반공주의가 뿌리박혀 있다. 더 나아가서 고착화된 반공주의는, 불합리한 과잉정치가 배태한 부정성이 냉전 이데올로기와 결탁하여 극단적인 반공 매카시즘(Mc Carthysim)으로 진화되기도 했다. 이러한 과정에서, 극단적 반공주의자들은 법과 인권을 무시하고 반공이라는 이념의 잣대로 반인륜적 인권침해를 자행한 부끄러운 역사를 보여주기도 했다. 제주, 그리고 여수와 순천은 극단적 반공주의자들에 의해 저질러진 반인륜적 참상과 비극을 간직한 땅이 되었다. 이처럼 극단적 반공주의에 사로잡히면 공산주의를 신봉하고 있는 북한주민들의 인권을 침해하거나, 그 침해를 정당화 할 수 있다. 따라서 북한의 인권침해의 문제를 객관적으로 다루고 싶다면 한국사회에 깊게 뿌리를 내리고 있는 극단적인 반공주의 매카시즘을 먼저 극복해야 한다. 극단적인 반공주의자들이 한국사회의 패권을 장악할 때 한국교회도 손을 내밀어 이를 악용하기에 급급했던 어두운 과거가 있다. 이제라도 한국교회가 남남갈등, 남북갈등의 단초를 제공하고 이를 확대 재생산 해온 어두운 과거를 철저하게 회개해야 할 것이다.[120]

그러므로 한국교회는 진정한 회개와 자아성찰을 통해서 통일목회의 구체적인 열매를 맺어 나가야 한다. 통일목회의 열매를 맺기 위해서 한국교회는 북한인권 개선을 위한 국내외의 노력이 좌초되거나 왜

---

120) 고재길, 『한국교회, 본회퍼에게 듣다』 (서울: 장로회신학대학교 출판부, 2014), 245-255.

곡되지 않도록 끊임없는 관심과 지원을 아끼지 말아야 한다. 동시에 한국교회는 한국사회의 저변에 깊게 뿌리를 내리고 남남갈등을 부추겨왔던 극단적 반공주의 매카시즘을 옹호하고 손을 잡았던 부끄러운 과거를 반성하고, 인권과 정의를 중시하는 한국사회를 건설하기 위해 솔선수범해야 한다.

한국교회도 평화통일의 초석이 되기 위해서는 동·서독교회가 '하나님의 선교'에 교회의 본질을 두었듯이, 성서적 통일목회의 정립과 더불어 북한교회와 주민들을 향해 끝까지 통 큰 섬김으로 헌신해야 할 것이다. 그러기 위해서는 빠른 시일 내에 한국교회의 대표성 있는 단일교회협의체를 구성해야 할 것이다.

오늘의 세계는 제1세계 국가들에 의한 제3세계 국민들의 착취, 세계도처에서 자행되는 인권유린, 경제적 수탈 등의 상황에서 본회퍼는 그리스도인과 교회공동체에 평화의 책임을 촉구하고 있다. 한국교회는 통일목회를 통해 그리스도를 뒤따르는 제자로서 북한체제의 인권개선을 추구하고 동시에 민족적 과제인 평화통일에 기여해야 할 것이다. 미완의 해방을 완성시킨 통일 이후 세계평화의 중심에 한국교회가 타자를 위한 교회의 모습으로 자리매김할 것이다.

참고문헌

강병오, "통일독일의 과거청산 사례 분석과 그것이 한반도에 주는 교훈-북
　　　한선교 관점에서", 「신학과 선교」53(2018), 9-40.
고재길, 『한국교회, 본회퍼에게 듣다』, 서울: 장로회신학대학교 출판부, 2014.
_____, "디트리히 본회퍼의 사회윤리에 대한 소고", 「장신논단」 37
　　　(2010), 117-151.
권오성, "독일 통일과 교회의 역할(I)", 「기독교사상」 39(1995), 82-101.
_____, "독일 통일과 교회의 역할(II)", 「기독교사상」39(1995), 144-162.
_____, 『독일 통일과 교회의 노력』, 서울: 고려글방, 1995.
김민·한봉서, 『위대한 주체사상 총서9: 령도체계』, 평양: 사회과학출판사,
　　　1985.
김성호, 『디트리히 본회퍼의 타자를 위한 교회』, 서울: 동연, 2018.
김연호, "이스라엘의 회복과 온 이스라엘의 구원", 제5회 이스라엘신학포럼
　　　이스라엘 독립 70주년 기념포럼, 예루살렘 히브리대학교, 2018년 1
　　　월 31일.
김영한, 『평화통일과 한국기독교』, 서울: 도서출판 풍만, 1990.
김태영, "북한 경제난의 분석 : 1990년대를 중심으로", 석사학위논문, 청주대
　　　학교 대학원, 2004.
박삼경, "남북한 평화통일의 모습들", 『통일시대로 가는 평화의 길』, 서울:
　　　열린서원, 2015.
박종화, 『평화신학과 에큐메니칼 운동』, 서울: 한국신학연구소, 1991.
본회퍼, 디트리히, 『그리스도론』, 이종성 역, 서울: 대한기독교서회, 1981.
_____, 『나를 따르라』, 허혁 역, 서울: 대한기독교서회, 1974.
_____, 『성도의 교제』, 유석성, 이신건 역, 서울: 대한기독교서회, 2010.
_____, 『신도의 공동생활』, 문익환 역, 서울: 대한기독교서회, 1998.
_____, 『윤리학』, 손규태, 이신건, 오성현 역, 서울: 대한기독교서회, 2010.
_____, 『저항과 복종』, 손규태, 정지련 역, 서울: 대한기독교서회, 2010.
_____, 『창조와 타락』, 강성영 역, 서울: 대한기독교서회, 2010.
_____, 『행위와 존재』, 정지련, 김재진 역, 서울: 대한기독교서회, 2010.

성서(개역개정)

서창원, 『깨어있는 예수의 공동체』, 서울: 진리의 깃발, 1999.

오현기. "독일의 분단과 통일이 한국교회에 주는 교훈", 「복음과 선교」 12(2010), 71-94.

유석성, "본회퍼의 평화윤리", 「신학사상」 91(1995), 463-483.

정일웅, "교회의 연합정신과 한국교회의 민족통일에 대한 노력", 「한국개혁 신학」 20(2006), 35-69.

정종기, 『통일목회를 위한 디딤돌』, 서울: 청미디어, 2016.

정종훈, "독일교회에 비추어 본 한국교회의 남북통일을 위한 과제", 「한국기 독교신학논총」 68(2010), 257-285.

조은식, "남북교회 교류를 통한 통일선교 과제", 「장신논단」21(2004), 331-354.

존 맥아더, 『그리스도의 몸 된 교회』, 이춘이 역, 서울: 생명의 말씀사, 1986.

통일부, 『북한이해』, 서울: 통일부, 2016.

Küng, Hans, 『교회』, 정지련 역, 서울: 한들출판사, 2007.

선교사역의 갈등과 대립의 대안으로서 프랑크푸르트 선언문

박영환 (서울신학대학교 명예교수, 선교학)

I. 들어가는 말

새로운 개념을 이해하기 위해서 개념의 역사와 시대적 관점을 배경으로 한 선이해가 있어야 한다. 역사적 개념의 이해 없이 개념을 서술하는 것은 상당히 위험하다. 복음주의 선교가 고질병으로 앓고 있는 것도 개념의 몰이해에서 시작되었다. 복음주의 선교가 사용하는 대다수 용어는 새로운 선교의 접근과 인식에서 유래된 에큐메니컬 선교에서 유입되었다.[1] 하나님의 선교(Missio Dei), 선교적 교회론(Missional Church), 통전적 선교(Holistic Mission 혹은 Wholistic 또는 Integrity of Mission)[2] 등이 그 예이다.

---

1) 참고: 박영환, "복음주의 선교의 혼란과 위기, 그 답은 무엇인가? -4차 로잔대회를 생각하며", 「복음과 선교」 60(2022).

2) Orlando E. Costas, *The Integrit of Mission*, 진희근 역, 『통합적 선교신학』(서울: 대한예수교 총회 교육부, 1982)에서 원문은 "Integrity Mission"을 통합적 선교신학으로, 2010년 3차 로잔대회에서는 "총체적 선교"로 발표된다. 통합적이라는 Holistic Misssion도 1975년 WCC 5차 나이로비 총회에서 "Wholistic"로 전 인격적인 인간, 온 세상 그리고 전체 교회에 등장한다. 나이로비 총회는 사회

선교신학은 언제나 새로운 이론과 접근을 통해 진행되고 발전되어 왔다. 선교의 양 진영의 분열과 갈등은 선교역사에서 살펴볼 수 있다. 이제는 그 이유와 배경을 분석하여 잘못된 오해와 편향적 비판을 재정립할 필요가 있다. 지금까지 양 진영에서 서로를 극단적으로 매도하거나 편향적으로 대립하여 선교의 고질적 갈등을 조장해왔기 때문이다. 양 진영의 선교역사는 IMC가 1961년 WCC 3차 뉴델리 총회에서 통합함으로 시작되었다. 그 이전에는 세계선교의 이해가 복음전도와 사회참여라는 두 가지 사역에서 서로 갈등 없이 진행되어 오다가, IMC의 WCC 통합으로 복음주의 선교 관계자들은 WCC에 가입되지 않은 교회 단체이므로 통합에 참여할 수 없었다. 결국 복음주의 선교 관계자들은 더 이상 세계선교를 논하는 협의회를 만들 수 없었다. WCC에 소속된 세계선교와 복음전도위원회(Commission on World Mission and Evangelism: 이하 CWME)는 가입하지 못한 복음주의 선교 관계자들이 자신들의 선교협의회에 동참할 것을 지속적으로 권했다. 1966년 휘튼교회 세계선교대회(Wheaton The Church's Worldwide Mission: 이하 휘튼대회)에서 사회봉사를 하면서 복음을 전하지 않는 것은 "범죄"라고 정의했다.[3] '사회참여'가 복음전도의 이전과 이후의 중요한 과제라고 밝혔고, 동시에 복음전도가 중요함을 강조한 것이다.[4] 또한

참여와 복음전도를 통합하려는 시도가 에큐메니컬 선교 진영에서 처음 강조되었다. 그 이전에는 복음전도만을 강조한다는 복음주의 선교를 비판해 왔다. 나이로비의 결과물은 로잔언약의 기초이론가라는 레네 파딜라(C. Rene Padilla)의 "Mission Integral"로 번역은 여전히 『통전적 선교』(홍인식 역, 서울: 나눔사, 1986)로 출판되었다.

3) 박영환, "휘튼대회의 복음전도와 사회참여에 관한 선교사역적 이해", 「신학과 선교」 44(2016), 140.

4) 박영환, "휘튼대회의 복음전도와 사회참여에 관한 선교사역적 이해", 153.

1966년 베를린 세계복음전도대회(Berlin World Congresson Evangelim: 이하 베를린대회)는 WCC가 복음전도를 거부하는 것으로 보았다.[5] 이러한 갈등은 지금까지 세계선교를 혼탁하고 혼란하게 만들었다. 또한 CWME에 로마 가톨릭, 정교회, 이슬람교 등 다양한 종교단체들의 참여로 종교다원주의와 기독교 정체성의 위기로 비쳐지기도 하였다.

1968년 WCC 3차 웁살라 총회는 선교의 목표를 인간화-휴머니즘 (Humanisierung)으로 선언함으로 복음주의 선교의 복음화(Evangelisierung) 와 극단적 대치점으로 치닫게 되었다. WCC는 대화도 선교, 타종교의 만남도 선교로 보려는 혼란을 야기시켰고, 심지어 다른 종교에도 구원이 있다고 하였다. 이때가 세계선교의 갈등과 위기의 변곡점이었다. 마침내 "인간화"를 비판하는 WCC 소속 독일대학 교수 15명이 프랑크푸르트 선언문(The Frankfurt declaration)을 발표했다. 이 선언문은 양 진영을 통하지 않고, 성경의 복음이 지닌 진리를 대안으로 제시했다.[6] 양 진영의 공통적 선교이해와 접근은 성경뿐이기 때문이었다. 그러므로 본 논문은 양 진영의 갈등과 위기를 넘어 미래 선교의 중요한 과제와 방향을 위해 성경적 하나님의 선교를 제시한 프랑크푸르트 선언을 대안으로 제시하고자 한다.[7]

---

5) 박영환, "베를린 세계복음전도대회가 로잔에 끼친 영향과 과제", 「신학과 선교」 46(2017), 131.
6) 박영환, "선교가 복음주의 선교여야 하는 이유: 프랑크푸르트 선언문 다시 읽기를 중심으로", 「ACTS 신학저널」 36(2018), 234.
7) 박영환, "선교가 복음주의 선교여야 하는 이유: 프랑크푸르트 선언문 다시 읽기를 중심으로", 233-272.

II. 양 진영의 갈등과 위기의 근원적 과제

선교의 시작점은 복음전파 혹은 복음전도이다. 그 사역의 전개 과정에서 선교현장의 급격한 변화가 있었다. 양 진영의 갈등과 대립은 성경의 권위를 선교의 중심으로 보느냐 아니면 사업으로 보느냐였다. 에큐메니컬 선교는 포괄적이고 보편적 선교로, 선교 전체를 하나님의 나라로 결정하고, 이 일을 위한 모든 사업을 선교로 이해했다. 선교사역과 이해는 선교현장의 상황에 따라 달라질 수 있으나, 경우에 따라서는 결코 변화하지 말아야 할 것이 왜 선교하느냐?이다. 그 답이 성경의 선교이해이다. 1910년 에딘버러 세계선교사 대회와 초교파해외 선교협의회(Interdenominational Foreign Mission Association: 이하 IFMA) 간의 갈등과 조직 분열은 1917년 시작되었다. 그 요인은 변화하는 선교현장을 합리화하는 신학의 범죄였다. IMC가 WCC와 연합한 후 CWME의 초대회장이었던 레슬리 뉴비긴은 선교에서 복음전도를 잃어버린 결과를 "신학적 간음"으로 평가했다.[8] 그러므로 이것을 조직 분열의 성경이해의 요인(1. 분열의 사역 내용의 정체성, 2. 복음전도와 사회참여)과 조직 분열의 결과로 본 복음주의 선교조직(3.)으로 나누어 단계적으로 살펴보고자 한다.

---

8) 최덕성, "레슬리 뉴비긴의 오판과 탄식으로 본 예장 통합의 모습", 「선교와 교회」 10(2022), 116. 참고: Lesslie Newbigin, *Unfinished Agenda*, 홍병룡 역, 『아직 끝나지 않은 길』 (서울: 도서출판 복있는사람, 2011).

1. 선교의 본질적 성경이해로 보는 조직의 분열

세계선교는 1910년 에딘버러 세계선교사대회를 시작으로 선교단
체, 선교사, 교회 그리고 선교지 목회자들과 교회들이 연합하여 전 세
계 복음화를 자신들의 세대 안에 완성하려는 연합운동을 일으켰다.[9]
또한, 이들은 1921년 선교에 관심 있는 자들과 함께 국제선교협의회
(IMC)를 조직하였다. 에딘버러의 신학적 흐름은 계몽주의 영향으로
하나님의 주권, 위임, 영광의 개념을 인간들의 필요와 열망으로 전환
해 가고 있었다. 또한 에딘버러 선교는 낭만주의 영향을 받아 선교현
장을 순진무구한 사람들로 보는 낙관주의와 저들의 삶을 영적인 무지
로 보는 비관주의로 나타났다.[10] 선교 대상을 미개한 사람으로 보는
선교사들은 스스로 우월주의에 빠졌고, 개인을 구원받을 대상으로만
접근하다 보니 개인구원에 집착할 수밖에 없었다.[11] 결국 선교사 우월
주의가 선교에서 서구문물을 전달하는 대행자로 전락했다고 보았다.[12]
그러나 덴막 할레선교회의 바돌로메 지겐발크(Batholomaeus Ziegenbalg:
1682-1719)의 보고서에는 영혼을 구원하는 열정과 현지인의 삶의 환
경을 지원하는 프로그램에서 식민지 정부의 잘못된 영역들을 고쳐가
는 남다른 시도가 있었다.[13] 이 때문에 할레선교회는 식민지 정부의

---

9) 한국연합선교회, 한국복음주의 선교신학회, 한국선교신학회가 연합하여 2010년
   에딘버러 선교사대회 때 원서 번역본 10권과 이 대회 기념 논문집 10권을 출판
   하였다.
10) 박영환, "베를린 세계복음전도대회가 로잔에 끼친 영향과 과제", 123.
11) Johannes Van den Berg, *Constrained by Jesus Love,* in An Enquiry
    into the Motives of the Missionary Awakening in Great Britain,
    1698-1815 (Kampen, Kok, 1956), 106, 110, 153.
12) David Bosch, *Transforming Mission* (Maryknoll: Orbis Books, 1991), 295.

매국노적 행위로 비판을 받고 17번이나 선교지를 이동해야 했다.[14]

에딘버러 선교사대회가 성경적 선교(경건주의 선교)의 근원적 이해를 벗어난다고 하여 믿음선교(Glaubens Mission)를 중심으로 7개 선교단체가 해외초교파선교회(Interdenominational Foreign Mission Association 이하: IFMA)를 조직하였다.[15] 1938년에는 탐바람 IMC 이후 미국 중심의 복음주의협의회(National Association of Evangelicals: 이하 NAE)라는 온건한 복음주의도 결성하였다. 이들은 IFMA의 성경적 선교이해를 다양한 조직들과 관계를 넓혀 갈 목표로 7가지 영역을 선정하였다. 그것은 '복음화, 정부연대, 방송선교, 공공사업, 정교 분리, 기독교교육, 파송국의 세계선교의 불간섭-자유'였다.[16]

성경적 선교를 실현하려는 NAE는 복음주의 선교단체들과 연합하여 1945년 복음주의 해외선교협회(The Evangelical Foreigen Missions Association: 이하 EFMA)를 조직하였다. NAE는 에큐메니컬 선교 그룹까지 받아들이고 영국 복음주의연맹과 연합하여 1951년 세계복음주의협회(World Evangelical Fellowship: 이하 WEF), 2001년 세계복음주의협의회(World Evangelical Assocation: 이하 WEA)로 명칭 변경을 하였다. IMC의 WCC 통합으로 CWME가 되면서 방치되었던 복음주의 선교가 휘튼대회를 WEF가 개최하지 못하고 IFMA와 EFMA가 주도

13) Bartholomaeus Ziegenbalg, *Kurez Beschreibung der Taetigkeit der Mission*, 박영환·이용호역, 『덴마크 할레 선교회의 역사적 보고서』 (인천: 도서출판 바울, 2012), 19-26, 29-33.

14) Fritz Blanke, *Missionsprobleme des Mittelalters und der Neuzeit* (Zuerich/Stuttgart: Zwiingli Verlag, 1966), 109.

15) A. Scott Moreau, *Evangelical Dictionary of World Missions* (Baker Books, 2000), 495; 박영환, 『네트워크 선교역사』 (서울: 성광문화사, 2019 증보3판), 460; 김은수, 『현대선교의 흐름과 주제』 (서울: 대한기독교서회, 2001), 218.

16) 김은수, 『현대선교의 흐름과 주제』, 219.

했다는 근거는 여전히 선교현장에서 WEF가 경건주의 선교-성경적 선교이해-구원의 접근을 이루지 못했다는 반증이 되기도 한다.[17]

휘튼대회는 선교의 성경적 이해와 권위를 축자영감설 신앙에 근거한 방향에서 강조점을 찾았다.[18] 축자영감설은 신학적으로 과제가 있지만, 포스트모더니즘 사회에서 성경의 권위를 세워 줄 수 있는 선교이해의 핵심적 좌표가 된다. 지금의 선교 혼란과 혼돈은 성경의 권위를 무너뜨리는 성경의 다양한 해석을 용인하는 데서 기인되었다. WCC 선교는 CWME 입장에서 선교가 대화요 인간화이고, 평화요 억압과 투쟁에 대항하는 행동으로까지 영역을 넓혀 놓았다. 휘튼대회는 이 영역을 지적하며, 성경의 권위가 다시 오실 주님을 기다리는 신앙, 성령이 우리를 구원으로 인도하는 진리를 지키기 위함이라고 강조했다.[19] 이 점을 IFMA는 WCC가 성경의 권위와 복음의 내용을 "모호하게 하는 문화적 소산"[20]이라고 강력하게 경고했다. 1910년 에딘버러 세계선교사대회는 성경적 복음이해로 선교를 하기보다는 경제적 원리로 사회복음운동이 세속화의 모습으로 비쳐졌고, 지금도 WCC 선교의 모호한 성경해석과 이해로 선교의 혼란과 혼돈을 주고 있다. 그래서 세계선교사대회의 연합과 연대 운동은 선교의 성경적 이해-경건주의 복음전도를 거부하려는 것에서 세계선교 조직의 분열이 촉발되었다.

---

17) John Stott, Autoritaet und Kraft der Bibel, R. Padilla(Hg.), Zukunfts-perspektiven, Evangelikal nehmen Stellung (Wuppertal, 1977), 36.

18) 박영환, "휘튼대회의 복음전도와 사회참여에 관한 선교사역적 이해", 135.

19) Edwin L. Frizen, Jr, 75 years of IFMA 1917-1992 (William Carey Library, 1992), 89-96.

20) Harold Lindsell, Overvier of the Congress by Dr. Harold Lindsell, 갈필도 역, 『기독교의 세계선교』 (서울: 생명의말씀사, 1977), 17.

2. 선교현장의 정체성으로 본 갈등이해

1928년부터 시작된 선교의 사회봉사와 사회참여 사역은 급속도로 확산되는 사회복음운동이었다. 세계 1차(1914-1918), 2차(1939-1945) 대전 이후 유럽 내 사회봉사 혹은 복지운동은 그 영역을 점점 더 확대해 감으로 사회에 대한 교회의 복음증거의 기회는 섬김과 봉사로 그 자리를 물려 줄 수밖에 없었다. 독일은 전쟁의 폐허에서 제대군인의 취업문제, 고아와 과부 그리고 거리의 어린아이들의 문제는 독일 기독교봉사의 세속화를 촉발시켰다. 이것이 교회의 복음전도사역이었던 Inners Misssion이 독일교회의 Hilfs Werk로 전환되었다.[21] Innere Mission은 선교적 디아코니아였으며, 구호단체 디아코니아적-교회적 특성을 강조했다.[22] 이 두 기관의 연합으로 1975년 독일 디아코니아 명칭이 부여되었다.[23]

독일교회 조직 속으로 밀려들어가던 Innere Misssion은 선교적 디아코니아가 아니라 사회적 디아코니아로 자리잡아간 역사가 WCC 선교와 일치하고 있다. 독일교회는 Diakonisches Werk의 선교적 임무를 찾아내기 시작했다.[24] 특히 2차 세계대전 이후 세계선교현장에서도 동일한 문제와 과정이 진행되었다. 식민지의 독립과 본국에서 파송된 선교단체 간의 갈등과 대립, 독립 이후 선교지에서의 독재자 혹은 정치적 탄압과 경제적 착취로 빚어진 문제를 선교는 어떻게 풀어

---

21) Innere Mission과 Hilfswerk는 번역상 용어가 없어 그대로 사용하였다. 박영환, 『독일 기독교사회봉사 실천의 역사』 (서울: 성광문화사, 2015), 186-203.
22) 박영환, 『독일 기독교사회봉사 실천의 역사』, 194.
23) 박영환, 『독일 기독교사회봉사 실천의 역사』, 205.
24) 박영환, 『독일 기독교사회봉사 실천의 역사』, 221.

가야 하는가? 하는 힘든 문제에 직면하게 되었다. 동시에 독립된 국가의 토착종교와의 갈등 관계가 갈수록 심각해졌다. 특히 라틴 아메리카의 해방신학의 등장은 전통적 선교이해를 재해석하게 만들었다.

급변하는 선교현장의 조건은 선교의 정의와 개념들을 확대 재해석하였다. 선교를 정의, 하나님 나라, 회개, 복음, 증인, 기독교, 믿음 등으로 의미를 부여함으로써 많은 논란 속에서 새로운 선교 정의를 필요로 하였다.[25] 선교의 개념 정의는 구속사가 중심이어야 하고, 가톨릭처럼 예수 그리스도로 종결되어야 함은 불변의 사실이다. 가톨릭은 선교와 환경, 문화를 선교사역의 유형으로 받아들이지만, "그리스도를 믿지 않는 자들에게 복음을 전하고 교회를 설립하는 것"으로 정했다 (Ad Gentes 1963년). 가톨릭 선교의 개념과 정의는 아이러니하게도 복음주의 선교의 정의와 일치한다. 가톨릭이 그 단어를 사용했지만 가톨릭 용어로 보지는 않는다. 지금 WCC와 갈등을 가지고 다투는 복음주의 선교의 핵심 논쟁점이다.

WCC와 에큐메니컬 선교인 CWME 선교는 선교의 이해와 사역을 중심으로 새로운 정의를 넓혀가고 있다. 빈곤문제, 빈부의 격차, 사회정의, 정치적 탄압, 국가 간의 채무변재, 독재정부, 종교 간의 대화 등이다. 이러한 선교사역의 확대로 본 선교 정의는 자연스럽게 구원과 구속 나아가 복음전도사역의 영역까지 파고들어 예수 그리스도의 구속사역을 선포하는 복음으로 확대되었다. 복음주의 선교는 선교현장의 상황에 따라 달리하는 선교 정의를 걱정하며, 예수 그리스도의 복음을 유지·전달하고자 하는 사역에 초점을 맞추기 위해서 성경을 중

---

25) 박영환, 『세계선교학 개론』 (서울: 성광문화사, 2018, 개정 증보판), 16-30.

심으로 선교를 정의했다. 예수 그리스도가 천국복음의 선교를 저버리고, 한센병 환자를 집중적으로 찾아가고 불치병자들에게 집중한 것은 아니었다.

선교란 "예수를 모르는 자들이 세상의 구원을 위해 보냄 받은 예수를 전함으로써, 그들이 예수를 그리스도와 구세주로 고백하고 믿음으로 받아들이게 하는 총체적 사역"[26]이다. 복음주의 선교는 정의에서 "예수를 받아들이게 하는 사역"이고, 에큐메니컬 선교는 예수보다는 "총체적으로 받아들이게 하는 사역"에 집중하였다. 총체적인 선교사역의 유형을 결정하고 실행하는 것에는 문제가 없다. 2010년 3차 로잔대회의 '총체적 선교'(Integral Mission)로 선교사역을 복음전도와 함께 하려는 '경향성'으로 설명된다.[27] '통합적', '통전적'이란 용어는 사역유형을 통합한다는 의미이다. 선교의 정의와 개념은 변하지 않기 때문이다. 그럼에도 에큐메니컬 선교는 '복음전도의 우선권 논쟁'으로 복음주의 선교를 이해했다. 복음주의 선교가 물에 빠진 사람을 구해주어야 하는데, 복음전도를 우선 적용대상으로 사역한다는 무지한 주장이다.

복음주의 선교의 복음전도 '우선권' 논쟁은 동등한 조건이 주어졌을 때 복음전도를 먼저 하라는 것이지 사회참여를 하지 말라고 한 것이 아니었다. 1차 로잔대회도 로잔언약 작성 시 ① 사회적 책임을 추가하는 것을 복음전도의 보완적 사역으로 보았고, ② 사회적 책임사역

---

26) 박영환, 『세계선교학 개론』, 20.
27) 안승오, "로잔신학의 흐름에 있어서 우선순위문제", 한국로잔연구교수회, 『로잔운동의 선교동향』, (서울: 리체레, 2016), 58. 로잔대회와 총체적 선교에 관한 논문집으로 "21세기 선교전망과 로잔운동의 역할"(2020)이 있다. 장성배, "로잔운동과 총체적 선교", 『로잔운동과 선교』 (파주: 올리브나무, 2014), 321-346.

이 복음전도사역과 동등하다는 오해를 만들었다. 로잔대회 이전에 사회참여를 복음전도의 자연스러운 사역으로 보았기 때문에 로잔대회에서는 필연적 과제로 입장을 정리했다.[28] 그럼에도 에큐메니컬 선교는 로잔의 기초이론가인 레오 파딜라(Rene Padilla: 1932-2021)의 복음선포와 사회정의 사이에서 복음전도의 우선권을 거부하고 사회환경이 포함되는 복음의 '포괄성'을 강조했다.[29] 포괄성이란 어떤 대상이나 현상을 일정한 범위나 한계 안에서 모두 끌어넣는 성질이다. 파딜라가 라틴 아메리카 선교현장에서 일어나는 사회정의와 억압의 결과를 보고 말한 것이다. 그렇다고 파딜라가 '복음전도의 우선권'을 거부하거나 무시한 것은 아니었다. 사회참여를 복음전도의 파트너로 보았던 것이다.

로잔은 1980년 하이레이의 "단순한 삶의 대화"(Consultation on Siimple Lifestyle) 대회에서 "그리스도인의 책임 있는 삶으로의 요청 (Call to a responsible lifestyle)은 책임 있는 증거에로의 요청(Call to responsible Witness)과 분리될 수 없다"는 것을 에큐메니컬 선교는 "복음전도와 사회적 책임의 관계를 대등함"으로 평가했다.[30]

1982년 그랜드레피즈 회의에서도 로잔은 복음전도의 우선성의 논쟁을 시간적 우선성이 아니라 논리적 우선성이며, 예수 그리스도의 구원의 은혜가 전인적 선교사역에서도 가장 중요한 사역으로 정리했다.[31] 2010년 3차 로잔대회에서는 '통전적 선교'라는 사역의 통전성에

28) 박영환, "복음주의 선교의 혼란과 위기, 그 답은 무엇인가", 179-217.
29) 박영환, "복음주의 선교의 혼란과 위기, 그 답은 무엇인가", 188.
30) 박보경, "로잔운동에 나타난 전도와 사회적 책임의 관계", 『로잔운동과 선교』 (파주; 올리브 나무, 2014), 81, 75-101.
31) "Lausanne Occaional Paper 21: Evangelism and Social Responsibility,

"예수 그리스도의 십자가와 부활을 통한 하나님의 좋은 소식이라는 진리를 선포하고 살아내야 하는 것"으로 총체적 선교를 설명했다.[32] 총체적 선교는 케이프타운 서약문에서 복음선포(Proclamation)와 증명(demonstration)을 모두 의미하지만, 단순히 전도와 사회참여가 나란히 함께 이루어져야 한다는 것은 아니다. 오히려 '통전적 선교'가 복음선포에서의 회개와 사회적 결과인 사랑을 그리스도의 은혜와 함께 증거하는 것이 복음전도라고 하였다.[33] 로잔대회는 선교의 정의, 개념 혹은 사역의 정체성도 구원의 복된 소식을 전하는 복음전도로 정리하였고, 그동안 복음주의 선교가 사회봉사사역을 필연적 과제로 공식화하는 작업을 하였다. 이것이 바로 복음주의 선교이다.

3. 조직 분열의 결과로 본 복음주의 선교 조직[34]

1961년 이전까지 대부분의 선교사역에서는 특별히 복음주의 선교를 구별할 필요가 없었다. 그때까지의 선교사역 유형은 복음전도와 사회참여의 구조들과 상관없이 복음을 전하는 일이 선교사역이었다. 그러나 IMC가 1961년 WCC 3차 뉴델리 총회에 귀속됨으로써, WCC 기관에 소속되지 못한 IMC 선교 관계자들은 "복음주의 선교의 방향과 단합"[35]을 위해 1966년 휘튼대회와, 6개월 뒤에 복음주의의

Evangelical Commitment", 1982, 25.
32) http://www.lausanne.org/docs/TWG/LOP65-2010Beirut-Lebanon.pdf.199.
33) 케이프타운 서약문(Capetown Commitment), 제10항.
34) 참고: 박영환, "베를린 세계복음전도대회가 로잔대회에 끼친 영향과 과제", 108-144.
35) 박영환, "휘튼대회의 복음전도와 사회봉사 사회참여에 관한 선교사역적 이해", 216.

"범세계적 대 군단의 형성과 출장"[36]으로 1966년 베를린 세계복음전도대회(Berlin. World Congress on Evangelism: 이하: 베를린대회)를 개최했다.[37] 이러한 복음주의 선교대회는 1974년 로잔 세계복음화 국제대회(The International Congress on World Evangelization 이하: 로잔 1차 대회)와 1989년 마닐라의 로잔 2차 대회로 계속 이어졌다.[38] 그리고 2010년 케이프타운에서 '로잔 3차 대회'로 복음주의 선교의 대연합을 만들었다. 사실 복음주의 선교의 '대연합의 시발점'은 베를린대회였다. 베를린대회는 "세계구원과 복음전도를 위한 범세계적 군단"[39]이며, 로잔대회를 준비한 위원회가 대회 마지막에 결성하였다.[40] 로잔대회를 통해 복음주의 선교의 '복음전도'를 지속적으로 선교의 핵심적 과제로 선언했고, 지금까지 '복음전도의 과제'를 어느 누구도 넘볼 수 없게 만들었던 로잔대회의 초석이 베를린대회였다. 베를린대회와 1974년 1차 로잔대회에서 '복음전도'를 핵심 주제로 삼고 지속시킨 근거는 성경적 근거였다. 이 장에서 주 자료는 1966년 베를린대회의 공식보고서인 1권과 2권이다.[41]

---

36) 조동진, 『세계선교트랜드, 1900-2000 하권』 (서울: 아시아선교연구소, 2007), 31.
37) 참조: 김은수, 『현대선교의 흐름과 주제』 (서울: 대한기독교서회, 2010), 204-209. 김은수는 '베를린 세계복음화 회의'로 명칭하였다. 조동진은 "베를린 세계전도대회", (조동진, 『세계선교트랜드 1900- 2000 하권』, 12.)로, 김성태는 "세계전도대회"(김성태, 『현대선교학 총론』, (서울: 이레서원, 2000), 432.)로, 김성욱은 로잔신학에 나타난 비즈니스 선교, "베를린 선교대회"(한국로잔연구교수회, 『로잔운동과 선교신학』, (서울: 한국로잔위원회, 2015), 272.)라고 하였다. "베를린 선교대회"는 장훈태가 "칼빈의 복음신앙과 로잔운동의 상관성", (『로잔운동과 선교』, 158.)에서 사용하였고, 박영환은 김은수의 명칭을 사용하였다. "로잔대회 복음전도와 사회참여의 근원적 이해와 접근의 방향", (한국로잔연구교수회, 『로잔운동의 신학과 실천』 (서울: 도서출판 케노시스, 2017), 212.)
38) 조동진, 『세계선교트랜드, 1900-2000 하권』, 33.
39) 조동진, 『세계선교트랜드, 1900-2000 하권』, 29.
40) 조동진, 『세계선교트랜드, 1900-2000 하권』, 33.

복음주의 선교의 샘(Quelle)과 같은 베를린대회는 의장인 칼 헨리 (Carl H. Henry)가 개회 강연에서 성령의 불로 복음전도만이 세계를 살릴 수 있다고 선언했다.[42] 그들은 56년 전인 1910년 에딘버러 세계 선교사대회에서 전도가 사람을 구원하는 일이지만 개혁이나 교육을 통해도 된다고 한 것을 현대선교의 문제로 삼았다. 베를린대회의 목적 은 "은혜의 복음의 재발견"[43]이었다. 빌리 그래함은 5가지 혼란을 ① 복음전도의 단어 혼란, ② 복음전도의 의미와 동기의 혼란, ③ 복음전 도의 메시지 혼란, ④ 복음전도의 전략적 혼란, ⑤ 복음전도 방법의 혼 란으로 정리했다.[44] 베를린대회는 선교가 예수 그리스도를 믿고 회개 함으로 구원을 전하는 복음전도임을 명확하게 설명했다.[45] 복음전도 의 신학적 논증은 II권 2장의 '신학적 기초'로 전개했다.[46] 선교의 목

---

41) 김은수의 현대선교의 흐름과 주제는 Carl F.H. Henry & W. Stanley Mooneyham(ed), *World Congress on Evangelism, Berlin 1966*, 2Vols. (Minneapolis: World Wide Publicatiopns 1967(약자 Berlin I 혹은 II)을 중 심으로 다루었으나, 실제 책이름은 조금 달랐다. Carl F.H. Henry & W. Stanley Mooneyham(ed), *One Race One Gospel One Task*, Vol.I·II, World Congress on Evangelism, Berlin 1966 Official Reference Volumes: Papers and Reports Edited Carl F.H. Henry & W. Stanley Mooneyham, World Wide Publicatiopns Minneapolis, Minnesota, 1967.

42) Berlin I권, 11.

43) Berlin I권, 17.

44) Berlin I권, 22-34.

45) Berlin II권, 1-94.

46) Carl F.H. Henry & W. Stanley Mooneyham(ed), *"One Race One Gospel One Task,"* Vol.II. II권 개요: 모든 논문들 중에 중요 논문주제만 정리한다. II 권 I장: 성경 가르침, 주님의 명령, 성령의 강권, 멸망의 운명, 그리스도에게로 돌아옴, 교회의 전통과 실습. 2장: 복음전도의 신학적 기초, 인간의 타락, 죄와 도덕의 법, 용서의 기초, 믿음의 본질, 정의와 성화, 성령의 부흥. 3장: 교회에서 의 복음전도의 장애, 보편주의, 자기독립주의, 파벌주의(지방분권주의), 고립주의, 영적인 무관심과 비기대감, 교리상의 불신앙과 이단, 유아세례와 사제권. 4장: 세계 속의 복음전도의 장애물-물질주의, 번영(성공)주의와 사회적 지위, 세계종 교의 부흥, 전체주의와 집산(단)주의, 정치적 민족주의, 종교적 광신집단, 차별과

적은 성경의 권위에 두고, 타락·성서적 윤리·회개와 용서의 기초되
시는 예수 그리스도, 신앙의 기초와 성화·의인화, 성령의 회복으로
구원받는다는 복음의 소식을 전하는 복음전도로 보았다. 세상은 문제
와 어둠, 혼란, 군대의 힘, 경제의 힘으로 해결되는 것이 아니다. 무엇
보다 먼저 하나님의 사랑과 구원의 복음을 받아들여야 한다. 복된 복
음이 사회를 변화시키고, 입법 활동이나 사회개혁운동·대중적인 영
향력은 아니라고 하였다.[47] 베를린대회에서 복음전도는 교회의 사명
이고, 교회의 존재도 복음전도이며, 교회는 복음전도를 위해 부름 받
았으므로 복음전도에 총력을 기울여야 한다고 결의했다.[48] 이것은 사
실상 로잔대회 1·2차와 3차의 핵심적 주제의 방향을 다 포함하는 것
이었다. 베를린대회의 핵심은 "복음전도", "성령", "땅끝까지 이르러
세계복음화"를 위해 "온 교회와 온 성도가 세계구원을 위한 총동원령"
이었다. 이것이 복음주의 선교로, 로잔 1·2·3차대회를 통해 입증
되었다.[49]

편협. 5장: 개인전도의 방법, 복음전도의 열쇠, 지역별 복음전도의 보고서 유형.
6장: 집단복음전도의 방법 등으로 각 지역의 복음전도자들의 주제별 토론보고서.
7장: 문서전도, 그룹토의 보고서, 대학생 전도 등으로 대부분 보고서. 5장과 7장
은 각 지역별 복음전도의 상황과 보고 형태를 띠고 있다.

47) W. Maxey Jarman, "*Achieving Great Things for God*", in Carl F.H.
Henry & W. Stanley Mooneyham(ed), "*One Race One Gospel One
Task Vol.II*", 263-267.

48) Berlin I권 5-6, Berlin II권 173. 베를린대회의 목적과 정체성은 I권 1장 빌리
그래함의 개회사 "왜 베를린대회인가," 3장에서 "카이저 빌헬름 교회"의 종교개
혁 기념설교(1966년 10월 31일)에서 4가지로 정리되었다. Berlin I권, 125. 참
조: 124-126. ① 하나님의 본성은 불변함을 증거, ② 불변하는 하나님의 말씀을
증거, ③ 불변하는 구원의 계획을 증거, ④ 땅끝까지 이르러 복음을 전파하라는
우리와 교회에 주신 변함없는 명령을 증거하는 것이다. 이것을 밧산(R.C.
Bassham)도 7가지 주제로 정리했다. Rodger C. Bassham, *Mission Theology:
1948-1975 Years of Worldwide Crestive Tension Ecumenical, Evangelicals,
and Roman Catholic* (Pasadaena, 1979), 220- 221.

III. 양 진영의 갈등과 대립을 위한 프랑크푸르트 선언문

복음주의 선교의 총 집결점인 1966년 베를린대회의 '복음전도'는 에큐메니컬 선교의 1968년 WCC 4차 웁살라 총회의 '인간화'(영: Humanisation, 독: Humanisierung)와 정면충돌했다. 여기에 복음주의 선교 입장을 변호하면서 에큐메니컬 선교의 극단적 선교목표인 인간화에 불을 붙인 이는 독일 뛰빙겐 대학교 선교신학자인 피터 바엘 하우스였다. 그는 1970년 WCC에 소속된 독일신학자 14명과 "프랑크푸르트 선언문"-인간화(Humanisierung)와 복음화(Evangelisierung)의 선언문에서 선교주제는 인간화가 아니라 복음화라는 명확한 답을 제시했다.

프랑크푸르트 선언문이 양 진영을 향해 세계선교의 과제와 방향을 제시했는데도 '통전적 선교', '선교적 교회론' 그리고 '하나님의 선교'라는 에큐메니컬 선교에 묻혀버리고 말았다. 세계선교의 과제와 방향은 양 진영을 동시에 아우르는 세계선교가 되어야 하지만, 선교의 인간화는 복음화와 결부되지 않고서는 지속적으로 보완적 설명을 전제로 해야만 했다. 이러한 문제를 WCC 4차 웁살라 총회에서도 '인간화'는 대회의 공식 성명서로 받아들여지지 않았다.[50] 그럼에도 에큐메니컬 선교의 '인간화'는 지속적으로 발전해서 정의와 평화 그리고 종교 간의 대화로 이어지는 구원의 혼합주의(Syncretism) 경향성을 짙게 남겨 놓았다. 프랑크푸르트 선언문은 미래 세계선교의 대안과 방향을

---

49) 한국로잔연구교수회 편, I권 4장 로잔운동과 선교, 로잔운동과 선교신학, 로잔운동과 선교동향, 로잔운동과 신학과 실천 참조.
50) N. Goodal(Hrsg.), *UPPSALA SPRICHT*, Die Sektionsberichte der Vierten Vollversammlung des Oekumenischen Rates der Kirchen Uppsala 1968, (Genf, 1968), 26.

위한 시금석과 같다.

1. 갈등을 이해하기 위한 선교현장의 반 선교적 변화

전통적 선교이해로 본 선교현장은 제2차 세계대전 이후 급속도로 돌변하였다. 식민지의 독립은 선교사의 제한과 추방, 민족주의의 등장과 공산주의 이데올로기의 영역확대로 선교의 위기가 나타났다. 이때 교회와 선교단체가 통합하여 선교기회를 극대화하자는 입장과 선교가 관료화되거나 경색될 수 있는 위험성을 제기했다. 결과적으로 후자의 입장이 인정되었다.[51]

새로운 선교현장의 변화는 4가지로 보았다.[52]
① 서구선교의 지배구조로 본 피선교지 교회의 인식
서구선교는 피선교지를 식민지적 선교관으로, 대상을 비문명과 미개한 사람들을 계몽해야 한다는 종속적 지배자의 개념으로 피선교지에 접근했다. 그래서 피선교지에서는 감정적으로 대응하고, 선교단체와 선교사는 장사하는 무리로 보았다. 지금도 무서운 감정 대립이 남아 있고, 인도의 간디도 이 점을 신랄하게 비판했다.
② 토착문화와 종교가 개종을 거부함으로 선교의 본질이 흐려졌다.
선교지의 민족주의 저항운동은 토착문화 종교를 일으켜 세웠고, 선

---

51) 레슬리 뉴비긴도 CWME 초대회장을 지냈지만 "신학적 범죄"로 통합의 부당함을 지적했고, Paul Pierson도 "순진무구"한 결정이었다고 주장했다.
52) Peter Bayerhaus, *Mission: Which Way? Humanigation or Redemption*, 김남식 역, 『선교정책원론』(서울: 한국성서협회, 1976), 17-22.

교는 서구 지배세력의 위장된 수단으로 표현되었다. 이것은 선교사 추방과 살해로 연결되었다.

③ 선교지의 혼합주의는 종교 간의 대화를 유도하고, 상호이해에 도움을 받고자 일어났다. 모든 종교가 그리스도의 희생에 계시와 은혜에 함께 할 권리가 있다고 봄으로써 복음전도의 역동성을 잃어버리게 되었고, 복음의 정체성 상실로 나타났다.

④ 선교지의 정치·사회적 문제는 선교의 새로운 정의와 이해를 유발하였다. 결과적으로 과격하게 대응하는 것은 하나님과 인간의 관계를 넘어선 인간과 사회의 관계로 전향되었다. 이것은 인간화의 아픔으로 드러났다.

그래서 선교는 사회·윤리적 선교로 선회되었고, 복음의 본질과 사명을 잃어버리고 선교지의 사회·정치와 문화적 상황에 따라 혼란에 빠졌다. 이러한 선교현장의 위기의 대응책으로 양 진영은 상반된 입장을 견지했다.[53]

1) 에큐메니컬 선교: 하나님 나라를 중심으로 한 선교이해

에큐메니컬 선교는 그리스도의 재림과 함께 약속한 하나님의 나라가 임할 것을 기대하는 구원의 공동체를 메시아의 십자가 밑에 불러 모으는 것이다.[54] 그것은 오이쿠메네(oikumene) 교회와 오이쿠메네 선교가 통합되어 교회는 선교의 기구이고, 선교하는 교회가 모이는 교회보다 우선한다는 새로운 선교이해를 제시했다. 반응은 두 가지였

53) Peter Bayerhaus, 『선교정책원론』, 23.
54) 박영환, "선교가 복음주의여야 하는 이유: 프랑크푸르 선언문 다시 읽기를 중심으로", 233-272.

다.[55] 통합 옹호론자들은 선교의 기회가 확대될 것으로, 반대론자들은 선교가 경직되거나 관료화될 것으로 보았다. 결과는 반대론자들의 반응으로 나타났다.[56] 에큐메니컬 선교의 입장은 교회가 아니라 세계, 선교는 구원이 아니라 평화를 위한 사역으로 다음과 같이 정리되었다.[57]

① WCC 입장은 지상명령이 아니라 하나님 나라의 건설로, 구원보다는 악의 세력과 전쟁으로 하나님의 선교가 이루어진다. 그러므로 교회는 구원을 전하는 것이 본질이 아니고, 교회 역할도 기능적이다. ② 선교는 세계를 위한 교회의 전적인 책임이다. 교회는 모이는 구조가 아니라 세계로 나아가는 구조이고, 교회의 복음선포는 세상을 향한 하나님의 선교의 상대적 과제일 뿐이다. 그러므로 에큐메니컬 선교는 복음선포를 평화로 묻어버렸고, 복음전도는 선교의 보완적 기능으로 평가하였다.

2) 복음주의 선교: 복음전도를 중심으로 한 선교이해[58]

복음주의 선교는 선교의 본질적 과제를 소명으로 보았다. 그 근거로 세계선교의 55%가 선교단체의 사역들이었고, 2016년에는 세계선교의 주체가 되었다.[59] 1963년 이후 WCC의 선교단체인 CWME가

---

55) 박영환, "선교가 복음주의여야 하는 이유: 프랑크푸르 선언문 다시 읽기를 중심으로", 241.

56) Paul Pierson, *The Dynamics of christian Mission: History Through a Missiological Perspective*, 임윤택 역, 『기독교선교운동사』 (서울: CLC, 2009), 553-557.

57) Peter Bayerhaus, *Mission: Which Way? Humanigation or Redemption*, 35; H.T. Neve, *Soureces for Change: Searcghing for Flexible Church Structures*, Geneva, 1968, 51-100.

58) 박영환, "선교가 복음주의여야 하는 이유: 프랑크푸르 선언문 다시 읽기를 중심으로", 238-240.

점점 약화되어 2010년 이후 복음주의 선교단체와 통합을 유도하였다. 복음주의 선교는 "복음을 한 번도 들어보지 못한 사람들에게 예수 그리스도를 믿어 구원받을 것을 선포"[60]하는 것에 집중했다. 물론 선교현장의 사회봉사와 참여를 하지 말자는 주장, 혹은 복음만 전하라는 의도된 입장 선포는 한 곳도 없었다.[61] 비버(Pierece Beaver)는 복음주의 선교를 선교의 정체성을 살리는 "제2 선교운동"으로 정의하였다.[62] WCC의 CWME 대회는 복음주의 선교대회의 10% 정도로 모인다. 선교단체가 주도직이고, 이들의 대부분이 CWME에 가입되어 있지 않기 때문이다.

2. 양 진영의 구성과 이해로 본 배경과 평가[63]

양 진영의 구성과 갈등과 대립은 고전적 보수주의 입장과 진화론적인 역사신학의 입장이다.[64] 양 진영은 거의 구성원들이 다르고, 사역 내용도 다르다. 근원적으로 바탕이 다르다. 복음주의 선교는 대부분이 선교단체와 선교사들이거나, 교회와 교단에서 선교적 영향이 강한 자들이다. 에큐메니컬 선교는 WCC 집행부에서 상당히 극단적 이론과

---

59) 박영환, "선교가 복음주의여야 하는 이유: 프랑크푸르 선언문 다시 읽기를 중심으로", 238-239.

60) Peter Bayerhaus, *Mission: Which Way? Humanigation or Redemption*, 김남식 역, 『선교정책원론』, 27.

61) 박영환, "복음주의 선교의 혼란과 위기, 그 답은 무엇인가", 「복음과 선교」 60(2022).

62) P. Beaver, *From Mission to Mission* (New York, 1964), 100.

63) Peter Bayerhaus, 『선교정책원론』, 43-49.

64) Peter Bayerhaus, 『선교정책원론』, 47.

해석을 바탕으로 한 과격한 선교 프로젝트의 종사자들이다. 이들은 라틴 아메리카 신학 노선과 CWME에 소속된 선교관계자들로서, 하나님의 선교에 집중하려는 경향성을 가진 자들이다.

그러므로 세계선교의 주도적 사역은 에큐메니컬 선교가 이끌고 있는 것이 현실이다. 피터 바이엘 하우스는 4가지로 정리하면서 세계선교의 주도권과 관심이 에큐메니컬 선교에 있다고 보았다.

① 에큐메니컬 선교가 세계선교 연구프로젝트를 관장했다. ② 에큐메니컬 선교의 복음주의 선교자들이 성경적·신학적 준비가 미흡했다. ③ 에큐메니컬 선교가 선교현장 젊은이들의 과제의 협력자였다. 이들은 중앙정부의 불합리함에 투쟁하는 이들로서 WCC의 힘을 사용하기를 원했다. ④ 에큐메니컬 선교는 세계의 모든 정치·경제·사회 문제들과 네트워크되어 있다. 마치 종교적 유엔처럼 보였다.[65]

이러한 관점에서 복음주의 선교는 미래의 세계선교 현장 변화에 몰입보다는 구원과 복음사역에 집중함으로 세계선교 역량강화에 실패했다. 복음주의 선교는 에큐메니컬 선교가 시간이 지날수록 소멸될 것으로 보았으나, 결과는 정반대였다. 복음주의 선교는 선교의 본질을 성경적 계시 "인간은 본질적으로 타락한 존재다. 하나님은 예수 그리스도를 보내 영원한 구원계획을 선포"를 바탕으로 하였다.[66] 이것을 에큐메니컬 선교는 "폐쇄적 신학 체계와 잘못에 동화될 위험성"으로 보았다.[67] 에큐메니컬 선교는 선교의 개방성을 예수가 세상에 오심으로

---

65) Peter Bayerhaus, 『선교정책원론』, 47.
66) 박영환, "선교가 복음주의여야 하는 이유: 프랑크푸르트 선언문 다시 읽기를 중심으로", 248.
67) Peter Bayerhaus, 『선교정책원론』, 54.

보고, 세계를 특별한 도전과 역할 그리고 가능성의 차원에서 "능동적 체계"로 받아들였다. 그러나 복음주의 선교는 세계를 멸망의 대상으로, 오직 예수 그리스도만이 구원을 이루시는 "수동적 체계"로 보았다.[68] 그러므로 복음주의 선교 과제는 심판과 은혜를 통해 가능한 많은 사람을 악에서 구원하는 것이었다. 구원받은 자들로 교회를 세우고, 교회는 세상의 은신처요 피난처로 이해했다. 이것은 철저히 존재론적이며 영원의 관점에서 세상과 문화는 중요하지 않다고 보는 것이었다. 결국 복음주의 선교는 선포에 집중하다 보니 사회문제와 연계된 사회를 인식하지 못하는 약점이 있었고, 세상을 창조와 멸망으로 보려는 이원론적인 의미를 가지고 있었다. 예수 그리스도의 성육신은 창조의 세계를 부정하는 것이 아니라, 종말론적으로 하나님의 사랑에서 세상은 변혁되어 간다는 것을 인식하지 못하고 있는 것이다. 따라서 복음주의 선교는 세상이 하나님의 주권 아래 움직이고, 이것은 구원사와 외적 여건과 범위를 포함함을 고려해야 한다. 즉, 영원이란 현재의 현실에서 다가올 현실로 다가가는 것이다. 끊임없는 변화는 현실이고, 구체적으로 만져볼 수 있는 형태를 가진 것으로 보아야 한다. 그러므로 복음주의 선교도 영혼의 구원과 함께 의로운 행위가 종말의 영광에 참여하게 되는 요인임을 알아야 한다. 일부 극단적 복음주의 선교는 자기만이 참 선교요, 참 교회라고 하는 잘못을 범하고 있다.

복음주의 선교는 "성경적 편협주의"와 "근본주의 진리관"에 고착되어, "역사와 사회로부터 구원"이라는 성경적 이해를 거부하는 모양이 되었다.[69] 즉, 천국의 구원만 참 소망이고, 믿음을 통하여 그리스도와

---

68) 박영환, "선교가 복음주의여야 하는 이유: 프랑크푸르트 선언문 다시 읽기를 중심으로", 248.

인격적 관계를 맺으며, 구원받은 자들의 영적 공동체에만 구원이 있다는 제한된 신학이해를 가졌다.[70] 그러므로 복음주의 선교는 사회구조를 그리스도의 주권 아래에서 구원의 은혜가 이르도록 선포하는 것으로 보지만, 사회문제의 지적은 필연적 과제임을 분명히 알아야 한다. 복음주의 선교는 구체적으로 사회문제에 접근하는 것보다 변하지 않는 복음선포에 집중하는 것이 선교의 본질을 유지하는 것으로 보았다. 왜냐하면 사회복음운동가들의 수평적 관계인 이웃을 위한 사역에 몰입한 것에 거부반응했기 때문이었다. 복음주의 선교도 사회봉사와 참여로 노예제도 폐지에 적극적으로 개입했다.

에큐메니컬 선교는 "세계역사가 신학적 문제"[71]임을 "선교활동의 표준"[72]으로 보았다. 문제는 이것을 "성경 위의 존재 개념"인 현실적 하나님의 자기 계시로 보아 복음전도는 선교의 본질적 정체성을 벗어나는 자리로 해석하였다.[73] 그러나 에큐메니컬 선교는 선교현장에 참여하는 "실존적 가치의 존재"인 선교사는 믿지 않는 사람들과 대화를 통해 사역을 해야 하고,[74] 하나님은 이들을 통해서도 말씀하신다고 보았다. 대화는 복음을 증거하기 위한 목적과 과정, 또는 관계형성의 출발점으로 이해하였다.[75] 또한 에큐메니컬 선교는 평화라는 차원으로

69) Peter Bayerhaus, 『선교정책원론』, 56.
70) 박영환, "선교가 복음주의여야 하는 이유: 프랑크푸르 선언문 다시 읽기를 중심으로", 249.
71) 박영환, "선교가 복음주의여야 하는 이유: 프랑크푸르 선언문 다시 읽기를 중심으로", 252.
72) Peter Bayerhaus, 『선교정책원론』, 61.
73) 박영환, "선교가 복음주의여야 하는 이유: 프랑크푸르 선언문 다시 읽기를 중심으로," 252.
74) 박영환, "선교가 복음주의여야 하는 이유: 프랑크푸르 선언문 다시 읽기를 중심으로", 252.

수평적 인간관계를 통해 화해로 부름 받았음을 근거로 하여, 구원의
바탕과 적용의 신학으로 "새로운 우주적 신보편주의"로 보았다.[76] 이
것은 복음을 듣지 못한 자들을 선교의 대상으로 인지하지 못하고 있는
것이다. 모두가 다 구원받았다는 신보편주의는 복음의 종말론적 위협
을 무시한 결과이다. 아모스 5:21-25을 인용하며 예언자들이 이웃에
게 책임을 잃어버린 예배는 필요없다고 하지만, 과연 필요 없을까? 인
간이 하나님을 왜 찾아야 하는지의 필연적 과제를 모르고 있다. 에큐
메니컬 선교는 "세계를 향한 교회의 총체적 행위"로 믿음 없는 사회적
관심을 집중함으로써 하나님을 찾는 선교가 아님을 입증했다. 라틴 아
메리카에서 수많은 비기독교인이 돌아오는 이유는 신앙의 확신을 주
기 때문이었다. 그러나 에큐메니컬 선교는 여전히 사회적 요소가 개인
영혼의 회개와 관계되어 있다고 보고 있다.

3. 양 진영 선교의 통합 방법과 원리로 본 프랑크푸르트 선언문[77]

프랑크푸르트 선언문의 핵심적 주제는 통합이었다. 선언문은 인간
화를 공격하면서 복음화의 과제를 적나라하게 설명하였다. 복음화를
통한 인간화를 포함시키는 방법을 프랑크푸르트 선언문으로 3가지로
정리했다.

75) 박영환, "선교가 복음주의여야 하는 이유: 프랑크푸르 선언문 다시 읽기를 중심
으로", 252.
76) 박영환, "선교가 복음주의여야 하는 이유: 프랑크푸르 선언문 다시 읽기를 중심
으로", 253.
77) Peter Bayerhaus, 『선교정책원론』, 53-69.

1) 신학적으로 가능하다.

양 진영의 선교는 서로의 장점에 과감히 침묵하고, 서로의 단점을 파내어 들추어내는 것에 집중해 왔었다. 복음주의 선교는 영혼구원을 위한 복음사역의 내향화(Introspection)라면, 에큐메니컬 선교는 세계 속에서 행동하는 외향화(Extrospction)이다.[78] 내향화는 하나님의 주권이고, 외향화는 세계 속에서 타자성을 찾으러 가는 것이다. 이 두 가지를 통합하는 것이 '총체성'이다. 그 기준점은 예수 그리스도를 통하여 하나님과 연합하는 세계 속에서 완전한 종말론적인 구원이다. 즉, 인간의 죄로 인해 하나님을 등진 인간사회를 진단하고, 인간의 타락으로 인격적으로 파괴된 사회구조적 악을 추방하는 일에 중생을 경험케 하시는 삼위일체 하나님의 행동에 동참하는 신학이다. 다시 말해 예수 그리스도가 다시 오셔서 역사를 완성하시고 하나님의 나라를 세워 새로운 하늘과 땅을 창조하는 데 목표를 세우는 것이다. 그러므로 선교는 일차적으로 하나님의 구속을 선포하는 복음전도를 하고, 복음이 닿지 않은 지역에서 복음적 삶을 실천하는 것이다. 이것은 교회공동체를 통하여 불신자들을 불러모아 신앙생활을 하게 함으로써 사회구조의 변화를 자신의 삶의 영역에서, 성령의 능력을 덧입어 실천하고자 하는 하나님 나라 운동이다. 이 운동에 양 진영의 선교신학을 통합하면 된다. 서로의 선교신학 장점을 통합할 수 있는 기능이 있기 때문이다.[79]

---

78) 박영환, "선교가 복음주의여야 하는 이유: 프랑크푸르 선언문 다시 읽기를 중심으로", 255.
79) 참조: 박영환, "복음주의 선교 입장에서 본 통합적 선교의 한계와 과제 그리고 대안", 「선교신학」 49(2018).

2) 통합적 사역으로 가능하다.

사실상 양 진영의 선교사역은 특수한 지역을 제외하고는 동일한 활동을 한다. 과제는 통합된 사역을 정리하고, 특수한 지역의 사역은 유형별로 분류하며 정의하는 것이다. 복음주의 선교는 복음전도와 사회봉사로, 에큐메니컬 선교는 사회·정치 그리고 문화·종교적 참여로 나타난 사역유형들을 분리하면 된다.

① 복음주의 선교는 선교개념에 사회적 차원의 과제와 활동을 포함시킨다. 복음전도의 우선권 논쟁에서 벗어나 현장 사역 중심의 선교과제를 실천한다. 단, 복음과의 관계를 수직적으로 연계하는 데 집중한다.

② 에큐메니컬 선교는 사회·정치·경제·문화 그리고 종교적인 영역에서 하나님의 나라를 향한 하나님의 사랑을 실천하는 것이다.

양 진영의 사역 통합을 비설트 후프트(W.A. Visser't Hooft)는 "에큐메니컬 운동의 위임권"(The Mandate of the Ecumenical movement)에서 다음과 같이 사역 통합을 설명했다.

> "수직적 차원을 상실한 기독교(에큐메니컬 선교)는 맛을 잃은 소금으로 무익할 뿐 아니라 세계를 위해 쓸모가 없다. 그러나 수직적 관점에 몰입되어 그것을 인간의 공동체적 삶에 대한 책임을 회피하려는 수단으로 이용하려는 기독교(복음주의 선교)는 그리스도의 성육신을 부정하여 그리스도를 통하여 보여 주신 세계를 향한 하나님의 사랑(Love of God for the World)도 부정하고 있다."[80]

이 두 사역은 벌코프(H. Berkhof)의 "예수 그리스도의 궁극성"(The

---

80) W.A. Visser't Hooft, "The Mandate of the Ecumenical movement", Norman Goodall(ed.), *The Uppsala Report 1968*, 313-323.

Finality of Jesus Christ)에서 수직적 관계의 강조점은 있지만 수평적 관계의 인격적인 만남이 아니라 갈등과 대립 그리고 고함치는 아우성의 문제를 지적했다.[81] 이것을 존 스코트(J. Scott)는 복음을 듣지 못한 자보다 빈곤과 불의 등의 문제에 더 집중하고, 주님의 복음전도 명령을 보지 못했다고 하였다.[82] 이것은 에큐메니컬 선교가 수직적이지 않다는 것을 부정하는 말이 아니라, 영적인 감각이 별로 보이지 않는다는 뜻이다. 수평적인 사역을 열심히 하고 신학적으로 잘 정돈되었을지라도 영적인 능력이 나타나는 것이 아닌 것이다. 영적이지 않는 선교의 목표는 인간적인 목표일 뿐이며, 세속적인 신학의 유형이다. 그 근거는 성경적 바탕이 아니라 사회학자들의 경험론적 분석이나 사상을 선교의 과제와 원칙으로 삼는 것에 있다. 또한 교회의 영적 본질을 이해하지 못하고 사회조직의 하나라고 개념화했다. 구원의 역사를 세속의 역사로, 그리스도의 참된 인간상을 오늘날의 인간화로 이해한 것이다. 인간화는 WCC 3차 옵살라 총회에서 선교의 메시지가 아니라 선교의 방법이기도 하였다.[83] 일반적으로 복음을 제시하지 않고 말조차 하지 않는데, 하나님의 계시와 약속도 언급되지 않는 상황에서 세상의 선언을 선교라 한다면 하나님을 '격하'시킨 것이다.[84] 결국 하나님을 인간으로 대치하려는 인간화이다. 모든 에큐메니컬 선교의 문서와 선

---

81) H. Berkhof, "The Finality of Jesus Christ", *The Uppsala eport 1968*, 304-312.

82) John T. Tayler, CMS Newsletter, 1968년 10월호. R.W. Scott, *Church Growth Bulletin*, (1968년 11월), 39.

83) E. Schlink, "Der Heilige Geist und die Katholizitaet der Kirche", *Oekumenische Rundschau*, 1969, 21.

84) 박영환, "선교가 복음주의여야 하는 이유: 프랑크푸르 선언문 다시 읽기를 중심으로", 260.

언문에 하나님에 관한 고백이 없다면, 인간의 구원에 하나님 대신 인간을 추켜세우는 모양이 된다. 그래서 복음을 전하거나 복음을 이해하고 받아들이는 데 있어 결과적으로 혼란과 혼돈이 일어날 수밖에 없다. 지금까지 시대는 변해도 복음의 어휘나 내용은 변하지 않았다. 사회정의, 평화, 공의, 자유, 회개, 영생, 구원, 믿음 등이 사회윤리적 슬로건이더라도 복음의 용어가 들어가야 한다. 간혹 에큐메니컬 선교는 풍성하고 행복한 삶, 유복한 삶이 곧 복음이라고 선포하는 메시아적 형태마저 띠고 있는 것은 상당히 위험한 것이다.[85]

3) 통합적 방법은 복음화를 중심으로 인간화의 옷을 입는 것이다.

양 진영의 통합은 노력과 시도는 에큐메니컬 선교의 '통전적'(Wholistic) 혹은 '통합적'(Integral, Holistic), 복음주의 선교의 '총체적'(Integral) 용어에서 시작되었다. 신학의 갈등과 대립이 학문적으로 통합된 적이 없다면, 사역의 통합에서 시작할 수 있다. 사실 선교사역의 유형은 선교현장에서는 에큐메니컬 선교든 복음주의 선교든 사역의 구분은 없다. 그런데 양 진영의 선교사역을 통합하는 것이 문제가 아니고, 연결하는 것도 문제가 될 수 없다. 양 진영이 집중해야 할 일은 "하나님의 자기 계시를 증거하는 성경의 복음이 지닌 진리를 어떻게 밝혀 주느냐?"이다.[86] 양 진영이 신앙의 중심과 부름 받은 선교의 바탕과 목표를 기본적인 성격으로 보고 있다는 점이 통합의 가능성을 보여 준다.

---

85) W. Freitag, "Nach Ghana," *Reden und Aussaetze* (Munchen, 1961), 122.
86) 박영환, "선교가 복음주의여야 하는 이유: 프랑크푸르 선언문 다시 읽기를 중심으로", 264.

IV. 나가는 말

복음주의 선교의 복음화와 에큐메니컬 선교의 인간화는 갈등과 대립의 형태를 좁혀가며 자기중심적 신학의 고집을 버리고, 선교현장의 통합적 혹은 총체적 용어로 하나가 되어 가는 과정에 있다. 극과 극의 대립은 영원한 선교신학의 숙제이다. 그것은 특별한 영역으로 구분해 놓고, 윤리와 통일로 보완점들을 만들어가면 된다. 이제 양 진영은 극단적 갈등과 대립의 주제들을 더 이상의 논쟁으로 보아서는 안 된다. 선교신학에서 인간화-윤리선교와 복음화-통일선교는 서로를 필요로 하며, 한 방향으로만 본다는 것은 비정상이라고 할 수 있다. 온전한 복음이 온전한 선교가 되려면 통합선교-통일선교가 되어야 한다. 시대적 신학의 접근과 이해로 새로운 선교신학의 방향이 설정되더라도 구원과 복음, 영생과 하나님의 나라로 통합해 가는 선교의 통합신학은 종말을 향해 하나님의 선교가 이어지게 할 것이다.

지금까지 프랑크푸르트 선언문만큼 양 진영을 향한 평가와 대안 그리고 통합의 방향을 잘 정리하여 제시해준 자료는 없었다. 복음주의 선교의 내향성과 에큐메니컬 선교의 외향성을 통합적으로 엮어내는 신학적 작업은 여전히 선교현장에서 이루어지고 있다. 그러므로 "복음화를 중심으로 인간화의 범위를 넓혀가는 하나님 나라의 선교"는 선교현장과 선교사, 선교단체 그리고 열방을 향해 도전하는 순교자처럼 세계선교의 원동력이 될 것이다. 분명 선교는 하나님과 하나되는 예수 그리스도의 구원사역이다.

참고문헌

김성욱, "로잔신학에 나타난 비즈니스 선교, '베를린선교대회'", 『로잔운동과 선교신학』, 서울: 도서출판 케노시스 2015, 261-290.

김성태, 『현대선교학 총론』, 서울:이레서원, 2000.

김은수, 『현대선교의 흐름과 주제』, 서울:대한기독교서회, 2001.

박보경, "로잔운동에 나타난 전도와 사회적 책임의 관계", 『로잔운동과 선교』, 파주: 올리브 나무, 2014, 75-101.

빅영환, 『독일 기독교사회봉사 실천의 역사』, 서울: 성광문화사, 2015.

_____, 『세계선교학 개론』, 서울: 성광문화사, 2018 개정 증보.

_____, 『네트워크 선교역사』, 서울: 성광문화사, 2019 증보 3판.

_____, 로잔대회 복음전도와 사회참여의 근원적 이해와 접근의 방향, 『로잔운동의 신학과 실천』, 서울: 도서출판 케노시스, 2017, 211-257.

_____, "휘튼대회의 복음전도와 사회참여에 관한 선교사역적 이해", 「신학과 선교」44(2016), 129-173.

_____, "베를린 세계복음전도대회가 로잔에 끼친 영향과 과제", 「신학과 선교」46(2017), 108-144.

_____, "선교가 복음주의 선교여야하는 이유: 프랑크푸르트 선언문 다시읽기를 중심으로", 「ACTS 신학저널」, 36(2018) 233-272.

_____, "복음주의선교의 혼란과 위기, 그 답은 무엇인가? - 4차 로잔대회를 생각하며", 「복음과 선교」 60(2022), 179-217.

안승오, "로잔신학의 흐름에 있어서 우선 순위문제", 한국로잔연구교수회, 『로잔운동의 선교동향』, 서울: 리체레, 2016, 57-80.

_____, "로잔이 말하는 총체적 선교의 의미와 전망", 로잔교수회, 『21세기 선교전망과 로잔운동의 역할』, 서울: 도서출판 케노시스, 2020, 105-133.

장성배, "로잔운동과 총체적 선교", 『로잔운동과 선교』, 한국로잔연구교수회, 파주: 올리브나무, 2014, 321-346.

장훈태, "칼빈의 복음신앙과 로잔운동의 상관성", 『로잔운동과 선교』, 한국로잔연구교수회, 고양: 올리브나무 2014, 151-176,

조동진, 『세계선교트랜드, 1900-2000 하권』, 서울: 아시안선교연구소, 2007.

최덕성, "레슬리 뉴비긴의 오판과 탄식으로 본 예장 통합의 모습", 「선교와 교회」 10(2022), 116-118.

https://blog.naver.com/myheartioffertolord/222686532533

Moreau, A. Scott, *Evangelical Dictionary of World Missions*, Baker Books, 2000.

Ziegenbalg, Bartholomaeus, *Kurez Beschreibung der Taetigkeit der Mission*, 박영환,이용호 역, 『덴마크 할레 선교회의 역사적 보고서』, 인천: 도서출판 바울, 2012.

Henry, Carl F.H & Mooneyham, W. Stanley(ed), *One Race One Gospel One Task,* Vol.I,II, World Congress on Evangelism, Berlin 1966 Official Reference Volumes: Papers and Reports Edited Carl F.H Henry & W. Stanley Mooneyham, World Wide Publicatiopns Minneapolis, Minnesota, 1967.

Bosch, David, *Transforming Mission*, Maryknoll: Orbis Books, 1991.

Schlink, E., "Der Heilige Geist und die Katholizitaet der Kirche", *Oekumenische Rundschau*, 1969.

Frizen, Jr, Edwin L., *75 years of IFMA 1917-1992*, William Carey Library, 1992.

Blanke, Fritz, *Missionsprobleme des Mittelalters und der Neuzeit*, Zuerich/Stuttgart: Zwiingli Verlag, 1966.

Berkhof, H, "The Finality of Jesus Christ", *The Uppsala eport 1968*, 304-312.

Lindsell, Harold, *Overvier of the Congress by Dr. Harold Lindsell*, 갈필도 역, 『기독교의 세계선교』, 서울:생명의 말씀사, 1977.

Van den Berg, Johannes, "Constrained by Jesus Love", in *An Enquiry into the Motives of the Missionary Awakening in Great Britain, 1698-1815*, Kampen, Kok, 1956.

Stott, John. *Autoritaet und Kraft der Bibel*, R. Padilla(Hg.), *Zukunftsperspektiven, Evangelikal nehmen Stellung*, Wuppertal, 1977.

Lausanne Occaional Paper 21: Evangelism and Social Responsibility,

Evangelical Commitment, 1982.

Newbigin, Lesslie, *Unfinished Agenda*, 홍병룡 역, 『아직 끝나지 않은 길』, 서울: 도서출판 복있는 사람, 2011.

Costas, Orlando E., *The Integrit of Mission*, 진희근 역, 『통합적 선교신학』, 서울: 대한 예수교 총회 교육부, 1982.

Bayerhaus, Peter, *Mission: Which Way? Humanigation or Redemption*, 김남식 역, 『선교정책원론』, 서울:한국 성서협회, 1976.

Bassham, Rodger C., "*Mission Theology:1948-1975 Years of Worldwide Crestive Tension Ecumenical, Evangelicals, and Roman Catholic*", Pasadaena, 1979.

Tayler, John T., CMS Newsletter, 10, 1968.

Scott, R.W., Church Growth Bulletin, 11, 1968.

Visser't Hooft, W.A., "The Mandate of the Ecumenical movement", in Norman Goodall(ed.), *The Uppsala Report 1968*, 313-323.

Jarman, W. Maxey, "*Achieving Great Things for God*", in Carl F.H Henry & W. Stanley Mooneyham(ed), "*One Race One Gospel One Task*", Vol.II, World Congress on Evangelism, Berlin 1966 Official Reference Volumes: Papers and Reports Edited Carl F.H Henry & W. Stanley Mooneyham, World Wide Publicatiopns Minneapolis, Minnesota, 1967. Introduction to Volume II.

Goodal, N.(Hg.), *UPPSALA SPRICHT*, Die Sektionsberichte der Vierten Vollver sammlung des Oekumenischen Rates der Kirchen Uppsala 1968, Genf, 1968.

Freitag, W., "Nach Ghana", *Reden und Aussaetze*, Munchen, 1961.

Padilla, C. Rene, *Mission Integral*, 홍인식 역, 『통전적 선교』, 서울: 나눔사, 1986.

http://www.lausanne.org/docs/TWG/LOP65-2010Beirut-Lebanon.pdf.199.

한국교회 북한선교 운동의 회고와 전망

오성훈 (쥬빌리 통일구국기도회 사무총장,

서울신학대학교 대학원 Ph. D.)

I. 들어가는 말

지금 대한민국은 어떤 시대를 지나고 있는가? '정보화 사회의 4차
혁명 시대', 세계 10위 경제국이자 세계 6위 군사력을 가진 '번영의
시대' 등 각자가 생각하는 많은 답이 있을 것이다. 그런데 가장 비중
있고 정답에 가까운 것은 바로 '분단시대'[1]이다. 한민족 역사에 큰 상
처를 입힌 일제강점기는 해방과 동시에 남북 분단기로 옷을 갈아입었
고, 80년 가까운 세월이 흘렀음에도 분단시대가 지속되고 있다.

2018년 평창 동계올림픽을 계기로 한해에 세 차례의 남북정상회담
이 열렸고, 이를 발판 삼아 북미정상회담까지 열렸다. 하지만 하노이
북미정상회담이 아무런 성과 없이 끝나면서 남북 관계는 먼 과거로 뒷
걸음질 치고 말았다. 미국과 중국의 패권 다툼으로 한미일 vs 북중러
의 신냉전체제가 굳어지고, 2022년 2월에 시작되어 지금도 진행 중

---

1) 역사학자 강만길은 해방 후 시대를 최초로 '분단시대'라는 용어로 명명하면서, 이
   를 외면할 게 아니라 현실로 직시하고 대결해야 한다고 주장했다. 강만길, 『분단
   시대의 역사인식』 (서울: 창비, 2018).

인 우크라이나-러시아 전쟁과 하마스의 기습적인 공격으로 촉발된 이
스라엘-하마스 전쟁은 남한과 북한의 적대관계를 더욱 강화하고 있
다. 이런 시대적 상황 가운데 전래 초기부터 한민족의 근대화와 비약
적인 발전을 선도하였던 한국교회가 어떻게 이 분단시대를 극복하고,
통일 시대를 열어 세계선교 완성을 위해 나아갈 수 있겠는가?

역사는 과거를 보는 것일 뿐 아니라 미래를 함께 보는 것이다. 따라
서 미래의 북한선교에 대한 전망과 전략을 논하기 위해서는 반드시 지
나온 것에 대한 회고 즉, 지금까지 북한선교가 어떻게 진행되었는지를
정리하는 것이 필요하다. 이 글에서는 1945년 해방과 동시에 찾아온
분단의 시작부터 최근에 이르기까지 한국교회가 어떤 북한선교 사역
을 진행해 왔는지 먼저 살펴보고, 평화통일과 북한 복음화를 위한 몇
가지를 제안을 내놓고자 한다.

II. 한국교회 북한선교운동의 회고

북한선교의 역사에 대한 다양한 시대구분이 있다. 필자는 북한선교
의 흐름을 바꾸며 분수령이 되었던 다섯 가지 사건을 중심으로 정리해
보고자 한다. 미리 밝혀둘 것은 여기서 북한선교에 관련한 모든 활동
을 다 언급하지는 못하고, 필자의 의도에 따라 취사선택하였다는 것이
다. 여기서 언급되지 않은 중요하고 의미 있는 북한선교 사역들도 힘
있게 진행되었고, 지금도 진행 중임을 미리 밝혀둔다.

본 필자가 주목하고 있는 북한선교의 분수령이 되는 다섯 가지 사
건은 8·15 광복, 7·4 남북공동성명, 7·7선언, 6·15 남북공동성명, 그리

고 평양대부흥운동 100주년을 기념하던 2007년에 두 차례에 걸쳐 임진각 평화누리에서 열린 쥬빌리코리아(Jubilee Korea)대회이다. 각 사건 사이의 시기에 나타난 특징을 중심으로 광복 및 분단으로부터 1972년 7·4 남북공동성명까지를 반공의 시기, 그 후부터 1988년 7·7 선언까지를 분열의 시기, 그 후부터 2000년 6·15 공동선언까지를 도약의 시기, 그 후부터 2000년부터 2007년 6.6 쥬빌리코리아대회까지를 수렴의 시기, 그 후부터 현재까지를 연합의 시기로 구분할 수 있다.

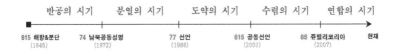

1. 반공의 시기(1945.8.~1972.7.)

　분단 전 북한교회는 한국교회의 중심이었다. 평양은 동양의 예루살렘이라 일컬었고 선천은 주일에 장이 서지 않을 만큼 기독교 도시로 복음화되어 있었다. 하지만 해방 이후 북한에 진주한 소련군을 배경으로 공산정권을 수립한 김일성은 제한기(1945~1949), 탄압기(1950~1953), 말살기(1954~1969)를 거치면서 교회를 말살했다.[2] 손규태는 북한교회가 거쳐 온 과정을 ①재구성의 시기(1945~1953) ②은둔기(1953~1972) ③ 관용의 시기(1973~1990)로 나눈다.[3] 정치적 핍박을 견디지 못해 남하한 많은 북한교회 지도자들과 한국전쟁의 참상을 겪

2) 박완신, 『북한종교와 선교통일론』(서울: 지구문화사, 1996), 132.
3) 손규태, "통일 후 북한 교회의 형성과 남북교회 관계에 대한 시안", 『희년신학과 통일희년운동』 채수일 편, (서울: 한국신학연구소, 1995), 528~33.

은 남한의 기독교는 물러설 수 없는 반공과 멸공의 사상을 갖게 되었다. 따라서 이 시기에 한국교회의 북한선교 전략은 북한의 공산정권을 적그리스도로 간주하여 북진통일과 멸공통일을 통해 영토를 수복하고 그곳에 교회를 재건한다는 것이었다.

2. 분열의 시기(1972.7.~1988.7.)

이 시기의 특징은 사상의 기초가 달랐던 보수진영과 진보진영의 북한선교 전략이 판이하게 나타나고, 그로 인한 분열이 가속되었다는 것이다. 1972년에 전반적인 사회분위기가 '반공' 일색이었고, 강한 반공주의를 표방해왔던 박정희 정권에서 7·4 남북공동성명이 발표되었다. 7·4 공동성명 내용 중 제 3항은 '사상과 이념을 초월하여 민족적 대단결을 도모한다.'라는 것이었다. 이제껏 반공주의를 지켜오던 교회는 당혹감을 느꼈고 한국의 분단 상황에서 화해의 복음을 선포하고, 이데올로기 대립을 초월하여 선교적 사명을 감당해야 한다는 자각운동이 일어나기 시작했다.[4]

진보진영의 북한선교를 위한 노력이 본격화된 것은 1980년대에 들어오면서부터다. 이때 진보진영은 통일 문제에 있어서 중요한 인식의 변화를 가져오기 시작했다. 민주화 운동과 통일운동은 별개의 것이 아니라 동전의 양면과 같다는 인식이 생겨난 것이다. 문익환은 "민주화를 전제하지 않은 민족통일이 공리공론이라면, 민족통일을 전제하지 않는 민주화는 반민족적이요 반민주적이 될 소지가 있다"[5]고 주장했

---

4) 최경일, "남북화해와 교류에 따른 북한선교의 실천방법론", 「교회와 신학」 41(2000), 50.

다. 또한 정부 주도의 통일론에 대한 강한 반발이 장준하, 함석헌, 주
재용, 안병무 등에 의해 제기되었다. 즉 지금까지 정부가 독점하였던
통일논의를 민간에 개방할 것과 통일의 주체가 정부가 아니라 민중이
되어야 한다고 주장한 것이다.

1980년대의 KNCC의 활동은 통일문제에 대한 선교적 과제화, 민
간부문의 통일논의 활성화, 정부의 통일창구 독점 견제와 통일정책에
상당한 영향을 미친 것으로 분석된다. 특히 '민족의 통일과 평화에 대
한 한국기독교회의 선언'은 단기적으로 1988년 7·7선언을, 장기적으
로는 1991년 12월의 '남북기본합의서'와 '비핵화공동선언'을 유도하
였으며 통일운동사적인 위치에서 기독교 통일운동사와 한국의 통일운
동사에 미친 영향이 클 뿐만 아니라 세계교회운동사에도 일정하게 자
극을 주었다.[6] 하지만 보수진영이 이 선언에 대해 한국교회 대표성과
용공 시비 및 통일주체에 대한 이견으로 비난성명을 내면서 진보와 보
수 간의 갈등을 표면화하고 서로 대립하는 감정의 골을 깊게 만드는
계기가 되기도 했다.

이 시기에 보수진영은 복음전도와 교회성장에 주력하였다. 그 결과
세계 선교사에 유래를 찾기 힘든 급성장을 이루었다.[7] 이러한 양적 성

5) 문익환, "7·4 공동성명 이후의 민족문제", 『민족, 통일, 해방의 논리』 (서울: 형성사, 1984), 84.
6) 허문영, "기독교 통일운동", 『민족통일과 한국기독교』 기독교학문연구회 편집 (서울: IVP, 1994), 132.
7) 홍용표에 의해 제시된 한기총과 NCC의 교세비교 통계를 보면 한기총에 가입된 교회 38,141개, 교직자 45,526명, 교인 11,780,452명임에 비해 NCC계열은 교회 12,750개, 교직자 16,444명, 교인 4,831,395명이다. 이중 한기총과 NCC에 동시에 가입되어 있는 예장(통합)이나 기감을 제외하고 본다면 교세차이의 폭은 더욱 넓어진다; cf. Van Rheenen, 『선교학 개론』 홍기영·홍용표 공역, (서울: 서로사랑, 2000), 568.

장은 90년대 이후 기독교 대북 지원의 실제적인 기반이 된다. 하지만 북한선교에 대한 인식은 극히 빈약했다. 앞서 언급한 바와 같이 보수진영은 전통적으로 북한에 대해 외재적 접근을 하였기 때문에 북한 공산정권에 대한 적대적 인식을 바꾸지 않았다. 그러므로 김일성 정권이 존재하는 한 북한선교는 불가능하다는 인식이 팽배했다. 또한 초기 선교사의 탈정치화 성향의 원인인 근본주의적 신앙을 이어받은 보수진영은 국내의 정치적 상황이나 민주화운동, 인권운동에 대해서도 무관심했고, 진보진영의 그러한 움직임에 내해 백안시했다.

그런 가운데서도 몇몇 보수진영의 인사들은 진보진영과 전혀 다른 측면에서 북한선교에 접근했다. 즉 신앙선교(Faith Mission)의 측면에서 순수 복음 전파를 목적으로 비밀리에 밀수적인 방법을 통해 복음을 전하려는 시도를 하였던 것이다. 1974년 8월 김창인 목사를 중심으로 '씨앗선교회'가 조직되어 '기독교 북한선교회'로 성장하게 된다. 이들은 전파가 선교사들과는 달리 아무런 제재 없이 어떤 지역이든 갈 수 있다는 특징을 살려[8] 극동방송, 아세아방송 등의 방송을 통한 공산권 선교를 실천하기 시작했다. 1983년 이삭 목사를 중심으로 조직된 '모퉁이돌선교회'도 국제적으로 공산권선교를 감당하고 있던 오픈도어(Open Door)선교회와 협력하여 문서선교를 중심으로 한 북한선교를 시작하게 된다. 모퉁이돌선교회가 사용하는 문서선교 방법으로는 밀수의 방법을 통한 성경배달, 풍선을 이용하여 하늘에 띄우거나 비닐을 이용하여 바다에 띄우는 전도지 보내기, 그리고 헬기를 이용하여 접경지역에서의 전도지 살포 등이 있다.[9] 하지만 이런 활동들은 몇몇

---

8) 전성진, "파키스탄을 위한 라디오방송 선교전략", (아세아연합신학대학원, 석사학위논문, 1987), 37.

소수의 움직임이었을 뿐 한국교회 전반에 걸친 북한선교에 대한 무관심은 계속되었다.

3. 도약의 시기(1988.7.~2000.6.)

1988년 노태우 정권이 들어서면서 7·7 선언을 통해 남북왕래의 길이 열리고 민간의 통일논의가 자유로워졌다. 88서울올림픽을 통해 북한과의 체제대결에 대해 자신감을 가지게 된 한국 정부는 보다 관용적인 정책들을 펴 가게 되었다. 또한 1990년대에 동유럽의 사회주의 몰락과 동서독의 통일, 중국의 개방과 개혁 등은 한국교회의 북한선교 환경에 큰 변화를 가져왔다.

이러한 국내외 정세들의 변화와 더불어 북한교회와의 대화에 참여하게 된 보수진영의 북한선교 열기가 널리 확산되었다. 이는 1991년, 1992년, 1994년 3차에 걸쳐서 재일대한기독교회의 주관하에 성립되었던 '도쿄회의'에서 KNCC가 북한과의 만남의 장소를 국내로 국한하기로 한 정책과 위배되어 공식적으로 참여하지 않음으로 인해 재일대한기독교회와 선교협력을 맺고 있던 합동측과 대신측 그리고 고려파까지 참여하게 됨으로써 이루어졌다.[10]

이 시기에 진보진영은 제1차 글리온 회의를 이어 1995년을 통일의

---

9) 모퉁이돌 선교회의 선교방법에 대한 자세한 사항은 다음 논문을 참고하라. 김연수, "북한종교의 현황과 한국교회의 북한선교방안", (아세아연합신학연구원, 석사학위논문, 1995).

10) 손규태, "통일 후 북한 교회의 형성과 남북교회 관계에 대한 시안", 『희년신학과 통일희년운동』(서울: 한국신학연구소, 1995), 519~521.

희년으로 선포하고 매년 8월 15일 직전 주일을 '평화통일주일'로 정하고 '공동기도문'을 채택한 제2차 글리온 회의(1988. 11)와 '희년 5개년 공동작업계획'에 합의한 제3차 글리온 회의(1990. 12)에 계속 참가하였다. 그리고 1991년 KNCC 6개 교단을 추축으로 하고 여타의 교단들이 참여하는 "희년준비 위원회"를 탄생시켜 1995년을 통일원년으로 삼기 위해 노력했다.

북한교회와의 대화에 동참한 보수진영은 도약이라고 표현하리만큼 북한선교에 열정을 기지고 참여하기 시작했다. 7·7 선언 이전에는 개최 자체가 불가능했던 북한선교를 위한 국제선교대회를 "LOVE NORTH KOREA 88"이란 명칭으로 1988년 9월 14일부터 17일까지 영락교회에서 개최했다. 그리고 한국복음주의협의회는 1990년 3월 23일 충현교회에서 '남북통일과 북한선교 세미나' 개최를 통해 보수진영의 북한선교에 관한 관심을 표출하기도 했다. 이 시기에 통일을 눈앞에 닥친 현실로 인식하며 통일 이후에 북한지역에 교회를 재건하기 위해 미리 준비해야 한다는 여론이 일어나면서 한기총을 중심으로 북한선교의 틀을 정비하게 된다.

보수진영의 북한선교는 크게 북한교회재건운동[11]과 북한동포돕기운동[12]으로 진행되었다. 북한동포돕기운동은 진보와 보수의 입장이 크게 다른 점이 없어서 '한국기독교'란 이름으로 북한을 지원하는 연합 사업이 가능했다. 하지만 북한교회재건운동은 진보진영의 강한 비

---

11) 북한교회재건운동에 관해서는 다음 저서를 참고하라. 김중석, "북한교회재건운동", 『평화통일과 북한복음화』 (서울: 쿰란출판사, 1997), 450~85.
12) 북한돕기운동의 상세한 사항은 다음 저서를 참고하라. 김병로, "북한동포돕기운동", 『평화통일과 북한복음화』, 421~449를 참고하라.

판과 함께 내부의 분열로 이어져 실효를 거두지 못했다. 탈북자의 발생은 보수진영의 직접 전도의 북한선교 방법론이 현실적으로 가능하게 만들었다. 1992년 중국과의 수교로 금지되었던 한국인의 중국 여행이 자유화되어 중국 내에서의 탈북자 사역이 보수진영 내에 급격히 확산되었다.

4. 수렴의 시기(2000. 6.~2007. 6.)

제1차 남북정상회담이 2000년 6월 13일부터 16일까지 평양에서 성사되면서 북한선교는 새로운 국면을 맞이하게 되었다. 그 이후로 북한선교는 은밀한 중에 몇몇 사람들에 의해 이루어지는 비밀스러운 사역이 아니라, 한국교회 모두가 참여해야 할 통일운동으로 인식되기 시작했다. 진보진영과 보수진영을 대표하는 KNCC와 한기총이 남북정상회담의 성공을 기원하는 기도회를 공동으로 개최하고 최초로 공식적인 자리에서 함께 모이게 되었다. 진보진영의 정치적 접근과 보수진영의 종교적 접근 방법론이 서로 배타적인 것이 아니라 상호보완적인 면을 가지고 있음을 인식하고, 각자의 다양성과 선교전략을 인정하는 가운데 공통적인 관심사에서 협력의 가능성을 타진하게 되었다. 선교신학적인 인식도 상호 수렴의 과정이 진행되었다. 이 수렴의 과정은 주로 보수진영이 북한교회와 북한정권을 인정하고, 그들과 대화해야 한다는 의식의 전환으로 진행되었다. 하지만 실질적인 연합과 협력이라기보다는 여전히 대외적이고 표면적인 행사위주의 한계를 벗어나지 못했다.

이 시기에 남북관계의 진전에 따라 월드비전, 국제기아대책기구,

유진벨, 한민족복지재단, 남북나눔운동, CCC젖염소보내기운동본부 등의 대북지원 NGO의 활동이 활발해졌다. 또한 북한 전문 기독학자들의 통일 관련단체 창립도 봇물을 이루었다. 2001년 한국기독교통일연구소(박영환)를 필두로 2003년에 전문가들의 연합체인 기독교통일포럼, 2006년 기독교통일학회(주도홍), 2007년 평화나눔재단(김병로), 평화한국(허문영) 등이 각각의 특색을 가지고 활동을 시작했다.

5. 연합의 시기(2007. 6. ~ 현재)

Again 1907을 비롯하여 성령운동, 부흥운동을 주도하던 단체들은 2007년에 접어들면서 한국교회의 영적 유산이 북한교회로부터 전수되었으며, 북한의 회복은 한국교회의 갱신과 열방 구원의 열쇠가 된다는 사실을 깨닫게 되었다. 그래서 현충일(6월 6일)과 개천절(10월 3일), 두 차례에 걸쳐 쥬빌리코리아 대회를 열게 된다.[13] 당시 42개 교회와 단체들이 이 대회에 참여하였는데, 면면을 살펴보면 북한선교 단체와 부흥운동을 주도해왔던 단체들이 4대 6 정도의 비율이다. 쥬빌리 코리아는 하나님의 주권을 인정하는 희년 정신을 북한선교의 핵심 키워드로 상정하였다. 북한선교는 교단과 교파, 단체를 뛰어넘어 연합하지 않으면 불가능하다는 인식이 공유되기 시작했다. 이를 통해 북한선교는 더 이상 분열의 영역이 아니라, 하나님의 주권 아래에서 한국교회를 하나로 묶을 수 있는 성령의 도구임을 깨닫게 되었다.

---

13) 쥬빌리코리아 대회에 대한 자세한 사항을 참고하라. "2012 쥬빌리코리아 기도큰모임", 「통일코리아」(2012년 4월호), 86-90을 참고하라.

이런 인식과 더불어 실질적인 북한선교사역을 감당하는 사역자들의 네트워크와 통일기도운동이 활발하게 일어났다. 2008년 12월, 한반도평화연구원의 '탈북자들과 함께하는 성경공부, 어떻게 할 것인가?'를 주제로 한 세미나에서 북한선교 전문사역자들의 교제와 정보교환을 위한 모임의 필요성이 대두되어 정기적인 모임을 지속하다가, 2010년 2월에 북한사역목회자협의회(이하 북사목)를 창립하였다. 북사목은 북한선교 사역의 현장과 학술적 연구를 접목하며 '통일선교목회 패러다임'[14]과 통일한반도에 세워질 교회를 준비하는 '제2유형교회론'[15]을 주창하여 실제화하고 있다.

2012년 4월 21일 탈북민목회자연합회와 탈북민교회연합회가 공동으로 북한기독교총연합회(이하 북기총)를 설립하였다. 북기총은 10년을 넘기면서 남북 출신 목회자들이 북한선교의 비전을 공유하며 탈북민들의 정착 및 신앙 훈련, 탈북민 목회자들에 대한 재교육, 그리고 북한지역에 세워질 교회의 모델 형성 등을 구체적으로 준비하고 있다. 북기총은 탈북민이 단지 도움의 대상이 아니라 동역의 대상이며, 통일이후 북한 복음화의 주역이 될 가능성을 보여주고 있다.

2004년 3월에 사랑의교회 대학부와 부흥한국이 주축이 되어 시작한 '부흥을 위한 연합운동'과 2007년 '쥬빌리 코리아 대회'의 영적 열매를 계승하며, 2011년 3월 3일 '쥬빌리 통일구국기도회'(이하 쥬빌리)가 시작되었다. "복음적 통일은 우리가 함께 모여 기도할 때 주시는

---

14) 통일선교목회 패러다임에 대해서는 다음 저서를 참고하라. 북한사역목회자협의회 『통일선교목회, 지금부터 시작하라』(서울: 쥬빌리 통일구국기도회, 2014).

15) 하광민, "분단 70년을 넘어, 통일원년으로", 「분단 70년 광주 통일컨퍼런스 핸드북」(2015), 5-13.

하나님의 선물입니다."라는 슬로건을 내걸고 희년의 정신으로 교단과 교파, 단체를 뛰어넘어 연합하여 기도하는 운동을 확산시켰다. 그 결과 2023년 11월 현재 국내 27개(서울, 고양파주, 춘천, 통영, 부산, 대구, 경인, 대전, 제주, 전주, 광주, 서울 강서, 수원, 목포, 서귀포, 거창, 세종, 안양, 강릉, 포항, 철원, 함양, 서울 강북, 인천, 마산, 구리, 부여), 해외 20개(폴란드 바르샤바, 미국 알래스카, 미국 남가주, 호주 시드니, 뉴질랜드 오클랜드, 일본 미야자키, 미국 시카고, 프랑스 파리, 미국 시애틀, 캐나다 토론토, 미국 애너하임, 대만 가오슝, 태국 방콕, 러시아A, 중국 상하이, 독일 베를린, 미국 뉴저지, 미국 워싱턴DC, 이스라엘 예루살렘, 몽골 울란바토르) 지역모임이 세워져서 매월 정기적으로 통일기도회를 갖고 있다. 또한 다양한 형태로 북한선교 사역을 감당하고 있는 81개 참여단체가 네트워크를 이루고 있다.

　일반대학교와 신학대학교에서 북한선교 전문가를 양성하는 일도 활발하게 일어나고 있다. 평양에서 시작된 숭실대학교는 '통일시대의 사람준비 북한 복음화의 정신과 정책 공유'라는 비전을 가지고, 2014년에 초교파적으로 기독교통일지도자센터를 설립하고 기독교학과, 행정학과, 법학과가 힘을 합쳐 일반대학원에 기독교통일지도자학과를 개설하여 박사급 연구자 및 활동가를 양성하고 있다. 총신대학교는 2021년 1학기부터 국내 교단신학교 최초로 통일개발대학원을 신설하여 2023년 8월에 첫 졸업생을 배출했다.

　특히 정전 70년이 되는 2023년에는 북사목, 북기총에 속한 사역자들이 한국교회의 북한선교 영역을 핏줄처럼 연결하면서, 주요 교단들이 선교정책을 함께 의논하고, 결정하며, 실행할 수 있는 장으로 한국교회통일선교교단협의회(이하 한통협)[16]를 출범(2023. 4. 20.) 시켰다.

---

16) 한통협은 한반도의 복음적 평화통일과 세계선교 사명을 감당하고자 한국교회 각

그리고 북기총, 북사목, 선교통일한국협의회, 숭실대 기독교통일지도자센터, 쥬빌리, 통일선교아카데미, 한통협, 이렇게 7개의 통일선교협의체들이 3월 1일부터 7월 27일까지 〈정전 70년 평화축제〉를 진행하고, 그 마지막에 '통일선교언약'[17]을 선포하는 일도 있었다. 그동안 매우 분쟁적인 영역이었던 북한선교가 가장 모범적으로 연합과 협력을 실천하는 영역으로 놀랍게 변화된 것이다.

Ⅲ. 한국교회 통일선교운동의 전망

지금까지 살펴본 과거의 발자취를 발판 삼아, 이제 한국교회가 나아가야 할 북한선교의 전망을 위한 몇 가지 제언을 나누겠다. 겉으로 볼 때, 남북 관계는 과거 어느 때보다 경직되어 있고, 군사적 긴장이 높아져 있다. 통일에 대한 국민적 관심은 그 어느 때보다 낮아져 있고, 현실적으로 불가능에 가깝게 보인다. 하지만 한국교회는 "우리가 사방으로 욱여쌈을 당하여도 싸이지 아니하며 답답한 일을 당하여도 낙심하지 아니하며"(고후 4:8)라는 사도 바울의 믿음의 고백을 굳게 붙들고, 북한 복음화를 위해 몇 가지 패러다임 전환을 시도해야 한다.

교단의 통일선교 실무자들이 연합한 모임으로, 10개 주요 교단들(고신, 기감, 기성, 기침, 백석, 재건, 통합, 합동, 합신, 기하성)과 북사목이 함께하는 협의체이다.

17) "통일선교언약"은 2017년 10월 24일, 숭실대학교 창학 120주년을 기념하여 열린 '통일선교기관 연합 콘퍼런스'에서 통일 환경의 변화를 수용하고 새로운 시대에 통일운동의 지침이 될 선언을 만들자는 결의에 따라 19명의 전문연구위원들이 약 6년 동안 연구한 결과물이다. 여기에는 한국교회 통일선교 방안과 통일 한반도 시대 구상이 담겨 있으며, 1988년 NCCK의 88선언과 한기총의 96선언의 핵심을 살리고, 시대의 변화를 반영한 데 의미가 있다: 통일선교언약연구위원회 편, 『통일선교언약』 (서울: 나눔사, 2023).

1. 민족교회론적 관점 확립

'민족교회'란 기독교 정신을 바탕으로 민족 내부의 화합과 자기 발전을 추구하고 외부로부터의 침입에 대해 주체적으로 대처하여 자기 민족의 생존과 번영을 위해 일하는 교회이다. 단, 민족교회는 절대적 가치가 아니라 상대적이며 제한적 가치를 가진다. 즉 민족지상주의적 가치를 지양하고 복음의 진리에 부합할 때만 그 가치를 인정받는다.

민족의 개념은 싱경에서도 중요하게 부각 된다. 구약 성경에서 모세가 이스라엘 백성들을 이끌고 출애굽을 할 때 그들은 모세에 대해 여러 차례 불순종하고 괴롭힌 적이 있다(출15:24, 16:2~3, 17:1~3, 32:19). 이스라엘의 죄악이 극에 달했을 때 하나님께서 이들을 멸하고 모세를 통해 새로운 민족을 일으키겠다고 할 때, 모세는 그 민족을 변호하고 그들을 멸하지 마시기를 간구했다(신9:25~29).

예수의 성육신도 유대인이라는 민족적 배경을 가지고 있다. 예수님도 예루살렘 성을 바라보시며 눈물을 흘리심으로써 유대민족을 사랑하는 마음을 보이셨다(눅19:41). 바울도 하나님에 의해 이방인의 사도로 선택함을 입었고(갈2:8) 사도 직분에 특별한 긍지를 가지고 있었으나(롬11:13), '유대인에게 먼저'(롬1:6)라는 원리를 따르고 있음을 발견할 수 있다. 로마서 9장 3절의 "나의 형제 곧 골육의 친척을 위하여 내 자신이 저주를 받아 그리스도에게서 끊어질지라도 원하는 바로라"는 언급은 그의 민족애를 잘 나타내 준다.

따라서 한국교회는 북한을 수많은 피선교지 중의 하나로 보아서는 안 된다. 북한은 같은 동포로서 한국교회에게 주어진 특별한 사명임을 자각하는 민족교회론적 관점에서 북한선교를 봐야 한다. 이것은 앞으로 언급할 두 가지 패러다임 전환의 당위를 제공한다.

2. 초점을 한국교회로 전환

현재까지의 한국교회의 북한선교정책은 불확실한 미래를 기준으로 잡았기 때문에, 명확한 목표의식을 가지고 추진하기 어려운 부분이 있었다. 이에 대한 대안으로 이제 '북한을 어떻게 선교하느냐'라는 질문보다는 '한국교회가 어떻게 준비하느냐'로 초점을 옮겨야 한다. 즉 분명한 목표와 과정 점검이 가능한 부분으로 정책을 전환해야 한다는 것이다. 한국교회의 준비는 크게 두 가지로 제시할 수 있다.

첫째는 현재 한국사회를 심각하게 분열시키고 있는 진영주의를 치유하는 한국교회가 되어야 한다. 예수님은 산상수훈에서 팔복을 가르치시면서 "화평하게 하는 자는 복이 있나니 그들이 하나님의 아들이라 일컬음을 받을 것임이요"(마5:9)라고 말씀하셨다. 과거 어느 때보다 기독 정치인의 비율이 높다. 한국교회의 강단에서 먼저 화해와 용서, 역사의식과 민족의식을 함양하는 메시지가 선포되어서, 성도들이 삶의 영역에서 분열된 틈으로 들어가 피스메이커로 살아가도록 도전해야 한다. 교회 안에서도 서로의 다름을 인정하고 사안별로 협력이 가능한 분야를 찾아 연합하는 일이 가능하도록 이끌어야 할 것이다.

둘째로 모든 그리스도인들이 북한과 통일에 대한 무관심을 극복하고 북한선교의 자원이 되도록 도전해야 한다. 북한선교는 몇몇 헌신자를 만으로 이루어질 수 없다. 모든 한국교회 구성원들이 민족적 사명을 자각하고 북한선교에 동참할 수 있도록 도전하고 훈련하는 일이 활발하게 일어나야 할 것이다. 다행스러운 것은 최근에 각 교단 내에서

통일선교사를 양성하기 위한 훈련과정이 개설되고, 지역교회가 북한
선교단체와 협력하여 운영하는 북한선교학교가 많이 생겼다는 것이
다. 사명감을 가지고 이런 활동을 하는 성도들을 목회자들이 적극적으
로 지원한다면, 통일에 대한 관심이 점점 낮아지는 추세를 거슬러서
평화통일을 주도하는 한국교회가 될 수 있을 것이다.

3. 민족통일에 대한 새로운 인식

보수진영은 통일을 북한선교의 본격적인 시점(始點)으로 삼았지만,
통일이 이루어지는 과정에서 어떤 노력을 기울여야 하는 것에는 관심
이 크게 없었다. "너는 말씀을 전파하라 때를 얻든지 못 얻든지 항상
힘쓰라"(딤후 4:2)는 말씀을 통일이 되든지 안 되든지 복음을 전해야
하는 것으로 해석하여, 정작 통일 문제에 큰 관심을 기울이지 않았던
것이다. 하지만 궁극적으로 평화적인 통일을 통해서만 북한 전역에 복
음을 전할 수 있게 된다. 또한 지정학적으로 북한지역은 세계선교로
향해가는 교두보로서의 역할을 하게 될 것이다.

그리고 통일이라고 하면 북한 정권이 무너지고, 대한민국의 가치가
통일한국을 지배하는 것으로 생각하는 경우가 많다. 하지만 이런 생각
이 오히려 통일에 걸림돌이 될 수 있다. 다양한 통일 시나리오를 검토
해 보면 실현가능성이 낮지만, 점진적이고 평화적인 대화와 교류 협력
을 통한 합의형 통일 모델이 한반도의 미래를 위해서 가장 바람직함을
알 수 있다.[18] 이제는 사이좋은 이웃으로 북한을 생각하고, 경제협력

---

18) 오성훈, 『하나님의 눈으로 북한 바라보기』 (서울: 포앤북스, 2011), 179.

을 통한 상생적 공존을 모색해야 한다. 북한과의 공존은 세 가지 차원으로 생각해 볼 수 있다.

첫째는 북한 정권과의 공존이다. 현재 남북 간, 국제적 정세를 볼 때 급작스런 통일보다는 점진적인 통일로 진행될 가능성이 높다. 코로나19 팬데믹 사태는 북한 체제가 얼마나 견고한지를 역설적으로 보여주었다. 미국을 비롯한 국제사회가 수차례에 걸쳐 대북 경제제재를 결의하고, 이를 통해 아무리 막으려고 해도 막을 수 없었던 구멍들을 북한 스스로 막아버렸다. 그리고 3년 이상의 시간이 흘렀다. 하지만 북한 체제가 동요하고 있음을 나타내는 지표는 그 어디에서도 찾아볼 수 없다.

이제 북한은 다시 순차적으로 국경을 열고 있다. 2023년 9월 13일에는 김정은이 전용열차로 러시아를 방문하여 푸틴과 정상회담을 진행하기도 했다. 물론 윤석열 정부의 강경한 대북정책으로 남북 대화가 빠른 시일에 회복될 가능성은 매우 낮지만, 한국교회는 한국 사회 내에서 대북 관계 개선과 대화 복원을 요구하는 여론을 만들어내는 역할을 해야 한다. 그리고 북한 당국자들을 대상으로 기독교가 북한 사회에 실질적으로 어떤 도움을 줄 수 있는지에 대해 이해시킬 필요가 있다.

둘째로 북한교회와의 공존이다. 조선그리스도교연맹으로 대표되는 봉수교회, 칠골교회, 가정교회 등, 북한교회를 대화의 상대로 인정하고 북한 내에서 그들의 위상을 높여주는데도 협력해야 한다. 최근 몇 년간 「노동신문」을 비롯한 북한의 매체에 북한교회에 대한 소식이 전혀 나오지 않고 있다. 어찌 보면 한국교회 안에서 한가하게 북한교회가 진정한 의미의 교회인가 아닌가 하면서 논쟁하고 있는 동안 북한교회는 아예 이용할 가치조차 없어져서 정책적으로 폐기된 것은 아닌가

하는 우려도 있다. 성령의 역사를 인간이 제한하는 우를 범하지 말고, 1인 절대 독재 체제라는 특수한 상황 속에서도 건물 외부에 십자가가 달려있고, 내부에는 김일성 김정일 초상이 걸려있지 않은 교회가 북한 사회에 더 많이 존재할 수 있도록, 기회가 있는 대로 적극적으로 인정하고 지원해야 할 것이다.

셋째로 북한 문화에 대한 공존이다. 나름대로 형성되어온 북한의 문화에 대해 무조건적으로 파괴해야 한다는 발상은 자칫 자문화 우월주의에서 유래된 것으로 '수용자 중심의 선교'라는 기본원칙에서 벗어난다. 북한에서 이상적 인간이 갖추어야 할 덕목으로 강조되어온 협동, 순종, 겸손, 이타, 인내, 절제, 화목, 충성과 같은 자질들은 민족 지향적이고 공동체 지향적인 요소들로 한국사회의 부정적인 면을 보완할 수 있는 정신적 유산이 될 수 있다. 또한 민족 고유 언어의 발전을 위해 노력한 점, 민족적 형식을 중요시하여 현대화시켜온 의복 문화, 전통악기를 개량하여 실제 음악계에 활용하고 있는 점, 고도의 기술로 향상시킨 흐름식 입체무대예술, 기념조형물 제작기법, 쪽무늬 벽화 기법, 검은 옥돌에 수작업으로 초상화를 새기는 특이한 기법 등은 북한 미술가들에 의해 창출된 것으로 계승 발전시킬 만한 문화적 자산들이다.

IV. 나가는 말

  기독교 신학에는 '이미 그러나 아직'(already but not yet)이라는 매우 중요한 개념이 있다. 하나님의 나라는 이미 도래했지만, 아직 완성되지 않았다는 것이다. 한반도의 평화통일과 북한 복음화도 마찬가지다. 이미 한국에 입국한 탈북민이 34,000명에 이른다. 그중에 신학을 공부하여 목사, 전도사로 사역하고 있는 탈북민 목회자가 200여 명이며, 전국에 70여 개의 탈북민 교회가 세워져 있다. 하지만 복음 통일이 이루어질 날은 너무나 먼 것으로 여겨지고 있다.

  스티븐 코비는 「성공하는 사람들의 7가지 습관」이라는 책에서 아무리 노력해도 자신의 의지대로 되지 않는 '관심의 원'보다는 자신의 선택과 노력으로 바꾸어 갈 수 있는 '영향력의 원'에 집중해야 한다고 주장했다. 한국교회도 '관심의 원'이라고 할 수 있는 북한보다는, '영향력의 원'인 한국교회에 집중하여 북한선교운동의 패러다임 전환을 시도한다면, 전능하신 하나님의 능력을 이끌어내는 마중물의 역할을 감당할 수 있지 않을까 하는 희망적인 전망을 내놓으며 글을 마무리하겠다.

참고문헌

Van, Rheenen, 『선교학 개론』, 홍기영·홍용표 공역, 서울: 서로사랑, 2000.

강만길, 『분단시대의 역사인식』, 서울: 창비, 2018.

김병로 외, 『평화통일과 북한복음화』, 서울: 쿰란출판사, 1997.

문익환 외, 『민족, 통일, 해방의 논리』, 서울: 형성사, 1984.

박완신, 『북한종교와 선교통일론』, 서울: 지구문화사, 1996.

북한사역목회자협의회, 『통일선교목회, 지금부터 시작하라』,
    서울: 쥬빌리 통일구국기도회, 2014.

손규태 외, 『희년신학과 통일희년운동』, 채수일 편집,
    서울: 한국신학연구소, 1995.

오성훈, 『하나님의 눈으로 북한 바라보기』, 서울: 포앤북스, 2011.

통일선교언약연구위원회 편집, 『통일선교언약』, 서울: 나눔사, 2023.

하광민, "분단 70년을 넘어, 통일원년으로", 「분단 70년 광주 통일컨퍼런스
    핸드북」(2015).

허문영, 『민족통일과 한국기독교』, 기독교학문연구회 편집, 서울: IVP, 1994.

최경일, "남북화해와 교류에 따른 북한선교의 실천방법론", 「교회와 신학」 41
    (2000), 47-69.

편집부, "2012 쥬빌리코리아 기도큰모임", 「통일코리아」(2012년 4월호).

전성진, "파키스탄을 위한 라디오방송 선교전략", 아세아연합신학대학원,
    석사학위논문, 1987.

김연수, "북한종교의 현황과 한국교회의 북한선교방안", 아세아연합신학연구원,
    석사학위논문, 1995.

헝가리 체제전환과 과거사 정리문제가 주는 시사점[1)]

조은식 (숭실대학교 교수, 선교학)

I. 들어가는 말

과거 유럽은 동유럽, 서유럽, 남유럽, 북유럽으로 구분되었었다. 이
것은 지리적 구분이지만 실제로는 자본주의 진영의 서유럽과 사회주
의 국가들로 구성된 동유럽을 구분하기 위한 정치적 관점에서 사용되
었다고 보는 것이 일반적이다. 1989년 이후 사회주의권의 몰락으로
냉전이 종식되면서 정치적 의미의 동유럽은 사라지고 지리적 의미로
만 남아있다고 본다.

---

1) 이 글은 동유럽과 독일통일 & 종교개혁 500주년 기념행사로 2017년 6월 24일
헝가리 부다페스트에서 개최된 〈동유럽 국제 학술대회〉에서 "헝가리 체제변화와
평화"라는 제목으로 발표한 논문을 보완하여 게재한 "헝가리 체제전환이 남북통일
에 주는 시사점," 「선교신학」 50(2018), 275-309의 내용과 2018년 7월 2~3일
보스니아 헤르체고비나 사라예보에서 개최된 〈The 6th International Conference
2018 "Reconciliations with their Communist Past in Europe"〉에서
"Political Offender Punishment Issus in Hungary"라는 제목으로 발표한 논
문을 보완하여 게재한 "A Study on How Biblical Lessons and Attempts to
Resolve Historical Problems in Hungary Can Help Prepare for Korean
Unification," *University and Mission(대학과 선교)*, 39(2019), 281~311의 내
용을 한국어로 번역 수정한 것을 통합하여 정리한 것이다.

유럽의 여러 국가 가운데 헝가리는 폴란드, 체코, 크로아티아, 슬로베니아 등과 더불어 지리적으로 중유럽에 속한다. 그러나 2차 세계대전 이후 유럽이 동과 서로 나누어지면서 이념에 의해 동유럽에 속하게 되었다. 동유럽에 속한 헝가리는 사회주의 국가였지만 유혈투쟁이나 격렬한 시위에 의해서가 아니라 협상으로 체제전환을 이루어낸 국가이다. 이것을 '협상에 의한 혁명'(Negotiated Revolution)이라고 부르기도 하고 가장 성공한 민주화 사례로 꼽기도 한다.[2]

이 연구는 자료의 제한으로 인해 어떤 사건이나 특정인에 대한 구체적 서술이 충분하지 못한 한계점이 있다. 이 글에서는 헝가리 체제전환 과정을 간략하게 살펴보고 체제전환 후 헝가리가 당면한 가장 심각한 문제 가운데 하나인 과거사 정리문제를 살펴보겠다. 이를 통해 헝가리의 체제전환 과정과 과거사 정리문제가 통일을 준비하는 한국에 주는 시사점이 무엇인지 찾아보도록 하겠다.

II. 헝가리의 체제전환 배경

1. 라코시 체제의 강압정치

1949년 헝가리의 완전한 공산화가 이루어진 이후 1956년까지 마챠시 라코시(Matyas Rakosi)에 의한 전체주의적 통치가 이루어졌다.[3]

---

2) 김성진, "중·동유럽의 민주화: 헝가리 체제전환 사례", 「동유럽발칸학」 1(1999), 254.

이 기간에 라코시는 헝가리 일당 공산주의 독재자로 군림했는데, 그는 헝가리의 정치, 경제, 사회 체제를 스탈린 방식의 공산주의로 탈바꿈시켰다. 그는 헝가리인들에게 혐오의 대상이었고 라코시 체제는 헝가리 역사의 암흑기로 평가된다.[4] 라코시는 정치적으로는 민주집중제라는 구실로 공산당 일당제를 정당화했고, 경제적으로는 사유재산의 강제적 국유화가 단계별로 집행된 계획경제 체제를 추구했으며, 사회 체제로는 시민의 자유가 극히 제한된 감시체제를 구성하였고 언론 검열과 여행, 결사, 집회, 종교의 자유를 제한했다.[5]

1953년 3월 스탈린 사망 이후, 1956년 2월 소련 후르시초프(Khrushchyov)의 스탈린 격하 연설에 영향을 받은 동유럽권은 동요하게 되었다. 이에 영향을 받은 헝가리 개혁공산주의자들과 지성인들은 개혁을 요구하였다. 대학생과 시민들의 시가행진 도중, 부다페스트 라디오 방송국 진입을 시도하다 경비병이 시민을 상대로 총격을 가함으로 평화적인 시위가 무장봉기로 전환되었다. 사태 수습의 일환으로 소련 지도부는 헝가리 시민의 요구에 따라 헝가리 온건 민족주의자이며 개혁공산주의자인 너지 임레(Nagy Imre)의 복귀를 승인했고, 너지는 10월 28일 시민봉기를 '국가민주혁명'으로 인정했다. 그는 국내적으로는 다당제를 재도입했으며 국제적으로는 11월 1일에 바르샤바 조약기구 탈퇴를 선언하는 등 체제 내 개혁을 추구했다.[6] 그러나 지식인

---

3) 황병덕, 김지영 외, 『사회주의 체제전환 이후 발전상과 한반도통일』(서울: 늘품플러스, 2011), 244.

4) 김철민, 박정오 외, 『동유럽 체제전환 과정과 통일한국에 주는 의미』(서울: 한국외국어대학교 지식출판원, 2014), 160, 156.

5) 김철민, 박정오 외, 『동유럽 체제전환 과정과 통일한국에 주는 의미』, 160.

6) 김철민, 박정오 외, 『동유럽 체제전환 과정과 통일한국에 주는 의미』, 162-163, 181; 진승권, 『동유럽 탈사회주의 체제개혁의 정치경제학 1989~2000』(서울: 서

들과 학생들 중심의 반체제운동이 민중봉기로 전환되면서 11월 4일 소련군이 개입하여 헝가리 시민군을 유혈 진압했고 혁명은 실패한 혁명이 되어버렸다.

2. 카다르 체제의 유화정책

집권 공산당은 민중봉기 재연의 가능성에 두려움을 갖고 기존의 징치 노선을 수정하면서, 소련 지도부는 카다르(Janos Kadar)를 사회노동당 지도자로 지명하였다. 카다르 체제는 혁명에 직·간접적으로 참여했던 사람들을 숙청하며 공산체제의 안정을 꾀했으나, 국민은 카다르 정부에 냉소적이었고 비협조적이었다. 그러자 카다르 정부는 1~2년 동안의 과도기를 거쳐 유연한 형태로 국정을 운영하게 되었다. 1959~1960년 부분적 사면으로 수백 명의 정치범이 석방되었고 1961년부터 인민재판소가 폐지되었다.[7]

헝가리는 주변 동유럽 국가들과 비교했을 때 상대적으로 풍요로운 소비재 경제를 누릴 수 있었다.[8] 이런 혜택에 대해 시민들의 '정치에 대한 침묵'을 요구하게 되었는데, 이런 '암묵적인 사회계약'이 카다르

올대학교출판부, 2003), 194. 바르샤바 조약기구 탈퇴는 소련의 군사적 개입으로부터 벗어난다는 상징적 의미를 갖고 있었다. 그러나 11월 4일 소련 군대의 무력 진압으로 헝가리 혁명은 미완의 혁명으로 끝나게 되었다. 반면에 다당제 도입은 후에 대안적 정치세력이 형성되는 기반이 되었고, 30년이 지난 1989년 6월 재야단체와 시민단체들은 마침내 원탁회의에 참여하게 되었다.
7) 김철민, 박정오 외, 『동유럽 체제전환 과정과 통일 한국에 주는 의미』, 164; 황병덕, 김지영 외, 『사회주의 체제전환 이후 발전상과 한반도통일』, 244; 진승권, 『동유럽 탈사회주의 체제개혁의 정치경제학 1989~2000』, 194-195.
8) 이것을 '구야시 공산주의'(Goluash Communism)라고 한다. 김철민, 박정오 외, 『동유럽 체제전환 과정과 통일 한국에 주는 의미』, 165.

와 시민들 간에 체결되었다. 이것은 암묵적인 비정치화를 의미했다. 1961년 헝가리 공산당 전당대회에서 카다르는 "우리에게 저항하지 않는 자는 모두 우리 편이다"라는 연설을 했다.[9] 이때 취해진 정책이 '카다르 독트린'으로 공산주의 정치체제에 대해 반대만 하지 않는다면 무엇을 해도 좋다는 것이었다.[10]

카다르 체제는 1968년 신경제정책(New Economic Mechanism)을 제시했는데, 이것은 중앙부서에서의 통제와 지시를 지양하고 개인적 이익 추구를 위한 자율성을 허용했다. 1970년대 제2경제를 통해 노동자 계층은 사적 이익을 추구하였다. 사적 이익을 추구함으로 사회적 연대나 집단정신 표출 가능성이 희박해지며, 경제적 여유를 통해 양적으로 팽창한 중간계층도 높은 개인주의 성향과 순응주의적 태도를 보이게 되었다. 문제는 이것이 정치적 무관심으로 나타났다는 점이다.[11]

1980년대 초에 제2의 경제 합법화가 이루어졌고, 1980년대 중반 기업관리 개혁이 도입되었으며, 1980년대 말 사적 자본 소유의 합법화가 도입되었다.[12] 이런 경제개혁은 사회주의 경제구조 아래 시장경제 요소를 가미하여 경쟁체제와 개인의 소유 등 자본주의 시장원리가 자랄 수 있는 토양을 제공해 주었다.[13] 그러나 카다르 정권은 외채를 효율적으로 사용하지 못했다. 제2경제는 농업부문과 서비스업에 집중

9) 김철민, 박정오 외, 『동유럽 체제전환 과정과 통일 한국에 주는 의미』, 165.
10) 황병덕, 김지영 외, 『사회주의 체제전환 이후 발전상과 한반도통일』, 245.
11) 이충묵, "체제이행의 정치: 헝가리 사례연구", 「국제·지역연구」 9권 4호(2000), 86.
12) 박정원, "체제변혁기 동유럽의 정치균열과 인정의 정치: 헝가리 사례", 「현대정치연구」 10권 3호 (2017), 53.
13) 황병덕, 김지영 외, 『사회주의 체제전환 이후 발전상과 한반도통일』, 245; 김철민, 박정오 외, 『동유럽 체제전환 과정과 통일 한국에 주는 의미』, 166, 204, 진승권, 『동유럽 탈사회주의 체제개혁의 정치경제학 1989~2000』, 195, 196-204.

되어 있었고 소득의 대부분은 소비에 쓰여졌다. 제2경제의 확산은 국가부문에서의 노동생산성을 감소시키는 역기능을 초래했다. 개혁파 경제학자들은 원칙이 결여된 경제개혁이 경제악화를 가져오게 되었다고 진단하였다.[14]

카다르 체제는 거대한 부채와 생활 수준 하락으로 인한 경제위기, 공산주의 리더십 교체를 위한 엘리트 형성, 헝가리 사회주의 노동당 내부의 이념투쟁, 그리고 소련연방의 약화와 붕괴 등을 이유로 32년 동안의 통치를 마감했다.[15] 이런 요인 가운데 헝가리만의 특징은 공산당 지도부에서 자신들만의 정치적 진로를 모색하기 시작했다는 점이다. 당내 개혁파 중심세력이 강경파 세력과 대치함으로 비롯되었는데, 이것은 1956년 혁명과 관련된 평가에 영향을 끼치게 되었다.[16]

3. 카로이 체제

경제위기와 더불어 야권세력이 등장하며 공산당 내 세대갈등과 이념투쟁이 표면화되었다. 헝가리 사회주의 노동자(공산당) 전국협의회가 1988년 5월 개최되면서 정치개혁이 본격화되었다.[17] 이 회의에서 공산당 지도부 내에서 지지기반을 잃은 카다르는 당 서기장 직에서 물러나며 당 명예 의장직을 맡게 되었다. 그로스 카로이(Grosz Karoly)가 당 서기장 직을 맡게 되었는데, 그는 경제적으로는 과감한 개혁을

14) 이충묵, "체제이행의 정치: 헝가리 사례연구", 89.
15) Bognar Zalan, "헝가리의 체제변화–원인, 과정, 결과들", 「2017년 동유럽 체제전환의 현장을 찾아서–동유럽 국제학술대회 자료집」, 34.
16) 김철민, 박정오 외, 『동유럽 체제전환 과정과 통일 한국에 주는 의미』, 169.
17) 황병덕, 김지영 외, 『사회주의 체제전환 이후 발전상과 한반도통일』, 245.

추진하는 경향을 보였으나, 정치적으로는 막시즘-레닌이즘을 고수하던 강경파 공산당 리더였다. 그는 당의 이념쇄신으로 정권을 유지할 수 있을 것으로 생각했다.[18]

당내 개혁파 공산주의자들은 카다르와 그로스 체제가 본질적으로 다르지 않다고 보고, 포즈거이 임레를 중심으로 개혁동아리와 민주형가리를 위한 운동을 조직했다. 1989년 1월 28일 포즈거이는 168시간이라는 라디오 방송 인터뷰에서 1956년 사건을 '반혁명이 아닌 민중봉기'로 재평가했다.[19] 이 포즈거이의 재평가로 인해 공산당 내 강경파와 개혁파의 분열이 초래됐다. 이때 포즈거이는 대중 지지를 기반으로 다당제 도입을 성사시켰다. 이것은 정치적 체제전환이 이루어지기 전, 이미 다당제를 갖추었다는 특이성을 갖는다.[20]

내부적 요인 외에 외부적 요인으로 소련 지도부의 변화를 들 수 있다. 1985년 미하일 고르바초프가 등장하며 브레즈네프 독트린 포기를 선언했다. 고르바초프는 개혁과 개방을 내세우며 위성국가에 대해 군사적인 개입을 하지 않겠다고 표명했다. 1989년 4월 25일 소련군은 헝가리로부터 부분 철수하기 시작했다.[21] 이것은 헝가리 정부가 소련군을 더 이상 의지할 수 없음을 의미하며 동시에 시민들이 정부에 대해 또는 소련에 대해 반발하더라도 소련군이 개입할 여지가 없음을 나타내는 것이었다. 다시 말해 시민들의 반발의 여지를 넓혀주는 계기가 되었다고 볼 수 있다.

18) 김철민, 박정오 외, 『동유럽 체제전환 과정과 통일 한국에 주는 의미』, 175.
19) 김철민, 박정오 외, 『동유럽 체제전환 과정과 통일 한국에 주는 의미』, 176.
20) 김철민, 박정오 외, 『동유럽 체제전환 과정과 통일 한국에 주는 의미』, 177.
21) 김철민, 박정오 외, 『동유럽 체제전환 과정과 통일 한국에 주는 의미』, 177-178.

4. 총선과 체제전환

1988년 6월 5일 역사 진상규명위원회가 구성되었고, 1958년 6월 비밀리에 처형된 너지 임레를 비롯한 희생자들의 무덤 발굴과 재매장, 그리고 혁명에 대한 진상규명을 요구했다.[22] 그로스가 1989년 2월 '특별중앙위원회' 기조연설에서 다당제의 원칙을 수용한다고 발표한 후 3월 22일 주요 독립단체들은 반대세력 원탁회의 수립을 선언하여 8개 단체가 참여했다.[23] 공산당 정부는 1989년 6월 주요 재야단체, 시민단체들과 임시로 '원탁회의'를 구성했다.[24]

1990년 4월 첫 번째 총선이 실시되었는데, 이 총선은 20세기 후반 헝가리 최초의 완전 자유선거라는 점에서 정치사적으로 큰 의미를 갖는다.[25] 이 총선에서 헝가리민주포럼(MDF)이 164석을 얻어 제1당이 되었다. 헝가리민주포럼(MDF)은 44석을 얻은 독립소지주당(FKgP)과 21석을 얻은 기독교민주시민당(KDNP)과 함께 중도-우파 연립정부를 구성하여 5월 23일 헝가리민주포럼(MDF)의 당수인 언떨 요제프(Antal Jozesf)를 수상으로 선출했다.[26]

이처럼 헝가리는 총선으로 체제전환에 들어가게 되었다. 이 과정에서

---

22) 김철민, 박정오 외, 『동유럽 체제전환 과정과 통일 한국에 주는 의미』 181, 182.
23) 8개의 독립단체는 헝가리민주포럼(MDF), 자유민주연합(SzDSz), 청년민주연합(Fidesz), 독립소지주당(FKgP), 사회민주당(MSzDP), MNP, 기독교민주시민당(KDNP), BZsBT가 참여했다. 이충묵, "체제이행의 정치: 헝가리 사례연구", 97, 98.
24) 김철민, 박정오 외, 『동유럽 체제전환 과정과 통일 한국에 주는 의미』, 184-185.
25) 진승권, 『동유럽 탈사회주의 체제개혁의 정치경제학 1989~2000』, 216.
26) 위의 책, 218-220, 김철민, 박정오 외, 『동유럽 체제전환 과정과 통일 한국에 주는 의미』, 189; 황병덕, 김지영 외, 『사회주의 체제전환 이후 발전상과 한반도 통일』, 246.

공산당 정부의 무력진압이나 소련군의 진압도 없었다. 소련군은 이미 철수하기 시작했고 헝가리 군부도 무력으로 진압할 여력이 없었다. 오히려 집권 공산당이 중심이 되어 공산당 자체 내의 개혁세력에 의해 위에서부터 아래로의 개혁이 이루어짐으로 체제전환에 돌입하게 되었다.

　1990년 총선이 헝가리민주포럼(MDF) 중심의 중도우파가 승리한 선거라면, 1994년 선거는 헝가리사회당(MSzP)과 자유민주연합(SzDSz)의 중도좌파가 승리한 선거이고, 1998년 선거는 청년민주연합(Fidesz)의 우파 정권이 승리한 선거였다. 2002년과 2006년 선거는 헝가리사회당(MSzP)의 중도좌파가 승리한 선거였다. 2010년 선거에서 오르반 빅토르가 1998년 총선 이후 총리로 재당선되었고, 2014년 청년민주연합(Fidesz)이 다시 승리하여 오르반은 세 번이나 총리를 역임하였다. 2018년 4월 8일 선거에서 청년민주연합(Fidesz)이 다시 승리하여 오르반은 다시 총리가 되었다. 오르반 정부는 2010년 선거법을 개정했고 반이민, 반모슬렘, 반서방 정책을 주장하고 있으며 선심정치와 헝가리 특유의 포퓰리즘으로 정권을 이어가고 있다.

III. 과거사 정리 문제

　체제전환 이후 언떨 행정부가 직면한 가장 난해한 문제가 바로 과거사 정리였다. 구공산주의 정권에서 억울하게 피해를 본 사람들에 대한 적절한 배상과 가해자 처벌이라는 정의실현의 문제가 중요한 문제로 대두되었다. 과거사를 정리하는 데는 다섯 가지 영역이 있다고 본다. 그것은 "물질적 배상, 정치·법률상의 복귀, 가해자 명단 공개, 형사재판 공소, 진실과 화해를 위한 위원회 구성"이다. 여기에서 처음 두 가지 영역을 피해자를 위한 방편이라고 한다면, 나머지 세 가지 영역은 가해자를 대상으로 정의실현을 모색하려는 방안이라 하겠다.[27]

1. 피해자 배상문제

언떨 행정부는 "국가는 피해자에 대한 배상의 도덕적 책무기 있다는 판단" 아래 1949년 6월 8일 이후 국가가 강제적으로 집행했던 농업의 집산화와 산업화 과정으로 인해 재산을 상실한 피해자가 국가로부터 부분적인 물질적 배상을 받는 법안을 준비했다. 그런데 자유민주연합은 배상 날짜 기준을 1949년 6월 8일 이후가 아닌 제2차 세계대전 종결 이후로 변경해 피해자 배상 범위를 확대해야 한다고 주장했다. 아울러 모든 피해자에게 미화 백 달러에 해당하는 금액을 국고에서 동등하게 지원해야 한다고 주장했다. 반면에 청년민주연합은 물질적 배상 자체를 거부하고 "구세대에서 발생한 문제를 해결하기 위하여 신세대에게 재정적 부담을 지우는 행위는 시대착오적인 발상이라고 주장"했다.[28] 이 부분은 남북통일을 준비하는 현 과정에서 나타난 세대갈등과 유사한 면이 있다. 현재 잘살고 있는데 굳이 통일해야 하는 이유가 무엇인가 하면서 통일의 당위성에 의문을 제시하며, 통일비용을 왜 부담해야 하느냐고 묻는 남한의 젊은 세대들의 의식을 심각하게 고려해야 할 것이라 본다.

---

27) 김철민, 박정오 외, 『동유럽 체제전환 과정과 통일 한국에 주는 의미』, 193.
28) 김철민, 박정오 외, 『동유럽 체제전환 과정과 통일 한국에 주는 의미』, 194.

한편 독립소지주당은 부분 배상이 아닌 전면적인 배상, 즉 재사유화를 주장했다. 이 요구는 현실적으로 실현 불가능한 주장이었다. 언떨 행정부는 전면적인 배상 대신 부분 배상안의 지지를 호소했다. 이 주장으로 인해 독립소지주당 내 균열이 일어나 당이 분리되는 결과를 초래했다.[29]

언떨 행정부가 제출한 입법안이 의회를 통과하여 시행됨으로, 국가 채권을 활용하여 구 전제정치 피해자들은 과거에 상실했던 토지와 재산의 일부를 되찾을 수 있었으나 법적인 문제점을 지니고 있었다. 첫째는 배상의 척도가 자의적이라는 점이다. 왜냐하면, 지난 40년 동안 변동된 물가상승률이 전혀 고려되지 않은 채 배상의 기준이 정해졌기 때문이었다. 따라서 피해자가 납득할 만한 적절한 배상을 받았다고 하기 어려웠다. 두 번째는 언떨 행정부가 발행한 배상 관련 채권이 평가절하되어 증권시장에서 투기용으로 사용되었다는 점이다. 세 번째는 중복소유권의 문제가 있었다. 40년이라는 기간 동안 토지와 건물 그리고 동산은 소유자가 바뀌고 용도가 바뀌는 등 변화가 있었다. 그런데 최종 소유자뿐만이 아니라 기존의 소유자에게도 본래의 동산과 부동산을 찾을 수 있는 기회가 제공됨으로 중복소유권 문제를 야기했다. 여기에 문서의 진위 또한 논란이 되어 해결하기 어려웠다.[30] 결국, 언떨 행정부의 배상법은 "당시 국가가 처한 한계적인 재정 상황에서 구체제의 피해자를 대상으로 상징적 차원의 물질적 배상을 시도하였던 과거사 정리"라고 할 수 있지만, 결과적으로는 실패한 것으로 본다.[31]

29) 김철민, 박정오 외, 『동유럽 체제전환 과정과 통일 한국에 주는 의미』, 194-195, 205.
30) 김철민, 박정오 외, 『동유럽 체제전환 과정과 통일 한국에 주는 의미』, 196-198.
31) 김철민, 박정오 외, 『동유럽 체제전환 과정과 통일 한국에 주는 의미』, 198.

그럼에도 공산체제와의 단절을 위해 언떨 행정부가 취한 이러한 정책은 대외적으로는 소련의 위성국이었던 이미지와 더불어 전체주의 공산국가로서의 부정적 이미지를 불식시키는 데 일조를 했던 것으로 평가된다.[32]

2. 정치적 가해자 처벌 문제

체제전환이 되면서 과거사 정리문제에 있어 헝가리 시민사회는 큰 관심이 없어 보였다. 오히려 정치엘리트들이 과거사 정리를 거론하였는데, 이것 또한 정당 간의 복잡한 이해관계에 얽혀 헝가리민주포럼과 자유민주연합의 갈등으로 표출되었다. 이에 헝가리 대통령이 과거사 정리 문제에 직접 관여하였고, 정치엘리트는 정당 간의 타협 또는 합의를 이끌어내기 위해 법적 소송을 강구하였다.[33]

과거사 정리문제 해결을 위한 첫 번째 법안은 '도나우게이트' (Donau-Gate) 사건 발생 이후 본격화되었다. 도나우게이트 사건은 비밀경찰이 전화도청으로 야권세력의 활동을 감시했던 것을 말한다. 헝가리의 체제전환 이후에도 이런 불법사찰이 계속되었고 그것이 1989년 12월 말 자유민주연합에 의해 발각되었다. 이후 1990년 1월 25일 의회는 불법사찰 권한 제한 결의안을 통과시켰다. 그해 9월 자유민주연합 국회의원인 뎀스키 가보르(Demszky Gábor)와 헉 피테르(Hack

---

32) 진승권, 『동유럽 탈사회주의 체제개혁의 정치경제학 1989~2000』, 222.
33) 김대순, "체제전환기 동유럽 공산주의의 과거사 정리문제: 헝가리 사례를 중심으로", 「서양사학연구」, 35(2015), 166.

Péter)는 문제를 다루는 과정에서 공직자의 청렴성이 중요하다고 판단해 공직자의 배경조사가 가능한 입법안을 국회에 제출했으나 여당의 반대로 부결되었다.[34]

이런 과정 가운데 제테니 졸트(Zétényi Zsolt)와 터카취 피테르(Takács Péter)는 소련이 헝가리에 정부를 수립한 1944년 12월 21일부터 괸츠 대통령이 선출되었던 1990년 5월 2일 사이에 발생한 범죄의 전면 재조사와 가해자의 사법처리를 주장했다. 이 법안에 의하면, 당시 형법에 따라 공소시효가 만료된 범죄에 대하여 1990년 5월 2일 기점으로 그 시효일을 재가동시켜 소급적용하여 처벌을 가능하게 했다.[35] 이것이 제테니-터카취(the Zétényi-Takács) 법안이다.

반면, 야당이었던 자유민주연합과 청년민주연합은 이 법안이 사회 내 불안감, 두려움 그리고 증오감을 증폭시킴으로 일종의 마녀사냥과 같은 부정적 효과를 초래할 것이라며 반대했다. 그럼에도 언떨 행정부는 1991년 11월 4일 이 법안을 통과시켰다. 그러나 11월 18일 대통령 괸츠 아르파트(Göncz Árpád)는 이 법안의 합법성에 우려를 표명하여 이 법안을 헌법재판소로 송부하였다. 1992년 3월 3일 헌법재판소는 제테니-터카취 법안이 법적 안정성의 원칙(the principle of legal security)을 침해했다고 지적했다. 법적 안정성의 원칙은 모든 시민이 법 앞에 평등하고 법의 테두리 안에서 동등하게 보호받을 권리가 있다는 것이다. 그러나 제테니-터카취 법안은 이 원칙을 침해했다는 것이다. 공소시효가 이미 만료된 상황에서 중대범죄라 하더라도 소급하여

---

34) 김대순, "체제전환기 동유럽 공산주의의 과거사 정리문제: 헝가리 사례를 중심으로", 166-167.

35) 김철민, 박정오 외, 『동유럽 체제전환 과정과 통일 한국에 주는 의미』, 199.

범죄자를 처벌할 수 없다는 것이다.[36]

이 판결을 수용할 수 없었던 언떨 행정부는 1993년 2월 1973년 형법 자체를 개정하여 법안을 제출했으나, 대통령 괸츠는 이것도 헌법재판소로 송부하였고 헌법재판소는 이 법안도 위헌으로 판결했다. 이에 언떨 행정부는 이 법안을 폐기하고, 1956년 혁명과 관련된 특별법을 도입하여 "혁명 당시와 진압 후 발생했던 대량 학살 범죄자에 대한 처벌을 주목적"으로 하는 법안을 제출했다. 그러나 대통령 괸츠는 이 법안도 헌법재판소에 회부하였고 헌법재판소는 이것 역시 위헌으로 판결했다.[37] 단, 혁명 전개 당시 발생했던 범죄는 제네바 협약과 뉴욕 의정서 기준으로 볼 때 반 인류 범죄에 해당한다고 평결하여 관련자들을 공소하여 재판이 진행되었으나 실효를 거두지는 못했다. 그것은 범죄를 입증할 수 있는 물리적 증거가 부족한 것이 원인이었다. 체제전환 시 공산당 간부들은 그들의 활동과 관련된 기밀서류와 문서들을 대량으로 파기했기 때문이었다. 또한 범죄자의 다수가 고령이었고 지병이 있어 복역 도중 가석방되는 빌미를 제공하기도 했다. 결국 언떨 행정부가 시도했던 정의법도 성공하지는 못했다.[38]

대통령 괸츠는 나름대로 과거사 정리를 위한 방안을 모색했다. 그는 지금까지 숨겨왔던 기밀서류를 공개하면 진실 추구가 가능할 것으로 보았다. 시민들 스스로 판단할 수 있는 기회를 제공함으로 사회 내 불안정한 요소를 일소하고 화해를 이룰 수 있을 것으로 생각했다. 그

---

36) 김철민, 박정오 외, 『동유럽 체제전환 과정과 통일 한국에 주는 의미』, 199-200, 김대순, "체제전환기 동유럽 공산주의의 과거사 정리문제: 헝가리 사례를 중심으로", 169.
37) 김철민, 박정오 외, 『동유럽 체제전환 과정과 통일 한국에 주는 의미』, 200.
38) 김철민, 박정오 외, 『동유럽 체제전환 과정과 통일 한국에 주는 의미』, 201.

러나 의회의 지지를 얻지 못해, 결국 그가 제안한 과거사 정리방안도
실패하고 말았다.[39]

언떨 행정부 임기 마지막 해인 1994년 봄 고위공직자의 배경과 청
렴도를 측정할 수 있는 적격심사법을 국회에 제출되었다. 이 법안은
과거 공산주의 정권하에서 발생했던 형사-정치적 범죄에 연루되지 않
은 지원자만이 공직에 진출할 수 있는 자격을 부여받는다는 내용을 담
고 있었다. 이 법안은 국내 첩보활동 관련 기구와의 협력 여부, 1956
년 헝가리 혁명 진압에 주도적인 역할을 했던 진압팀 관련 여부, 제2
차 세계대전 당시 친나치정당으로 활약했던 화살십자당과의 연루 여
부 등 세 가지 범주를 정했다. 심의 대상은 대통령에서부터 판사, 검사
를 비롯해 대학 총장과 학과장까지 포함되었다. 현 공직자나 후보자는
스스로 국민 앞에서 이 세 가지 범주와 관련 없음을 스스로 국민 앞에
서 선언해야 했다. 만일 그 선언이 거짓으로 판명되면 그 이름을 주요
언론사에 공개하도록 규정했다. 1994년 총선에서 승리하여 집권한
헝가리사회당은 언떨 행정부 시기에 통과시킨 적격심사법 대상을
10,000~12,000에서 500~1,000개로 축소한 개정안을 통과시켰다.
그것은 적격심사법이 시행될 경우 가장 타격이 큰 대상이 구 헝가리
공산당을 계승한 헝가리사회당이기 때문이었다.

상황이 바뀌어 1998년 총선에서 다시 중도우파로 정권교체가 이루
어지면서 적용 범위를 다시 확대하였고, 배경조사 만료 기간도 2000
년에서 2004년으로 연장하였다. 이 입법안 시행으로 2003년까지
126건의 공직자가 적격심사법이 제시한 범주에 연루된 사실이 판명

---

39) 김철민, 박정오 외, 『동유럽 체제전환 과정과 통일 한국에 주는 의미』, 202.

되었고 이 가운데 24명만이 공직에서 사퇴하였다. 그런데 세 가지 범주에 연루된 공직자의 이름이 공개되었어도 대중의 비난을 받은 경우가 거의 없었다. 또한, 이들의 연루 사실을 증명할 수 있는 문서들은 비공개 기밀문서로 분류되어 있었다. 단지 허가받은 연구자나 관련자에 한해 열람할 수 있을 뿐이었다. 이런 폐쇄적인 방안이 오히려 정치적으로 악용될 소지가 있었고 실제로 헝가리사회당 출신 메제시 피테르(Medgyessy Péter) 수상이 과거에 첩보 활동을 했던 과거가 발각되어 2004년 8월 19일 수상직을 사임했다. 공직자의 투명성과 과거사 정리라는 두 가지 목적을 갖고 있었던 적격심사법은 자기 결정권을 최대한 배려한 법안이었지만 과거사 정리에는 그 효력성에 한계가 있었다. 결국 헝가리 과거사 정리는 실패하였다고 본다.[40] 그러나 그렇다고 과거사 정리가 종료된 것은 아니고 아직도 진행중이라고 보기도 한다.[41]

3. 과거사 정리 실패 원인

헝가리 정부는 과거 사회주의 정권에서 자행된 역사의 왜곡을 바로잡고, 과거 공산주의 정권에 의해 무고하게 피해를 입은 부분을 일정 부분 배상하여 어느 정도 과거의 역사를 바로잡으려고 하였다. 그러나 현실은 생각만큼 그리고 의지만큼 따라주지를 못했다.

---

40) 이 부분은 전적으로 김대순, "체제전환기 동유럽 공산주의 과거사 정리문제: 헝가리 사례를 중심으로", 172-177 참조.
41) "체제전환기 동유럽 공산주의 과거사 정리문제: 헝가리 사례를 중심으로", 183.

과거사를 정리하기 위해서는 일차로 이 이슈에 대한 법제화가 필요
하다. 일차적으로 법적 근거를 가지고 과거 자행되었던 불법을 조사하
고 그것에 따라 처벌과 배상을 할 수 있기 때문이다. 그러나 헝가리의
경우 정치적 가해자의 사법처리와 정의구현을 위한 시민사회의 적극
적인 요청이 부재했다. 사회적 지지가 없을 경우 정권이 이 문제에 적
극적으로 개입하여 이끌어갈 명분이 부족하게 된다.[42]

그러면 왜 헝가리의 경우 시민들이 과거사 정리와 정치적 가해자
처벌에 있어서 적극적이지 않았을까? 일반적으로 과거의 정권이 권위
적이고 탄압이 심한 경우 체제전환과 정의실현에 대한 사회적 요구가
커지게 된다. 이 요구가 확산될 경우 체제가 붕괴되거나 아래로부터의
혁명이 일어나게 된다. 그러나 구체제의 억압이 상대적으로 미약하고
정치 지도자가 타협을 모색할 경우 정의실현에 대한 사회적 요구가 그
리 적극적으로 표현되지 않는다. 따라서 체제전환 방식이 협상 방식으
로 이루어지게 된다.[43] 헝가리가 바로 여기에 해당되었다.

더구나 헝가리의 경우 카다르의 구야시 공산주의는 정권에 도전하
지 않으면 풍요로운 경제를 누릴 수 있다는 암묵적인 타협을 이루어냈
다. 그리하여 체제비판은 금지하지만 부분적 지원과 제한적 허용을 하
는 유화정책을 시행하였다.[44] 대부분 시민이 카다르 체제에 순응하였

---

42) 여론조사에 의하면 헝가리 공산당원을 정부 요직에서 축출해야 한다는 사안에
    39%만이 찬성했다. 이것은 60%를 찬성한 체코와 대비되는 결과이다. "체제전환
    기 동유럽 공산주의의 과거사 정리문제: 헝가리 사례를 중심으로", 177.
43) 루마니아나 체코슬로바키아가 전자에 해당된다. 폴란드와 헝가리는 후자에 해당
    된다. "체제전환기 동유럽 공산주의의 과거사 정리문제: 헝가리 사례를 중심으
    로", 177-178.
44) 어칠 괴르기(Aczél György)가 고안한 'Three Ts' 체제로 금지(Tiltás), 지원
    (Támogartás), 허용(Türés)을 사회통제 수단으로 활용하였다. 김철민, 박정오
    외, 『동유럽 체제전환 과정과 통일 한국에 주는 의미』, 167.

고 옳지 않은 타협과 정권에의 순응은 후에 공동의 죄의식으로 자리 잡았다. 이런 상황에서 구체제의 불의를 비판하고 관련 책임자를 색출하여 사법처리하자는 요구를 일부 피해자 가족만이 요청할 뿐이었다.[45] 따라서 과거사를 정리하고 정치적 가해자를 사법처리하는 일은 필요하고 중요한 일이었지만 현실적으로는 그리 수월하지 않았다.

정치권에서는 구체제 내의 포즈거이 임레를 중심으로 한 개혁파 공산주의자들이 당시 재야인사들과 타협을 모색했고, 그것이 원탁회의를 통해 체제전환으로 이어졌다. 체제전환 이후에도 구체제 엘리트들은 현실정치에 참여하며 요직에 남아 있었다. 이런 상황에서 구체제 엘리트에게 책임을 물으며 과거사를 정리하기가 어려웠던 것으로 판단된다.[46] 더구나 집권당과 야당이 대중들의 관심을 전환시키려고 정치적 수단으로 과거사 문제를 사용했다는 지적도 있다. 예를 들어 경제성과가 미흡할 때 서로 상대방의 입지를 약화시키기 위해 과거사 문제가 거론되었다는 것이다.[47] 이렇듯 구체제에 대한 관용과 이에 타협했던 다수의 시민의 수동적인 태도, 평화적 체제전환에 기여했던 개혁 공산주의자들의 역할이 결국 과거사 정리와 정치적 가해자 처벌을 어렵게 만든 요인이 되었다.[48]

과거사 정리가 제대로 되지 않음으로 정치권과 시민사회에서는 의

45) 김대순, "체제전환기 동유럽 공산주의 과거사 정리문제: 헝가리 사례를 중심으로", 178-179.
46) 김대순, "체제전환기 동유럽 공산주의 과거사 정리문제: 헝가리 사례를 중심으로", 179.
47) 김대순, "체제전환기 동유럽 공산주의 과거사 정리문제: 헝가리 사례를 중심으로", 181.
48) 김대순, "체제전환기 동유럽 공산주의 과거사 정리문제: 헝가리 사례를 중심으로", 181.

혹이 증폭되고 서로의 갈등으로 국민통합에 저해요소로 작용하고 있다. 더구나 시민들의 과거사 정리에 대한 관심이 점점 줄어드는 것이 큰 문제이다. 여기에 정적의 지지기반을 약화시키려는 목적으로 오용되고 있는 것도 본래의 취지와 달리 나타나는 역작용이라 하겠다. 그럼에도 2014년 봄 과거 카다르 정권에서 내무부 장관과 판사를 역임했던 비스쿠 빌러(Biszku Béla)가 1956년 혁명 발발 시 50명의 무고한 시민을 살해한 죄목으로 실형을 선고받았다. 그런 점에서 헝가리 과거사 정리는 아직도 "현재진행형"으로 보는 것이 옳을 듯하다.[49]

4. 통일한국의 과거사 정리 원칙

우리나라에서 '과거사 정리,' '과거사 청산' 또는 '역사 바로 세우기'라는 용어를 사용한 것은 그리 오래전이 아니다. 일본 강점기때 강압적으로 발생한 위안부 문제나 강제징용 문제, 또 친일행적과 해방 이후 나타난 '반공'과 관련된 사건들과 6.25 전쟁을 겪으며 발생한 민간인 학살 문제, 그리고 군사정권에서 자행된 민주화운동에 대한 다양한 탄압과 인권유린 실태 등이 여기에 해당된다.

과거 국가 차원에서 발생한 불법행위는 사실이 파악되어 엄정한 법집행이 이루어지기보다 은폐된 것이 많았다. 또 피해자가 가해자인 정부를 대상으로 소송을 제기하는 일 자체가 거의 불가능했다. 따라서 시간상으로 늦었지만, 공정한 과거사 정리를 위해서는 과거 정권에서

49) 김대순, "체제전환기 동유럽 공산주의의 과거사 정리문제: 헝가리 사례를 중심으로", 183.

발생한 불법 자체를 재평가하고 저질러진 범죄에 대하여 그 법적 책임을 물어 가해자를 형사적으로 처벌하고 정신적, 물질적 피해자들에게는 복권하거나 재산권을 반환하거나 보상하여 불법적인 결과를 제거하는 작업이 일차적으로 요청된다. 아울러 과거의 불행한 역사를 재정리하는 작업이 필요하다. 그렇지 않으면 이런 행위가 반복될 수 있기 때문이다.

앞에서 논의한 헝가리의 과거사 정리문제가 통일 한국에 그대로 적용할 수는 없지만, 과거사 정리 과정에서 야기된 문제들을 통해 사전에 방지할 수 있는 부분과 보완해야 할 부분에 대한 교훈을 얻을 수 있을 것이다. 이것을 바탕으로 우리가 과거사 정리에 있어 유의할 사항은 먼저 그 범위와 한계를 어디까지로 설정할 것인가를 먼저 신중히 규정해야 한다는 점이다. 둘째, 과거사 정리의 기준을 분명하게 설정해야 한다. 과거사 정리는 보복의 차원에서 진행되는 일이 아니라 과거의 잘못을 인식하여 바로잡는 일임을 국민이 공감할 수 있어야 한다. 셋째, 과거사를 정리한다고 해서 과거 역사를 부정하는 우를 범하지 않도록 주의해야 한다. 과거사 정리는 잘못된 역사를 밝혀내고 재발을 방지하기 위한 것이지, 인정하고 싶지 않은 과거를 파묻어버리거나 부인하는 일이 아니라는 점을 명확히 해야 한다. 넷째, 그 당시의 사건을 현재의 관점에서 판단할 때 발생할 문제점과 부정적 영향을 고려하여 사건 당시의 시대상과 사회상황을 고려하여 객관적 평가를 할 수 있어야 한다. 다섯째는 국가가 보상할 경우 이를 뒷받침할 수 있는 국가재정이 확보되어 있어야 한다.

이런 사안들을 바탕으로 하여 통일이 된 후 북한정권이 저지른 각종 불법을 법적으로 어떻게 처리할 것인지를 미리 연구하고 준비하는 일이 필요하다. 몇 가지 법적인 문제들을 찾아보겠다.

첫째는 과거에 발생한 사건을 다시 파헤쳐 잘잘못을 규명하려면 증거와 증인이 필요하다. 그런 면에서 진상규명 자체가 쉽지 않을 것으로 예상된다. 증인이나 기록물이 없을 경우 증거확보도 수월하지는 않을 것이다. 또한, 증거보존의 문제도 제기될 수 있다. 무엇보다 증거와 증인이 있어도 그것이 과거사 정리에 제대로 반영되어야 함을 분명히 해야 한다.[50]

둘째는 공산정권이 저지른 불법행위를 찾아 책임자를 처벌하는 것은 현행 헌법의 국가 기본권 확인의무와 보장의 실현이라 할 수 있다. 다만 과거 체제에서 발생한 정권의 인권침해행위나 반인도적 범죄를 새로운 체제가 책임을 묻는 과정에서 제기되는 평가 기준의 문제와 법적 문제점들이 있다. 이것은 일차적으로 죄형법정주의와 관련이 있다.[51] 아울러 형벌불소급원칙의 위반 여부의 문제가 발생하게 된다.[52] 따라서 만일 북한 형법에 따라 처벌할 수 있으면 북한 형법을 적용해 처벌하는 방안도 고려해 보아야 한다. 또한 국제법의 차원에서 다룰 수 있는지도 고려해야 한다.[53] 평가 기준에 따라 피해보상 또는 명예

50) 알바니아의 경우, 모든 과거사 문제가 문서로 기록되었음에도 현실정치에 거의 반영되지 않았다는 지적을 심각하게 받아들여야 한다. Emilio Cika, "A Political Story of Post Communism in Albania: The Challenges of the Political and Social Transition in Albania towards the European Integration," 「The 6th International Conference 2018 "Reconciliation with their Communist Past in Europe」 (2018), 77.
51) 죄형법정주의는 법률로 정해져 있지 않으면 어떤 행위를 범죄로 처벌할 수 없다는 원리이다.
52) 형법불소급의 원칙은 행위 당시 법률에 따라 범죄가 되지 않았던 행위가 추후에 제정된 법률에 의해 소급되어 형법을 받지 않는다는 원칙이다.
53) 조시현, "국제법으로 본 공소시효문제", 「민주법학」 21(2002), 199.

회복을 어느 정도까지 해야 할지 그 범위와 한계를 정하는 일도 그리 쉽지는 않으리라고 예상된다. 가해자에 대한 법적 처벌과 피해자에 대한 보상이 합리적으로 이루어지도록 제도적으로 뒷받침되어야 한다. 희생자는 있는데, 가해자가 없는 현상이 발생하면 안 되기 때문이다.[54] 이 문제에서는 헌법, 형법, 이론적 및 법철학적 해결이 필요하다.[55]

셋째, 공소시효의 문제이다. 국가기관에 의해 발생한 사건은 이미 시간이 많이 경과된 것이 대부분이다. 현행법으로는 일정한 시간이 지나면 공소를 제기할 수 없는 문제가 있다. 공소시효는 현행법상 개별 범죄에 관하여 규정된 기준이 다르지만 가혹행위, 상해, 폭행, 살인 등의 죄는 5년에서 15년이 경과하면 공소를 제기할 수 없게 되어있다.[56] 이런 현행법을 북한정권이 저지른 범죄에도 동일하게 적용할 수는 없을 것이다. 따라서 북한정권이 저지른 반인도적 범죄에 대해서는 통일 시점 전까지 공소시효를 정지시키는 법률제정이 필요하다.[57] 더구나 과거 정부가 권력을 잡고 있을 때 피해자가 가해자인 정부를 대상으로 소송을 제기하는 일 자체가 거의 불가능했다는 점을 인식하여 공소시효를 정지시키는 것이 적절하다. 헝가리 헌법재판소는 1956년 혁명 기간에 제네바 협약 위반행위와 반인도적 범죄를 처벌하는 법률을 1993년 합헌이라고 판단하였다.[58]

54) Emilio Cika, "A Political Story of Post Communism in Albania", 77.
55) 방승주, "통일과 체제불법 청산", 「통일법연구」 1(2015), 188, 207.
56) 조시현, "국제법으로 본 공소시효문제", 203.
57) 방승주, "통일과 체제불법 청산", 188; 조시현, "국제법으로 본 공소시효문제", 199-200, 203, 204.
58) 조시현, "국제법으로 본 공소시효문제", 226.

넷째, 북한에서는 1946년 3월 토지개혁이 단행되었고 1948년에는 종교인들과 종교기관들의 모든 재산이 몰수되었다. 통일이 되면 토지를 포함한 몰수당한 재산을 원소유자에게 반환해야 할지 아니면 이에 상응하는 보상을 해야 할지가 쟁점이 될 것이다. 부당하게 몰수당한 재산에 대하여 원소유자에게 반환청구권을 허용하여 소유권을 회복시켜주는 것이 재산권 보장의 원칙에 부합하지만, 원소유자를 입증할 수 있는 문서가 존재하는지 또 원소유자가 생존해 있는지 논란의 여지가 있다. 만일 원소유자가 생존해 문서를 소지하고 있다면 반환청구권보다는 보상청구권을 부여하는 방법도 신중히 고려해 보아야 한다. 이것은 몰수된 이후 누군가 그 토지를 점유하고 있을 수 있기 때문이다. 따라서 현재 그 토지를 점유하여 용익권을 가진 주민에게도 어떤 방식으로 보상할 것인지가 동시에 고려되어야 한다. 이런 상황 때문에 북한 몰수재산과 관련해서는 반환이 아니라 보상을 원칙으로 하는 것이 바람직하다는 견해가 있다.[59]

다섯째, 북한 공무원들이 공무원 관계를 계속 유지할 필요가 있는지를 개별적인 공직 적합성 심사를 거쳐 판단하도록 절차와 기준을 마련해야 한다. 동시에 권력을 남용하여 사적 이익을 추구했거나 인민들에게 불이익을 준 경우, 불법적 행위에 가담하였거나 반인도적 범죄를 저지른 경우에는 상응한 처벌을 받도록 미리 법률로 규정해야 한다.[60] 이것은 헝가리의 적격심사법을 참조해도 좋을 것이다.

여섯째, 북한정권에 의해 부당하게 형사처벌을 받거나 그 외에 제재나 불이익이나 박해를 받은 피해자들에게 통일 후 일정한 절차를 거

---

59) 방승주, "통일과 체제불법 청산", 188, 211-212.
60) 방승주, "통일과 체제불법 청산", 188, 214.

쳐 재심과 복권을 청구할 기회를 제공해야 한다. 입증자료 제시의 어려움이 있더라도 실체적 진실을 밝힐 수 있도록 해야 한다.[61]

일곱째, 북한의 비밀정보기관의 사생활 기록이나 체제수호를 위한 반인도적 범죄와 관련된 기록물은 당사자와 일정한 권한이 있는 기관이 열람하고 관리할 수 있게 적절한 기준과 절차를 마련해야 한다.[62] 이것이 정치적 반대자나 경쟁자를 공격하는 수단으로 악용되어서는 안 된다는 점을 명심해야 한다.[63]

이러한 원칙을 가지고 과거사 정리 및 정치적 가해자 처벌 문제를 다룰 수 있을 것이다. 그러나 이미 헝가리를 비롯한 동유럽과 독일에서조차 이런 이슈가 분명하게 정리되지 못했음을 인지하여 한국 현실에 맞는 대책을 세워야 할 것이다.

IV. 헝가리 체제전환이 주는 시사점

헝가리는 공산주의가 붕괴된 것이 아니고 타협과 청산에 의해 민주주의로 체제전환이 발생했지만,[64] 아직 많은 영역에 있어서 안정적 정착은 이루어지지 않고 있다. 체제전환 과정에서 발생한 막대한 사회적

---

61) 방승주, "통일과 체제불법 청산", 189, 217.
62) 방승주, "통일과 체제불법 청산", 189.
63) Lukasz Janulewicz, "Dealing with the Legacies of Communism: A Review of Lesson from the case of Polish Lustration," 「The 6th International Conference 2018 "Reconciliation with their Communist Past in Europe"」 (2018), 95.
64) 박형중, "구소련·동유럽과 중국의 경제체제 전환의 비교: 북한의 체제전환과 통일한국 건설을 위한 교훈", 「유럽연구」 5(1997), 141.

비용 처리와 저조한 삶의 만족도 문제 등이 해결해야 할 과제로 남아 있다.[65]

일반적으로 동유럽 체제와 북한은 공산화 과정도 유사하고 공산당 일당독재체제 유지와 중앙계획경제라고 하는 유사점이 있다. 그러나 동유럽 국가들이 소련의 위성국가였던 반면, 북한은 등거리외교를 전개하며 독자성을 유지하면서 식량난과 경제난에는 중국으로부터 지원과 원조를 받으며 생존하였다. 유교 공산주의적 성향을 보이는 북한은 강한 민족주의적 성향을 바탕으로 수령에 대한 개인숭배와 충성을 강조함으로 봉건주의적 요소와 사회주의적 요소가 기묘하게 결합한 체제를 유지하고 있다. 그뿐만 아니라 억압과 통제와 차단 그리고 무력 사용으로 공포정치를 통한 강력한 체제 유지전략을 구사하고 있다.[66] 이런 상황에서 시민사회의 형성은 매우 어렵고 시위 발생 가능성 또한 매우 낮은 것으로 진단하고 있다.[67]

그럼에도 헝가리 체제전환을 통해 얻게 되는 교훈은 개혁과 개방을 유도할 수 있는 방안의 필요성을 신중히 고려해야 한다는 점이다. 카다르 체제가 제공했던 관용정책을 통해 헝가리 시민들은 자유 유럽 라디오 방송과 미국의 소리(VOA) 프로그램을 통해 주변국가 소식을 접할 수 있었다. 이런 접촉은 공산정권의 정책과 지침을 비교, 판단할 수 있는 기회가 되면서 외부 사조 유입을 초래했다. 아울러 1980년부터

65) 김철민, 박정오 외, 『동유럽 체제전환 과정과 통일 한국에 주는 의미』, 203-204.
66) 박정원, "동유럽 공산주의 체제에 비추어 본 북한 붕괴론-'시민사회' 개념을 중심으로", 「한국정치외교사논총」 34(2013), 151-152.
67) 박정원, "동유럽 공산주의 체제에 비추어 본 북한 붕괴론-'시민사회' 개념을 중심으로", 153-154. 이 부분은 다음을 참고하라. 우평균, "동유럽 공산체제 해체와 북한체제 붕괴의 연관성", 「평화학연구」 15권 4호(2014), 45.

허용된 여행의 자유는 소련연방 국가만이 아니라 서구 자본진영 국가로의 여행도 할 수 있게 하였다. 헝가리 시민들은 여행을 통해 물질적으로 풍요로운 서구진영 국가와 헝가리를 비교하면서 서구를 동경하기 시작했다.[68]

북한은 아직 외부 미디어 접촉이나 여행의 자유가 주어지지 않는 폐쇄적인 곳이지만, 북한 주민들은 다양한 경로를 통해 남한 드라마를 시청하거나 남한 가요를 청취하기도 한다.[69] 이런 과정을 통해 알게 모르게 한류가 북한에도 영향을 미지고 있나. 이런 현상은 북한 주민들에게 외부세계를 보는 또 하나의 창으로의 역할을 하고 있는 것이다.[70]

고난의 행군을 거치며 1990년대 중후반 식량난으로 인해 배급제도가 붕괴되었고, 대신 장마당을 통한 경제활동의 장이 마련되었다. 중국 물품은 물론이거니와 남한 물품과 일본 물품까지 거래가 되고 있다.[71] 원산지가 표시된 상표를 제거하기도 하지만, 상표가 붙은 그대로 거래되기도 한다. 이런 일들을 통해 간접적으로 남한의 경제 수준을 짐작할 수 있는 계기가 될 수도 있다.

북한 주민들이 외부와 접촉할 수 있는 직·간접적인 기회가 제공된

---

68) 김철민, 박정오 외, 『동유럽 체제전환 과정과 통일 한국에 주는 의미』, 211.
69) 북한 당국은 채널을 조선중앙TV에 고정시키고 봉인지를 붙인다. 그런데 북한 주민들은 봉인지를 떼었다 붙였다 하면서 남한방송을 시청하기도 하고 별도의 소형 텔레비전으로 남한방송을 시청하기도 한다. 강동완, 『북한에서의 한류 현상: 그 의미와 영향』 (서울: 통일부 통일교육원, 2015), 17.
70) 강동완, 『북한에서의 한류 현상: 그 의미와 영향』, 12.
71) 의복에 있어 상류층은 중고라도 일본산과 한국산을 주로 구입한다. 중류층은 중국산 새 옷을 주로 구입하지만 간혹 중고 일본산과 한국산을 구매하기도 한다. 하류층은 중고 옷을 사 입는다. 김수암, 김국신, 김영윤, 임순희, 박영자, 정은미, 『북한주민의 삶의 질: 실태와 인식』 (서울: 통일연구원 2011), 85-86.

다면 폐쇄적인 북한 체제에 균열이 올 것으로 예상된다. 이점을 염두에 두고 다각도로 북한이 개방에 참여할 수 있는 방안을 신중하게 제시할 필요가 있다. 동구권의 붕괴와 체제전환은 북한이 앞으로 어떻게 체제전환을 이루어야 하는지, 또 어떻게 통일을 이루어갈 수 있는지 암시하고 있다는 점을 잘 파악하여야 할 것이다.

V. 나가는 말

'동유럽'이라는 지역의 의미가 공산체제 아래의 낙후된 지역이라는 의미가 내포되어 있어 헝가리 국민은 '중부유럽'이라는 단어를 선호한다. 무엇보다 유럽연합의 정회원이 된 후 공산주의 시대에 느꼈던 '동유럽 콤플렉스'에서 벗어난 것으로 보인다.[72] 헝가리는 체제전환 이후 정부 구조의 개편과 개혁이라는 정치적 변화를 이루었는데 과도기적으로 존재하던 정부 부처를 축소하여 EU가 요구하는 수준으로 그 기능을 조정하였다. 경제적으로는 경제구조가 서유럽 경제권에 편입되었으나 재정적자, 물가인상, 경쟁력 약한 중소기업들의 존폐위기 등의 문제점이 드러났다. 사회적으로는 독일과 스웨덴 모델에 의존해 교육, 노동, 사회복지 등이 수정되었고 '사회구조의 유럽화'가 추진되었다.[73]

헝가리뿐만 아니라 동유럽 국가들은 체제전환 이후 직면한 과거사

---

72) 황병덕, 김지영 외, 『사회주의 체제전환 이후 발전상과 한반도통일』, 249.
73) 황병덕, 김지영 외, 『사회주의 체제전환 이후 발전상과 한반도통일』, 249-250.

정리를 위해 배제(체코슬로바키아), 정화(폴란드), 응징, 폭로, 화해, 사면 등 다양한 시도를 했지만, 과거사 정리가 잘 이루어지지 않았다.[74] 그 것은 과거사 정리는 관점과 방법에 따라 사법적 정리가 될 수도 있고 정치적 정리가 될 수도 있는데, 이런 정리는 모두를 만족시킬 수 없다 는 한계를 갖고 있다는 점이다.

통일된 한국은 동유럽의 체제전환과는 다른 형태의 체제전환이 이 루어지는 것이기 때문에, 법적인 문제의 정비와 국민 정서를 감안한다 면 어느 정도의 과거사 정리는 이루어질 것으로 여겨진다. 물론 준비 하는 과정이 복잡하고 과거사 정리를 진행하는 일 또한 상당히 혼란스 러울 것으로 짐작한다. 또 일회성으로 모든 문제가 마무리되리라 생각 하지도 않는다. 그럼에도 객관적이며 국민이 공감할 수 있는 내용이 되도록 관심을 갖고 준비해야 할 것이다.

---

74) Lukasz Janulewicz, "Dealing with the Legacies of Communism", 88.

참고문헌

강동완, 『북한에서의 한류 현상: 그 의미와 영향』, 서울: 통일부 통일교육원, 2015.

고재성, "헝가리에서의 교회와 국가와의 관계", 『사회주의 체제전환과 기독교』, 파주: 한울, 2014, 219-256.

김수암, 김국신, 김영윤, 임순희, 박영자, 정은미, 『북한주민의 삶의 질: 실태와 인식』, 서울: 통일연구원 2011.

김대순. "체제전환기 동유럽 공산주의의 과거사 정리문제: 헝가리 사례를 중심으로", 「서양사학연구」 35(2015), 163-193.

김성진, "중·동유럽의 민주화: 헝가리 체제전환 사례", 「동유럽발칸학」 1(1999), 253-281.

김철민 외, 『동유럽 체제전환 과정과 통일한국에 주는 의미』, 서울: 한국외국어대학교 지식출판원, 2014.

박정원, "동유럽 공산주의 체제에 비추어 본 북한 붕괴론-'시민사회' 개념을 중심으로", 「한국정치외교사논총」 34(2013), 133-169.

_____, "체제변혁기 동유럽의 정치균열과 인정의 정치: 헝가리 사례", 「현대정치연구」 10권 3호(2017), 39-64.

박형중, "구소련·동유럽과 중국의 경제체제 전환의 비교: 북한의 체제전환과 통일한국 건설을 위한 교훈", 「유럽연구」 5(1997), 131-154.

방승주, "통일과 체제불법 청산", 「통일법연구」 1(2015), 187-226.

이충묵, "체제이행의 정치: 헝가리 사례연구", 「국제·지역연구」 9권 4호(2000), 83-112.

우평균, "동유럽 공산체제 해체와 북한체제 붕괴의 연관성", 「평화학연구」 15권 4호(2014), 35-56.

조시현, "국제법으로 본 공소시효문제", 「민주법학」 21(2002), 197-232.

진승권, 『동유럽 탈사회주의 체제개혁의 정치경제학 1989~2000』, 서울: 서울대학교출판부, 2003.

황병덕, 김지영 외, 『사회주의 체제전환 이후 발전상과 한반도통일』, 서울: 늘품플러스, 2011.

Bognar, Zalan, "헝가리의 체제변화—원인, 과정, 결과들", 「2017년 동유럽 체제전환의 현장을 찾아서—동유럽 국제학술재회 자료집」 (2017), 28-38.

Cika, Emilio et, al. "A Political Story of Post Communism in Albania: The Challenges of the Political and Social Transition in Albania towards the European Integration", 「The 6th International Conference 2018 "Reconciliation with their Communist Past in Europe"」 (2018), 64-81.

Janulewicz, Lukasz. "Dealing with the Legacies of Communism: A Review of Lesson from the case of Polish Lustration", 「The 6th International Conference 2018 "Reconciliation with their Communist Past in Europe"」 (2018), 86-105.

예레미야 31장 23-40절에 나타난 새 언약과 이스라엘과 유다의 통일 이상[1)]

홍성혁 (서울신학대학교 교수, 구약학)

I. 들어가는 말

우크라이나-러시아 전쟁으로 격화되어 온 한반도의 분열과 갈등은 지난 9월 13일 각자 전쟁에 필요한 탄약과 첨단 군사무기를 얻기 위해 가진 푸틴-김정은 정상회담을 계기로 악화일로에 있다. 강대국의 진영 대결의 한복판에 위치한 남한과 북한은 거의 70년 이상을 이념적인 적대감 속에서 지내왔다. 엄연히 다른 체제로 존재해온 세월이 길다. 민족의 동질성 회복은 결코 쉽지 않다. 이스라엘 또한 분열왕국 이래로 중간사에 이르기까지 상대방에 대한 적대감이 결국 해소되지 못했다. 뿐만 아니라, 주변 강대국의 영향에서 자유롭지 못했다. 예레미야가 활동하던 주전 7세기 말에서 6세기 초도 마찬가지였다. 북 이스라엘은 이미 멸망하고 사라진 때였다. 앗시리아가 강제한 포로민 이주 정책에 의해 수도 사마리아에는 이방인들이 정주해 있었다. 이스라

---

1) 본 논문은 2018년 장로회신학대학교 세계선교연구원의 「선교와 신학」 46집에 게재됐던 내용의 일부를 수정한 논문임을 밝힌다.

엘의 포로들은 앗시리아 제국의 영토 이곳저곳으로 끌려가 살고 있었다. 살아남은 남 유다의 요시야는 이미 멸망한 북 이스라엘을 통합시키려고 시도하였다. 그러나 실패로 끝났다.

구약성서에서 통일에 관한 명시적인 언급을 찾기는 어렵다. 그럼에도 불구하고, 갈라진 민족으로서 이스라엘과 유다가 통일을 시도한 흔적은 흔히 '위로의 책'으로 지칭되는 예레미야 30-33장 안에 있는 예레미야 31장 23-40절에 나타난다.[2] 이 본문을 사회-수사학적 방법으로 주석함으로써 이스라엘과 유다의 통일의 의미를 밝히고 그 의미가 한반도 통일에 어떤 함의를 던지는지를 말하고자 한다.[3] 이를 위해서 먼저 예레미야 31장 23-40절이 놓여 있는 문학적 맥락 속에서 본문의 저작 연대와 저자 및 본문의 통일성에 관하여 분석하고자 한다. 다음으로 본문 주석을 통하여 예레미야가 꿈꾼 통일 이스라엘에 대한 이상의 내용이 무엇인지를 밝히고자 한다. 끝으로, 그 결과를 남북한의

---

2) 두 나라가 멸망한 상태이기에 진정한 의미에서의 통일로 간주하기는 어렵다. 그럼에도 불구하고 나누어진 둘이 하나로 합쳐지는 이상을 품었다는 점에서 통일 시도로 간주하고자 한다.

3) 이 논문에서는 지면관계상 제한적으로만 그 함의를 제시할 것이다. 구약성서에서 한반도 통일에 대한 시사점을 찾기 위하여 요시야의 통일 시도를 비롯한 통일에 관한 논문들이 발표되어 왔다. 하경택, "이스라엘 개혁 운동을 통해서 본 '통일신학': 신명기 역사서에 나타난 요시야 개혁운동을 중심으로", 『평화통일신학: 신학적 근거의 모색』(서울: 장로회신학대학교 남북한 평화신학연구소, 2015), 49-93; 박혜경, "에스겔의 나무와 요시야 종교개혁: 에스겔 37:15-28에 나타난 상징과 역사에 대한 연구", 「한국기독교신학논총」 80(2012), 59-82; 하시용, "587 BC-AD 70: 바벨론 포로기부터 제1차 유대전쟁까지: 유다와 사마리아의 분열과 갈등이 한반도 통일에 주는 교훈", 「광복 제70주년기념 샌프란시스코 통일심포지엄」, 조은석 편 (San Francisco: Create Space Independent Publishing Platform, 2015), 49-78; 박정수, "성서적 통일신학-'통일선교신학'을 제안하며", 「신학과 선교」 41(2012), 237-278; 박준서, "에스겔이 본 이스라엘 통일의 비전과 한반도의 평화통일", (한반도 통일 심포지움 2017. 5. 1.), 1-18; 소형근, "포로 이후 이스라엘의 평화적 통합을 위한 역대기 사가의 노력들", 「평화와 통일」 1(2016), 5-35.

통일로 나아가는 과정에서 한국 교회에 암시하는 바가 무엇인지를 간략하게 언급하고자 한다.

II. 예레미야 30-31장 내의 예레미야 31장 23-40절의 저작과 통일성

예레미야 30-31장은 '위로의 책'으로 지칭되는 예레미야 30-33장의 일부로 간주된다. 예레미야 30-31장의 최종 본문은 주로 바벨론으로 끌려간 포로들(그 이전에 앗시리아에 의해 끌려간 북 왕국 이스라엘의 포로들 포함하여)에게 미래에 펼쳐질 구원의 희망을 말하는 내용을 담고 있다. 예레미야 32장은 예레미야가 아나돗에 있는 친족의 밭을 매입하는 이야기로서 포로로 끌려간 백성들이 자기 땅으로 돌아올 것임을 상징행동을 통해 예고하며 새로운 단락을 시작한다.[4] 예레미야 33장은 예레미야 31-32장에 제시된 회복의 관점에서 예레미야의 땅 매입의 의미를 설명한다.[5] 이렇게 보면, 예레미야 32-33장은 시어체인 예레미야 30-31장의 회복을 부연 설명하기 위해 산문체로 되어 있다고 볼 수 있다. 그러므로 예레미야 32-33장과 구분하여 예레미야 30-31장을 통일성 있는 단락으로 볼 수 있다. 장성길은 텍스트언어학에 근거하여 예레미야 30-31장의 어휘 결속 구조에 주목한다. 대부분 시어

---

4) Leslie C. Allen, *Jeremiah: A Commentary*, OTL (Louisville: Westminster John Knox Press, 2008), 333.

5) G. L. Keown, P. J. Scalise, T. G. Smothers, *Jeremiah 26-52*, WBC (Dallas: Word Books, 1995), 85.

체인 예레미야 30-31장의 경우에, 본문 전반에 걸쳐 슈브와 야솨 동사가 두드러져 어휘 결속이 현저한 반면에, 예레미야 32-33장은 어휘 반복을 통한 단락 결속이 나타나지 않는 산문체 내러티브 스타일로 확연히 구분된다고 말한다[6] 룬드밤(J. R. Lundbom)도 수사 분석에 의거하여 예레미야 30-31장만이 원래 '위로의 책'에 해당될 뿐 예레미야 32-33장은 후대에 추가·확장된 것으로 본다.[7]

그렇다면 예레미야 30-31장 안에서 예레미야 31장 23-40절을 예레미야가 저작한 통일성을 지닌 단락으로 볼 수 있는가? 저작 시대를 언제로 볼 수 있는가? 이 질문에 대한 견해는 복잡하다. 캐롤(Robert P. Carroll)은 현재 본문 속에서 예레미야의 말을 찾는 것은 어렵다고 본다. 편집자가 포로기 이후 회복이란 주제를 중심으로 다양한 자료를 혼합했기 때문이다.[8] 하이야트(J. P. Hyatt)는 예레미야 30-31장 가운데 일부(렘 30:5-7, 12-15; 31:2-6, 15-22와 아마도 31:9c)만을 예레미야 자신의 신탁으로 본다.[9] 그러나 클레멘츠(R. E. Clements)는 예레미야 30장 22-24절을 추가한다.[10] 브라이트(J. Bright)는 예레미야 30장

---

6) 장성길, "예레미야 30-33장에 나타난 결속 구조 분석", 「구약논단」 26(2007), 102-105.

7) 특히, 표제어가 이를 잘 말해준다. 예레미야 32장 1절의 표제어("유다 왕 시드기야 제10년에 야훼로부터 예레미야에게 임한 그 말씀 - 그것은 느부갓네살 제 18년이었다")는 예레미야 30장 1절의 표제어("야훼로부터 예레미야에게 임한 그 말씀")를 확장한 것으로 볼 수 있다. Jack R. Lundbom, *Jeremiah 21-36*, AB (New York: Doubleday, 2004), 368-69.

8) R. P. Carroll, *From Chaos to Covenant: Prophecy in the Book of Jeremiah* (New York: Crossroad, 1981), 26-30.

9) James P. Hyatt and Stanley R. Hopper, "Jeremiah", in *The Interpreter's Bible*, vol. 5, ed. G. A. Buttrick (Nashville: Abingdon Press, 1956), 1023.

10) Ronald E. Clements, "Jeremiah, Prophet of Hope", *Review & Expositor* 78(1981), 359.

12-17절과 31장 35-37절을 추가한다.[11]

할러데이(William L. Holladay)는 현재 본문(렘 30-31장)이 형성되기 까지 다섯 편집 단계를 거쳤음을 말한다.[12] 그러나 저작 연대 추정의 근거는 제시하지 않는다. 저작이 요시야 왕 시대부터 주전 5세기까지 2세기에 걸쳐 이루어지나 대부분 내용이 예레미야 자신에 의해 요시야 시대와 예루살렘 멸망 전후에 형성된 후에 포로기 이후에 편집된 것으로 보고자 한다. 예레미야 31장 23-40절의 경우에, 예레미야 31장 27-30절을 제외하고는 대부분 포로기 이후에 형성된 것으로 보고 있다. 예레미야 31장 23-40절의 통일성은 물론 예레미야의 저작성을 말하기 어렵다고 보는 것이다. 할러데이의 가장 큰 약점은 요시야 시대와 주전 587년의 예루살렘 멸망 같은 주요 사건을 전후로 하여 편집 단계와 시대적 배경을 설정하면서 상관 본문의 내용과 형식적 특징에 대한 구분과 분석이 소홀하다는 점이다.

스위니(M. A. Sweeney)도 예레미야 30-31장 안에서 예레미야의 초기 예언 활동을 반영하는 구절과 후대 편집 구절을 구분한다. 양식비평적 방법에 의거하여 본문의 형식과 내용을 분석한 후에 초기 자료와 후기 편집 자료로 나눈다.[13] 형식적인 차원에서는 "야훼께서 이렇게 말씀하신다"(코 아마르 아도나이) 또는 "야훼께서 이렇게 말씀하시기 때

11) John Bright, *Jeremiah*, AB 21 (New York: Doubleday, 1965), 285-86.
12) 이에 관한 자세한 내용은 다음을 보라. William L. Holladay, *A Commentary on the Book of the Prophet Jeremiah Chapters 26-52*, Hermeneia (Minneapolis: Fortress Press, 1989), 158-66.
13) Marvin A. Sweeney, "Jeremiah 30-31 and King Josiah's Program of National Restoration and Religious Reform", in *Form and Intertextuality in Prophetic and Apocalyptic Literature* (Tübingen: Mohr Siebeck, 2005), 119.

문이다"(키 코 아마르 아도나이)라는 관용구가 등장하는 구절은 초기 자료(렘 30:5-31:26; 31:35-37)[14]로 간주하는 반면에, "보라 날들이 오고 있다"(힌네 야밈 바임)라는 관용구가 등장하는 구절은 후기 편집 자료(렘 30:1-4; 31:27 -34; 31:38-40)로 본다. 초기 자료는 북이스라엘이 예루살렘에서 다윗계의 통치 아래 편입, 곧 남 유다와의 통일을 위해 돌아오도록 설득하는 것으로 본다. 이는 예레미야가 요시야의 종교개혁과 통일 정책을 지지한 증거로 간주된다. 바벨론에 의한 예루살렘 멸망 이후에는 이 비극적 사건에 비추어 예레미야의 초기 문헌에 속하는 내용은 수정·보완되어 이스라엘과 유다의 통일과 시온으로의 복귀를 담은 후기 자료가 형성됐다고 본다. 이렇게 볼 때, 예레미야 30-31장의 현재 형태는 유다와 이스라엘의 통일을 말하고 있으며 시온으로의 복귀를 촉구하고 있는 셈이다. 그러나 그의 주장과 반대로 시온으로의 복귀를 말하는 단락(렘 31:23-26)이 초기 자료임을 말하기 위하여 수정하지 않을 경우에[15] 오히려 내용적인 측면에서 통일 이스라엘을 시사하는 단락(렘 31:35-37)과 잘 연결될 수 있다. 여기에 등장하는 '이스라엘의 씨'의 이스라엘이 통일 이스라엘을 가리키는 것으로 볼 수 있다.[16] 뿐만 아니라, 위에서 언급한 양식만 보고 초기 자료로 간주하

14) 물론, 여기서 예레미야 30장 12-17절과 예레미야 31장 23-26절의 경우에, 수정 또는 문자적 의미 이상의 해석이 개입되어야 하는 문제가 있다. 전자의 경우에, 치욘(!wyc/시온)을 체데누(wndyc/식량)로 바꿔야 한다. 후자의 경우에 '유다'의 회복은 유다만의 회복으로 보기보다는 시온으로의 복귀를 말하는 회복의 절정으로 보고자 한다. 결국 '유다'를 이스라엘과 유다 양자의 통일을 지칭하는 것으로 본다는 뜻이다. Sweeney, "Jeremiah 30-31 and King Josiah's Program of National Restoration and Religious Reform", 111, 118. 예레미야 31장 23절은 유다 땅으로 돌아온 남북 왕국을 뜻한다고 하더라도 예레미야 31장 24절의 '유다'는 명확히 남 왕국 유다를 가리키고 있다는 점에서 설득력이 떨어진다.
15) 각주 14번을 보라.

기보다는 내용적인 결속 관계를 감안할 때, 예레미야 31장 23-40절을 통일성이 있는 한 단락으로 볼 수 있다. 양식 자체가 현재 본문 내에서의 논리성과 일관성을 담보하기 어렵기 때문이다.

주제에 근거한 통일성에 주목한 룬드밤(J. R. Lundbom)의 견해가 양식의 기계적 적용의 한계를 잘 드러내 준다. 룬드밤은 예레미야 30-31장 내에서 전체 표제어(렘 30:1) 외에 또 다른 표제어(렘 30:4, "이것들은 야훼께서 이스라엘과 유다에게 하신 말씀들이다")를 제외한 예레미야 30장 5절-31장 22절을 한 단락으로 간주한다. 그 다음에 등장하는 신언인용 공식("야훼께서 이렇게 말씀하신다")을 도입말로 보아 예레미야 31장 23-40절을 통일성을 지닌 또 다른 한 단락으로 본다.[17] 이 단락의 통일성의 또 다른 증거는 주제 교차대구라고 말한다: A: 거룩한 예루살렘 재건(23-26절)/B: 이스라엘과 유다의 씨를 뿌림(27-30절)/C: 이스라엘과 유다와의 새 언약(31-34절)/B': 이스라엘과 유다의 씨 보존(35-37절)/A': 거룩한 예루살렘 재건(38-40절).[18] 반복적인 수사적 결속어도 통일성을 증거하는 것으로 본다: "다시"(23, 39절); "보라, 날들이 오고 있다"(27, 31, 38절); "다시는 ~않다"(29, 34절).[19]

---

16) 맥케인(W. McKane)은 예레미야 30-31장에 나타나는 '이스라엘'은 기본적으로 통일 이스라엘을 가리킨다고 본다. '이스라엘'을 북 이스라엘과 남 유다를 포함한 통일 이스라엘과 동일시해야 한다고 본다. William McKane, *A Critical and Exegetical Commentary on Jeremiah 26-52*, vol. 2, ICC (Edinburgh: T & T Clark, 1996), clxi. 룬드밤도 '이스라엘'을 통일 이스라엘로 간주한다. Lundbom, *Jeremiah 21-36* (New York: Doubleday, 2004), 466. 존스(D. R. Jones)는 예레미야 31장 27, 31절의 "이스라엘의 집과 유다의 집"의 경우에 유다가 후대에 첨가된 것이 아니라 통일 이스라엘을 나타내기 위한 신학적인 용어라고 본다. D. R. Jones, *Jeremiah*, NCBC (Grand Rapids: W. B. Eerdmans, 1992), 398, 402.

17) Lundbom, *Jeremiah 21-36*, 380.

18) Lundbom, *Jeremiah 21-36*, 455.

그러나 룬드밤이 간과한 통일성을 증거하는 요소는 더 많다. 예레미야 31장 21-22절에서는 예언자의 명령 대상이 2인칭 여성 단수 '너'로 북이스라엘을 가리키고 있다. 그러나 예레미야 31장 23절에서는 야훼의 축복의 대상이 2인칭 남성 단수 '너'로 되어 있다. 관심의 대상이 '유다'다. 그리고 포로에서 귀환하는 자들을 '그들'로 표현하고 있다. 이 지시대명사가 가리키는 대상은 예레미야 31장 21-22절에는 제시되어 있지 않다. 이는 예레미야 31장 27, 31절에 나오는 이스라엘과 유다 양자를 가리킨다고 볼 수 있다. 그리고 다양한 수사적 결속어들이 소단락 사이의 연결고리를 형성한다. 신언인용 공식이 예레미야 31장 23, 27, 28, 31, 32, 33, 34, 35-36, 37, 38절에 위치하여 각각의 소단락이 야훼의 말씀임을 강조한다. 또한 '씨'가 예레미야 31장 27, 36, 37절을 이어주고 있다. '언약'은 예레미야 31장 31, 32, 33을 결속시킨다. 또한 '창조' 모티브는 예레미야 31장 35, 36, 37절을 결속시킨다. '거룩'과 '도성'은 예레미야 31장 23, 38절에서 수미상응법(inclusio)을 형성하며 전체 단락을 결속시킨다. 따라서 예레미야 31장 23-40절은 단락 전체가 교차대구와 결속어에 의해 통일성을 이룬다고 볼 수 있다. 이 같은 통일성은 본문 내의 소단락 주제 사이의 주제 결속을 강화시킨다. 이를 통하여 예레미야가 예루살렘 멸망 직후에 유다에 남은 자와 포로지의 유다 및 이스라엘 백성을 향하여 남북통일과 회복을 외친 것으로 볼 수 있다.[20]

---

19) Lundbom, *Jeremiah 21-36*, 454.
20) 자세한 내용은 아래 주석 내용을 보라.

III. 렘 31:23-40에 나타난 새 언약과 통일 이스라엘

1. 본문 구조

본문의 단락 구조는 전체적으로 교차대구(ABCB'A')를 이룬다. 형식적인 측면에서 예레미야 31장 23-26절은 예언자가 하나님의 말씀을 인용하는 확장 신언인용 공식인 "이스라엘의 하나님 만군의 야훼께서 이렇게 말씀하신다"로 시작한다. 예레미야 31장 27절의 도입부에는 종말론적 미래를 가리키는 '종말도래 공식'[21]인 "보라, 야훼의 날이 다

가오고 있다"가 등장한다. 뒤이어 신언선언 공식인 "야훼의 말씀이
다"(네움-아도나이)[22]가 등장한다. 이는 새 소단락이 시작됨을 말해준
다. 예레미야 31장 23-26절과 교차대구를 이루는 예레미야 31장
38-40절의 도입 부분인 38절에도 같은 종말도래 공식과 신언선언 공
식이 나타난다. 37절에서는 야훼가 1인칭으로 언급되나 38절 이후에
는 3인칭으로 언급된다. 예레미야 31장 38-40절이 한 단락을 이룸을
말해준다. 내용적인 측면에서도 예레미야 31장 23-26절은 포로 귀환
자들이 야훼의 백성으로서 거룩한 산 시온에 거주하게 되는 회복을 말
한다. 27절 이하에서는 사람과 땅의 회복에 관하여 다룬다. 예레미야
31장 38-40절 앞에 위치한 예레미야 31장 37절은 창조의 불변성에
근거하여 통합 이스라엘의 씨를 보존하는 문제를 다룬다. 반면에, 예
레미야 31장 38-40절에서는 거룩한 도성 시온의 회복을 다룬다. 그
러므로 양 단락(렘 31:23-26; 31:38-40)은 각각 통일성을 갖춘 소단락
을 이룬다. 그리고 양자는 시온을 가리키는 단어인 '도성'(이르)에 의해
결속을 이룬다.

다음에 나오는 두 소단락(렘 31:27-30; 31:35-37)도 교차대구를 이
루면서 통일성을 갖춘 소단락을 구성한다. 형식적으로 예레미야 31장
27절은 "보라 야훼의 날이 다가오고 있다"는 종말도래 공식과 "야훼
의 말씀이다"는 신언선언 공식이 새 단락의 시작을 알려준다. 31절에
"보라 날들이 다가오고 있다"는 종말도래 공식과 "야훼의 말씀이다"
는 신언선언 공식이 위치해 있어 별도의 소단락의 시작을 알린다. 예
레미야 31장 35절에서는 "야훼께서 이렇게 말씀하신다"는 별도의 신

21) Keown, Scalise, Smothers, *Jeremiah 26-52*, 127.
22) 이 공식은 대체로 단락의 끝에 나오지만 처음과 중간에 올 때도 있다.

언인용 공식이 나타난다. 위에서 이미 언급했듯이 예레미야 31장 38절도 종말도래공식과 신언선언 공식이 다시 나타나기에 이 구절 이전의 예레미야 31장 35-37절을 하나의 소단락으로 볼 수 있다. 내용적으로는 예레미야 31장 27-30절은 야훼의 날에 일어날 이스라엘과 유다의 씨 보존에 초점을 맞추면서 다음에 오는 '새 언약' 단락(렘 31:31-34절)과 구분된다. 반면에, 예레미야 31장 35-37절은 하나님의 창조의 불변성을 언급하며 통합 이스라엘의 씨가 보존될 것임을 예고하고 있다. 이렇게 보면, 예레미야 31장 27-30절과 35-37절은 모두 통합 이스라엘의 씨 보존의 주제로 결속이 된다. '씨'(제라)가 두 소단락을 결속시켜 준다. 또한 두 단락 내에서 야훼가 1인칭으로 똑같이 화자 역할을 하고 있다.

끝으로, 교차대구의 중심인 '새 언약' 단락(렘 31:31-34)은 통일 이스라엘과의 언약 체결을 다룬다. 형식적인 측면에서 예레미야 31장 31절은 "보라 날들이 다가오고 있다"는 종말도래 공식과 "야훼의 말씀이다"는 신언선언 공식으로 시작된다. 새 단락을 시작하는 35절은 "야훼께서 이렇게 말씀하신다"는 신언인용 공식으로 시작된다. 또한 예레미야 31장 31-33절은 '언약'을 뜻하는 '베리트'와 '체결하다'는 뜻하는 '카라트'의 반복을 통해 서로 결속된다. 예레미야 31장 34절은 접속사 '베'를 서두에 제시하여 예레미야 31장 31-33절의 언약 체결의 결과를 말한 후에 그 이유를 이유 접속사 '키'로 결속시킨다.

본문의 다섯 소단락 간의 긴밀성을 잘 보여주는 이 구조는 새 언약을 중심으로 이스라엘과 유다가 공통의 예배 중심지로서 시온을 회복시키고 '씨 뿌림'과 '씨 보존'을 통한 창조의 불변성이 통일 이스라엘을 향한 약속의 토대가 됨을 보여준다. 통일은 미래의 어느 시기에 새 언약을 통해 이전 죄를 기억하지 않고 은혜를 베푸는 야훼의 절대 은혜(다른 말로는 '하나님의 영의 역사': 겔 36:26-27)로 말미암아 서로의 죄를 용서함으로써 이루어질 것이다. 그것은 신언선언 공식 및 종말도래 공식을 통해 야훼의 주도에 의해 이루어질 것임을 강조한다. 그런 면에서 통일은 야훼의 주도적 개입에 의해 성취되는 종말론[23]적 이상이다. 그럼에도 불구하고, 새 언약의 당사자로서 인간의 응답은 당연히 수반된다 하겠다.

2. 수사적 상황

예레미야는 어떤 상황에서 어떤 목적으로 '새 언약' 주제를 중심으로 통일 이스라엘을 예언하고 있는가? 본문의 사건은 주전 587년 예루살렘 멸망 직후에 예레미야에 의해 기록되었다고 본다. 언약 준수의 실패를 뜻하는 멸망 직후에 예언자가 희망, 곧 새 언약의 체결과 이스라엘과 유다의 통일을 꿈꾸기 쉬웠다고 보기 때문이다. 통상적으로 예언자는 죄에 대한 심판을 예언하지만, 절망 속에서는 희망을 말하기

---

23) 여기서는 세상의 끝과 초역사로의 진입을 전제하는 묵시적 종말론이 아닌 역사(가까운 미래) 내에서의 이상적 시대로의 전환을 가리키는 예언적 종말론을 가리키는 것으로 보고자 한다. 시온 회복, 예루살렘 재건, 포로 귀환 전망 등이 예언적 종말론의 요소로 볼 수 있다. 이에 대해서는 다음을 참고하라. H. G. Reventlow, "The Eschatologization of the Prophetic Books: A Comparative Study", in *Eschatology in the Bible and in Jewish and Christian Tradition*, ed. H. G. Reventlow (Sheffield: Sheffield Academic Press, 1997), 180-81; B. Uffenheimer, "From Prophetic to Apocalyptic Eschatology", in *Eschatology in the Bible and in Jewish and Christian Tradition*, ed. H. G. reventlow (Sheffield: Sheffield Academic Press, 1997), 200; 홍성혁, "요엘 4장의 묵시적 종말론 모티프와 그 기능: 야훼의 시온 통치를 통한 새 세상 도래 부각", 「구약논단」 52(2014), 202-10.

때문이다. 예레미야 29장 10절에 의하면, 예언자는 바벨론에 의한 멸망 후에 70년이 차면 포로로부터 돌아오게 될 것임을 예언한다. 존스는 이 말을 예레미야의 말이라고 보면서 포로민을 대상으로 한 희망의 말은 아니라고 본다.[24] 70년을 보통 인간의 수명이라고 본다면(시 90:10), 이는 당시 살아 있는 사람들에게 해당되는 말이 아니기 때문이다. 먼 미래, 즉 종말을 지향하는 예레미야의 희망의 말로 볼 수 있다. 주전 587년 멸망 후에 예언자로서 종말적 희망을 표현한 것이라고 볼 수 있다.

예언자에게 멸망은 희망의 출발점이다. 이스라엘과 유다의 멸망을 통해 야훼의 주권이 드러나면 야훼는 다시 자신의 도성을 회복시킬 것이다. 다수 학자의 견해처럼,[25] 포로기 이후의 편집으로 보기 어려운 이유는 페르시아 시대에는 북이스라엘에 대한 관심이 희박했기 때문이다. 북이스라엘은 이방 종교의 관습과 혼합주의에 빠진 집단이라는 인식이 굳어져 있어서 관심의 대상에서 벗어나 있었기 때문이다.[26] 그러나 예루살렘 멸망 직후에는 30여 년 전에 종교개혁의 기치를 내세워 남북통일을 외쳤던 요시야의 메아리가 남아 있었기 때문에 북이스라엘에 대한 관심이 지워지지 않았을 가능성이 상대적으로 더 크기 때

---

24) Jones, *Jeremiah*, 364.

25) R. P. Carroll, *From Chaos to Covenant: Prophecy in the Book of Jeremiah* (New York: Crossroad, 1981), 26-30; James P. Hyatt and Stanley R. Hopper, "Jeremiah", in vol. 5 of *The Interpreter's Bible*, ed. G. A. Buttrick (Nashville: Abingdon Press, 1956), 1023; Ronald E. Clements, "Jeremiah, Prophet of Hope", *Review & Expositor* 78(1981), 359; John Bright, *Jeremiah*, AB 21 (New York: Doubleday, 1965), 285-86.

26) Marvin A. Sweeney, *The Prophetic Literature*, 홍국평 역, 『예언서』 (서울: 대한기독교서회, 2015), 215.

문이다.

그것은 본문에 나타나 있듯이 시온을 예배의 중심지로 보는 예레미야의 관점 속에서 잘 드러난다.[27] 북이스라엘과 남 유다가 공유하고 공감할 수 있는 정신적 가치였기 때문이다. 바벨론에 의한 멸망 이후에도 예루살렘은 유다에 남은 자나 남북의 포로 된 자 또는 북이스라엘의 남은 자에게 신앙의 본산이며 전통적인 예배의 중심지로서 중요한 의미를 지녔기 때문이다. 이미 멸망한 후이기에 바벨론은 이스라엘과 유다 백성이 그들의 예배의 중심지였던 예루살렘으로 가는 것을 굳이 막지 않았을 것이다.[28] 그렇기에 예레미야는 완전히 무너진 현실 앞에서 공유 가치인 시온을 구심점으로 삼아 이스라엘과 유다의 회복으로서 통일을 예언했다.

3. 예레미야 31장 23-40절 주석[29]

1) 야훼와 통일 이스라엘의 관계의 구심점으로서의
시온 회복(렘 31:23-26, 38-40)

예레미야 31장 23-26절과 38-40절은 교차대구를 이루며 시온의 회복이 주제다. 전자는 야훼의 축복으로 재건된 시온에 통일 이스라엘의 백성이 거주하게 되는 상황에 초점을 둔다. 반면에, 후자는 야훼께

---

27) 여기에 대해서는 아래 주석 내용을 참조하라.
28) Oded Lipschits, *The Fall and Rise of Jerusalem: Judah under Babylonian Rule* (Winona Lake: Eisenbrauns, 2005), 113.
29) 아래 제시된 주석 내용은 상기 항목 III. A. 본문 구조에서 언급한 교차대구 구조에 의거하여 소단락으로 나누어 주석한 것임.

바치는 재건된 시온 자체에 초점을 둔다. 전자가 야훼로부터 백성에게
로 내려오는 축복의 의미로서의 시온의 재건이라면, 후자는 백성이 야
훼께 올려드리는 시온 재건의 의미를 지닌다. 야훼와 그의 하나 된 백
성이 재건된 시온을 구심점으로 상하 간의 온전한 관계를 이룸을 말해
주는 것이다.

예레미야 31장 23절은 '이스라엘의 하나님, 만군'이 추가된 확장
신언인용 공식으로 시작한다. 이 호칭은 특별히 예루살렘에서 왕으로
서의 야훼에 대한 예배와 연관되어 있다.[30] 그런 후에 야훼가 그들을
포로에서 돌아오게 할 때에 '그들이' 유다 땅과 유다 성읍에서 하는 야
훼의 축복의 말을 인용한다. '그들'은 누구인가? 불특정한 다수의 사
람들을 가리킨다.[31] 예레미야 31장 27, 31절에 나오는 이스라엘과 유
다를 가리킬 수도 있다. 또한 "이스라엘의 하나님, 만군의 야훼"에서
'이스라엘'을 통일 이스라엘로 볼 수 있다. 야훼의 주도에 의해 포로
귀환이 이루어질 때 이들은 이런 말을 할 것이다: "야훼께서 너를 축복
할 것이다, 의의 처소, 거룩한 산이여." '거룩한 산'(하르 핫코데쉬)과의
평행 어구로 간주할 때 '의의 처소'(네베-체데크)는 시온과 예루살렘 성
전을 가리킨다고 볼 수 있다.[32] 목자의 거주 장소를 의미하는 '네베'는
출애굽과 광야 유랑에 관하여 이야기하는 출애굽기 15장 13절에서
'코데쉬'(거룩)와 함께 사용되어 야훼의 성막을 가리킨다.[33] '거룩한

---

30) T. Mettinger, *In Search of God: The Meaning and Message of the Everlasting Names* (Philadelphia: Fortress, 1988), 126-33.

31) E. Kautzsch and A. E. Cowley, *Gesenius' Hebrew Grammar*, 2nd English edition (Oxford: Clarendon press, 1910), 460 (GKC 144. g.).

32) McKane, *A Critical and Exegetical Commentary on Jeremiah*, 809.

33) Lundbom, *Jeremiah 21-36*, 456. 스위니는 같은 '위로의 책' 단락에 속하는 예레미야 33장 16절에서 "야훼는 우리의 의"라는 어구가 다윗계 왕에 대한 약

산'도 예배 장소로서의 시온을 가리킨다. 이렇게 보면, 예레미야 31장 23절은 예배 대상자로서의 야훼와 예배 중심지로서의 시온을 강조하고 있다.[34]

예레미야 31장 24절은 반목을 겪던 사람들이 회복된 시온에 함께 거주하는 것을 말한다. '유다와 그의 모든 성읍들'을 주어로 본다면 거주 장소를 가리키는 전치사 '베'와 3인칭 여성단수 인칭대명사가 결합된 '바'는 예레미야 31장 23절의 '땅'(에레츠)을 가리킨다. '유다와 그의 모든 성읍들'은 환유법으로 보아 유다와 모든 성읍 사람들로 볼 수 있다.[35] 사람들로 보면 다음에 나오는 농부·목자와 잘 어울린다. 전통적으로 농부와 목자는 반목 관계[36]에 있었지만 시온의 회복과 함께 화목하게 될 것임을 말한다. 이는 서로 반목하던 이스라엘과 유다가 함께 시온을 예배의 구심점으로 삼을 때 가능하다. 예레미야 31장 25절에서 지치고 쇠약해진 영혼을 만족케 한다는 축복은 예레미야 31장

속이 아니라 예루살렘에 대한 약속임을 강조한다. 그러면서 성전에서 주도권을 행사한 레위계 제사장의 역할과 연관시키고자 한다. M. A. Sweeney, *Reading Prophetic Books: Form, Intertextuality, and Reception in Prophetic and Post-Biblical Literature* (Tübingen: Mohr Siebeck, 2014), 173-74. 예레미야 31장 23절의 "의의 처소"가 예배의 자리로서의 시온과 연관됨을 시사해준다.

34) 존스는 회복된 이스라엘의 신앙적 구심점으로의 시온 사상은 이사야의 전유물로 여겨졌지만, 예레미야의 사상이기도 하다는 점을 세 가지 측면에서 거론한다. 첫째, 신명기 율법에서 중앙 성소인 시온에서만 예배를 드릴 것을 요구한다. 둘째, 시온의 중심성은 예언 전승의 본질적 요소이다(암 1:2). 셋째, '북방의 적' 신탁 (렘 4:6, 31; 6:2, 23)은 시온에 대한 위협을 전제하고 있다. 또한 존스는 예레미야가 초기에는 신명기 율법에 의거한 요시야의 종교개혁을 지지하였지만, 정치적으로 악용된 것에 환멸을 느끼고 그의 사역의 후반기에는 시온이 순수하게 예배의 구심점으로서 역할하기를 희망했을 것이라고 주장한다. Jones, *Jeremiah*, 386-87.

35) Lundbom, *Jeremiah 21-36*, 457.

36) 가인과 아벨 이야기(창 4:1-16).

12, 14절에 나타나는 이미지와 유사하다.[37] 이 또한 시온에서의 예배로 인한 회복을 말한다. 시온을 예배의 구심점으로 삼을 때 남북의 민족이 멸망한 절망의 현실에서 재기할 수 있음을 말하고자 한다. "이것에 관하여 내가 깨어 보았다. 내 잠이 나에게 달았다."(렘 31:26)는 예레미야의 말이다. 반목하던 사람들과 야훼와 사람 사이의 회복이 꿈이었음을 말한다. 꿈을 깬 멸망의 현실은 암울함 그 자체였다. 그래서 예레미야는 그 꿈을 더 달콤하게 느꼈다.[38] 브루거만(W. Brueggemann)은 이 꿈을 현재 저 너머에 있는 실재를 마음에 그리는 상상 행위로 간주한다. 하나님의 뜻을 현실보다 더 강력한 희망으로 받아들이게 하는 꿈같은 상상력이라고 본다.[39] 이 꿈이 현재 저 너머에 있는 종말의 시온 회복에 대한 열망을 더 강하게 견인한다고 보았다.

예레미야 31장 38-40절 단락은 종말에 성취될 시온의 재건이 어떻게 이루어지는지를 지리적 범위 설정을 통해 구체적으로 제시한다. 그 다음에 회복된 시온의 '거룩'한 특성에 대하여 말한다. 예레미야 31장 24절에서는 유다와 여러 성읍의 사람들이 함께 거주할 장소로서의 시온에 초점을 두나, 예레미야 31장 38절에서는 야훼를 위한 도성으로서의 시온에 초점을 둔다. 야훼가 받으실 수 있는 시온의 상태와 범위를 규정하고 있다. 야훼를 위해 재건되는 시온의 범주는 먼저 북동쪽의 하나넬 망대에서 시작되어 시계 반대 방향으로 남동쪽의 마(馬)문에서 끝난다. 38절에는 하나넬 망대와 모퉁이 문에 대하여 언급한다.

37) Lundbom, *Jeremiah 21-36*, 457.
38) Lundbom, *Jeremiah 21-36*, 458.
39) W. Brueggemann, *A Commentary on Jeremiah: Exile and Homecoming* (Grand Rapids: W. B. Eerdmans, 1998), 289.

하나넬 망대는 예루살렘의 북동쪽 모퉁이 위치해 있다(느 3:1; 12:39; 슥 14:10). 모퉁이 문은 예루살렘의 북서쪽에 위치해 있다(왕하 14:13; 슥 14:10). 39절에서는 측량줄이 가렙 언덕 위에서 고아 방향으로 나아갈 것임을 말한다. 측량줄을 재는 것은 건축이 기정사실임을 뜻한다. 그러나 측량줄을 재는 사람이 누구인지는 언급되어 있지 않다. 가렙과 고아의 위치는 불확실하지만 예루살렘의 남서쪽일 가능성이 크다.[40] 가렙은 '가렵다, 딱지가 앉다'는 뜻의 '가라브'와의 언어기교로 볼 때 부정한 장소임을 시사한다.[41]

예레미야 31장 40절의 지명을 문자적으로 번역하면, "모든 골짜기, 시체들, 그리고 기름, 그리고 모든 밭들, 기드론 시내까지, 동쪽 마(馬)문의 모퉁이까지"가 된다. 기드론 시내는 예루살렘과 성전 동쪽 성벽 바깥에 위치해 있었다. 마(馬)문은 예루살렘 동쪽 성벽의 남쪽 모퉁이에 위치해 있었다(cf. 느 3:28).[42] 북동쪽의 하나넬 망대로부터 시작하여 남동쪽의 마문과 동쪽의 기드론 시내까지 시계반대 방향으로 나아간다면 "모든 골짜기, 시체들, 그리고 기름 재, 그리고 모든 밭들"은 그 사이에 위치한 장소로 볼 수 있다. 남서쪽에 위치한 가렙과 고아와 잇닿고 남동쪽으로는 기드론 시내와 잇닿는 위치에 있다는 뜻이다. 골짜기, 시체들, 기름 재란 단어들과 연결시키면 벤-힌놈의 골짜기를 가리킴을 알 수 있다. 예레미야는 이 골짜기를 몰렉에게 아동제사를 드렸던 도벳(Topheth)의 자리로 거론한다(렘 32:35). 시체를 묻는 장소가 될 것임을 경고한다(렘 19:6-13). 기름 재는 인신 제사에서 제물을 태

40) Keown, Scalise, Smothers, *Jeremiah 26-52*, 138.
41) Keown, Scalise, Smothers, *Jeremiah 26-52*, 138.
42) Keown, Scalise, Smothers, *Jeremiah 26-52*, 138.

우고 남은 찌꺼기를 뜻한다.[43] '모든 밭들'은 심마쿠스와 불가타에서 제안하고 있는 것처럼 가나안의 죽음의 신, 곧 모트를 가리키는 것으로 보기보다는 예루살렘의 산기슭에 위치한 계단식 밭을 가리키는 것으로 보는 게 무난하다.[44] 기드론은 성전에서 나온 기름 재를 버리는 곳(레 1:16; 4:12)일 뿐만 아니라 평민의 매장지였다(왕상 15:13; 왕하 23:6).[45]

이렇게 볼 때, 예레미야 31장 38-40절에서 묘사하고 있는 장소들은 예루살렘 성벽 바깥에 위치한 부정한 장소들이다. 이 장소들이 예루살렘 성벽 바깥의 경계를 이루기에 예루살렘 전체가 부정한 곳이 되어 있다는 뜻이다. 그런 곳이 야훼께 바칠 수 있는 거룩한 장소로 정화되어 '야훼께 거룩함'이 될 것이다. 그렇기 때문에 영원히 뽑혀지거나 던져지지 않을 것이다. 야훼가 보증하는 시온의 불가침성과 지속성을 말한다. 야훼의 절대 은혜에 의해 자기 백성이 부정하게 만든 장소가 정결하게 된다. 제의적인 이미지를 배경으로 하여 시온에서 야훼께 올려드리는 예배를 통해 온전한 회복이 가능함을 말하고자 한다.

2) 통일 이스라엘의 '씨 뿌림'과 '씨 보존' 약속(렘 31:27-30, 35-37절)

예레미야 31장 27-30절과 35-37절은 교차대구를 이루며 이스라엘과 유다, 곧 통일 이스라엘의 씨 뿌림과 씨 보존 약속에 근거하여 회

---

43) Keown, Scalise, Smothers, *Jeremiah 26-52*, 138. 최근의 고고학적 발굴에 의해서도 주전 7, 6세기로 보이는 다수의 무덤이 힌놈의 골짜기에서 발견되었다. Philip J. King, *Jeremiah: An Archaeological Companion* (Louisville: Westminster /John Knox Press, 1993), 134-39.
44) Lundbom, *Jeremiah 21-36*, 493.
45) Lundbom, *Jeremiah 21-36*, 492.

복을 말한다. 두 단락은 공통적으로 '통일 이스라엘의 씨'에 초점을 둔
다. 전자는 통일 이스라엘에 사람과 짐승의 씨를 뿌려 온 이스라엘 땅
이 회복되는 '씨 뿌림'을 강조한다. 후자는 창조질서를 유지하시는 창
조주의 전능성과 영원성처럼 통일 이스라엘의 씨도 계속될 것이라는
'씨 보존'에 초점을 둔다. 이를 통하여 절망의 현실 속에서 '씨 뿌림'을
통해 창조적인 변화가 이루어지고 창조질서의 영원성처럼 '씨 보존'이
이루어질 것임을 말하고자 한다.

　"보라 날들이 오고 있다"(렘 31:27)는 종말도래 공식은 아래에 언급
될 회복의 날이 현재에 이루어질 일이 아니라 미래에 이루어질 일임을
말해준다. "내가 이스라엘 집과 유다 집에 사람의 씨와 짐승의 씨를
뿌릴 것이다"에서 이스라엘과 유다는 통일 이스라엘을 염두에 둔 말
이다. 멸망한 이스라엘과 유다 양자를 회복의 대상으로 함께 언급하고
있다. 사람과 짐승은 28절에서 '세우고 심는' 것과 연관된 땅과 함께
사람, 짐승, 땅 통합기법(merism)을 사용하여 창조 세계 전체를 가리
킨다. 사람과 짐승이 땅과 함께 하나님께서 만드신 창조 세계의 본질
적인 요소이기에 통일 이스라엘의 회복은 훼손되지 않을 것임을 말해
준다. 야훼의 '씨 뿌림'을 통하여 이스라엘과 유다에 사람과 짐승이 다
시 거주하게 되는 것은 창조 세계를 새로 만드는 새 창조나 다를 바 없
다.[46] 이스라엘의 회복이 창조주에 의한 새 창조로 간주된다. '씨' 은
유를 통해 씨가 전혀 다른 모습으로 창조될 수 있는 힘을 지니고 있음
을 말하고자 한다. "뽑고 헐고 던지고 파괴하고 재앙이 임하게 함으로
써"(렘 31:28)는 혼돈에 빠진 이스라엘과 유다를 말한다. '세우고 심는

---

46) Jones, *Jeremiah*, 398.

다'는 야훼의 '씨 뿌림'을 통해 회복, 곧 통일을 이루게 될 것임을 말한다. 회복의 확실성을 야훼가 보증함을 말하기 위해 "내가 ~ 그들을 지켜볼 것이다"고 말한다. '지켜보다'는 '샤카드'인데 예레미야가 소명을 받을 때(렘 1:12), 살구나무(샤케드) 가지 환상을 통해 바벨론에 의해 유다가 멸망할 것이 확실함을 말하기 위하여 야훼가 "내가 지켜보고 있다"(쇼케드)고 한 언어기교를 연상시킨다. 이는 야훼가 역사 속에서 이스라엘과 유다를 멸망시켰던 것처럼 회복도 주도할 것임을 말한다. 이스라엘과 유다를 하나님의 백성의 역사 안에서 하나로 묶고 있다. 이스라엘과 유다가 역사 속에서 하나의 운명공동체로 간주되고 있는 것이다. 예레미야서에서 이스라엘과 유다는 심판도 같이 받지만(렘 11:10, 17) 약속도 같이 받는(렘 33:14) 것으로 언급된다는 점이 이를 잘 말해준다.[47] 미래 회복에서도 과거 역사를 공유한 이스라엘과 유다가 함께 대우받을 것임을 말해준다.

예레미야 31장 29-30절은 '신포도' 속담에 관하여 말한다. 예레미야 31장 29절의 '그 날'은 27절에서 '야훼의 날,' 곧 야훼께서 '씨 뿌림'과 '씨 보존'을 통해 나라의 멸망과 함께 절망의 나락으로 떨어졌던 이스라엘과 유다를 회복케 하시는 날을 말한다. "조상들이 신 포도를 먹었으므로 자식들의 이가 시다"는 전래의 속담을 다시는 말하지 못할 것이라고 말한다. 이 속담은 이전 세대의 잘못으로 인하여 고통당하는 현실을 짚고 있다. 그러나 조상들의 잘못으로 초래된 바벨론에 의한 멸망으로 인해 현 세대가 고통을 당한다고 더 이상 불평하지 못할 것임을 말하고자 한다. "각자는 자신의 죄로 인하여 죽을 것이다"

---

47) Keown, Scalise, and Smothers, *Jeremiah 26-52*, 131.

(렘 31:30)고 말함으로써 현재의 고통은 현 세대의 죄로 인한 것임을 분명히 하고 있다. 동시에 조상의 잘못 때문에 현재의 불행을 겪고 있고, 이 불행은 회복 불가능하다는 생각이 잘못임을 지적한다. 오히려 하나님의 주도적 은혜에 의해 회복이 가능함을 말하고자 한다. 야훼가 '씨 뿌림'의 은혜를 베풀 때, 회복은 가능하며 현 세대가 과거 조상의 죄책으로 인하여 고통 받지 않을 것임을 말한다. 각자가 자신의 운명을 선택할 수 있기에 야훼의 은혜로 새 창조의 역사를 경험할 수 있음을 말하고자 한다.[48] 바벨론에 의해 멸망당한 현 세대가 야훼의 은혜를 통해 재기하고자 한다면 그렇게 될 수 있음을 밝히고 있는 것이다.

예레미야 31장 35-37절은 창조 모티브를 이용하여 통일 이스라엘의 '씨 보존'에 관하여 말한다. 야훼를 "낮에 빛을 위하여 태양을 주시는 분, 밤에 빛을 위하여 달과 별들의 규칙을 주시는 분, 바다를 격동시켜 파도가 고함치게 하시는 분"(렘 31:35)으로 간주한다. 이는 야훼를 창조질서를 유지하시는 분으로 말한다. 창조질서를 유지하시는 분, "그의 이름은 만군의 야훼다." '만군의 야훼'란 호칭은 예루살렘 성전에서 예배를 받으시는 왕과 관련이 있다(사 6:5; 시 24:10).[49] 예레미야서에서 이 호칭은 열방에 대한 심판 역할과 연관이 있다(렘 46:18; 48:15; 51:57).[50] 낮과 밤을 주관하고 천체의 운행을 다스리는 왕인 야훼가 열방을 심판함을 말한다. 역사 속에서 대적을 물리쳐 통일 이스라엘의 씨를 보존하고자 하는 야훼의 의지를 보여준다. 창조질서가 중

48) Brueggemann, *A Commentary on Jeremiah: Exile and Homecoming*, 291.
49) Mettinger, *In Search of God: The Meaning of the Everlasting Names*, 124-33.
50) Keown, Scalise, Smothers, *Jeremiah 26-52*, 136.

단될 수 없듯이, 통일 이스라엘의 씨를 보존하는 일도 결코 중단될 수 없다. 예레미야 31장 37절의 신탁도 예레미야 31장 35-36절의 첫 번째 신탁의 의미와 크게 다르지 않다. 어떤 사람도 위로 하늘을 측정하거나 아래로 땅의 기초를 탐지할 수 없다. 오직 야훼만이 할 수 있다. 야훼의 전능성을 말한다. 야훼의 전능성이 이스라엘 통일의 밑거름이 된다는 뜻이다. 이스라엘의 씨를 받아들일 것인지 거부할 것인지도 야훼만이 결정할 수 있다. 인간이 하늘을 측정하거나 땅의 기초를 탐지하는 일은 결코 일어나지 않을 것이기 때문에 야훼도 통일 이스라엘의 씨를 거부하지 않고 반드시 보존할 것이다.

3. 통일 이스라엘과 맺을 새 언약(렘 31:31-34)

'새 언약'이란 용어는 구약성서에서 여기서만 나타난다. 형식적인 측면에서, 이 단락은 "보라 날들이 오고 있다"는 종말도래 공식으로 시작한다. 이어 "야훼의 말씀"이라는 신언선언 공식이 등장한 다음에 예레미야 31장 31-34절에서 새 언약의 체결과 차별적 특성에 관한 야훼의 말씀에 대한 예언자의 전언(傳言)이 이어진다. "보라 날들이 오고 있다"는 새 언약의 체결이 현재에 이루어질 일이 아니라 미래에 이루어질 일임을 말해준다. 이 종말도래 공식 다음에 야훼가 새 언약의 체결 의사를 밝히는 말이 언급된다. 체결 대상은 이스라엘 집과 유다 집이다. 통일 이스라엘을 말한다. 이는 예레미야 31장 33절의 "그 날 이후에 이스라엘 집과 맺을 언약"이라는 표현에서도 드러난다. 여기서는 앞에서 나온 '이스라엘 집과 유다의 집'을 통칭하여 '이스라엘

집'이라 부르고 있다.[51] 같은 새 언약을 지칭하면서 언약 체결의 대상을 '이스라엘 집'이라고 표현하고 있기 때문이다. 클레멘츠(R. E. Clements)는 '이스라엘 집'이란 표현은 국가로서의 이스라엘을 지칭하는 게 아니라, 흩어진 포로민에 의해 새롭게 형성될 공동체를 지칭한다고 본다.[52] 곧, 멸망 이후의 남북 포로민의 공동체라는 것이다. 알렌(L. C. Allen)도 야훼가 새 언약을 통일 이스라엘과 맺을 것임을 시사하고 있다.[53] 종말론적 관점에서 미래의 이상적인 시점에 통일 이스라엘의 꿈이 야훼의 주도에 의해 실현될 것임을 예언하고 있다.

예레미야 31장 32절은 새 언약을 출애굽 때 이스라엘의 조상들과 맺었던 언약, 곧 시내 산 언약과 비교한다. 결혼 은유를 통해 남편인 야훼에게 아내인 이스라엘의 조상들은 신실하지 못했음을 말한다. 이스라엘의 조상에는 출애굽 당시의 백성은 물론 새 언약이 체결되기 이전까지의 모든 세대가 해당된다.[54] 이 말씀의 청자도 예외는 아니다. 옛 언약인 시내 산 언약은 파기되었다. 언약이 파기된 이유는 언급되어 있지 않다. 예레미야 31장 32절에서 "내가 그들과 결혼했다(남편이 되었다)"는 표현 속에서 '결혼하다'에 해당하는 히브리어 동사 '바알'이 '남편/주인'을 뜻하는 이방신인 '바알'에 대한 언어기교로 볼 경우

---

51) Lundbom, *Jeremiah 21-36*, 469.
52) R. E. Clements, *Jeremiah* (Atlanta: John Knox Press, 1988), 191.
53) 알렌은 이스라엘과 유다의 통일 모티브를 담지한 새 언약이 성서적 종말 프로그램의 시작이라고 주장한다. 양자의 통일 모티브는 역사를 통해 꾸준히 개진되었다고 본다. 가령, 에스겔은 두 막대기의 결합을 통해 통일을 예언했다(겔 37:15-24). 역대기 기자는 이스라엘은 12지파로 구성된 나라가 되어야 하며, 북 이스라엘의 야훼주의자들이 유다에 의해 받아들여져야 함을 말했다(대상1-8장). Leslie C. Allen, *Jeremiah: A Commentary*, OTL (Louisville: Westminster John Knox Press, 2008), 360.
54) Keown, Scalise, Smothers, *Jeremiah 26-52*, 131.

에,[55] 진정한 남편인 야훼를 버리고 바알 신을 섬긴 일로 언약이 파기 되었음을 시사한다고 볼 수 있다(cf. 렘 11:1-17).

새 언약은 파기된 옛 언약과 어떤 차이가 있는가? 예레미야 31장 33-34절에서 그 차이를 네 가지로 제시하고 있다. 첫째, 새 언약은 '그 날 이후에' 체결 될 것이다(렘 31:33). '그 날 이후에'는 미래 약속 과 관계가 있으므로 심판 이후의 회복의 날과 연관된다고 볼 수 있 다.[56] 종말의 어느 시점에 일어날 일임을 말하고 있다. 둘째, 야훼가 자신의 율법을 이스라엘 백성의 마음에 둘 것이다. 돌판에 기록된 시 내 산 언약과는 달리 마음에 기록되기에 깨어질 염려가 없다. 죄를 지 을 우려가 없다. 야훼의 말씀을 마음에 둘 때 죄를 예방한다는 사상은 신명기 11장 18, 21절과 시편 119편 11절에 의해서 뒷받침된다. 또 한 각자의 마음에 새겨지기에 기록된 율법을 낭독해줄 모세와 같은 중 재자도 필요 없다.

셋째, 예레미야 31장 34절에서 제시하고 있듯이, 백성 각자가 자신 의 친구나 형제에게 가르칠 필요가 없이 모두가 야훼를 아는 지식을 가지게 될 것이다. '친구'나 '형제'는 수평적 관계를 규정한다. 다음에 나오는 '그들의 작은 자로부터 그들의 큰 자'라는 표현은 '소년부터 노 인까지'로 세대별 차이로 해석하는 견해가 있다.[57] 그러나 여기서는 수직적인 사회적 신분을 가리키는 것으로 보는 게 더 적절하다.[58] 왜 냐하면 앞에서 가르치는 자가 필요 없게 된다는 말은 가르치는 자와

55) Keown, Scalise, Smothers, *Jeremiah 26-52*, 132.
56) Keown, Scalise, Smothers, *Jeremiah 26-52*, 132.
57) Keown, Scalise, Smothers, *Jeremiah 26-52*, 135.
58) Lundbom, *Jeremiah 21-36*, 470.

가르침을 받는 자로 구별됨을 전제하고 있기 때문이다. 그러나 새 언약의 시대에는 수직적인 관계, 곧 율법을 가르치는 상위 계층이 필요 없게 된다.[59] 모든 사람은 야훼의 말씀을 직접 받을 수 있기 때문이다. 이는 그동안 분리된 이스라엘과 유다가 서로의 사회·정치·심리적 차이를 극복하고 통일을 이루게 된다는 사실과도 잘 연결된다. 또한 '야훼를 아는 지식'을 가지게 된다는 것은 야훼의 성품과 행위의 특성을 인식함(렘 9:23[한, 9:24])은 물론 야훼의 명령에 순종하는(렘 22:15-16) 것을 말한다.[60] 특히, 야훼가 이스라엘을 위해 행한 구원 전승을 기억하는 것을 말한다(cf. 렘 2:6-8).[61] 이스라엘과 유다의 통일 바탕이 서로가 공유하는 구원 역사에 대한 기억에 있음을 말한다.

넷째, 예레미야 31장 34절 후반에서 제시하고 있듯이, 야훼가 죄를 용서하고 더 이상 기억하지 않을 것이다. 야훼가 지금까지는 저지른 죄를 기억하여 심판해왔다(렘 14:10). 그러나 이제는 야훼가 죄-심판 구도를 깨고 죄를 더 이상 기억하지 않을 것이다. 야훼의 절대적 은혜로 그렇게 될 것이다. 이스라엘 편에서 강제적으로 지켜야 할 조건은 없다. 야훼의 은혜가 내적인 변혁을 일으켜 자발적 순종을 통해 하나님은 물론 서로 반목하던 이스라엘과 유다가 하나가 될 것이다. 통일은 하나님의 은혜('하나님의 영'의 역사)와 그 은혜에 힘입은 인간의 자발적 순종에 의해서만 가능함을 기억할 필요가 있다.

---

59) Brueggeman, *A Commentary on Jeremiah: Exile and Homecoming*, 294.
60) Keown, Scalise, Smothers, *Jeremiah 26-52*, 135.
61) Brueggemann, *A Commentary on Jeremiah: Exile and Homecoming*, 293.

IV. 이스라엘과 유다의 통일 이상과 한반도 통일에 주는 함의

예레미야 31장 23-40절에 근거하여 이스라엘과 유다의 통일에 관하여 살펴보았다. 그러나 본문에 언급된 이스라엘과 유다의 통일은 엄연히 나라로서 존재하고 있는 남북한의 상황과 다르다. 이스라엘과 유다는 각각 주전 722년과 주전 587년에 앗시리아와 바빌로니아에 의해 멸망을 당했기 때문이다. 그러므로 이스라엘과 유다의 상황을 남북한의 상황과 평면적으로 비교하기는 어렵다. 비록 멸망 후이기는 하지만 예레미야는 이스라엘과 유다가 하나가 되려는 노력, 곧 통일 의지를 종말에 실현될 이상으로 여겼다. 그런 이상이 본문에 잘 드러나 있다. 이 본문 연구가 남북의 통일 노력에 던지는 함의는 다음과 같이 말할 수 있다.

첫째, 상호 공유 가치를 통해 접근할 필요가 있다. 예레미야 31장 23-26절과 38-40절에서 언급하고 있듯이, 멸망한 이스라엘과 유다는 하나님이 거주하시는 곳, 곧 예배의 자리로서의 시온의 회복을 통하여 통일을 이루고자 하였다. 예배의 대상자로서의 야훼와 예배의 본산으로서의 시온을 양자의 공유 가치로 삼아 통일을 이루고자 하였다.[62] 과거의 공유 가치로 과거를 이야기하는 게 아니라 미래를 이야기하려 한 것이다. 남북한의 공유 가치는 무엇인가? 우선 일제 강점기 이전 역사 속에서의 물리적인 공간인 한반도라는 땅과 역사는 물론 문

---

62) 소형근은 역대기 사가가 요시야 시대에 공유가치인 예루살렘 성전 제의를 구심점으로 삼아 북 이스라엘과 남 유다가 통합('온 이스라엘')을 시도하였다고 본다. 그 예로서 남북 백성이 성전을 위해 바친 헌금(대하 34:9)으로 훗날 유월절 행사를 진행한(대하 35장) 사례를 제시한다. 소형근, "포로 이후 이스라엘의 평화적 통합을 위한 역대기 사가의 노력들", 24

화를 공유한다. 이런 점에서 민족 공통 역사와 문화를 통해 꾸준히 교류하며 공동 번영과 통일을 시도할 필요가 있다. 가령, 역사 유물을 공동으로 발굴한다든지 남북한의 예술인들이 상호 방문하며 공통 정서를 담은 공연과 전시회를 개최하는 것 등이다.

둘째, 하나님의 절대 은혜가 핵심이다. 예레미야 31장 23-26, 38-40절에서 이스라엘과 유다의 통일의 토대로 예배의 본산으로서의 시온을 부각시켰다. 이는 공유 가치인 시온에서 하나님을 예배하며 하나님께 기도하는 일의 중요성을 말해준다. 예레미야 31장 27-30, 35-37절에서는 '씨 뿌림'과 '씨 보존'에 있어서도 창조주 하나님의 주도와 창조질서를 유지할 수 있는 능력이 절대적이었다. 예레미야 31장 31-34절에서 출애굽 때 맺은 시내 산 언약의 한계를 극복할 새 언약이 하나님의 절대 은혜의 결과물임을 말했다. 이는 통일에 있어 하나님의 능력과 은혜가 핵심임을 말해준다. 다른 말로 하면, 성령의 역사가 필요하다. 통일은 남한과 북한의 분단의 사고논리를 변형시키는 성령의 일하심을 통해 가능하다(겔 36:26-27).[63] 독일 통일을 이루는데 있어서도 라이프치히(Leipzig)의 니콜라이교회의 크리스티안 퓌러(Christian Führer, 1943-2014) 목사가 주도한 월요 '평화기도회'가 도화선이 되었다. 한국 교회는 성령 안에서 이 능력과 은혜를 구하는 기도 동력을 회복할 필요가 있다. 행사를 위한 일회성 기도회가 아니라 시간의 흐름 속에 성령 안에서 통일의 힘을 결집시키는 지속적인 기도회가 필요하다.

셋째, 예레미야 31장 31-34절의 새 언약 단락에서 야훼께서 과거

---

63) 박삼경, "통일신학에서 본 통일의 의미와 교회의 역할", 「신학과 선교」 49(2016), 40-41.

의 죄를 용서하며 기억조차 하지 않으신다고 말하였다. 이는 '야훼를 아는 지식'의 보편화와 함께 야훼와 새 언약 관계를 맺는 그의 백성이 이를 지켜야 함을 뜻한다. 새 언약의 당사자로서 하나님의 은혜에 대한 인간의 자발적인 반응이 필요하다는 뜻이다. 이스라엘과 유다도 목자와 농부로서 서로에 대한 적대감과 증오를 버려야 했다.[64] 70년 동안 계속된 분단의 아픔 속에 놓인 남한과 북한도 서로에 대한 적대감을 내려놓아야 한다. 남한 사회의 곳곳에 분단의 사고논리(분단-신앙, 분단-이데올로기, 분단-신학)가 만연해 있다.[65] 이를 극복하는 일은 결코 쉽지 않다. 사회주의의 체제 아래 통제되어 온 북한과 자유민주주의의 시장경제 체제 하에서 자유를 구가해온 남한은 이념적으로 첨예하게 대립된다. 기독교도 예외가 아니다. 그러나 분단의 사고논리를 극복하고 하나가 되기 위해서는 서로의 '죄'를 용서해야 한다는 새로운 관점을 지녀야 한다. 이 일에 한국 교회가 주도적인 역할을 해야 한다.[66]

---

64) 박정수는 한 민족 안에서 세대와 세대를 이어가며 구조화되어 집단적 기억으로 남아 있는 '구조화된 증오'는 환원불가능한 것일지라도 이의 사슬을 끊는 길은 용서에 있다고 주장한다. 박정수, "성서적 통일신학 - '통일선교신학'을 제안하며", 270-71. 김흥수는 1980년대를 중심으로 남북 관계의 변화를 역사적으로 고찰하면서 1990년대 이후에는 교회가 북한에 대한 인도주의적 지원을 위한 정부의 조력자로서 화해에 대한 관심을 제고시켰음을 주장하고 있다. 김흥수, "남북한 정부의 통일정책과 한국교회 통일운동의 관계", 「선교와 신학」 35(2015), 83-115. 임희모는 한국 교회의 북한에 대한 태도를 반공주의적 관점, 수정주의적 관점, 에큐메니칼 관점으로 나누면서 북한에 대한 적대적인 자세보다는 대화와 협력을 지향하는 수정주의와 에큐메니칼 관점을 가지고 상호 다름을 인정하고 상호 배움을 통해 연대와 협력으로 나아갈 필요가 있음을 주장한다. 임희모, "통일정책과 북한선교정책의 변천 연구", 「선교와 신학」 15(2005), 41-70. 조은식은 남북한 적대감을 청산하고 통일 후에 사회통합을 이루기 위해서 탈북민을 '징검다리'로 활용하는 실천적인 방안을 제시하고 있다. 조은식, "종교개혁과 한국교회의 통일준비", 「선교와 신학」 45(2018), 457-66.
65) 박삼경, "통일신학에서 본 통일의 의미와 교회의 역할", 48.
66) 신옥수는 민족 분단이 단지 정치적·사회적 갈등 문제만이 아니라 뿌리 깊은 증오와 적개심에 의한 죄악의 문제라는 차원에서 회개가 요구되며, 한국 교회가

그것은 이스라엘과 유다가 멸망한 상황, 곧 제로베이스에서 출발한 것처럼 제로베이스에서 시작한다는 상상력을 발휘하는 데서 출발한다. 이의 중간 단계로 남북한 모두를 알고 접근이 가능한 북한 이탈주민과 해외동포를 활용할 필요가 있다. 한국 교회는 탈북민에 대한 일회성 이벤트식 지원, 물량 공세 또는 경쟁적 지원을 삼가야 한다. 이런 정책은 탈북민이 기독교 진리의 본질에서 이탈하게 하는 원인이 되기 때문이다. 한국 교회 전체의 자원을 공유하고 체계적으로 배분하여 운용함으로써 지원 사역을 보다 더 전문화해야 한다.[67] 또한 해외동포나 국제 NGO 단체와 협력하여 의료 지원, 산림녹화, 농법 전수 등 다양한 민간 차원의 지원을 하면서 교류의 깊이와 넓이를 다져야 한다. 독일의 예에서 보듯이 정부 차원보다는 민간 차원에서 소리 내지 않고 꾸준히 지원하는 것이 더 효과적이다.[68]

V. 나가는 말

본 논문은 예레미야 31장 23-40절을 사회-수사학적 방법에 의해

앞장서서 회개 운동을 전개해야 함을 역설하고 있다. 신옥수, "평화통일신학의 형성과 과제: 하나님나라 신학의 빛에서", 「선교와 신학」 35(2015), 22-23.

67) 최현종, "북한이탈주민과 기도교-민간단체를 중심으로", 「신학과 선교」 52(2018), 217-44.

68) 전재성은 변화된 환경(국내와 국제 포함) 속에서 궁극적인 통일을 향하여 나아가되, 확고한 민족적 정체성을 유지하는 가운데 북한의 발전을 외면하지 않으면서 이룩할 수 있는 통일의 과정으로서 시민사회의 행위자들과 국제적 행위자들을 비롯한 다차원적인 행위자들의 공동 활약이 중요하다고 주장한다. 전재성, "한반도 통일에 관한 이론적 고찰", 「통일과 평화」 창간호(2009), 102-103.

분석함으로써 북이스라엘과 남 유다의 통일의 이상을 밝히고자 한 연구이다. 본문의 통일성과 저작 문제를 분석하면서 그 연대와 저자를 주전 587년 유다와 예루살렘이 멸망한지 얼마 후에 예레미야가 절망, 즉 제로베이스에서 통일이란 종말론적 이상을 소망하며 기록한 것으로 보았다. 본문은 죄 용서에 초점을 둔 '새 언약' 단락(렘 31:31-34)을 중심으로 하여 이스라엘과 유다의 공유 가치인 예배의 자리로서의 시온의 회복을 다루고 있는 단락(렘 31:23-26, 38-40)이 대구를 이룸을 말하였다. 통일 이스라엘의 '씨 뿌림'과 '씨 보존'이 창조주의 창조질서 유지의 능력으로 영원할 것임을 말하는 단락(렘 31:27-30, 35-37) 또한 대구를 이룸을 말하였다. 그 결과를 남북의 통일에 주는 함의에 접목시켜 하나님의 은혜에 의한 새 언약의 당사자로서 인간의 자발적인 반응, 즉 기도와 죄 용서와 공유 가치를 통한 다차원적 교류를 제시하였다.

참고문헌

Allen, Leslie C., *Jeremiah* (OTL), Louisville: Westminster John Knox Press, 2008.

Bright, John, *Jeremiah*, AB 21, New York: Doubleday, 1965.

Brueggemann, Walter, *A Commentary on Jeremiah: Exile and Homecoming*, Grand Rapids: W. B. Eerdmans, 1998.

Carroll, Robert P., *From Chaos to Covenant: Prophecy in the Book of Jeremiah*, New York: Crossroad, 1981.

Clements, Ronald E., *Jeremiah*, Atlanta: John Knox Press, 1988.

Clements, Ronald E., "Jeremiah, Prophet of Hope", *Review & Expositor* 78/3 (1981), 345-363.

Holladay, William L., *A Commentary on the Book of the Prophet Jeremaih Chapters 26-52* (Hermeneia), Jeremiah 2, Minneapolis: Fortress Press, 1989.

Hyatt, James and Stanley R. Hopper, "Jeremiah", In Vol. 5 of *The Interpreter's Bible*, edited by G. A. Buttrick, 775-1142, Nashville: Abingdon Press, 1956.

Jones, Douglas Rawlinson, *Jeremiah* (NCBC), Grand Rapids: W. B. Eerdmans Publishing Company, 1992.

Kautzsch, E. and Cowley A. E., *Gesenius' Hebrew Grammar*, 2nd English edition, Oxford: Clarendon press, 1910.

King, Philip J., *Jeremiah: An Archaeological Companion*, Louisville: Westminster /John Knox Press, 1993.

Keown, G. L. Scalise, P. J. and Smothers, T. G., *Jeremiah 26-52* (WBC), Dallas: Word Books, 1995.

Lipschits, Oded, *The Fall and Rise of Jerusalem: Judah under Babyloinian Rule*, Winona Lake: Eisenbrauns, 2005.

Lundbom, Jack R., *Jeremiah 21-36* (AB), New York: Doubleday, 2004.

McKane, William, *A Critical and Exegetical Commentary on*

Jeremiah, Vol. II: Commentary on Jeremiah XXVI-LII, Edinburgh: T & T Clark, 1996.

Mettinger, T., *In Search of God: The Meaning of the Everlasting Names*, Trans. Frederick H. Cryer, Philadelphia: Fortress, 1988.

Reventlow, H. G., "The Eschatologization of the Prophetic Books: A Comparative Study", In *Eschatology in the Bible and in Jewish and Christian Tradition*, edited by H. G. Reventlow, 169-88, Sheffield: Sheffield Academic Press, 1997.

Sweeney, Marvin A., *Reading Prophetic Books: Form, Intertextuality, and Reception in Prophetic and Post-Biblical Literature*, Tübingen: Mohr Siebeck, 2014.

_____, *Form and Intertextuality in Prophetic and Apocalyptic Literature*, Tübingen: Mohr Siebeck, 2005.

_____, *King Josiah of Judah: The Lost Messiah of Israel*, Oxford: Oxford University Press, 2001.

Uffenheimer B., "From Prophetic to Apocalyptic Eschatology", In *Eschatology in the Bible and in Jewish and Christian Tradition*, edited by H. G. Reventlow, 200-17, Sheffield: Sheffield Academic Press, 1997.

Sweeney, Marvin A., *The Prophetic Literature*, Nashville: Abingdon Press, 2005, 홍국평 역, 『예언서』, 서울: 대한기독교서회, 2015.

김흥수, "남북한 정부의 통일정책과 한국교회 통일운동의 관계", 「선교와 신학」 35(2015), 83-115.

박삼경, "통일신학에서 본 통일의 의미와 교회의 역할", 「신학과 선교」 49(2016), 33-62.

박정수, "성서적 통일신학-'통일선교신학'을 제안하며", 「신학과 선교」 41(2012), 238-278.

박준서, "에스겔이 본 이스라엘 통일의 비전과 한반도의 평화통일", 『샌프란시스코: 한반도 통일 심포지움』, 2017. 5. 1.

소형근, "포로 이후 이스라엘의 평화적 통합을 위한 역대기 사가의 노력들", 「평화와 통일」 1 (2016), 5-35.

신옥수, "평화통일신학의 형성과 과제: 하나님나라 신학의 빛에서", 「선교와
    신학」 35(2015), 13-48.
임희모, "통일정책과 북한선교정책의 변천 연구", 「선교와 신학」 15(2005),
    41-70.
장성길, "예레미야 30-33장에 나타난 결속 구조 분석", 『구약논단』
    26(2007), 92-110.
전재성, "한반도 통일에 관한 이론적 고찰", 「통일과 평화」 창간호(2009),
    72-109.
조은식, "종교개혁과 한국교회의 통일준비", 「선교와 신학」 45 (2018),
    441-466.
최현종, "북한이탈주민과 기도교-민간단체를 중심으로", 「신학과 선교」
    52(2018), 217-44.
하경택, "이스라엘 개혁 운동을 통해서 본 '통일신학': 신명기 역사서에 나
    타난 요시야 개혁운동을 중심으로", 『평화통일신학: 신학적 근거의
    모색』, 서울: 장로회신학대학교 남북한 평화신학연구소, 2015, 49-93.

부록

김성수

인간과 선의 과거, 현재, 미래에 대한 탐구

김성수 (서울신학대학교 외래교수, 기독교윤리학)

I. 들어가는 말

한 명의 학자가 일평생 일궈온 학문적 성취의 무게는 결코 가볍지 않습니다. 그것이 응축된 역작의 무게 역시 상당합니다. 그런 점에서 강병오 교수의 『인공지능 시대의 인간, 윤리, 사상』의 소개를 맡게 된 것은 후배 학자로서 매우 영광스러운 일이지만, 동시에 큰 부담이 되는 일이기도 하였습니다. 특히 이 책이 2023년 세종도서 교양부문(종교) 우수도서로 선정될 만큼 탁월한 내용을 담고 있기에 혹시나 저의 부족한 글이 그 가치를 반감시키는 것은 아닌지 우려가 되었습니다. 심적 부담이 적지 않았지만, 강 교수께 글로써 감사와 존경의 마음을 표하고, 이 저서가 담고 있는 유익한 내용을 많은 분들과 공유하고자 후기를 작성해 보았습니다. 기독교 신앙 안에서 본질적인 것과 경험적인 것이 구별되곤 합니다. 비가시적 교회와 가시적 교회의 구별이 그 대표적인 예입니다. 칼 바르트(Karl Barth)와 함께 독일어권 신학계에 지대한 영향을 미치고 있는 에른스트 트뢸취(Ernst Troeltsch)는 현실에 존재하는 경험적인 것들이 완전한 하나님 나라에 비해 임시적이고,

상대적인 가치를 지니고 있다고 보았습니다.[1] 이에 따라 경험적인 것
속에서 본질적인 것을 발견하고, 그것이 경험적인 것에 미치는 영향을
탐구하는 것이 중요하다는 점을 강조하였습니다.[2] 이러한 역사적 인
식과 방법[3]을 통해 트뢸취는 (유럽) 기독교의 핵심이 개별 "인격"이 구
원을 경험하는 데 있다고 파악하였고, 이 인격적 존재가 "선한" 문화
혹은 사회 질서를 형성하는 과정을 중시하였습니다.[4]

트뢸취의 생각을 수용, 발전시킨 강 교수도 역사적인 것 속에서 본
질적인 것을 포착하고, 그 구체적 역할을 모색하는 데 연구의 초점을
맞추었습니다. 그런 점에서 "인간"이 사회 안에서 "선"을 구현하는 방
안에 대한 이론적 탐구는 강 교수의 근본적인 학문적 관심사가 되었습
니다. 강 교수는 2022년 출간된 『기독교 윤리학』에서 이 질문에 대한
답을 기독교적 접근을 통해 제시하고자 하였습니다. 이를 통해 기독교
인의 선한 삶에 대한 심층적 탐구가 이뤄졌습니다.

> "기독교 윤리학의 핵심 주제는 하나님의 선이다. 그 선을 찾아 실
> 천하는 것이 그리스도인의 신앙적 책무이자 사회적 책무이다. 세상
> 에서 참으로 행복한 사람은 성서 속에 담긴 선을 행하는 자이다."[5]

---

1) Martin Honecker, *Grundriß der Sozialethik* (Berlin: Walter de Gruyter, 1995), 2-3.
2) Ernst Troeltsch, *Der Historismus und seine Überwindung. Politische Ethik und Christentum*, 강병오 역, 『역사와 윤리』(서울: 한들출판사, 2014), 18.
3) Byung-Oh Kang, *Geschichte, Gesellschaft, Religion. Untersuchungen zum Methodenverständnis Ernst Troeltschs* (Berlin: LIT, 2006), 42-87; 강병오, "에른스트 트뢸취의 신학윤리 방법론", 「한국기독교신학논총」 53(2007), 169-195, 트뢸취는 역사적 방법의 보완 개념으로 사회학적 방법을 사용하였습니다. 이에 관한 연구는 다음과 같습니다. 강병오, "신학의 사회학 적용에 관한 연구-개별학으로서의 기독교사회윤리학의 생성", 「신학연구」 62(2013), 136-164; 강병오, "에른스트 트뢸취의 사회학적 방법", 「신학과 사회」 31(2)(2017), 123-150.
4) Ernst Troeltsch, *Die Bedeutung des Protestantismus für die Entstehung der modernen Welt* (München: Verlag von R. Oldenbourg, 1928), 12, 85.

그리고 2023년 출간된 『인공지능 시대의 인간, 윤리, 사상』을 통해 이 질문에 대한 탐구가 일반적 차원에서 시도되었습니다.

> "삶의 주체인 인간이 개인과 사회에 작동하는 선을 찾아 실천하는 것, 그것이 아름다운 세상을 만들어가는 지혜일 것이다. 세상에서 참으로 행복한 사람은 아무리 악이 난무하더라도 선을 알고 실천하는 사람이다."[6]

이 책은 보편적 인간의 선한 삶에 대한 탐구를 주제로 삼고 있습니다. 이에 따라 그 안에서 인간 존재, 선한 행위, 선한 행위를 추동하는 사회사상에 관한 설명이 체계적으로 이뤄졌습니다. 그 내용을 간략하게 살펴보고자 합니다.

제1부는 인간에 대한 심도 있는 성찰의 내용을 담고 있습니다. 여기서 인간은 영혼(정신)과 육체의 합일체로 규정됩니다. 인간의 영혼 안에는 지성, 감정, 의지를 포괄하는 이성이 존재합니다. 인간은 지성을 통해 참과 거짓을, 감정을 통해 아름다움과 추함을, 의지를 통해 선과 악을 판단하고, 더 나은 것을 추구할 수 있는 능력을 지니고 있습니다. 이 규정은 인간(호모 사피엔스)은 지적 존재이지만, 영혼을 가지고 있지 않다는 유발 하라리(Yuval Harari)의 주장과 대비됩니다.[7] 이외에도 인간은 과학 기술을 발전시켜 활용하는 도구적 존재이고, 다양한 관계적 맥락 속에 살아가는 사회적 존재이며, 언어, 관습, 신념 등을 형성하는 문화적 존재입니다. 또한 규칙과 경쟁에 기초한 놀이를 향유

---

5) 강병오, 『기독교 윤리학』 (서울: 한들출판사, 2022), 7.
6) 강병오, 『인공지능 시대의 인간, 윤리, 사상』 (서울: 열린 서원, 2023), 7.
7) 위의 책, 26-27.

하는 유희적 존재이며, 인간 본연의 정신을 토대로 영원과 초월을 추구하는 종교적 존재이기도 합니다. 이와 같은 다층적 특성으로부터 인간은 윤리적 존재라는 명제가 도출됩니다. 이성적, 도구적, 사회적, 문화적, 유희적, 종교적 존재로서의 삶이 선의 추구와 깊이 관련되어 있기 때문입니다.

제1부의 후반부는 윤리적 삶의 출발점이라 할 수 있는 인간 본성과 선의 관계를 추적하고 있습니다. 이에 대한 동서양의 인식은 성선설, 성악설, 성무선무악설, 성선악혼재설의 네 가지 틀로 범주화될 수 있는데, 이를 통해 인간 본성에 관한 견해의 일치가 쉽지 않다는 것을 확인하게 됩니다.[8]

제2부는 인간 본성에 대한 합의는 어렵지만, 보편적으로 존재하는 선의지를 통해 인간이 선한 행위를 추구할 수 있다는 점을 출발점으로 삼고 있습니다. 이를 기초로 윤리와 도덕의 개념에 대한 설명, 그리고 그 현존 상태를 진단하고, 개선점을 탐구하는 윤리학의 유형 분석이 이뤄졌습니다. 먼저 아리스토텔레스로 대표되는 목적론적 윤리는 행위의 결과를 중시합니다. 임마누엘 칸트(Immanuel Kant)가 강조한 의무론적 윤리는 행위의 원칙에 중점을 둡니다. 막스 베버(Max Weber)를 거쳐 리처드 니버(Richard Niebuhr)를 통해 체계화된 책임 윤리는 인간이 하나님과 동료 인간과의 관계에서 신앙적, 윤리적 책임을 지니고 있다는 점에 주목합니다.[9] 이것은 행위 결과에 대한 책임을 진다는 점에서 목적론적 윤리와 차별성을 지니며, 행위의 원칙을 무조건 준수하는 것이 아니라 동료 인간에 대한 연대 의식 속에 이를 중시한다는

---

8) 위의 책, 70-72.
9) 강병오, "리처드 니버의 신학 방법론 이해", 「한국조직신학논총」 34(2012), 123-151.

점에서 의무론적 윤리와도 차이점을 가지고 있습니다.[10]

이와 같은 이론적 토대 위에서 제2부의 후반부는 동서양의 인간 이해를 검토하고, 그로부터 인간의 윤리성을 도출하였습니다. 서양철학의 합리주의적 인간관, 경험주의적 인간관, 비합리주의적 인간관이 상세히 다뤄졌고, 유대교, 기독교, 이슬람교, 유교, 불교, 도교, 한국 전통사상 등 동서양 종교의 인간관이 심층적으로 주제화되었습니다. 이를 통해 다양한 층위와 맥락의 인간과 선에 대한 관점이 존재하고 있다는 점이 명료화되었습니다. 특히 원죄론이 윤리적 행위에 미치는 영향이 적지 않다는 점을 알게 됩니다.[11]

제3부는 (사회)윤리적 행위를 추동하는 사회사상의 개념과 유형을 설명하는 데 중점을 두고 있습니다. 이성에 의해 산출된 것이자 사회적 산물이기도 한 사회사상은 윤리적 행위의 방향을 제시하고, 인간은 그 영향 속에 행동하게 됩니다. 이데올로기는 사회사상의 대표적인 예입니다. 근대적 개념인 이데올로기는 허위 관념으로서 사회에 부정적 영향을 미친다는 평가를 받아왔지만, 오늘날에는 그 필수불가결성이 인정되고 있습니다. 그래서 이데올로기는 극복되어야 할 대상이 아닌 사회적 통합, 단결, 정체성 증진에 기여하는 긍정적인 이념으로 이해되고 있습니다.[12]

제3부의 후반부는 이데올로기의 종류를 소개하고 있습니다. 이를 통해 자유주의의 흐름과 특징, 민주주의의 개념과 원리, 자본주의의 역사와 현황, 사회주의의 발흥과 전망, 민족주의의 부상과 특성, 페미니

---

10) 강병오, 『기독교 윤리학』, 115.
11) 강병오, 『인공지능 시대의 인간, 윤리, 사상』, 126-128, 132-136.
12) 위의 책, 208.

즘의 의미와 전개에 대한 이해가 정립될 수 있었습니다. 그리고 트뢸취의 사고와 연결되어 보수주의의 가치가 부각되기도 하였습니다.[13]

책의 요약에서 알 수 있듯이 강 교수는 인간 존재, 선한 행위, 선한 행위를 추동하는 사회사상과 관련된 내용을 체계적으로 정리하였습니다. 뛰어난 논리적 구성과 함께 감탄을 자아내는 지점은 많은 양의 지식과 정보가 책의 전체적인 흐름에서 벗어나지 않고, 매우 알차게 배치되어 있다는 데 있습니다. 이것은 강 교수가 윤리학 분야에 통달한 학자로서 관련 내용을 관통하는 통찰을 지니고 있기에 가능한 것이라 생각합니다. 또한 강 교수의 적확한 용어 사용과 간명한 문장 표현은 이러한 책의 내용이 효과적으로 전달되는 데 큰 도움을 주었습니다.

이와 함께 이 책의 탁월성을 내용의 균형적 전달에서 찾을 수 있습니다. 서양사상과 동양사상에 대한 풍부한 설명, 그리고 철학적 윤리학과 기독교 윤리학의 논의가 종합적으로 이뤄졌고, 다양한 종교에 관한 분석이 시도되기도 하였습니다. 이러한 균형적 서술은 보편적 차원의 인간, 윤리, 사상에 대한 이해를 증진하는 요소라 생각합니다.

특히 이 책은 인간과 선에 대한 과거와 현재의 논의를 풍부하게 다뤘다는 점에서 학문적 가치를 지니고 있기도 합니다. 인간과 선에 관한 역사적 흐름을 성실하게 추적하고, 그 현재적 의미를 제시하는 작업을 시도하였는데, 이것은 윤리학 분야의 관련 연구에 공헌할 수 있을 것입니다.

이 책이 가진 또 다른 강점은 인간과 선의 미래에 관한 통찰을 제공해 준다는 점에 있습니다. 도구적 존재에 관한 설명에서 언급된 것처럼

---

13) 위의 책, 308-309.

인간은 이성을 활용하여 과학 기술을 발전시켰습니다.[14] 이 과정에서 과학 기술을 인체에 직접 적용하는 시도가 증가하였고, 그 결과 정신적, 육체적 결점이 존재하지 않는 포스트휴먼으로의 변화가 이뤄지고 있습니다. 심지어 육체 없이 정신을 업로드 하여 영원한 생명을 얻고자 하는 기술이 연구되고 있기도 합니다. 이러한 변화 속에서 인간 존재를 규정하는 것이 새로운 과제로 부상하였습니다.[15] 그런 점에서 영혼(정신)과 육체의 합일체로서의 인간을 설명한 이 책은 포스트휴먼 시대에 필요한 인간의 기준을 정립하는 데 기여할 가능성을 지니고 있습니다.

> "현대의 인간학은 인간의 육체만을 연구하는 인체학이나 생물학으로만 가능하지 않다. 자연과학적 인간 이해만으로는 인간 연구가 충분하지 않다. 철학적 관점이건 종교적 관점이건 인간의 육체만이 아닌 영혼(정신)까지 포함한 인간을 탐구해야 한다."[16]

그리고 민주주의에 관한 설명에서 언급된 것처럼 구속력을 가지고 있는 실정법은 정의롭지 않을 수 있습니다.

> "...자연법 개념이 1500년 동안 서구철학자들의 지배적인 법 개념으로 자리 잡았다. 정의의 척도는 자연법에 있다. 17세기 이후부터 신적 법인 자연법이 '이성'으로 변했고, 18, 19세기에 와선 이성의 신적 성격이 사라졌다. 이로써 정의도 신적 의미가 완전히 상실된 개념이 되었다...19세기 말에 등장한 무신론적 실증주의 철학이 법철학에 영향을 미쳤다. 실증주의 법철학은 본래적 의미인 정의가 없다. 곧 국가가 선언하는 정의 외에는 정의가 없게 되었다. 나치 히틀

---

14) 위의 책, 27.
15) 김성수, "사회백서가 본 타락한 인간과 디지털 사회", 「목회와 신학」 414(2023), 116.
16) 강병오, 『인공지능 시대의 인간, 윤리, 사상』, 16.

러가 지배하는 국가의 주장이 그대로 정의가 되었다. 무신론적 전체주의에선 국가의 정의만 있지 실질적 정의 개념을 찾을 수 없다."[17]

　그래서 좀 더 나은 사회의 형성을 위해 정의로운 법질서에 대한 관심이 필요합니다. 이를 위해 법에 대한 비판과 대안 제시에 힘쓰는 법윤리적 노력이 더욱 주목받아야 합니다.[18] 또한 이 책에 제시된 민족주의에 관한 인식은 좀 더 확장될 필요가 있습니다.[19] 민족주의는 그 자체로 가치를 지니고 있지만, 배타적 혹은 폭력적 형태로 발전할 위험성을 가지고 있습니다. 그래서 민족주의와 함께 세계시민주의가 균형적으로 강조되어야 합니다.[20] 이러한 종합적 관심은 글로컬 시대를 살아가는 한 국가의 시민이자 세계시민의 정체성 인식과 역할 수행에 도움을 줄 것입니다.

　지금까지 살펴본 것처럼 강병오 교수의 저서는 인간과 선의 과거, 현재, 미래에 대한 깊은 통찰을 담고 있습니다. 훌륭한 저서의 출판을 통해 배움과 성장의 기회를 제공해 주신 강 교수께 감사의 말씀을 올립니다. 또한 정년퇴임이 멀지 않은 시기까지 책의 집필과 함께 다양한 학문적 노력을 기울이신 그 열정에 탄복하며, 존경의 말씀을 올립니다. 이 귀한 책이 널리 읽히게 되어 선한 삶에 대한 관심이 늘어남으로써 한국사회가 하나님이 기뻐하시는 좀 더 인간적이고, 아름다운 사회가 되기를 기대합니다.

---

17) 위의 책, 236.
18) 김성수, "능력주의의 문제와 법의 역할 - 볼프강 후버의 법윤리의 적용", 「기독교사회윤리」 53(2022), 22-26.
19) 강병오, 『인공지능 시대의 인간, 윤리, 사상』, 311-313.
20) Wolfgang Huber, *Ethik. Die Grundfragen unseres Lebens von der Geburt bis zum Tod* (München: C. H. Beck, 2015), 124-127.

강병오 교수 정년퇴임 기념논문집

평화윤리와 통일선교

엮은이 박삼경
기획 및 편집 서울신학대학교 한국기독교통일연구소
발행처 열린서원
발행인 이명권
발행일 2024년 1월 25일

주소 서울특별시 종로구 창덕궁길 117, 102호
전화 010-2128-1215
팩스 02) 2268-1058
전자우편 imkkorea@hanmail.net
등록번호 제300-2015-130호(1999년)

값 20,000원
ISBN 979-11-89186-42-5 03230

※ 잘못 만들어진 책은 구입한 곳에서 교환해 드립니다.

※ 이 도서에 국립중앙도서관 출판사 도서목록은
　　e-CRP홈페이지(http://www.nl.go.kr/ecip)에서 이용하실 수 있습니다.